Speak Fluent Tibetan

티베트어 기초 회화

བོད་སྐད་ཆུ་རྒྱུག་རྒྱུག
Speak Fluent Tibetan
First Edition : 2012 / Second Edition : 2013 / Third Edition : 2017

བོད་སྐད་ཆུ་རྒྱུག་རྒྱུ
Speak Fluent Tibetan
티베트어 회화

초판 발행 : 불기 2568년(서기 2024년) 6월 1일
발 행 처 : 도서출판 만달라
발 행 인 : 아왕 상뽀 Ngawang Sangpo
등록 번호 : 제 25100-2024-030 (2024.04.04)
주 소 : 서울 성북구 동소문로 13길 33, 202호(동소문동4가 200)
지 은 이 : 촉 뗀진 몬람뻴촉 Dr. Chok Tenzin Monlam Peltsok
옮 긴 이 : 아왕 상뽀 Ngawang Sangpo
음성 녹음 : 아왕 상뽀(티베트어), 지덕(한국어)

기 획 : 캄따시링 티베트어 회화반
편 집 : 지성남 이윤경 자홍 스님 배정화
디 자 인 : 이다현

공 급 처 : 금강승 수행센터 캄따시링
캄따시링 공식카페 : https://cafe.naver.com/khamtashiring
연 락 처 : 010-9013-1988 (캄따시링 종무소)

ISBN 979-11-987477-0-9 13790
값 30,000원

본 책자의 번역 및 편집 과정에 사단법인 세계 평화 불교 종단 연합회의 지원이 있었습니다.

저자 서문

새로운 언어를 배운다는 것은 벅찰 수 있습니다. 그러나 새로운 언어의 기본적인 양식을 마스터 하고 그것을 매일 일상생활에 익숙히 사용할 수 있을 때, 우리는 자신감을 얻고, 더 큰 영감을 위해 다음을 계획할 수 있습니다.

티베트어를 배우는 가장 좋은 방법은 바로 티베트어로 말하는 것입니다! 그렇다면, 우리가 티베트어를 흥미롭고, 논리 정연하고, 유창하게 말하려면 어떻게 시작해야 할까요? 나의 대답은 지극히 간단합니다: 티베트 아기들이 처음 언어를 배우듯이, 엄마로부터 반복해 들은 언어를 따라 말하는 것입니다.

이와 같은 학습 방식을 통해, 티베트 아이들이 처음 언어를 배울 때와 마찬가지로 당신도 즐겁게 언어를 배울 수 있을 것입니다. 그 배움의 과정은 어떤 방법보다도 간단하고, 다가가기 쉽고, 실용적입니다. 당신은 단지 귀 기울여 선생님이 말하는 것을 (혹은 녹음된 것을) 반복하여 듣고 따라 하면 됩니다. 이렇게 함으로써 당신은 곧 이 방법이 타당하고 쉽게 언어를 정복할 수 있는 방법이란 걸 알게 될 것입니다. 빠른 시간 내에 당신은 유용한 티베트어를 말할 수 있을 것입니다.

이 책은 티베트 언어에서는 동사로 여겨지지 않는 복잡한 형태들의 verb to be; 를 완벽하게 이해할 수 있도록 도와줄 것입니다. 이 책에는 일상 티베트에서 자주 사용되는 기본적이고 유용한 언어 표현 150개 이상이 수록되어 있습니다. 논리적이고 현실적인 질문-답변 형태 ('yes'네, 'no'아니오, 'key' and 'or'혹은 - 질문 형태와 답변)도 쉽게 배울 수 있으며, 곧 자신 있게 자유로운 회화도 구사할 수 있습니다. 저는 4년 동안 위에 언급한 방법으로 티베트어를 배우려고 도전하는 학생들에게 적용하여 가르쳐 왔습니다.

이 책의 부록에는 단어, 문법, 구어 및 경어가 수록되어 있으며 주요 동사 시제 변화표 및 단어장도 있습니다.

티베트어의 정확한 발음은 당신의 언어 공부를 향상시킬 것입니다. 정확하고 올바른 티베트어 발음을 위해서 나는 거의 10년 정도 *Standard Tibetan Pronunciation*를 집필하고 있는데 곧 출판될 것입니다.

티베트어를 배우는 모든 학생들이 이 책이 유용하다고 느끼는 것이 저의 바람입니다. 저는 이 책의 초판본부터 끊임없이 많은 노력을 기울였으나, 독자들이 볼 때 이번 출간본에 어떤 실수가 보인다면 너그러이 용서를 구합니다. 피드백의 중요성을 알기에, 앞으로 더 발전된 개정판을 위해 당신의 의견을 항상 환영하는 바입니다.

감사의 글

먼저, 제게 언어를 빨리 습득하는 새로운 방법을 가르쳐 준 시모나 팔티사누Simona Falticeanu에게 감사를 표합니다. 이 책의 초안 때부터 도움을 준 내 대학 동기 니마 데키 Ms. Nyima Dekyi에게도 감사를 표합니다. 이 책에 적용된 전문적인 영어 문법에 도움을 준 밀턴 버키Milton Burke(USA)에게도 감사의 인사를 전합니다. 마지막으로, 2012년 초판의 교정과 의견을 준 상개 딴다 나가Sangye Tandar Naga에게 감사를 전하는 바입니다.

또한 이 책의 두 번째 개정판을 출판하는 데 도움을 준 분들께도 감사의 말을 전합니다. 티베트 문헌 도서관 (Library of Tibetan Works and Archives)의 책임자 게쉐 라돌Geshe Lhakdor, 이번 에디션의 교정을 담당하고 유익한 의견들을 제시해 준 줄리아 윌슨Julia Wilson(USA)과 텐진 양된Ven. Tenzin Yangdoen(Germany), 이 책의 티베트어와 영문 교정을 담당해 준 응에돈 갸초Ven. Ngedon Gyatso와 케리 라이트Ms. Kerry Wright, 정말 감사합니다.

그리고 이 책이 마무리되는 데 많은 기여를 한 저의 제자들에게도 감사의 마음을 전합니다. 처음 언어를 접하게 하고 더 나아가 내가 언어를 연구할 수 있도록 기여한 한, 모국어에 감사하고 싶습니다!

이 책이 지난 몇 년간 많은 호평을 받은 것은 저에게 큰 영광이었습니다. 앞으로도 티베트어를 배우는 학생들에게, 국제적으로 그리고 이곳 인도에서도, 이 책이 도움이 되기를 바랍니다. 이 책의 세 번째 개정판을 출판할 수 있게 되어 기쁘고, 개정 작업에 도움을 준 니마 데키에게 감사드립니다.

Firstly, I would like to thank Simona Falticeanu for teaching me some new methods on how to learn to speak a language quickly. My thanks go to my colleague, Ms. Nyima Dekyi, for assisting me through the first draft of this book. My thanks also go out to Milton Burke (USA) for teaching me the technical terms of English Grammar that I have used herein. I also want to thank Sangye Tandar Naga for proofreading and making suggestions for the first version published in 2012.

I am so happy that I am able to publish the second edition of this book. And of course I would like to thank Geshe Lhakdor, the Director of the Library of Tibetan Works and Archives, and Julia Wilson (USA) for thorough proofreading and making useful suggestions for this version. Many thanks again to Ven. Tenzin Yangdoen (Germany) for thorough proofreading, useful suggestions and teaching me to design this book. I also thank Ven. Ngedon Gyatso and Ms Kerry Wright for proofreading some parts of the Tibetan and English texts in the book.

Lastly, I want to thank all my students, without whom this book may never have quite reached the final stages and whose contribution has been much appreciated. Without your questions I would not have been given the opportunity to do further research on my own mother tongue! Thank you again.

I am honored that this book has been so well received over the past many years. It is my hope that it will continue to benefit students of the Tibetan language internationally and here in India. I am happy to be able to publish the third revised edition of this book and I would like to thank Nyima Dekyi for her contribution to the revisions made.

Dr. Chok Tenzin Monlam
10th October 2017

옮긴이의 글

먼저 흔쾌히 번역을 허락해 주신 다람살라 도서관 관장님께 깊은 감사를 드립니다.

이 책은 캄따시링 티베트어 회화반의 학습 결과물입니다. 일주일에 한두 번씩 오프라인 수업과 온라인 수업을 병행하였는데, 본 교재 내용을 제가 녹음하여 단체 카톡방에 올리면 회원들이 발음을 듣고 따라서 연습을 한 후 다시 올리는 방식으로 진행하였습니다. 공부를 하는 과정에서 회원들이「티베트어-영어」로 된 교재를 한국어로 번역하자는 의견을 제시하였고, 다양한 논의를 거쳐 작업을 시작했습니다.

이 책은 한국어로 티베트어를 배우는 사람과 티베트어로 한국어를 배우고자 하는 사람, 영어로 티베트어를 배우거나 한국어를 배우고자 하는 사람에게도 도움이 되도록「티베트어-영어-한국어」로 만들었습니다. 따라서 많은 내용을 담아야 하기 때문에 원저와 체제가 달라졌고, 분량도 두 배가 되었습니다.

이 책에는 요즘에 사용하는 영어와 다소 거리가 있는 표현들이 있으며, 한국어를 전공한 분들의 의견과는 다소 차이가 나는 한국어 표현도 있을 수 있습니다.

이 책은 소리를 들으면서 훈련할 수 있도록 유튜브에 음성 자료를 공개하고, QR 코드를 교재에 수록하였습니다.

이 책을 만드는 과정에서 많은 분들의 도움이 있었습니다. 우선 티베트어 회화반의 일원이 되어 이 책을 만들고자 발원한 김수희, 김연주, 김윤숙, 노혜경, 문명애 님께 감사드립니다. 그리고 책의 편집과 교정을 도와 준 이다경, 이윤경, 김미옥, 김은정. 김지아, 반연주, 이연희, 영조 스님, 지덕 스님, 로되 라마께 감사드립니다. 또한 부록의 편집 과정을 함께한 샤오 최땐, 자홍 스님, 배정화 님께도 심심한 감사를 표합니다.

아울러 그동안 캄따시링을 잘 이끌어 주신 지덕 스님과 홍익역경원을 물심양면으로 후원해 주신 허태학 거사님과 김명애 보살님께 감사의 말씀을 드립니다. 또한 제가 이러한 번역 작업을 할 수 있도록 배려와 지원을 아끼지 않으신『세계 평화 불교 종단 연합회』김소부 이사장님께 감사드립니다. 그리고 처음부터 끝까지 책임지고 마무리 할 수 있도록 힘써 주신 지성남 보살님께 특별히 감사 말씀을 드립니다.

캄따시링 회원 및 인연 있는 모든 분들께 스승님과 불보살님의 가피가 항상 함께 하길 기원합니다.

བྱང་ཆུབ་སེམས་མཆོག་རིན་པོ་ཆེ།	최고의 보배인 보리심
མ་སྐྱེས་པ་རྣམས་སྐྱེས་གྱུར་ཅིག།	일어나지 않은 것은 일어나게 하시고
སྐྱེས་པ་ཉམས་པ་མེད་པ་ཡང་།	일어난 것은 줄어들지 않아서
གོང་ནས་གོང་དུ་འཕེལ་བར་ཤོག།	더욱더 증장되게 하소서.

2024년 6월 1일

아왕 상뽀 Ngawang Sangpo

이 책 사용법

티베트어를 유창하게 할 수 있도록 다음 그림을 보면서 7단계의 설명에 따라서 연습하세요. (7 Steps to Tibetan Fluency : Go to Natural Tibetan.)

How to Use this Book 이 책 사용법

1st Person	Construction Formula	2nd/3rd Person
ང་ + NC + ཡིན།		ཁོང་ + NC + རེད།
Statement 1 ང་མཆོག་ཡིན།	Statement	Statement 2 ཁོང་པད་མ་རེད།
I am Chok. 저는 촉입니다.	Translation	She is Pema. 그녀는 빼마입니다.

		Drill		
Yes-Q :	ཁྱེད་རང་མཆོག་ཡིན་པས། Are you Chok? 당신은 촉인가요?	Yes-Question	ཁོང་པད་མ་རེད་པས། Is she Pema? 그녀는 빼마인가요?	Yes-Q :
Ans:	ལགས་ཡིན། ང་མཆོག་ཡིན། Yes, I am Chok. 네, 저는 촉이에요.	Yes-Statement	ལགས་རེད། ཁོང་པད་མ་རེད། Yes, she is Pema. 네, 그녀는 빼마예요.	Ans:
No-Q:	ཁྱེད་རང་པད་མ་ཡིན་པས། Are you Pema? 당신은 빼마인가요?	No-question	ཁོང་ལྷ་མོ་རེད་པས། Is she lhamo? 그녀는 라모인가요?	No-Q:
Ans:	ལགས་མིན། ང་པད་མ་མིན། No, I am not Pema. 아니요, 저는 빼마가 아니에요.	No, Neg. Statement	ལགས་མ་རེད། ཁོང་ལྷ་མོ་མ་རེད། No, she is not Lhamo. 아니요, 그녀는 라모가 아니에요.	Ans:
Key-Q:	ཁྱེད་རང་སུ་ཡིན། Who are you? 당신은 누구신가요?	Key-Question	ཁོང་སུ་རེད། Who is she? 그녀는 누구인가요?	Key-Q:
Ans:	ང་མཆོག་ཡིན། I am Chok. 저는 촉이에요.	Statement	ཁོང་པད་མ་རེད། She is Pema. 그녀는 빼마예요.	Ans:
Or-Q:	ཁྱེད་རང་མཆོག་ཡིན་པད་མ་ཡིན། Are you Chok or Pema? 당신은 촉인가요? 빼마인가요?	Or-Question	ཁོང་པད་མ་རེད་ལྷ་མོ་རེད། Is she Pema or Sonam? 그녀는 빼마인가요? 라모인가요?	Or-Q:
Ans:	ང་མཆོག་ཡིན། I am Chok. 저는 촉이에요.	Statement	ཁོང་པད་མ་རེད། She is Pema. 그녀는 빼마예요.	Ans:

Step 1 : 1인칭 구조("I'm Chok") 에 관한 첫 문장(왼쪽 열 참조)을 주의 깊게 듣고, 생각하지 말고 따라하세요. (만약 당신이 그 문장이 어떻게 구조되어 있는지를 알고 싶다면, 그러면 가장 윗부분 상자의 공식(formula)을 체크하세요. 나는 당신이 생각하지 않기를 추천합니다!) 문장을 듣고 당신이 그것이 편하게 느껴질 때까지 세 번 또는 그 이상 반복해서 따라하세요.

일단 당신이 그 문장을 말하는 데 편안하고 자신감이 생기면, Yes-질문, No-질문, Key-질문 그리고 Or-질문을 말하는 것은 매우 쉽습니다.

Step 2 : 이제 'Yes' 로 대답할 질문("당신은 Chok 입니까?")을 주의 깊게 듣고, 따라합니다. '세 번' 반복하세요. 그 다음에, 대답을 주의 깊게 듣고 따라서 말합니다. 다시 말해서, yes와 원문을 함께 말해 보세요. ("Yes, I am Chok") 세 번 반복합니다.

Step 3 : 이제 'No' 로 대답할 질문("Are you Sonam?")을 주의 깊게 듣고, 따라합니다. 세 번 반복합니다. 그 다음에, 답("No, I am not Sonam")을 주의 깊게 듣고 따라합니다. 세 번 반복합니다.

Step 4 : 이제 Key-질문("Who are you?")을 주의 깊게 듣고 따라합니다. 세 번 반복합니다. 그 다음에 원래의 문장인 답("I'm Chok.")을 주의 깊게 듣고 따라합니다. 세 번 반복합니다.

Step 5 : 이제 Or-질문("Are you Chok or Sonam?")을 주의 깊게 듣고 따라합니다. 세 번 반복합니다. 이 경우 당신은 원래의 문장을 간단히 반복합니다.

이 단계에서는, 당신은 "Are you Sonam or Chok?" 이라고 말하지 않고, 대신에 "Are you Chok or Sonam?" 이라고 말하는 게 낫습니다. Chok이 포함된 'Yes' 질문을 먼저 사용하고, Sonam이 포함된 'No' 질문을 뒤에 말하는 것이 좋습니다. 이 순서는 논리적으로 만들어 주며, 여러분이 생각 없이 훈련을 기억하고 말할 수 있도록 도와줍니다.

Step 6 : 이제 모든 질문과 답변을 올바른 순서대로 차례로 반복합니다. 이러한 질문과 답변에 능숙해지면 Yes-질문에 파트너의 이름을 사용하고 No-질문에 자신의 이름을 사용하십시오. 그런 다음 아무 생각 없이 책을 들여다보지 않고 유창해질 때까지 연습하세요.

그리고 상자 안에 있는 단어에서 두 단어를 선택하고 같은 방식으로 연습하세요. 유창해질 때까지 질문과 답변의 순서를 최대한 반복하세요. 이런 식으로 비슷한 구성의 문장을 많이 만들 수 있을 것이다.

Step 7 : 일단 여러분이 이 훈련에 편안하고 자신감을 느끼면, 여러분은 이제 2인칭과 3인칭 구성에 관한 두 번째 문장(오른쪽 열 참조)의 첫 번째 다섯 단계를 따라갈 수 있습니다. 그리고 나서 함께 공부하는 친구들 중 두 명의 이름을 사용하여 연습하십시오. 그 후 상자 안에 있는 단어들을 사용하고 여러분이 자신감을 느끼고 편안해질 때까지 연습하세요.

일러두기

1. 이 책의 원본은 티베트어와 영어로 쓰여졌습니다. 여기에 한국어 번역을 추가하여, 티베트어와 영어 그리고 한국어를 함께 보면서 공부할 수 있게 하였습니다.
2. 이 책에는 티베트어의 발음 방법이 쓰여 있지 않습니다. 시중에 나와 있는 다른 책들을 참고하기 바랍니다. 필요한 분은 개별적인 연락을 주시면 안내해 드리겠습니다.
3. 음성 자료 이용법 :
   1) 이 책의 오른쪽 위에는 QR 코드가 인쇄되어 있습니다. 휴대폰으로 QR코드를 인식하시면 음성이 나옵니다.
   2) 캄따시링 유튜브 공식 채널(https://www.youtube.com/@khamtashiring) 재생 목록에서 티베트 기초 회화를 선택하여 해당하는 동영상을 재생합니다.
4. QR코드를 통해서 나오는 발음은 티베트 캄지역의 발음입니다.
5. 현 티베트어 표준 발음인 라싸발음은 별도의 파일이 녹음되어 있으며, 이것은 다람살라 도서관에서 관리합니다.

Abbreviations 약어

Adj. C	: Adjective Complement	형용사 보어
C	: Colloquial	구어
Comp. Adj.	: Comparative Adjective	비교급 형용사
F	: Future tense	미래 시제
H	: Honorific	경어(존경어)
I	: Imperative	명령어
Inf.	: Infinitive	부정사
N C	: Noun Complement	명사 보어
O	: Object	목적어
O Inf.	: Object of Infinitive	부정사의 목적어
OP	: Object of Preposition	전치사의 목적어
P	: Past tense	과거 시제
Pl.	: Plural	복수
PP	: Possessive Pronoun	소유 대명사
Prep.	: Preposition	전치사
S	: Subject	주어
Sup. Adj.	: Superlative Adjective	최상급 형용사
V	: Verb	동사

목 차

제1과 안녕하세요?

Statement 0 བཀྲ་ཤིས་བདེ་ལེགས།

བཀྲ་ཤིས་བདེ་ལེགས།

Hello
안녕하세요.

ལྷ་མོ། བཀྲ་ཤིས་བདེ་ལེགས། ཨ་མ་ལགས།
Tashi delek, ama-la
안녕하세요, 어머니!

པདྨ། བཀྲ་ཤིས་བདེ་ལེགས། བུ་མོ།
Tashi delek, bhumo
안녕, 딸!

ལྷ་མོ། སྐུ་གཟུགས་བདེ་པོ་ཡིན་པས།
How are you?
몸은 건강하세요? (몸은 편안하세요?)

པདྨ། བདེ་པོ་ཡིན། ཁྱེད་རང་བདེ་པོ་ཡིན་པས།
I'm fine. How are you?
나는 건강해. (나는 편안해.) 너는 건강하니? (너는 편안하니?)

ལྷ་མོ། ལགས་ཡིན། ང་ཡང་བདེ་པོ་ཡིན།
Yes. I am also fine.
네, 저도 건강해요. (저도 편안해요.)

པདྨ། སྡོད་ཨང་།
Bye!
잘 있어라.

ལྷ་མོ། ཕེབས་ཨང་། ཨ་མ་ལགས།
Bye, ama-la
안녕히 가세요, 어머니!

མིང་ཚིག Vocabulary 어휘

1. རིན་པོ་ཆེ།	Rinpoche, jewel	린포체, 보배
2. སྐུ་ཞོ།	Sir, madam	선생님(주인장), 부인(존칭어)
3. རྒན་ལགས།	teacher, elders	선생님, 손윗사람
4. ཨེམ་ཆི་ལགས།	doctor	의사
5. སྐུ་གཞོགས་ལགས།	monk	비구 스님
6. ཨ་ནེ་ལགས།	nun	비구니 스님
7. སྤོ་ལགས།	grandfather, old man	할아버지, 나이 드신 남자분
8. རྨོ་ལགས།	grandmother, old woman	할머니. 나이 드신 여자분
9. པ་ལགས།	father	아버지
10. ཨ་མ་ལགས།	mother	어머니
11. ཇོ་ལགས།	elder brother	형, 오빠
12. ཨ་ཅག་ལགས།	elder sister	언니, 누나
13. བུ་ལགས།	boy, son , child	소년, 아들
14. བུ་མོ་ལགས།	girl, daugther	소녀, 딸
15. ཚོང་དཔོན་ལགས།	shopkeeper	가게 주인, 사장
16. མ་བྱན་ལགས།	cook	요리사
17. བཀྲ་ཤིས་བདེ་ལེགས།	hello	안녕하세요? (어느 때나 사용)
18. སྐུ་ཁམས་བཟང་།	hello	건강하세요?
19. སྔ་དྲོ་བདེ་ལེགས།	good morning	안녕하세요? (아침 인사)
20. དགོང་དྲོ་བདེ་ལེགས།	good evening	안녕하세요? (저녁인사)
21. རྒྱུག་ཨང་། / ཕེབས་ཨང་།(H)	bye	잘 가. / 안녕히 가세요. (존칭어)
22. སྡོད་ཨང་།/ བཞུགས་ཨང་།(H)	bye	잘 있어. / 안녕히 계세요. (존칭어)
23. གཟིམ་འཇགས་གནང་གོ	good night(H)	안녕히 주무세요. (존칭어)
24. སང་ཉིན་མཇལ་ཡོང་།	see you tomorrow(H)	내일 만납시다. (존칭어)
25. རྗེས་ལ་མཇལ་ཡོང་།	see you later(H)	나중에 만나요, 또 만나요. (존칭어)
26. ནང་ལ་ཕེབས་དང་།	come inside(H)	들어오세요. (존칭어)
27. ཕྱི་ལ་ཕེབས་དང་།	come outside(H)	밖으로 나가세요. (존칭어)
28. ཡར་ཕེབས་དང་།	come in(H)	들어오세요. (존칭어)
29. བཞུགས་དང་།	have a seat(H)	앉으세요, 머무세요. (존칭어)
30. ཐུགས་རྗེ་ཆེ།	thank you	감사합니다.
31. ལགས་སོ།	okay(H)	네, 좋아요. (존칭어)
32. མ་མཇལ་ཡུན་རིང་།	long time no see!	오랜만입니다.
33. གཟུགས་པོ། / སྐུ་གཟུགས།(H)	body	몸 / 신체 (존칭어)
34. བདེ་པོ་ཡིན་པས།	how are you?(C)	안녕하세요? (아는 사이 안부 물음)
35. སྐུ་གཟུགས་བདེ་པོ་ཡིན་པས།	how are you?(H)	안녕하세요? 건강하세요? (존칭어)
36. ཡང་།	also, too	또한, ~도

제2과 나는 촉입니다.

Statement 1 ང་ + NC + ཡིན།

ང་མཆོག་ཡིན།

I am Chok.
나는 촉입니다.

Yes-Q: ཁྱེད་རང་མཆོག་ཡིན་པས།
Are you Chok?
당신은 촉인가요?

Ans: ལགས་ཡིན། ང་མཆོག་ཡིན།
Yes, Sir. I am Chok.
네, 저는 촉이에요.

> * ལགས་ཡིན།에서
> ལགས།를 사용하면 경어이고,
> ཡིན།만 사용하면 평어이다.

No-Q: ཁྱེད་རང་པད་མ་ཡིན་པས།
Are you Pema?
당신은 빼마인가요?

Ans: ལགས་མིན། ང་པད་མ་མིན།
No, Sir. I am not Pema.
아니요, 저는 빼마가 아니에요.

Key-Q: ཁྱེད་རང་སུ་ཡིན།
Who are you?
당신은 누구신가요?

> ཁྱེད་རང་ག་རེ་ཡིན།
> What are you?
> 당신은 무엇입니까?
> ཁྱེད་རང་གི་ལས་ཀ་ག་རེ་རེད།
> What is your job/profession?
> 당신의 직업은 무엇입니까?

Ans: ང་མཆོག་ཡིན།
I am Chok.
저는 촉이에요.

Or-Q: ཁྱེད་རང་མཆོག་ཡིན་པད་མ་ཡིན།
Are you Chok or Pema?
당신은 촉인가요? 빼마인가요?

Ans: ང་མཆོག་ཡིན།
I am Chok.
저는 촉이에요.

Statement 2 ཁོང་ + NC + རེད།

ཁོང་ལྷ་མོ་རེད།

She is Lhamo.
그녀는 라모입니다.

Yes-Q: ཁོང་ལྷ་མོ་རེད་པས།
Is she Lhamo?
그녀는 라모인가요?

Ans: ལགས་རེད། ཁོང་ལྷ་མོ་རེད།
Yes, sir. She is Lhamo.
네, 그녀는 라모예요.

No-Q: ཁོང་བསོད་ནམས་རེད་པས།
Is she Sonam?
그녀는 소남인가요?

Ans: ལགས་མ་རེད། ཁོང་བསོད་ནམས་མ་རེད།
No, sir. She is not Sonam.
아니요, 그녀는 소남이 아니에요.

Key-Q: ཁོང་སུ་རེད།
Who is she?
그녀는 누구인가요?

Ans: ཁོང་ལྷ་མོ་རེད།
She is Lhamo.
그녀는 라모예요.

Or-Q: ཁོང་ལྷ་མོ་རེད་བསོད་ནམས་རེད།
Is she Lhamo or Sonam?
그녀는 라모인가요? 소남인가요?

Ans: ཁོང་ལྷ་མོ་རེད།
She is Lhamo.
그녀는 라모예요

> ཁོང་།은 남녀 공용으로 쓰이는 경어 표현이다. 영어에는 경어 표현이 없어 He/she로 번역된다. 한국어는 경어 표현인 '그분'이 있지만 여기서는 '그/그녀'로 번역한다.

> ཁོང་ག་རེ་རེད།
> What is he/she?
> 그/그녀는 무엇입니까?
> ཁོང་གི་ལས་ཀ་ག་རེ་རེད།
> What is his/her job/profession?
> 그/그녀의 직업은 무엇입니까?

མིང་ཚིག Vocabulary 어휘

1. ང་།	I 나[대명사]	2. ང་ཚོ།	we 우리, 우리들
3. ཁྱེད་རང་།	you 당신	4. ཁྱེད་རང་ཚོ།	you 당신들
5. ཁོང་།	he/she 그분(그/그녀)	6. ཁོང་ཚོ།	they 그들
7. ཁོ།	he 그	8. ཁོ་ཚོ།	they 그들
9. མོ།	she 그녀	10. མོ་རང་ཚོ།	they 그녀들

11. འདི།	this, it	여기, 이(것)
12. འདི་ཚོ་	these	이것들
13. དེ།	that, it	거기, 그(것)
14. དེ་ཚོ།	those	그것들
15. ཕ་གི	that over there	저것 , 저기에 있는 것
16. ཕ་ཚོ།	those over there	저것들 , 저기에 있는 것들
17. མ་གི	that down there	저기 아래, 저기 아래에 있는 것
18. མ་ཚོ།	those down there	저기 아래에 있는 것들
19. ཡ་གི	that up there	저기 위, 저기 위에 있는 것
20. ཡ་ཚོ།	those up there	저기 위에 있는 것들
21. ག་རེ་	what	무엇
22. སུ་	who	누구
23. སློབ་ཕྲུག	student	학생
24. དགེ་རྒན།	teacher	선생님
25. ཨེམ་ཆི།	doctor	의사
26. སྨན་ཞབས་པ།/ སྨན་ཞབས་མ།	nurse	남자 간호원 / 여자 간호원
27. དབུ་འཛིན།	leader , head	지도자(འགོ་ཁྲིད་의 높임말)
28. ཨིན་ཇི།	Westerner, British	서양인, 영국인
29. འབྲོག་པ།	nomad	유목민, 방랑자
30. ཞིང་པ།	farmer	농부
31. བུ། / བུ་མོ།	boy, son / girl, daugter	소년, 아들 / 소녀, 딸

제3과 나는 건강합니다.

Statement 3 ང་ + Adj. C + ཡིན།

ང་བདེ་པོ་ཡིན།

I am fine/well.

나는 건강합니다. (나는 잘 있습니다.)

Yes-Q: ཁྱེད་རང་བདེ་པོ་ཡིན་པས།

Are you fine?

당신은 건강한가요?

Ans: ལགས་ཡིན། ང་བདེ་པོ་ཡིན།

Yes. I'm fine.

네, 저는 건강해요.

No-Q: ཁྱེད་རང་ནད་པ་ཡིན་པས།

Are you ill?

당신은 아파요?

Ans: ལགས་མིན། ང་ནད་པ་མིན།

No. I am not ill.

아니요, 저는 아프지 않아요.

Key-Q: ཁྱེད་རང་བདེ་ཚོད་ཡིན།

How well are you?

당신은 얼마나 건강한가요?

Ans: ང་བདེ་པོ་ཡིན།

I am well.

저는 건강해요.

Or-Q: ཁྱེད་རང་བདེ་པོ་ཡིན་ནད་པ་ཡིན།

Are you well or ill?

당신은 건강한가요? 아픈가요?

Ans: ང་བདེ་པོ་ཡིན།

I am well.

저는 건강해요.

Statement 4 ཁོང་ + Adj. C + རེད།

ཁོང་གཞོན་གཞོན་རེད།

He/she is young.
그/그녀는 젊습니다.

Yes-Q: ཁོང་གཞོན་གཞོན་རེད་པས།
Is he/she young?
그/그녀는 젊은가요?

Ans: ལགས་རེད། ཁོང་གཞོན་གཞོན་རེད།
Yes. he/she is young.
네, 그/그녀는 젊어요.

No-Q: ཁོང་རྒན་ཁོག་རེད་པས།
Is he/she old?
그/그녀는 나이가 많은가요?

Ans: ལགས་མ་རེད། ཁོང་རྒན་ཁོག་མ་རེད།
No. he/she is not old.
아니요, 그/그녀는 나이가 많지 않아요.

Key-Q: ཁོང་གཞོན་ཚོད་རེད།
How young is he/she?
그/그녀는 얼마나 젊은가요?

Ans: ཁོང་གཞོན་གཞོན་རེད།
He/she is young.
그/그녀는 젊어요.

Or-Q: ཁོང་གཞོན་གཞོན་རེད་རྒན་ཁོག་རེད།
Is he/she is young or old?
그/그녀는 젊은가요? 나이가 많은가요?

Ans: ཁོང་གཞོན་གཞོན་རེད།
He/she is young.
그/그녀는 젊어요.

མིང་ཚིག Vocabulary 어휘

1. Adj. + ཚོད་	how + adj.	얼마나 ~한
2. བདེ་ཚོད།	how well	얼마나 좋은
3. གཞོན་ཚོད།	how young	얼마나 젊은
4. ཆུང་ཚོད།	how small	얼마나 작은
5. བདེ་པོ།	well/fine	편안한, 건강한
6. ན་ག། / ནད་པ	ill / patient	아픈 / 환자
7. གཞོན་གཞོན།	young	젊은
8. རྒན་ཁོག།	old	늙은 , 나이가 많은
9. ཕྱུག་པོ།	rich	부유한
10. སྐྱོ་པོ།	poor	가난한
11. ཆེན་པོ།	big	큰
12. ཆུང་ཆུང་།	small	작은
13. ཡག་པོ།	good	좋은
14. སྡུག་ཅག།	bad	나쁜
15. བོད་པ།	Tibetan	티베트인
16. ཨ་རི་བ།	American	미국인
17. རྒྱ་མི།	Chinese	중국인
18. རྒྱ་གར་བ།	Indian	인도인
19. སོག་པོ།	Mongolian	몽고인
20. ཉི་ཧོང་བ།	Japanese	일본인
21. ནང་པ།	Buddhist	불교도
22. ཡི་ཤུ་པ།	Christian	기독교도
23. འདི་ག་རེ་རེད།	What is this?	이것은 무엇입니까?
24. འདི་དེབ་རེད།	This is book.	이것은 책입니다.
25. "ཟ" ཟེར་ན་ག་རེ་ཟེར་གྱི་རེད།	What does "ཟ" mean?	"ཟ" 라는 것은 무엇을 말합니까?
26. "ཟ" ཟེར་ན་ "to eat" ཟེར་གྱི་རེད།	"ཟ" means "to eat".	"ཟ" 는 먹는 것을 의미합니다.

제4과 나는 티베트에서 왔습니다.

Statement 5 ང་ + OP + ནས་+ ཡིན།

ང་བོད་ནས་ཡིན།

I am from Tibet.
나는 티베트에서 왔습니다.

Yes-Q : ཁྱེད་རང་བོད་ནས་ཡིན་པས།
Are you from Tibet?
당신은 티베트에서 왔나요?

Ans: ལགས་ཡིན། ང་བོད་ནས་ཡིན།
Yes. I'm from Tibet.
네, 저는 티베트에서 왔어요.

No-Q: ཁྱེད་རང་ཉི་ཧོང་ནས་ཡིན་པས།
Are you from Japan?
당신은 일본에서 왔나요?

Ans: ལགས་མིན། ང་ཉི་ཧོང་ནས་མིན།
No. I am not from Japan.
아니요, 저는 일본에서 오지 않았어요.

Key-Q: ཁྱེད་རང་ག་ནས་ཡིན།
Where are you from?
당신은 어디에서 왔어요?

Ans: ང་བོད་ནས་ཡིན།
I am from Tibet.
저는 티베트에서 왔어요.

Or-Q: ཁྱེད་རང་བོད་ནས་ཡིན་ཉི་ཧོང་ནས་ཡིན།
Are you from Tibet or Japan?
당신은 티베트에서 왔나요? 일본에서 왔나요?

Ans: ང་བོད་ནས་ཡིན།
I am from Tibet.
저는 티베트에서 왔어요.

Statement 6 ཁོང་ + OP + ནས་+ རེད།

ཁོང་ཨ་རི་ནས་རེད།

He/she is from the United State.
그/그녀는 미국에서 왔습니다.

Yes-Q : ཁོང་ཨ་རི་ནས་རེད་པས།
Is he/she from the United State?
그/그녀는 미국에서 왔나요?

Ans: ལགས་རེད། ཁོང་ཨ་རི་ནས་རེད།
Yes. he/she is from the United State.
네, 그/그녀는 미국에서 왔어요.

No-Q: ཁོང་ཡུ་རོབ་ནས་རེད་པས།
Is he/she from Europe?
그/그녀는 유럽에서 왔나요?

Ans: ལགས་མ་རེད། ཁོང་ཡུ་རོབ་ནས་མ་རེད།
No, he/she is not from Europe.
아니요, 그/그녀는 유럽에서 오지 않았어요.

Key-Q: ཁོང་ག་ནས་རེད།
Where is he/she from?
그/그녀는 어디에서 왔나요?

Ans: ཁོང་ཨ་རི་ནས་རེད།
He/she is from the United State.
그/그녀는 미국에서 왔어요.

Or-Q: ཁོང་ཨ་རི་ནས་རེད་ཡུ་རོབ་ནས་རེད།
Is he/she is from the United State or Europe?
그/그녀는 미국에서 왔나요? 유럽에서 왔나요?

Ans: ཁོང་ཨ་རི་ནས་རེད།
He/she is from the United State.
그/그녀는 미국에서 왔어요.

མིང་ཚིག Vocabulary 어휘

1. ག་ནས།	from where	어디에서
2. ལུང་པ།	conutry/region	지역, 나라
3. གྲོང་ཁྱེར།	city	도시
4. གྲོང་གསེབ།	village	마을
5. རྒྱལ་ས།	capital city	수도
6. ས་ཆ།	place	대지, 땅, 장소
7. བོད།	Tiebet	티베트
8. ལྷ་ས།	lhasa	라싸(하싸)
9. རྒྱ་གར།	India	인도
10. ལྡི་ལི།	Delhi	델리
11. རྒྱ་ནག	China	중국
12. པེ་ཅིང་།	Beijing	베이징
13. བལ་ཡུལ།	Nepal	네팔
14. ཡུ་རོབ།	Europe	유럽
15. ཨུ་རུ་སུ།	Russia	러시아
16. ཀོ་རི་ཡ།	Korea	한국
17. ཉི་ཧོང་།	Japan	일본
18. ཨ་རི།	USA	미국
19. ཨིན་ཡུལ།	England	영국
20. ཐེ་ཝན།	Taiwan	타이완
21. ཧོང་ཀོང་།	Hong Kong	홍콩
22. འཇར་མ་ནི།	Germany	독일
23. ཨ་ལེ།	Oh! I see!	아, 네~
24. ཨོ་ཙེ།	Ho!	감탄사
25. ཡིན་གྱི་རེད། / ཡིན་འགྲོ	maybe it is	아마 ~일 것이다. ~인 것 같다.
26. ཡིན་པ་འདྲ།	it seems it is	~인 것 같다. 인 듯하다.
27. ཡོད་གྱི་རེད། / ཡོད་འགྲོ།	maybe it has	아마 ~있을 것이다. ~한 것 같다.
28. ཡོད་པ་འདྲ་	it seems it has	~있는것 같다.
29. ག་རེ་རེད་ཟེར་ན་	the reason is that	무엇 때문인가 하면, 왜냐하면
30. གང་ཡིན་ཟེར་ན་	because	왜냐하면

གླེང་མོལ། Dialogue 대화문 **1**

4-0 대화문

པད་མ། ཇོ་ལགས། བཀྲ་ཤིས་བདེ་ལེགས། ང་པད་མ་ཡིན།
Hello, jho-la! I'm Pema.
오빠, 안녕하세요. 저는 빼마예요.

མཆོག བཀྲ་ཤིས་བདེ་ལེགས། པད་མ་ལགས།
Hello, Pema-la.
안녕하세요, 빼마씨.

ང་མཆོག་ཡིན། ཁྱེད་རང་ག་ནས་ཡིན།
I'm Chok. Where are you from?
저는 촉이에요. 당신은 어디서 왔나요?

པད་མ། ང་ཨ་རི་ནས་ཡིན།
I'm from the United States.
저는 미국에서 왔어요.

མཆོག ཨ་རི་ག་ནས་ཡིན།
Where in the United States?
미국 어디서 왔나요?

པད་མ། ནེའུ་ཡོག་ནས་ཡིན།
From New York.
뉴욕에서 왔어요.

མཆོག ཨ་ལེ། ཁྱེད་རང་སློབ་ཕྲུག་ཡིན་པས།
Oh, are you a student?
네(그렇군요), 당신은 학생인가요?

པད་མ། ལགས་མིན། ང་སློབ་ཕྲུག་མིན། ང་དགེ་རྒན་ཡིན།
No, I'm not a student. I'm a teacher.
아니요, 저는 학생이 아니에요. 저는 선생님이에요.

སློང་མོལ། Dialogue 대화문 2

མཆོག། ཁྱེད་རང་གི་ཕ་མ་བོད་པ་རེད་པས།
Are your parents Tibetan?
당신의 부모님은 티베트 사람인가요?

པད་མ། ལགས། ངའི་ཨ་མ་ལགས་བོད་པ་རེད།
Yes, my mom is Tibetan.
네, 저의 어머니는 티베트 사람이에요.

མཆོག། ཨ་ནི། ཁྱེད་རང་གི་པ་ལགས་ག་རེ་རེད།
Then what about your dad?
그러면, 당신의 아버지는 어디 사람인가요?

པད་མ། ངའི་པ་ལགས་ཨ་རི་བ་རེད།
My dad is American.
저의 아버지는 미국인이에요.

མཆོག། ཁྱེད་རང་གི་པ་ལགས་གཞོན་གཞོན་རེད་པས།
Is your dad young?
당신의 아버지는 젊으신가요?

པད་མ། ལགས་མ་རེད། ཁོང་རྒན་ཁོག་རེད།
No. he's old.
아니요, 저의 아버지는 나이가 드셨어요.

མཆོག། ཁོང་གི་ལས་ཀ་ག་རེ་རེད།
What is his profession?
아버지의 직업은 무엇인가요?

པད་མ། ཁོང་ཨེམ་ཆི་རེད། ཁྱེད་རང་གི་ཕ་མ་ག་ནས་རེད།
He's a doctor. Where are your parents from?
아버지는 의사예요. 당신의 부모님은 어디서 오셨나요?

མཆོག། ངའི་པ་ལགས་ལྷ་ས་ནས་རེད།
My dad is from Lhasa.
저의 아버지는 라싸에서 오셨어요.

ཨ་མ་ལགས་ཀོང་པོ་ནས་རེད།
Mom is from Kongpo.
저의 어머니는 꽁뽀에서 오셨어요.

གླེང་མོལ། Dialogue 대화문 **3**

པད་མ། ཇོ་ལགས་ཁྱེད་རང་མཇལ་བར་དགའ་པོ་བྱུང་།
Jho-la, it's nice to meet you.
오빠, 만나서 반가워요.

མཚོག ང་ཡང་ཁྱེད་རང་མཇལ་བར་དགའ་པོ་ཞེ་དྲག་བྱུང་།
It's also very nice to meet you.
나 역시 만나서 반가워요.

པད་མ། ལགས་སོ། ཇོ་ལགས། བཞུགས་ཨང་།
Okay, jho-la, bye.
네, 오빠 안녕히 계세요.

མཚོག ཨ་ནི། ཕེབས་ཨང་།
Bye then.
그러면, 안녕히 가세요.

པད་མ། རྗེས་ལ་མཇལ་ཡོང་།
See you later.
다음에 다시 만나요.

མཚོག ལགས་སོ། རྗེས་ལ་མཇལ་ཡོང་།
Okay, see you later.
네, 다음에 다시 만나요.

제5과 나의 이름은 촉입니다.

Statement 7 ངའི་ + མིང་ + NC(name) + ཡིན།

ངའི་མིང་མཆོག་ཡིན།

My name is Chok
나의 이름은 촉입니다.

Yes-Q : ཁྱེད་རང་གི་མིང་མཆོག་ཡིན་པས།
Is your name Chok?
당신의 이름은 촉인가요?

Ans: ལགས་ཡིན། ངའི་མིང་མཆོག་ཡིན།
Yes, my name is Chok.
네, 저의 이름은 촉이에요.

No-Q: ཁྱེད་རང་གི་མིང་པད་མ་ཡིན་པས།
Is your name Pema?
당신의 이름은 빼마인가요?

Ans: ལགས་མིན། ངའི་མིང་པད་མ་མིན།
No, my name is not Pema.
아니요, 저의 이름은 빼마가 아니에요.

Key-Q: ཁྱེད་རང་གི་མིང་ག་རེ་ཡིན།
What's your name?
당신의 이름은 무엇인가요?

Ans: ངའི་མིང་མཆོག་ཡིན།
My name is Chok.
저의 이름은 촉이에요.

Or-Q: ཁྱེད་རང་གི་མིང་མཆོག་ཡིན་པད་མ་ཡིན།
Is your name Chok or Pema?
당신의 이름은 촉인가요? 빼마인가요?

Ans: ངའི་མིང་མཆོག་ཡིན།
My name is Chok.
저의 이름은 촉이에요.

Statement 8 ཁོང་གི་ + མིང་ + NC(name) + རེད།

ཁོང་གི་མིང་ལྷ་མོ་རེད།

Her name is Lhamo.

그녀의 이름은 라모입니다.

Yes-Q : ཁོང་གི་མིང་ལྷ་མོ་རེད་པས།

Is her name Lhamo?

그녀의 이름은 라모인가요?

Ans: ལགས་རེད། ཁོང་གི་མིང་ལྷ་མོ་རེད།

Yes, her name is lhamo.

네, 그녀의 이름은 라모예요.

No-Q: ཁོང་གི་མིང་བསོད་ནམས་རེད་པས།

Is her name Sonam?

그녀의 이름은 소남인가요?

Ans: ལགས་མ་རེད། ཁོང་གི་མིང་བསོད་ནམས་མ་རེད།

No, her name is not Sonam.

아니요, 그녀의 이름은 소남이 아니에요.

Key-Q: ཁོང་གི་མིང་ག་རེ་རེད།

What is her name?

그녀의 이름은 무엇인가요?

Ans: ཁོང་གི་མིང་ལྷ་མོ་རེད།

Her name is Lhamo.

그녀의 이름은 라모예요.

Or-Q: ཁོང་གི་མིང་ལྷ་མོ་རེད་བསོད་ནམས་རེད།

Is her name Lhamo or Sonam?

그녀의 이름은 라모인가요? 소남인가요?

Ans: ཁོང་གི་མིང་ལྷ་མོ་རེད།

Her name is Lhamo.

그녀의 이름은 라모예요.

མིང་ཚིག Vocabulary 어휘

1. ངའི་	my	나의 , 저의
2. ང་ཚོའི་	our	우리들의, 저희들의
3. ཁྱེད་རང་གི་	your	당신의
4. ཁྱེད་རང་ཚོའི་	your	당신들의
5. ཁོང་གི་	his, her	그의, 그녀의
6. ཁོང་ཚོའི་	their	그들의
7. ཁོའི་	his	그의
8. ཁོ་ཚོའི་	their	그 남자들의
9. མོའི་	her	그녀의
10. མོ་རང་ཚོའི་	her	그녀들의
11. འདིའི་	of this , its	이것의 , 그것의
12. འདི་ཚོའི་	their	이것들의, 그것들의
13. དེའི་	of that , its	저것의, 그것의
14. དེ་ཚོའི	their	저것들의, 그것들의
15. ཡ་གིའི་	of that up there	저 위에 있는 것의
16. ཡ་ཚོའི་	of those up there	저 위에 있는 것들의
17. མ་གིའི་	of that down there	저 아래에 있는 것의
18. མ་ཚོའི་	of those down there	저 아래에 있는 것들의
19. ཕ་གིའི་	of that over there	저기에 있는 것의
20. ཕ་ཚོའི་	of those over there	저기에 있는 것들의
21. མིང་། / མཚན།	name/ name(H)	이름 / 성함(존칭어)
22. ལྟོས་དང་། / གཟིགས་དང་།	look / look(H)	보라 / 보세요.(존칭어)
23. ཚང་མ།	all	모두
24. གཅིག་ཕུ། གཅིག་ཕུར།	lone / alone	오직 하나 / 홀로
25. རོགས་པ།	companion	친구, 동료
26. ལས་རོགས།	assistant, associate	돕는 사람, 조수(助手)
27. དོན་དག	meaning	의미
28. གཞས།	song	노래
29. ལམ་ཀ།	road	길
30. ཁྱིམ་ཚང་།	family	가정, 가족
31. སྐོར།	about	~에 관한
32. ངའི་སྐོར།	about me	나에 관한

제6과 이것은 책입니다.

Statement 9 འདི་ + NC + རེད།

འདི་དེབ་རེད།

This is a book.

이것은 책입니다.

Yes-Q : འདི་དེབ་རེད་པས།

Is this a book?

이것은 책인가요?

Ans: ལགས་རེད། འདི་དེབ་རེད།

Yes, this is a book.

네, 이것은 책이에요.

No-Q: འདི་སྨྱུ་གུ་རེད་པས།

Is this a pen?

이것은 펜인가요?

Ans: ལགས་མ་རེད། འདི་སྨྱུ་གུ་མ་རེད།

No, this is not a pen.

아니요, 이것은 펜이 아니에요.

Key-Q: འདི་ག་རེ་རེད།

What is this?

이것은 무엇인가요?

Ans: འདི་དེབ་རེད།

This is a book.

이것은 책이에요.

Or-Q: འདི་དེབ་རེད་སྨྱུ་གུ་རེད།

Is this a book or a pen?

이것은 책인가요? 펜인가요?

Ans: འདི་དེབ་རེད།

This is a book.

이것은 책이에요.

Statement 10 དེ་ + NC + རེད།

དེ་ཀུ་ཤུ་རེད།

That is an apple.
저것은 사과입니다.

Yes-Q : དེ་ཀུ་ཤུ་རེད་པས།
Is that an apple?
저것은 사과인가요?

Ans: ལགས་རེད། དེ་ཀུ་ཤུ་རེད།
Yes, that is an apple.
네, 저것은 사과예요.

No-Q: དེ་ཨམ་རེད་པས།
Is that a mango?
저것은 망고인가요?

Ans: ལགས་མ་རེད། དེ་ཨམ་མ་རེད།
No, that is not a mango.
아니요, 저것은 망고가 아니에요.

Key-Q: དེ་ག་རེ་རེད།
What is that?
저것은 무엇인가요?

Ans: དེ་ཀུ་ཤུ་རེད།
That is an apple.
저것은 사과예요.

Or-Q: དེ་ཀུ་ཤུ་རེད་ཨམ་རེད།
Is that an apple or a mango?
저것은 사과인가요? 망고인가요?

Ans: དེ་ཀུ་ཤུ་རེད།
That is a mango.
저것은 사과예요.

མིང་ཚིག Vocabulary 어휘

1. ཅ་ལག།	things	물건
2. ཚིག་མཛོད།	dictionary	사전
3. འབྲི་དེབ།	notebook	공책
4. སློབ་དེབ།	textbook	교과서, 교재
5. ཉིན་དེབ།	diary	일기장
6. སྒྲུང་དེབ།	storybook	이야기 책, 소설
7. ཤོག་བུ།	paper	종이
8. སྣག་ཚ།	ink	잉크
9. སྨྱུ་གུ།	pen	펜
10. ཞ་སྨྱུག	pencil	연필
11. ཅོག་ཙེ།	table	탁자
12. རྐུབ་བཀྱག	chair	의자
13. དཀར་པང་།	whiteboard	화이트보드
14. ནག་པང་།	blackboard	칠판
15. གློག	electricity	전기
16. གློག་ཀླད།	computer	컴퓨터
17. སྒོ།	door	문
18. སྒེ་ཁུང་།	window	창문
19. རླུང་འཁོར།	fan	선풍기
20. བརྙན་འཕྲིན།	TV	텔레비전
21. ཀུ་ཤུ།	apple	사과
22. ཨམ།	mango	망고
23. ངང་ལག	banana	바나나
24. རྒུན་འབྲུམ།	grape	포도
25. ཚ་ལུ་མ།	orange	오렌지
26. ལི།	pear	배
27. ཁམ་བུ།	peach	복숭아
28. སེའུ།	cherry	체리
29. སེ་འབྲུ།	pomegranate	석류
30. ལིམ་བུ།	lemon	레몬
31. དང་།	and	그리고
32. ཨ་ནི།	then	그러면, 그럼
33. གཉིས་ཅར། གཉིས་ཀར།	both	양쪽의, 둘 다
34. ཡང་ན།	or	또는
35. བྱས་ཙང་།	therefore	그러므로

제7과 이것은 나의 것입니다.

Statement 11 འདི་ + PP + རེད། / ཡིན།

འདི་ངའི་རེད།

This is mine.

이것은 나의 것입니다.

Yes-Q : འདི་ཁྱེད་རང་གི་རེད་པས།

Is this yours?

이것은 당신 것인가요?

> '저'는 '나'를 낮추는 겸양어이며, '나의 것'은 '내 것', '저의 것'은 '제 것' 으로 쓸 수 있다.

Ans: ལགས་རེད། འདི་ངའི་རེད།

Yes, this is mine.

네, 이것은 제 것이에요.

No-Q: འདི་ངའི་རེད་པས།

Is this mine?

이것은 제 것인가요?

Ans: ལགས་མ་རེད། འདི་ཁྱེད་རང་གི་མ་རེད།

No, this is not yours.

아니요, 이것은 당신 것이 아니에요.

Key-Q: འདི་སུའི་རེད།

Whose is this?

이것은 누구 것인가요?

Ans: འདི་ངའི་རེད།

This is mine.

이것은 제 것이에요.

Or-Q: འདི་ཁྱེད་རང་གི་རེད་ངའི་རེད།

Is this yours or mine?

이것은 당신 것인가요? 제 것인가요?

Ans: འདི་ངའི་རེད།

It is mine.

이것은 제 것 이에요.

Statement 12 དེ་+ PP + རེད།

དེ་ཁོའི་རེད།

That is his.
저것은 그의 것입니다.

Yes-Q : དེ་ཁོའི་རེད་པས།
Is that his?
저것은 그의 것인가요?

Ans: ལགས་རེད། དེ་ཁོའི་རེད།
Yes, it is his.
네, 그것은 그의 것이에요.

No-Q: དེ་མོའི་རེད་པས།
Is that hers?
저것은 그녀의 것인가요?

Ans: ལགས་མ་རེད། དེ་མོའི་མ་རེད།
No, it is not hers.
아니요, 그것은 그녀의 것이 아니에요.

Key-Q: དེ་སུའི་རེད།
Whose is that?
저것은 누구 것인가요?

Ans: དེ་ཁོའི་རེད།
It is his.
그것은 그의 것이에요.

Or-Q: དེ་ཁོའི་རེད་མོའི་རེད།
Is that his or hers?
저것은 그의 것인가요? 그녀의 것인가요?

Ans: དེ་ཁོའི་རེད།
It is his.
그것은 그의 것입니다.

མིང་ཚིག Vocabulary 어휘

1. འདི་ངའི་རེད།	This is mine.	이것은 나의 것입니다.
2. འདི་ཚོ་ང་ཚོའི་རེད།	These are ours.	이것들은 우리들의 것입니다.
3. དེ་ཁོང་གི་རེད།	That/it is his/hers.	그것은 그(그녀)의 것입니다.
4. དེ་ཚོ་ཁོང་ཚོའི་རེད།	Those are theirs.	그것들은 그들의 것입니다.
5. འདི་ཁྱེད་རང་གི་རེད།	This is yours.	이것은 당신 것입니다.
6. འདི་ཚོ་ཁྱེད་རང་ཚོའི་རེད།	These are yours.	이것들은 당신들의 것입니다.
7. ཡ་གི་མོའི་རེད།	That up there is hers.	저 위의 것은 그녀의 것입니다.
8. ཡ་ཚོ་མོའི་རེད།	Those up there are hers.	저 위의 것들은 그녀의 것입니다.
9. མ་གི་ཁོའི་རེད།	That down there is hers.	저 아래의 것은 그의 것입니다.
10. མ་ཚོ་ཁོའི་རེད།	Those down there are his.	저 아래의 것들은 그의 것입니다.
11. ཕ་གི་མོའི་རེད།	That over there is hers.	저것은 그녀의 것입니다.
12. ཕ་ཚོ་མོའི་རེད།	Those over there are hers.	저것들은 그녀의 것입니다.
13. འདི་མཆོག་གི་རེད།	This is Chok's.	이것은 촉의 것입니다.
14. འདི་ཚོ་བོད་པའི་རེད།	These are Tibetans.	이것들은 티베트 사람 것입니다.
15. ངས་བྱས་ན་	from my point of view	나의 관점에서
16. ཁྱེད་རང་གིས་བྱས་ན་	from your point of view	당신의 관점에서
17. གཅིག་བྱས་ན་	maybe	아마
18. དངོས་གནས་བྱས་ན་	actually, in fact	실제로
19. བྱས་ཙང་	therefore	그러므로
20. ཡང་ན་	or	또는
21. བེད་སྤྱོད་ཆེན་པོ་	very useful	매우 유용한
22. གལ་ཆེན་པོ་	important	중요한
23. ཅི་དག་	etc.	기타 등등
24. གོམས་གཤིས།	habit	습관
25. ལོ་རྒྱུས་ཀྱི་ཐོག་ནས་བྱས་ན་	from a historical perspective	역사적 관점에서
26. རིག་གཞུང་གི་ཐོག་ནས་བྱས་ན་	from a cultural standpoint	문화적인 관점에서

* 소유 및 구격(행위의 주체/도구)을 나타내는 문법 요소는 앞 단어의 후접자에 따라서 다음과 같이 사용합니다.

འབྲེལ་སྒྲ་དང་བྱེད་སྒྲའི་སྐད། Genitive and Agentive Particles 소유 및 구격 문법 요소

Particle 문법 요소	གི་/ གིས་	ཀྱི་/ ཀྱིས་	གྱི་/ གྱིས	འི་/ ས་ or ཡི་/ ཡིས	གི་/ གིས་
Suffix 후접자	ག་/ ང་	ད་/ བ་/ ས་	ན་/ མ་/ ར་/ ལ་	འ་ / 후접자 없을 때	구어에서 འ་ /후접자 없을 때

제8과 이 책은 나의 것입니다.

Statement 13 NC + འདི་ + PP + རེད།

དེབ་འདི་ངའི་རེད།

This book is mine.

이 책은 나의 것입니다.

Yes-Q : དེབ་འདི་ཁྱེད་རང་གི་རེད་པས།

Is this book yours?

이 책은 당신 것인가요?

Ans: ལགས་རེད། དེབ་འདི་ངའི་རེད།

Yes, this is mine.

네, 이 책은 제 것이에요.

No-Q: དེབ་འདི་ངའི་རེད་པས།

Is this book mine?

이 책은 제 것인가요?

Ans: ལགས་མ་རེད། དེབ་འདི་ཁྱེད་རང་གི་མ་རེད།

No, this is not yours.

아니요, 이 책은 당신 것이 아니에요.

Key-Q: དེབ་འདི་སུའི་རེད།

Whose is this book?

이 책은 누구 것인가요?

Ans: དེབ་འདི་ངའི་རེད།

This is mine.

이 책은 제 것이에요.

Or-Q: དེབ་འདི་ཁྱེད་རང་གི་རེད་ངའི་རེད།

Is this book yours or mine?

이 책은 당신 것인가요? 제 것인가요?

Ans: དེབ་འདི་ངའི་རེད།

This is mine.

이 책은 제 것이에요.

Statement 14 NC + དེ་ + PP + རེད།

ཁང་པ་དེ་ཁོའི་རེད།

That house is his.
저 집은 그의 것입니다.

Yes-Q : ཁང་པ་དེ་ཁོའི་རེད་པས།
Is that house his?
저 집은 그의 것인가요?

Ans: ལགས་རེད། ཁང་པ་དེ་ཁོའི་རེད།
Yes, that is his.
네, 저 집은 그의 것이에요.

No-Q: ཁང་པ་དེ་མོའི་རེད་པས།
Is that house hers?
저 집은 그녀의 것인가요?

Ans: ལགས་མ་རེད། ཁང་པ་དེ་མོའི་མ་རེད།
No,that is not hers.
아니요, 저 집은 그녀의 것이 아니에요.

Key-Q: ཁང་པ་དེ་སུའི་རེད།
Whose is that house?
저 집은 누구의 것인가요?

Ans: ཁང་པ་དེ་ཁོའི་རེད།
That is his.
저 집은 그의 것이에요.

Or-Q: ཁང་པ་དེ་ཁོའི་རེད་མོའི་རེད།
Is that house his or hers?
저 집은 그의 것인가요? 그녀의 것인가요?

Ans: ཁང་པ་དེ་ཁོའི་རེད།
That is his.
저 집은 그의 것이에요.

མིང་ཚིག Vocabulary 어휘

1. སུའི།	whose	누구의
2. མོ་ཊ།	car / vehicle	차, 자동차
3. པར།	photo	사진
4. པར་ཆས།	camera	카메라
5. ཁ་པར།	phone	전화기
6. ལག་ཐོག་ཁ་པར།	mobile phone	핸드폰
7. སྡེར་མ།	plate	접시, 쟁반
8. ཕོར་པ།	bowl / cup	그릇, 컵
9. ཞྭ་མོ།	hat	모자
10. སྟོད་ཐུང་། / སྟོད་གོས།	coat	상의, 윗옷
11. ཁང་པ།	house	집
12. ཁང་མིག	room	방
13. ཉལ་ཁྲི།	bed	침대
14. ཉལ་ཆས།	bedding	이불, 침구
15. གོས་ཐུང་།	trousers	바지
16. འོག་འཇུག	shirt / undershirt	속옷, 셔츠
17. ལྐོ་ཕད།	bag	가방
18. སྒམ།	box	상자
19. ཤེལ་དམ།	glass bottle	유리병
20. འགྱིག་དམ།	plastic bottle	플라스틱 병
21. མགྲོན་ཁང་།	guesthouse	호텔, 여관, 객실(손님방)
22. ཟ་ཁང་།	restaurant	식당
23. ཞོག་ཁོག	potato	감자
24. པད་ཚལ།	lettuce	배추, 상추
25. མེ་ཏོག་པད་ཚལ།	cauliflower	꽃양배추
26. ལན་འཁོར་པད་ཚལ།	cabbage	양배추
27. སྒོག་པ།	garlic	마늘
28. ཙོང་།	onion	양파
29. པཱ་ལག	spinach	시금치
30. ཤ་མོ།	mushroom	버섯
31. སི་པན་སྔོན་པོ།	green chilli	청고추

གླེང་མོལ། Dialogue 대화문 4

B-0 대화문

མཆོག། སྔ་དྲོ་བདེ་ལེགས། ངའི་མིང་མཆོག་ཡིན།
Good morning. My name is Chok.
안녕하세요(아침 인사). 저의 이름은 촉이에요.

པད་མ། སྔ་དྲོ་བདེ་ལེགས། ང་པད་མ་ཡིན།
Good morning. I'm Pema.
안녕하세요. 저는 빼마예요.

མཆོག། པད་མ་ལགས། ཁྱེད་རང་ག་ནས་ཡིན།
Pema-la, where are you from?
빼마씨, 어디서 오셨나요?

པད་མ། ང་རྒྱ་གར་ནས་ཡིན། ཁྱེད་རང་ག་ནས་ཡིན།
I'm from India. Where are you from?
저는 인도에서 왔어요. 당신은 어디서 오셨나요?

མཆོག། ང་ཉི་ཧོང་ནས་ཡིན།
I'm from Japan.
저는 일본에서 왔어요.

པད་མ། ཨ་ལེ། ཉི་ཧོང་ག་ནས་ཡིན།
Oh, from where in Japan?
네~, 일본 어디서 오셨나요?

མཆོག། ཊོ་ཀྱོ་ཡོ་ནས་ཡིན།
From Tokyo.
도쿄에서 왔어요.

གླེང་མོལ། Dialogue 대화문 **5**

པད་མ། ཡར་ཕེབས་དང་། བཞུགས་དང་།
Come in. Have a seat.
들어오세요. 앉으세요.

མཆོག ལགས་སོ། ཐུགས་རྗེ་ཆེ་གནང་།
Okay, thank you.
네~ 감사합니다.

པད་མ། མཆོག་ལགས། འདིར་གཟིགས་དང་།
Chok, have a look here.
촉씨, 이것을 보세요.

འདི་ངའི་ནང་མིའི་པར་རེད།
This is a photo of my family.
이것은 저의 가족 사진이에요.

མཆོག ཨ་ལེ། འདི་ཚོ་ཚང་མ་ཁྱེད་རང་གི་ནང་མི་རེད་པས།
I see! Are they all members of your family?
아! 이들은 모두 당신 가족들인가요?

པད་མ། ལགས་རེད། འདི་ངའི་པ་ལགས་རེད། འདི་ངའི་ཨ་མ་ལགས་རེད།
Yes, this is my dad. This is my mom.
네~ 이 분은 저의 아버지예요. 이 분은 저의 어머니예요.

འདི་ཚོ་གཉིས་ངའི་ཨ་ཅག་རེད། འདི་ངའི་ཇོ་ལགས་རེད།
These two are my older sisters. This is my older brother.
이 두 사람은 저의 언니예요. 여기는 저의 오빠예요.

མཆོག ཨ་ལེ། ཁྱེད་རང་གི་ཨ་ཅག་གཞོན་གཞོན་རེད་པས།
Oh! Is your older sister young?
아! 당신의 언니는 젊은가요?

པད་མ། ལགས་འོང་། ཁོང་གཞོན་གཞོན་རེད།
Yes, she' s young.
네~ 우리 언니는 젊어요.

གླེང་མོལ། Dialogue 대화문 **6**

པད་མ། འདི་ང་ཚོའི་ཁང་པ་རེད།

This is our house.

이것은 우리 집이에요.

མཆོག། ཨ་ལེ། ཁང་པ་འདི་ཡང་ཁྱེད་རང་ཚོའི་རེད་པས།

Oh! Is this your house too?

오! 이 집도 당신들의 집인가요?

པད་མ། ལགས་འོང་། འདི་ང་ཚོའི་སྤོ་ལགས་ཀྱི་རེད།

Yes, this is our grandfather's.

네. 이것은 우리 할아버지 것이에요.

མཆོག། ཨ་ལེ། མོ་ཊ་དེ་སུའི་རེད།

Oh! Whose car is that?

그렇군요. 저 차는 누구 것인가요?

པད་མ། མོ་ཊ་དེ་ངའི་ཇོ་ལགས་ཀྱི་རེད།

That's my older brother's car.

저 차는 저의 오빠 것이에요.

མཆོག། མོ་ཊ་དེ་ག་ནས་རེད།

Where is it from?

그 차는 어디서 왔나요?

པད་མ། དེ་འཇར་མ་ནི་ནས་རེད།

It's from Germany.

그것은 독일에서 왔어요.

제9과 나는 인도에 삽니다.

Statement 15 ང་ + O(+ ལ་) + V + གི་*ཡོད།

ང་རྒྱ་གར་ལ་སྡོད་ཀྱི*་ཡོད།

I live in india.

나는 인도에 삽니다.

*ཀྱི་의 사용법 : 본문 23쪽 소유 및 구격 문법 요소 참조

Yes-Q : ཁྱེད་རང་རྒྱ་གར་ལ་སྡོད་ཀྱི་ཡོད་པས།
Do you live in India?
당신은 인도에 살아요?

Ans: ལགས་ཡོད། ང་རྒྱ་གར་ལ་སྡོད་ཀྱི་ཡོད།
Yes, I live in India.
네, 저는 인도에 살아요.

No-Q: ཁྱེད་རང་བོད་ལ་སྡོད་ཀྱི་ཡོད་པས།
Do you live in Tibet?
당신은 티베트에 살아요?

Ans: ལགས་མེད། ང་བོད་ལ་སྡོད་ཀྱི་མེད།
No, I do not live in Tibet.
아니요, 저는 티베트에 살지 않아요.

Key-Q: ཁྱེད་རང་ག་པར་སྡོད་ཀྱི་ཡོད།
Where do you live in?
당신은 어디에 살아요?

Ans: ང་རྒྱ་གར་ལ་སྡོད་ཀྱི་ཡོད།
I live in India.
저는 인도에 살아요.

Or-Q: ཁྱེད་རང་རྒྱ་གར་ལ་སྡོད་ཀྱི་ཡོད་བོད་ལ་སྡོད་ཀྱི་ཡོད།
Do you live in India or Tibet?
당신은 인도에 살아요? 티베트에 살아요?

Ans: ང་རྒྱ་གར་ལ་སྡོད་ཀྱི་ཡོད།
I live in India.
저는 인도에 살아요.

Statement 16 ཁོང་གི་ + O(+ ལ་) + V + གི་*ཡོད་རེད། / འདུག

ཁོང་ནིའུ་ཡོག་ལ་སྡོད་ཀྱི་ཡོད་རེད། / འདུག *

He/she lives in New York.
그/그녀는 뉴욕에 삽니다.

> * 자신이 직접 경험한 사실을 표현할 때 འདུག을 사용한다.
> ཁོང་ནིའུ་ཡོག་ལ་སྡོད་ཀྱི་འདུག(I have seen that) he/she lives in New York. (자신이 '그/그녀가 뉴욕에 사는 것'을 본 적이 있을 때 사용함)

Yes-Q : ཁོང་ནིའུ་ཡོག་ལ་སྡོད་ཀྱི་ཡོད་རེད་པས།
Does he/she live in New York?
그/그녀는 뉴욕에 살아요?

Ans: ལགས་ཡོད་རེད། ཁོང་ནིའུ་ཡོག་ལ་སྡོད་ཀྱི་ཡོད་རེད།
Yes, he/she lives in New York.
네, 그/그녀는 뉴욕에 살아요.

No-Q: ཁོང་ལྡི་ལི་ལ་སྡོད་ཀྱི་ཡོད་རེད་པས།
Does he/she live in Delhi?
그/그녀는 델리에 살아요?

Ans: ལགས་ཡོད་མ་རེད། ཁོང་ལྡི་ལི་ལ་སྡོད་ཀྱི་ཡོད་མ་རེད།
No, he/she doesn't live in Delhi.
아니요, 그/그녀는 델리에 살지 않아요.

Key-Q: ཁོང་ག་པར་སྡོད་ཀྱི་ཡོད་རེད།
Where does he/she live in?
그/그녀는 어디에 살아요?

Ans: ཁོང་ནིའུ་ཡོག་ལ་སྡོད་ཀྱི་ཡོད་རེད།
He/she lives in New York.
그/그녀는 뉴욕에 살아요.

Or-Q: ཁོང་ནིའུ་ཡོག་ལ་སྡོད་ཀྱི་ཡོད་རེད་ལྡི་ལི་ལ་སྡོད་ཀྱི་ཡོད་རེད།
Does he/she live in New York or Delhi?
그/그녀는 델리에 살아요? 뉴욕에 살아요?

Ans: ཁོང་ནིའུ་ཡོག་ལ་སྡོད་ཀྱི་ཡོད་རེད།
He/she lives in New York
그/그녀는 뉴욕에 살아요.

མིང་ཚིག Vocabulary 어휘

1. སྒྲུང་དེབ།	storybook	이야기 책, 소설
2. ཀློག་གི	read	읽다.
3. འབྲི་གི	write	쓰다.
4. བོད་སྐད།	spoken Tibetan	티베트어(말)
5. ཉན་གྱི	listen to	듣다.
6. ལབ་ཀྱི།	speak	말하다.
7. ཀོ་ཧྥི།	coffee	커피
8. འཐུང་གི	drink	마시다.
9. བཟོ་གི	make	만들다.
10. ཁ་ལག	food	음식
11. ཟ་གི	eat	먹다.
12. ཉོ་གི	buy	사다.
13. དཔེ་མཛོད་ཁང་ལ་	at / in / to the library	도서관에
14. སྡོད་ཀྱི་	stay	머물다.
15. སློབ་སྦྱོང་བྱེད་ཀྱི་	study	공부하다.
16. སློབ་གྲྭ་ལ་	at / in/to school	학교에
17. ཡོང་གི་	come	오다.
18. འགྲོ་གི་	go	가다.
19. ཨི་མེལ། གློག་འཕྲིན།	email	이메일
20. གཏོང་གི་	send	보내다.
21. ལྟ་གི་	view/see	보다.
22. བོད་ཡིག	Tibetan(written)	티베트어(글)
23. ཤེས་ཀྱི་	know	알다.
24. སྦྱོང་གི་	study	공부하다.
25. ད་ལྟ།	now	지금
26. དེ་རིང་སང་། དེང་སང་།	nowadays	요즘
27. ཉིན་ལྟར།	every day	매일
28. ལོ་ལྟར།	annually	매년
29. ནམ་རྒྱུན། རྟག་ཏུ།	usually, always	평소에, 항상
30. ཡང་སེ།	frequently	자주
31. ནམ་ཡང་།	never	결코 ~ 하지 않다
32. སྐབས་སྐབས་ལ།	occasionally	가끔, 때때로
33. ཕྱོན་ནས།	never	결코 ~ 하지 않다
34. ཉེ་ཆར།	recently	최근에
35. ད་དུང་།	still	아직, 여전히

제10과 나에게 언니가 있습니다.

Statement 17 ང་ + ལ་ + ◯ + ཡོད།

ང་ལ་ཨ་ཅག་ཡོད།*

I have older sisters.

나에게 언니가 있습니다.

Yes-Q : ཁྱེད་རང་ལ་ཨ་ཅག་ཡོད་པས།
Do you have older sisters?
당신에게 언니가 있나요?

Ans: ལགས་ཡོད། ང་ལ་ཨ་ཅག་ཡོད།
Yes, I have older sisters.
네, 저에게 언니가 있어요.

No-Q: ཁྱེད་རང་ལ་ཅོ་ཅོ་ཡོད་པས།
Do you have older brothers?
당신에게 오빠가 있나요?

Ans: ལགས་མེད། ང་ལ་ཅོ་ཅོ་མེད།
No, I have not older brothers.
아니요, 저에게 오빠가 없어요.

Key-Q: ཁྱེད་རང་ལ་སུ་ཡོད།
Whom do you have?
당신에게 누가 있나요?

Ans: ང་ལ་ཨ་ཅག་ཡོད།
I have older sisters.
저에게 언니가 있어요.

Or-Q: ཁྱེད་རང་ལ་ཨ་ཅག་ཡོད་ཅོ་ཅོ་ཡོད།
Do you have older sisters or older brothers?
당신에게 언니가 있나요? 오빠가 있나요?

Ans: ང་ལ་ཨ་ཅག་ཡོད།
I have older sisters.
저에게 언니가 있어요.

> * ང་ལ་ཨ་ཅག་གཅིག་ཡོད།
> I have one elder sister.
> 나에게 언니 한 명이 있다.
> 여기서 ཅིག은 하나(a/ an) 를 뜻하는데, 앞 단어의 후접자 또는 재접자에 따라 ཞིག 또는 ཤིག으로 쓴다. 부록 37쪽 참조.

Statement 18 ཁོང་ + ལ་ + ○ + ཡོད་རེད། / འདུག

ཁོང་ལ་གཅུང་པོ་ཡོད་རེད།*

He/she have younger brothers.
그/그녀에게 남동생이 있습니다.

Yes-Q: ཁོང་ལ་གཅུང་པོ་ཡོད་རེད་པས།
Does he/she have younger brothers?
그/그녀에게 남동생이 있나요?

Ans: ལགས་ཡོད་རེད། ཁོང་ལ་གཅུང་པོ་ཡོད་རེད།
Yes, he/she has younger brothers.
네, 그/그녀에게 남동생이 있어요.

No-Q: ཁོང་ལ་གཅུང་མོ་ཡོད་རེད་པས།
Does he/she have younger sister?
그/그녀에게 여동생이 있나요?

Ans: ལགས་ཡོད་མ་རེད། ཁོང་ལ་གཅུང་མོ་ཡོད་མ་རེད།
No, he/she does not have younger sister.
아니요, 그/그녀에게 여동생이 없어요.

Key-Q: ཁོང་ལ་སུ་ཡོད་རེད།
Whom does he/she have?
그/그녀에게 누가 있나요?

Ans: ཁོང་ལ་གཅུང་པོ་ཡོད་རེད།
He/she has younger brother.
그/그녀에게 남동생이 있어요.

Or-Q: ཁོང་ལ་གཅུང་པོ་ཡོད་རེད་གཅུང་མོ་ཡོད་རེད།
Does he/she have younger brother or younger sister?
그/그녀에게 남동생이 있나요? 여동생이 있나요?

Ans: ཁོང་ལ་གཅུང་པོ་ཡོད་རེད།
He/she has younger brother.
그/그녀에게 남동생이 있어요.

* ཁོང་ལ་གཅུང་པོ་འདུག
(I have seen that)
he/she has younger brothers.
자신이 그/그녀에게 남동생이 있는 것을 본적이 있을 때는 འདུག을 사용함.

མིང་ཚིག Vocabulary 어휘

1. སྤོ་སྤོ།	grandfather	할아버지
2. རྨོ་རྨོ།	grandmother	할머니
3. ཨ་ཕ། པ་ཕ།	father	아버지
4. ཨ་མ།	mother	어머니
5. ཨ་ཞང་།	uncle(maternal)	외삼촌
6. སྲུ་མོ།	aunt(maternal)	외숙모, 이모
7. ཨ་ཁུ།	uncle(paternal)	삼촌
8. ཨ་ནེ།	aunt(paternal)	숙모
9. གཅེན་པོ། ཅོ་ཅོ། ཇོ་ལགས།	elder brother	형, 오빠
10. གཅེན་མོ། ཨ་ལྕག	elder sister	누나, 언니
11. གཅུང་པོ། ནུ་བོ།	younger brother	남동생
12. གཅུང་མོ། ནུ་མོ།	younger sister	여동생 / 누이동생
13. ཁྱོ་ག	husband	남편
14. སྐྱེ་སྨན། ཆུང་མ།	wife	부인
15. བུ།	son	아들
16. བུ་མོ།	daughter	딸
17. ཚ་བོ།	grandson /nephew	손자 / 남자 조카
18. ཚ་མོ།	granddaughter /niece	손녀 / 여자 조카
19. ཕུ་གུ/ ཕྲུ་གུ	child	어린이
20. བཟའ་ཟླ།	spouse	배우자, 부부
21. གྱོས་པོ།	father-in-law	시아버지, 장인
22. གྱོས་མོ།	mother-in-law	시어머니, 장모
23. མག་པ།	son-in-law	사위, 양자
24. མནའ་མ།	daughter-in-law	며느리, 양녀
25. སྤུ་ཚར།/ བུ་ཡར།	stepson /stepdaughter	의붓자식
24. ཕ་ཡ།/ མ་ཡ།	stepfather /stepmothers	의붓아버지, 의붓어머니
26. སྤུན།	siblings	형제, 자매,일가 친척
27. སྤུན་སྐྱ། སྤུན་མཆེད།	relatives	친척, 친족

제11과 나에게 검은색 고양이가 한 마리 있습니다.

Statement 19 ང་ལ་ + O + Adj. + ཡོད།

ང་ལ་ཞི་མི་ནག་པོ་གཅིག་ཡོད།

I have a black cat.

나에게 검은색 고양이가 한 마리 있습니다.

Yes-Q : ཁྱེད་རང་ལ་ཞི་མི་ནག་པོ་ཡོད་པས།
Do you have a black cat?
당신에게 검은색 고양이가 있나요?

Ans: ལགས་ཡོད། ང་ལ་ཞི་མི་ནག་པོ་གཅིག་ཡོད།
Yes, I have a black cat.
네, 나에게 검은색 고양이가 한 마리 있어요.

No-Q: ཁྱེད་རང་ལ་ཞི་མི་དཀར་པོ་ཡོད་པས།
Do you have a white cat?
당신에게 흰색 고양이가 있나요?

Ans: ལགས་མེད། ང་ལ་ཞི་མི་དཀར་པོ་མེད།
No, I don't have a white cat.
아니요, 나에게 흰색 고양이가 없어요.

Key-Q: ཁྱེད་རང་ལ་ཞི་མི་ག་འདྲས་ཡོད།
What kind of cat do you have?
당신에게 어떤 종류의 고양이가 있나요?

Ans: ང་ལ་ཞི་མི་ནག་པོ་གཅིག་ཡོད།
I have a black cat.
나에게 검은색 고양이가 한 마리 있어요.

Or-Q: ཁྱེད་རང་ལ་ཞི་མི་ནག་པོ་ཡོད་དཀར་པོ་ཡོད།
Do you have a black cat or a white cat?
당신에게 검은색 고양이가 있나요? 흰색 고양이가 있나요?

Ans: ང་ལ་ཞི་མི་ནག་པོ་གཅིག་ཡོད།
I have a black cat.
나에게 검은색 고양이가 한 마리 있어요.

Statement 20 ཁོང་ལ་ + O + Adj.+ ཡོད་རེད། / འདུག

ཁོང་ལ་ཁྱི་ནག་པོ་གཅིག་ཡོད་རེད།

He/she has a black dog.
그/그녀에게 검은색 개가 한 마리 있습니다.

Yes-Q : ཁོང་ལ་ཁྱི་ནག་པོ་ཡོད་རེད་པས།
Does he/she have a black dog?
그/그녀에게 검은색 개가 있나요?

Ans: ལགས་ཡོད་རེད། ཁོང་ལ་ཁྱི་ནག་པོ་གཅིག་ཡོད་རེད།
Yes, he/she has a black dog.
네, 그/그녀에게 검은색 개가 한 마리 있어요.

No-Q: ཁོང་ལ་ཁྱི་དཀར་པོ་ཡོད་རེད་པས།
Does he/she have a white dog?
그/그녀에게 흰색 개가 있나요?

Ans: ལགས་ཡོད་མ་རེད། ཁོང་ལ་ཁྱི་དཀར་པོ་ཡོད་མ་རེད།
No, he/she doesn't have a white dog.
아니요, 그/그녀에게 흰색 개가 없어요.

Key-Q: ཁོང་ལ་ཁྱི་ག་འདྲས་ཡོད་རེད།
What kind of dog does he/she have?
그/그녀에게 어떤 종류의 개가 있나요?

Ans: ཁོང་ལ་ཁྱི་ནག་པོ་གཅིག་ཡོད་རེད།
He/she has a black dog.
그/그녀에게 검은색 개가 한 마리 있어요.

Or-Q: ཁོང་ལ་ཁྱི་ནག་པོ་ཡོད་རེད་དཀར་པོ་ཡོད་རེད།
Does he/she have a black dog or a white dog?
그/그녀에게 검은색 개가 있나요? 흰색 개가 있나요?

Ans: ཁོང་ལ་ཁྱི་ནག་པོ་གཅིག་ཡོད་རེད།
He/she has a black dog.
그/그녀에게 검은색 개가 한 마리 있어요.

མིང་ཚིག Vocabulary 어휘

1. ཁང་པ་	ཆེན་པོ།	big house	큰 집
2. ཁྱི་	ནག་པོ།	black dog	검은색 개
3. ཟ་ཁང་	ཆུང་ཆུང་།	small restaurant	작은 식당
4. ཞི་མི་	དཀར་པོ།	white cat	흰색 고양이
5. དེབ་	ཡང་པོ།	light book	가벼운 책
6. དེབ་	ལྗང་ཁུ།	green book	녹색 책
7. ལྟོ་ཕད་	ལྗིད་པོ།	heavy bag	무거운 가방
8. ལྟོ་ཕད་	སེར་པོ།	yellow bag	노란색 가방
9. སྐྲ་	རིང་པོ།	long hair	긴 머리
10. ཤོག་བུ་	རྒྱ་སྨུག	brown paper	갈색 종이
11. ཀ་བ་	ཐུང་ཐུང་།	short pillar / pole	짧은 기둥
12. སྟོད་ཐུང་	སྔོན་པོ།	blue coat	파란색 코트
13. ཨ་ཙོར་	སྐམ་པོ།	dry towel	마른 수건
14. གོས་ཐུང་	ཟིང་སྐྱ།	pink trousers	분홍색 바지
15. ཤིང་	རློན་པ།	wet wood	젖은 나무
16. ཞྭ་མོ་	དམར་པོ།	red hat	빨간 모자
17. གྲོགས་པོ་	ངན་པ།	bad friend (male)	나쁜 친구(남자)
18. མེ་ཏོག་	མུ་མེན།	violet/ purple flower	보라색 꽃
19. གྲོགས་མོ་	སྐམ་པོ།	slim friend (female)	날씬한 친구(여자)
20. ཅོག་ཙེ་	ལི་ཝང་།	orange table	오렌지색 테이블
21. ཕྲུ་གུ་	རྒྱགས་པ།	fat child	뚱뚱한 아이
22. ཨ་མ་	བཟང་པོ།	kind mother	친절한 어머니
23. བུ་མོ་	མདོག་ཉེས་པོ།	ugly girl	못생긴 여자
24. བུ་མོ་	སྙིང་རྗེ་པོ།	beautiful girl	아름다운 여자
25. ཙང་		because	때문에
26. ཡིན་ཙང་		because… it is…	이기 때문에
27. ཕྱུག་པོ་ཡིན་ཙང་		because… rich…	부자이기 때문에
28. མིན་ཙང་		because… not…	아니기 때문에, ~ 않기 때문에
29. མཁས་པ་མིན་ཙང་		because… not wise…	현명하지 않기 때문에
30. སྐྱོ་པོ་མིན་ཙང་		because… not poor…	가난하지 않기 때문에
31. ཡོད་ཙང་		because... has	있기 때문에
32. དངུལ་ཡོད་ཙང་		because... has money	돈이 있기 때문에
33. གོ་སྐབས་ཡོད་ཙང་		because... has opportunity	기회가 있기 때문에
34. མེད་ཙང་		because... no	없기 때문에
35. དངུལ་མེད་ཙང་		because... no money	돈이 없기 때문에

제12과 나에게 빨간색 큰 책이 있습니다.

Statement 21 ང་ + ལ་ + O + Adj.+ Adj.+ ཡོད།

ང་ལ་དེབ་དམར་པོ་ཆེན་པོ་ཞིག་ཡོད།*

I have a big red book.
나에게 큰 빨간색 책이 있습니다.

* 티베트어에서 수량을 나타내는 형용사는 문장 가운데 여러 종류의 형용사가 나열되면, 형용사 중 가장 뒤에 위치한다.

Yes-Q : ཁྱེད་རང་ལ་དེབ་དམར་པོ་ཆེན་པོ་ཞིག་ཡོད་པས།
Do you have a big red book?
당신에게 큰 빨간색 책이 있나요?

Ans: ལགས་ཡོད། ང་ལ་དེབ་དམར་པོ་ཆེན་པོ་ཞིག་ཡོད།
Yes, I have a big red book.
네, 나에게 큰 빨간색 책이 있어요.

No-Q: ཁྱེད་རང་ལ་དེབ་དམར་པོ་ཆུང་ཆུང་ཞིག་ཡོད་པས།
Do you have a small red book?
당신에게 작은 빨간색 책이 있나요?

Ans: ལགས་མེད། ང་ལ་དེབ་དམར་པོ་ཆུང་ཆུང་ཞིག་མེད།
No, I don't have a small red book.
아니요, 나에게 작은 빨간색 책이 없어요.

Key-Q: ཁྱེད་རང་ལ་དེབ་ག་འདྲས་ཡོད།
What kind of a book do you have?
당신에게 어떤 책이 있나요?

Ans: ང་ལ་དེབ་དམར་པོ་ཆེན་པོ་ཞིག་ཡོད།
I have a big red book.
나에게 큰 빨간색 책이 있어요.

Or-Q: ཁྱེད་རང་ལ་དེབ་དམར་པོ་ཆེན་པོ་ཞིག་ཡོད་ཆུང་ཆུང་ཞིག་ཡོད།
Do you have a big red book or a small red book?
당신에게 큰 빨간색 책이 있나요? 작은 빨간색 책이 있나요?

Ans: ང་ལ་དེབ་དམར་པོ་ཆེན་པོ་ཞིག་ཡོད།
I have a big red book.
나에게 큰 빨간색 책이 있어요.

Statement 22 ཁོང་ + ལ་ + O + Adj.+ Adj. + ཡོད་རེད། / འདུག

ཁོང་ལ་དེབ་སེར་པོ་ཆུང་ཆུང་ལྔ་འདུག

He/she has five small yellow books.
그/그녀에게 작은 노란 책이 다섯 권(5권) 있습니다.

Yes-Q : ཁོང་ལ་དེབ་སེར་པོ་ཆུང་ཆུང་ལྔ་འདུག་གས།
Does he/she have five small yellow books?
그/그녀에게 작은 노란색 책이 다섯 권 있나요?

Ans: ལགས་འདུག ཁོང་ལ་དེབ་སེར་པོ་ཆུང་ཆུང་ལྔ་འདུག
Yes, he/she has five small yellow books.
네, 그/그녀에게 작은 노란색 책이 다섯 권 있어요.

No-Q: ཁོང་ལ་དེབ་སེར་པོ་ཆེན་པོ་ལྔ་འདུག་གས།
Does he/she have five big yellow books?
그/그녀에게 큰 노란색 책이 다섯 권 있나요?

Ans: ལགས་མི་འདུག ཁོང་ལ་དེབ་སེར་པོ་ཆེན་པོ་ལྔ་མི་འདུག
No, he/she doesn't have five small yellow books.
아니요, 그/그녀에게 큰 노란색 책이 다섯 권 없어요.

Key-Q: ཁོང་ལ་དེབ་ག་ཚོད་འདུག
How many books does he/she have?
그/그녀에게 책이 몇 권 있나요?

Ans: ཁོང་ལ་དེབ་སེར་པོ་ཆུང་ཆུང་ལྔ་འདུག
He/she has five small yellow books.
그/그녀에게 작은 노란색 책이 다섯 권 있어요.

Or-Q: ཁོང་ལ་དེབ་སེར་པོ་ཆུང་ཆུང་ལྔ་འདུག་ཆེན་པོ་ལྔ་འདུག
Does he/she have five small yellow books or five big yellow books?
그/그녀에게 작은 노란색 책이 다섯 권 있나요? 큰 노란색 책이 다섯 권 있나요?

Ans: ཁོང་ལ་དེབ་སེར་པོ་ཆུང་ཆུང་ལྔ་འདུག
He/she has five small yellow books.
그/그녀에게 작은 노란색 책이 다섯 권 있어요.

མིང་ཚིག Vocabulary 어휘

1.	ག་འདྲས།	how / what sort of	어떻게	2.	ག་འདྲ་སེ།	how / what sort of	어떻게
3.	ཁྱི།	dog	개	4.	ནག་པོ།	black	검은
5.	ཆེན་པོ།	big	큰	6.	ཞི་མི།	cat	고양이
7.	དཀར་པོ།	white	흰색	8.	ཆུང་ཆུང་།	small	작은
9.	ཁང་པ།	house	집	10.	ལྗང་ཁུ།	green	녹색
11.	རིང་པོ།	long / tall	긴	12.	སྒྲོ་ཕད།	bag	가방
13.	སེར་པོ།	yellow	노란색	14.	ཡང་པོ།	light	가벼운
15.	ཤོག་གུ	paper	종이	16.	རྒྱ་སྨུག	brown	갈색
17.	མདོག་ཉེས་པོ།	ugly	추한	18.	སྟོད་ཐུང་།	coat	코트
19.	སྔོན་པོ།	blue	파란색	20.	ལྗིད་པོ།	heavy	무거운
21.	གོས་ཐུང་།	trousers	바지	22.	ཟིང་སྐྱ།	pink	분홍색
23.	ཐུང་ཐུང་།	short	짧은	24.	དམར་པོ།	red	빨간색
25.	རློན་པ།	wet	젖은	26.	སྒོ།	door	문
27.	མུ་མན།	puple / violet	보라색	28.	རྒྱ་ཆེན་པོ།	wide	넓은
29.	སྔོ་ནག	dark blue	진한 파란색	30.	སྙིང་རྗེ་པོ།	beautiful	아름다운
31.	ཕྲུ་གུ	child	어린이				

* 형용사를 두 번 반복하면 강조가 된다. 예를 들면 다음과 같이 표현할 수 있다.,

ང་ལ་ཁང་པ་ཆེན་པོ་ཆེན་པོ་ཞིག་ཡོད།
I have a very big house.
나에게는 아주 큰 집이 있어요.

* ཁང་པ་ཆེན་པོ། 큰 집
* ཁང་པ་ཆེན་པོ་ཆེན་པོ། 아주 큰 집

བོད་ལ་གཡག་མང་པོ་མང་པོ་འདུག
There are a lot of yaks in Tibet.
티베트에는 야크가 아주 많아요.

* མང་པོ་འདུག 많다.
* མང་པོ་མང་པོ་འདུག 아주 많다.

དེ་རིང་གནམ་གཤིས་གྲང་མོ་གྲང་མོ་རེད་འདུག
It's very cold today.
오늘 날씨는 아주 추워요.

* གྲང་མོ་རེད་འདུག 춥다.
* གྲང་མོ་གྲང་མོ་རེད་འདུག 아주 춥다

གླིང་མོལ། Dialogue 대화문 7

མཆོག། དགོང་དྲོ་བདེ་ལེགས། པད་མ་ལགས།
Pema-la, good evening.
안녕하세요, 빼마씨! (저녁인사)

པད་མ། མཆོག་ལགས། དགོང་དྲོ་བདེ་ལེགས།
Good evening, Chok-la.
안녕하세요, 촉씨!

མཆོག། དེང་སང་དཔེ་མཛོད་ལ་ཡོང་གི་ཡོད་པས།
Are you coming to the Library these days?
요즘 도서관에 오세요?

པད་མ། སྐབས་སྐབས་ལ་ཡོང་གི་ཡོད།
I come sometimes.
가끔 와요.

མཆོག། ནམ་རྒྱུན་ནང་ལ་ཕྱི་རྒྱལ་མི་ལ་བོད་སྐད་སློབ་ཀྱི་ཡོད།
I usually teach Tibetan to foreigners at home.
저는 늘 집에서 외국인들에게 티베트어를 가르쳐요.

པད་མ། ཨ་ལེ། ཨ་ནི། བོད་ཇ་འཐུང་གི་ཡོད་པས།
Ok. Then, do you drink Tibetan tea?
네~. 그러면 티베트차를 마시나요?

མཆོག། ལགས་མེད། ང་བོད་ཇ་ཕྱོན་ནས་འཐུང་གི་མེད།
No. I never drink Tibetan tea
아니요, 저는 티베트차를 전혀 마시지 않아요.

གླེང་མོལ། Dialogue 대화문 8

པད་མ། མཆོག་ལགས། ཁྱེད་རང་ལ་སྨྱུ་གུ་ཡོད་པས།
Chok• la, do you have a pen?
촉씨, 당신에게 펜이 있나요?

མཆོག ལགས་ཡོད། ང་ལ་སྨྱུ་གུ་ཡོད།
Yes, I have a pen.
네, 나에게 펜이 있어요.

པད་མ། ཁྱེད་རང་ལ་སྨྱུ་གུ་དམར་པོ་ཡོད་པས།
Do you have a red pen?
당신에게 빨간색 펜이 있나요?

མཆོག ལགས་མེད། ང་ལ་སྨྱུ་གུ་དམར་པོ་མེད།
No, I don't have a red pen.
아니요, 나에게 빨간색 펜이 없어요.

ཡིན་ནའི་སྔོན་པོ་ཡག་པོ་ཞིག་ཡོད།
But I have a good blue pen.
그러나 좋은 파란색 펜이 있어요.

པད་མ། ཨ་ལེ། དེབ་འདི་ཁྱེད་རང་གི་རེད་པས།
Oh! Is this your book?
아! 이 책은 당신 것이에요?

མཆོག ལགས་མ་རེད། ངའི་གྲོགས་པོའི་རེད།
No, It's my friend's.
아니요, 저의 친구 것이에요.

གླིང་མོལ། Dialogue 대화문 **9**

པད་མ། ཁྱེད་རང་ལ་གྲོགས་པོ་ཡོད་པས།
Do you have any friends?
당신은 친구들이 있나요?

མཚོག ལགས་ཡོད། ང་ལ་གྲོགས་པོ་མང་པོ་ཡོད།
Yes, I have many friends.
네, 저는 친구가 많아요.

པད་མ། ཁྱེད་རང་གི་གྲོགས་པོ་ཚང་མ་བོད་པ་རེད་པས།
Are they all Tibetan?
당신의 친구들은 모두 티베트인인가요?

མཚོག ལགས་མ་རེད། གཅིག་ནུབ་ཕྱོགས་པ་རེད།
No, they aren't. One is a Westerner.
아니요, 한 사람은 서양인이에요.

པད་མ། ཨ་ལེ། ཁོང་ལུང་པ་ག་ནས་རེད།
I see. Where's he from?
알았어요. 그/그녀 어느 지역 출신인가요?

མཚོག ཁོང་པེ་རི་སི་ནས་རེད། ཁྱེད་རང་ལ་གྲོགས་པོ་ཡོད་པས།
He's from Paris. Do you have any (male) friends?
그는 파리 출신이에요. 당신은 남자 친구가 있나요?

པད་མ། ལགས་མེད། ང་ལ་ཉི་ཧོང་གི་གྲོགས་མོ་གཅིག་ཡོད།
No, but I have a Japanese (female) friend.
아니요, 저는 일본인 여자친구가 한 명 있어요.

མཚོག ཁོང་ཁྱེད་རང་གི་སློབ་ཕྲུག་རེད་པས།
Is she your student?
그녀는 당신의 학생인가요?

པད་མ། ལགས་རེད། ཁོང་ངའི་སློབ་ཕྲུག་རེད།
Yes, she is my student.
네, 그녀은 저의 학생이에요.

제13과 나는 물을 마십니다.

Statement 23 ང་ + O + V + གི་ + ཡོད།

ང་ཆུ་འཐུང་གི་ཡོད།*

I drink water.
나는 물을 마십니다.

Yes-Q : ཁྱེད་རང་ཆུ་འཐུང་གི་ཡོད་པས།
Do you drink water?
당신은 물을 마시나요?

Ans: ལགས་ཡོད། ང་ཆུ་འཐུང་གི་ཡོད།
Yes, I drink water.
네, 저는 물을 마셔요.

No-Q: ཁྱེད་རང་འོ་མ་འཐུང་གི་ཡོད་པས།
Do you drink milk?
당신은 우유를 마시나요?

Ans: ལགས་མེད། ང་འོ་མ་འཐུང་གི་མེད།
No, I don't drink milk.
아니요, 저는 우유를 마시지 않아요.

Key-Q: ཁྱེད་རང་ག་རེ་འཐུང་གི་ཡོད།
What do you drink?
당신은 무엇을 마시나요?

Ans: ང་ཆུ་འཐུང་གི་ཡོད།
I drink water.
저는 물을 마셔요.

Or-Q: ཁྱེད་རང་ཆུ་འཐུང་གི་ཡོད་འོ་མ་འཐུང་གི་ཡོད།
Do you drink water or milk?
당신은 물을 마셔요? 우유를 마셔요?

Ans: ང་ཆུ་འཐུང་གི་ཡོད།
I drink water.
저는 물을 마셔요.

* 시간 부사와 사용하면 의미가 달라진다. 자세한 것은 부록 47쪽 참조.

Statement 24 ཁོང་ + O+ V + གི་ + འདུག / ཡོད་རེད།

ཁོང་ཆུ་འཐུང་གི་འདུག།*

그/그녀는 물을 마십니다.

He/she drinks water.

Yes-Q : ཁོང་ཆུ་འཐུང་གི་འདུག་གས།
Does he/she drink water?
그/그녀는 물을 마시나요?

Ans: ལགས་འདུག། ཁོང་ཆུ་འཐུང་གི་འདུག།
Yes, he/she drinks water.
네, 그/그녀는 물을 마셔요.

No-Q: ཁོང་འོ་མ་འཐུང་གི་འདུག་གས།
Does he/she drink milk?
그/그녀는 우유를 마셔요?

Ans: ལགས་མི་འདུག། ཁོང་འོ་མ་འཐུང་གི་མི་འདུག།
No, he/she doesn't drink milk.
아니요, 그/그녀는 우유를 안 마셔요.

Key-Q: ཁོང་ག་རེ་འཐུང་གི་འདུག།
What does he/she drink?
그/그녀는 무엇을 마셔요?

Ans: ཁོང་ཆུ་འཐུང་གི་འདུག།
He/she drinks water.
그/그녀는 물을 마셔요.

Or-Q: ཁོང་ཆུ་འཐུང་གི་འདུག་འོ་མ་འཐུང་གི་འདུག།
Does he/she drink water or milk?
그/그녀는 물을 마시나요? 우유를 마시나요?

Ans: ཁོང་ཆུ་འཐུང་གི་འདུག།
He/she drinks water.
그/그녀는 물을 마셔요.

> * ཁོང་ཆུ་འཐུང་གི་འདུག은 '그/그녀가 물 마시는 것'을 내가 보았다는 의미이다.
> (I have seen that) He/she drinks water.)
>
> ཁོང་ཆུ་འཐུང་གི་ཡོད་རེད།는 '그/그녀는 물을 마신다'는 일반적인 사실이 된다.

མིང་ཚིག Vocabulary 어휘

1. གཞས་ ཉན་གྱི་	to listen to song	노래를 듣다.
2. སྐད་ཆ་ ཤོད་ཀྱི་	to make conversation	대화를 나누다.
3. དུག་ལོག་ གྱོན་གྱི་	to wear clothes	옷을 입다.
4. ལྟད་མོ་ ལྟ་གི་	to watch shows	쇼를 보다.
5. ཁ་ལག་ ཟ་གི་	to eat food	음식을 먹다.
6. ཁོང་ ངོ་ཤེས་ཀྱི་	to know him / her	그를 알다.
7. ཡི་གེ་ འབྲི་གི་	to write letters	편지를 쓰다, 글을 쓰다.
8. ཁ་ལག་ བཟོ་གི་	to prepare food	음식을 만들다.
9. ཤིང་ཏོག་ ཉོ་གི་	to buy fruits	과일을 사다.
10. ལས་ཀ་ བྱེད་ཀྱི་	to do work	일하다.
11. དེབ་ ཀློག་གི་	to read books	책을 읽다.
12. བོད་ཡིག་ སྦྱོང་གི་	to study Tibetan	티베트어를 배우다.
13. ད་ལྟ།	now	지금
14. དེ་རིང་།	today	오늘
15. སང་ཉིན།	tomorrow	내일
16. ཁ་སང་།	yesterday	어제
17. དོ་དགོང་།	tonight	오늘밤
18. གནངས་ཉིན་།	the day after tomorrow	모레
19. ལོ་ལྟར།	annually	매년
20. ཉིན་ལྟར།	daily	매일
21. དེང་སང་།	nowadays	요즘
22. རྟག་པར།	always	언제나
23. རྒྱུན་དུ།	usually	보통
24. སྐབས་རེ།	occasionally	때때로
25. ཡང་སེ།	frequently	자주
26. ནམ་ཡང་།	always	항상
27. ནམ་ཡང་	(with neg.) never	결코
28. ཕན་ཚུན་	each other	서로
29. གཅིག་པུར་	alone	혼자
30. གཅིག་པུ་	only	오직

제14과 나는 물을 마시고 있습니다.

14

Statement 25 ང་ + O + V + བཞིན་པ་ + ཡིན།

ང་ཆུ་འཐུང་བཞིན་པ་ཡིན།*

I am drinking water.
나는 물을 마시고 있습니다.

*ང་ཆུ་འཐུང་གིན་ཡོད།로도 쓸 수 있다. 본문 50쪽 진행형 문법 요소 참조.

Yes-Q : ཁྱེད་རང་ཆུ་འཐུང་བཞིན་པ་ཡིན་པས།
Are you drinking water?
당신은 물을 마시고 있나요?

Ans: ལགས་ཡིན། ང་ཆུ་འཐུང་བཞིན་པ་ཡིན།
Yes, I am drinking water.
네, 저는 물을 마시고 있어요.

No-Q: ཁྱེད་རང་འོ་མ་འཐུང་བཞིན་པ་ཡིན་པས།
Are you drinking milk?
당신은 우유를 마시고 있나요?

Ans: ལགས་མིན། ང་འོ་མ་འཐུང་བཞིན་པ་མིན།
No, I am not drinking milk.
아니요, 저는 우유 마시고 있지 않아요.

Key-Q: ཁྱེད་རང་ག་རེ་འཐུང་བཞིན་པ་ཡིན།
What are you drinking?
당신은 무엇을 마시고 있나요?

Ans: ང་ཆུ་འཐུང་བཞིན་པ་ཡིན།
I am drinking water.
저는 물을 마시고 있어요.

Or-Q: ཁྱེད་རང་ཆུ་འཐུང་བཞིན་པ་ཡིན་འོ་མ་འཐུང་བཞིན་པ་ཡིན།
Are you drinking water or milk?
당신은 물을 마시고 있나요? 우유를 마시고 있나요?

Ans: ང་ཆུ་འཐུང་བཞིན་པ་ཡིན།
I am drinking water.
저는 물을 마시고 있어요.

Statement 26 ཁོང་ + O + V + བཞིན་པ་ + རེད། / རེད་འདུག

ཁོང་ཆུ་འཐུང་བཞིན་པ་རེད།*

He/she is drinking water.
그/그녀는 물을 마시고 있습니다.

> * ཁོང་ཆུ་འཐུང་གིན་འདུག으로 쓸 수 있다. 본문 50쪽 진행형 문법 요소 참조.

Yes-Q : ཁོང་ཆུ་འཐུང་བཞིན་པ་རེད་པས།
Is he/she drinking water?
그/그녀는 물을 마시고 있나요?

Ans: ལགས་རེད། ཁོང་ཆུ་འཐུང་བཞིན་པ་རེད།
Yes, he/she is drinking water.
네, 그/그녀는 물을 마시고 있어요.

No-Q: ཁོང་འོ་མ་འཐུང་བཞིན་པ་རེད་པས།
Is he/she drinking milk?
그/그녀는 우유를 마시고 있나요?

Ans: ལགས་མ་རེད། ཁོང་འོ་མ་འཐུང་བཞིན་པ་མ་རེད།
No, he/she is not drinking milk.
아니요, 그/그녀는 우유를 마시고 있지 않아요.

Key-Q: ཁོང་ག་རེ་འཐུང་བཞིན་པ་རེད།
What is he/she drinking?
그/그녀는 무엇을 마시고 있나요?

Ans: ཁོང་ཆུ་འཐུང་བཞིན་པ་རེད།
He/she is drinking water.
그/그녀는 물을 마시고 있어요.

Or-Q: ཁོང་ཆུ་འཐུང་བཞིན་པ་རེད་འོ་མ་འཐུང་བཞིན་པ་རེད།
Is he/she drinking water or milk?
그/그녀는 물을 마시고 있나요? 우유를 마시고 있나요?

Ans: ཁོང་ཆུ་འཐུང་བཞིན་པ་རེད།
He/she is drinking water.
그/그녀는 물을 마시고 있어요.

མིང་ཚིག Vocabulary 어휘

1.	གཞས་	ཉན་བཞིན་པ་	listening to songs	노래를 듣는(듣고 있는)
2.	སྐད་ཆ་	ཤོད་བཞིན་པ་	speaking	말하는(말하고 있는)
3.	དུག་ལོག་	གྱོན་བཞིན་པ་	wearing clothes	옷을 입는
4.	ལྟད་མོ་	ལྟ་བཞིན་པ་	watching a show	쇼를 보는
5.	ཁ་ལག་	ཟ་བཞིན་པ་	eating food	음식을 먹는
6.	ཁ་ལག་	བཟོ་བཞིན་པ་	making food	음식을 만드는
7.	ཡི་གེ་	འབྲི་བཞིན་པ་	writing letters	글을 쓰는
8.	གཅིན་པ་	གཏོང་བཞིན་པ་	urinating	소변을 보는
9.	ཤིང་ཏོག་	ཉོ་བཞིན་པ་	buying fruits	과일을 사는
10.	ལས་ཀ་	བྱེད་བཞིན་པ་	doing work	일을 하는
11.	དེབ་	ཀློག་བཞིན་པ་	reading books	책을 읽는
12.	བོད་ཡིག་	སྦྱོང་བཞིན་པ་	studying Tibetan	티베트어를 배우는

Adverbs of Time 시간 부사

13.	ད་ལྟ།	now	지금
14.	དེ་རིང་སང་། དེང་སང་།	nowadays	요즘
15.	ད་ལོ།	this year	올해
16.	ཉིན་མ་རྟག་པར།	every day	매일
17.	དགོང་མོ་རྟག་པར།	every night	매일 저녁
18.	ལོ་ལྟར།	every year	매년

བྱེད་བཞིན་པ་སྟོན་པའི་ཚིག་གྲོགས། Continuous Particles 진행형 문법 요소

Particle 문법 요소	གིན་	ཀྱིན་	གྱིན་	ཡིན་/ གིན་	གིན་	བཞིན་
Suffix 후접자	ག་/ ང་	ད་/ བ་/ ས་	ན་/ མ་/ ར་/ ལ་	འ་/ 후접자 없을 때	구어에서 འ་ / 후접자 없을 때	자유롭게 사용 가능함

* ང་ཇ་འཐུང་བཞིན་པ་ཡིན།은 ང་ཇ་འཐུང་གིན་ཡོད། 로
* ཁོང་ཇ་འཐུང་བཞིན་པ་རེད།는 ཁོང་ཇ་འཐུང་གིན་འདུག 으로 사용할 수 있다.

제15과 나는 차를 마실 것입니다.

Statement 27 ང་ + O + V + གི་ + ཡིན།

ང་ཇ་བཏུང་གི་ཡིན།*

I will have tea.

나는 차를 마실 것입니다.

* 부록 42쪽~51쪽 구어 시제 활용 참조.

Yes-Q : ཁྱེད་རང་ཇ་བཏུང་གི་ཡིན་པས།

Will you have tea?

당신은 차를 마실 거예요?

Ans: ལགས་ཡིན། ང་ཇ་བཏུང་གི་ཡིན།

Yes, I will have tea.

네, 저는 차를 마실 거예요.

No-Q: ཁྱེད་རང་འོ་མ་བཏུང་གི་ཡིན་པས།

Will you have milk?

당신은 우유를 마실 거예요?

Ans: ལགས་མིན། ང་འོ་མ་བཏུང་གི་མིན།

No, I will not have milk.

아니요, 저는 우유를 마시지 않을 거예요.

Key-Q: ཁྱེད་རང་ག་རེ་བཏུང་གི་ཡིན།

What will you have?

당신은 무엇을 마실 거예요?

Ans: ང་ཇ་བཏུང་གི་ཡིན།

I will have tea.

저는 차를 마실 거예요.

Or-Q: ཁྱེད་རང་ཇ་བཏུང་གི་ཡིན་འོ་མ་བཏུང་གི་ཡིན།

Will you have tea or milk?

당신은 차를 마실 거예요? 우유를 마실 거예요?

Ans: ང་ཇ་བཏུང་གི་ཡིན།

I will have tea.

저는 차를 마실 거예요.

Statement 28 ཁོང་ + O + V + གི་ + རེད།

ཁོང་ཇ་བཏུང་གི་རེད།

He/she will have tea.
그/그녀는 차를 마실 것입니다.

Yes-Q : ཁོང་ཇ་བཏུང་གི་རེད་པས།
Will he/she have tea?
그/그녀는 차를 마실 거예요?

Ans: ལགས་རེད། ཁོང་ཇ་བཏུང་གི་རེད།
Yes, he/she will have tea.
네, 그/그녀는 차를 마실 거예요.

No-Q: ཁོང་འོ་མ་བཏུང་གི་རེད་པས།
Will he/she have milk?
그/그녀는 우유를 마실 거예요?

Ans: ལགས་མ་རེད། ཁོང་འོ་མ་བཏུང་གི་མ་རེད།
No, he/she will not have tea.
아니요, 그/그녀는 차를 마시지 않을 거예요.

Key-Q: ཁོང་ག་རེ་བཏུང་གི་རེད།
What will he/she have?
그/그녀는 무엇을 마실 거예요?

Ans: ཁོང་ཇ་བཏུང་གི་རེད།
He/she will have tea.
그/그녀는 차를 마실 거예요.

Or-Q: ཁོང་ཇ་བཏུང་གི་རེད་འོ་མ་བཏུང་གི་རེད།
Will he/she have tea or milk?
그/그녀는 차를 마실 거예요? 우유를 마실 거예요?

Ans: ཁོང་ཇ་བཏུང་གི་རེད།
He/she will have tea.
그/그녀는 차를 마실 거예요.

མིང་ཚིག Vocabulary 어휘

1. གཞས་	ཉན་གྱི་ཡིན། / རེད།	will listen to songs	노래를 들을 것이다.
2. སྐད་ཆ་	བཤད་ཀྱི་ཡིན། / རེད།	will make conversation	대화할 것이다.
3. དུག་ལོག་	གྱོན་གྱི་ཡིན། / རེད།	will wear clothes	옷을 입을 것이다.
4. ང་	ཡོང་གི་ཡིན།	will come	나는 올 것이다.
5. ཁ་ལག་	བཟའ་གི་ཡིན། / རེད།	will eat food	음식을 먹을 것이다.
6. མོག་མོག་	མངག་གི་ཡིན། / རེད།	will order momos	만두를 주문할 것이다.
7. ཡི་གེ་	བྲི་གི་ཡིན། / རེད།	will write letters	글을 쓸 것이다.
8. ཁ་ལག་	བཟོ་གི་ཡིན། / རེད།	will make food	음식을 만들 것이다.
9. ཤིང་ཏོག་	ཉོ་གི་ཡིན། / རེད།	will buy fruits	과일을 살 것이다.
10. ལས་ཀ་	བྱ་གི་ཡིན། / རེད།	will do work	일할 것이다.
11. དེབ་	བཀླག་གི་ཡིན། / རེད།	will read books	책을 읽을 것이다.
12. ཟ་ཁང་ལ་	བསྡད་ཀྱི་ཡིན། / རེད།	will sit in the restaurant	식당에 앉아 있을 것이다.
13. དྲི་བ་	དྲི་གི་ཡིན། / རེད།	will ask questions	질문할 것이다.
14. དངུལ་	སྤྲད་ཀྱི་ཡིན། / རེད།	will give money	돈을 줄 것이다.
15. ལྟད་མོ་	བལྟ་གི་ཡིན། / རེད།	will watch shows	쇼를 볼 것이다.
16. ཅ་ལག་	ལེན་གྱི་ཡིན། / རེད།	will take things	물건을 받을 것이다.
17. བོད་ཡིག་	སྦྱང་གི་ཡིན། / རེད།	will study Tibetan	티베트어를 배울 것이다.
18. དངུལ་	བརྗེ་གི་ཡིན། / རེད།	will exchange money	돈을 바꿀 것이다.

Adverbs of Time 시간 부사

19. དེ་རིང་།	today	오늘
20. སང་ཉིན།	tomorrow	내일
21. གནངས་ཉིན།	the day after tomorrow	모레
22. གཞེས་ཉིན།	after 3 days	삼 일 후
23. ལོ་རྗེས་མར།	next year	내년
24. བདུན་ཕྲག་རྗེས་མར།	next week	다음 주
25. དོ་དགོང་།	tonight	오늘 밤
26. ཟླ་བ་རྗེས་མར།	next month	다음 달
27. སང་ཞོགས།	tomorrow morning	내일 아침
28. རྗེས་ལ།	later	이후에
29. ཉིན་ལྔའི་རྗེས་ལ།	after 5 days	오 일 후
30. སྐར་མ་ཁ་ཤས་རྗེས་ལ།	after a few minutes	몇 분 후에

제16과 나는 물을 마셨습니다.

Statement 29 ངས་ + O + V + ཡིན། / པ་ཡིན།

ངས་ཆུ་བཏུངས་ཡིན།[1)]

I drank water.

나는 물을 마셨습니다.

Yes-Q : ཁྱེད་རང་གིས་ཆུ་བཏུངས་ཡིན་པས།[2)]

Did you drink water?

당신은 물을 마셨어요?

Ans: ལགས་ཡིན། ངས་ཆུ་བཏུངས་ཡིན།

Yes, I drank water.

네, 저는 물을 마셨어요.

No-Q: ཁྱེད་རང་གིས་འོ་མ་བཏུངས་ཡིན་པས།

Did you drink milk?

당신은 우유를 마셨어요?

Ans: ལགས་བཏུངས་མིན། ངས་འོ་མ་བཏུངས་མིན།[3)]

No, I didn't drink milk.

아니요, 저는 우유를 마시지 않았어요.

Key-Q: ཁྱེད་རང་གིས་ག་རེད་བཏུངས་ཡིན།

What did you drink?

당신은 무엇을 마셨어요?

Ans: ངས་ཆུ་བཏུངས་ཡིན།

I drank water.

저는 물을 마셨어요.

Or-Q: ཁྱེད་རང་གིས་ཆུ་བཏུངས་ཡིན་འོ་མ་བཏུངས་ཡིན།

Did you drink water or milk?

당신은 물을 마셨어요? 우유를 마셨어요?

Ans: ངས་ཆུ་བཏུངས་པ་ཡིན།

I drank water.

저는 물을 마셨어요.

1) ངས་ཆུ་བཏུངས་པ་ཡིན།으로 쓸 수 있다.

2) ཁྱེད་རང་གིས་ཆུ་བཏུངས་པས།로도 물을 수 있다.

3) མིན་으로 표기하지만 མན་으로 발음하기도 한다.
ངས་འོ་མ་མ་བཏུངས། 으로 쓸 수도 있다.

Statement 30 ཁོང་གིས་ + O + V + སོང་། / པ་རེད། / འདུག / ཤག

ཁོང་གིས་ཇ་བཏུངས་སོང་།*

He/she had tea.
그/그녀는 차를 마셨습니다.

> * ཁོང་གིས་ཇ་བཏུངས་པ་རེད།
> (factive, 사실)
> ཁོང་གིས་ཇ་བཏུངས་སོང་།
> (evidential, 증거)
> ཁོང་གིས་ཇ་བཏུངས་ཤག 또는
> ཁོང་གིས་ཇ་བཏུངས་འདུག
> (reportative, 보고)
> 자세한 것은 부록 52쪽 참조.

Yes-Q : ཁོང་གིས་ཇ་བཏུངས་སོང་ངས།
Did he/she have tea?
그/그녀는 차를 마셨나요?

Ans: ལགས་བཏུངས་སོང་། ཁོང་གིས་ཇ་བཏུངས་སོང་།
Yes, he/she had tea.
네, 그/그녀는 차를 마셨어요.

No-Q: ཁོང་གིས་འོ་མ་བཏུངས་སོང་ངས།
Did he/she have milk?
그/그녀는 우유를 마셨나요?

Ans: ལགས་བཏུངས་མ་སོང་། ཁོང་གིས་འོ་མ་བཏུངས་མ་སོང་།
No, he/she didn't . He/she didn't have milk.
아니요, 마시지 않았어요. 그/그녀는 우유를 마시지 않았어요.

Key-Q: ཁོང་གིས་ག་རེ་བཏུངས་སོང་།
What did he/she have?
그/그녀는 무엇을 마셨나요?

Ans: ཁོང་གིས་ཇ་བཏུངས་སོང་།
He/she had tea.
그/그녀는 차를 마셨어요.

Or-Q: ཁོང་གིས་ཇ་བཏུངས་སོང་འོ་མ་བཏུངས་སོང་།
Did he/she have tea or milk?
그/그녀는 차를 마셨나요? 우유를 마셨나요?

Ans: ཁོང་གིས་ཇ་བཏུངས་སོང་།
He/she had tea.
그/그녀는 차를 마셨어요.

མིང་ཚིག Vocabulary 어휘

1.	གཞས་ ཉན་པ་	listened to songs	노래를 들었다.
2.	སྐད་ཆ་ བཤད་པ་	made conversation	대화를 했다.
3.	དུག་ལོག་ གོན་པ་	wore clothes	옷을 입었다.
4.	ལྟད་མོ་ བལྟས་པ་	watched a show	쇼를 보았다.
5.	ཁ་ལག་ བཟས་པ་	ate food	음식을 먹었다.
6.	མོག་མོག་ མངགས་པ་	ordered momos	만두를 주문했다.
7.	ཡི་གེ་ བྲིས་པ་	wrote letters	편지를 썼다.
8.	ཁ་ལག་ བཟོས་པ་	made food	음식을 만들었다.
9.	ཤིང་ཏོག་ ཉོས་པ་	bought fruits	과일을 구입했다.
10.	ལས་ཀ་ བྱས་པ་	did work	일했다.
11.	དེབ་ བཀློགས་པ་	read books	책을 읽었다.
12.	དངུལ་ བརྗེས་པ་	exchanged money	화폐를 교환했다.
13.	དྲི་བ་ དྲིས་པ་	asked questions	질문했다.
14.	དངུལ་ སྤྲད་པ་	gave money	돈을 줬다.
15.	བོད་ཡིག་ སྦྱངས་པ་	studied Tibetan	티베트어를 배웠다.
16.	གཅིན་པ་ བཏང་བ་	urinated	소변을 봤다. 오줌을 눴다.

Adverbs of Time 시간 부사

17.	ཞོགས་ཀས།	in the morning	아침에
18.	ཁ་སང་།	yesterday	어제
19.	ཁ་ཉིན།	the day before yesterday	그저께(그제)
20.	སྔོན་ལ།	earlier	이전에
21.	ལོ་སྔོན་མ།	last year	작년
22.	བདུན་ཕྲག་སྔོན་མ།	last week	지난주
23.	མདང་དགོང་།	last night	지난밤
24.	ཟླ་བ་སྔོན་མ།	last month	지난달
25.	ཁ་སང་ཞོགས་ཀས།	yesterday morning	어제 아침
26.	སྔོན་མ་སྔོན་མ།	long before	오래 전에
27.	ཉིན་ལྔའི་སྔོན་ལ།	before 5 days	5일 전
28.	སྐར་མ་ཁ་ཤས་སྔོན་ལ།	a few minutes earlier	몇 분 전에

གླེང་མོལ། Dialogue 대화문 **10**

མཆོག། པད་མ་ལགས། ཁྱེད་རང་ཁ་ལག་བཟོ་གི་ཡོད་པས།
Are you cooking, Pema-la?
빼마씨, 당신은 요리하고 있나요?

པད་མ། ལགས་ཡོད། ང་ཉིན་གུང་ཁ་ལག་བཟོ་གི་ཡོད།
Yes, I'm cooking lunch.
네, 저는 점심요리를 하고 있어요.

མཆོག། ཁྱེད་རང་ཉིན་གུང་ཁ་ལག་ག་རེ་བཟོ་གི་ཡོད།
What are you making for your lunch?
당신은 점심요리로 무엇을 요리하고 있나요?

པད་མ། མོག་མོག་བཟོ་གི་ཡོད།
I'm making momos.
저는 모모를 요리하고 있어요.

མཆོག། ཨ་ལེ། ཁོང་སུ་རེད།
Oh! Who is he?
오~ 그는 누구인가요?

པད་མ། ཁོང་ངའི་དགའ་རོགས་རེད།
He is my boyfriend.
그는 저의 애인이에요.

གླེང་མོལ། Dialogue 대화문 **11**

མཆོག། ཁོང་མོག་མོག་བཟའ་གི་རེད་པས།
Does he eat momos?
그는 만두(모모)를 먹을 건가요?

པད་མ། ལགས་རེད། ཁོང་མོག་མོག་བཟའ་གི་རེད།
Yes, he eats momos.
네, 그는 만두를 먹을 거예요.

མཆོག། ད་ལྟ་ཁོང་ག་རེ་བྱེད་ཀྱི་འདུག
What is he doing now?
지금 그는 무엇을 하고 있나요?

པད་མ། ད་ལྟ་ཁོང་ལས་ཀ་བྱེད་བཞིན་པ་རེད།
He's working now.
지금 그는 일하고 있어요.

ཁྱེད་རང་གིས་ཁ་ལག་བཟས་པས།
Did you eat?
당신은 음식을 먹었나요?

མཆོག། ལགས་བཟས་མེད། ཇ་བཏུངས་པ་ཡིན།
No, I didn't eat. I had tea.
아니요, 먹지 않았어요. 차를 마셨어요.

པད་མ། ཁྱེད་རང་མོག་མོག་བཟའ་གི་ཡིན་པས།
Would you like to have momos?
당신은 만두 드실래요?

མཆོག། ལགས་འོང་། ང་མོག་མོག་བཟའ་གི་ཡིན།
Yes, I would like to have momos.
네~, 저는 만두를 먹을래요.

གླེང་མོལ། Dialogue 대화문 **12**

པད་མ། ཤིང་ཏོག་ཉོས་ཡིན་པས།
Did you buy fruits?
당신은 과일을 샀나요?

མཚོག། ལགས་ཉོས་པ་ཡིན།
Yes, I bought fruits.
네, 저는 과일을 샀어요.

པད་མ། ཤིང་ཏོག་ག་རེ་ཉོས་པ་ཡིན།
What fruits did you buy?
어떤 과일을 샀나요?

མཚོག། ཀུ་ཤུ་དང་ཚ་ལུ་མ་ཉོས་ཡིན།
I bought apples and oranges.
저는 사과와 오렌지를 샀어요.

པད་མ། ཀུ་ཤུ་ཀི་ལོ་ལ་ག་ཚོད་སྤྲད་པ་ཡིན།
How much did you pay for a kilo of apples?
당신은 사과 1킬로그램(Kg)에 얼마 지불했어요?

མཚོག། སྒོར་མོ་བརྒྱ་སྤྲད་པ་ཡིན།
I paid a hundred rupees.
저는 100루피 지불했어요.

པད་མ། ཀུ་ཤུ་འདི་ཚོ་རེད་པས།
Are these the apples?
이 사과들인가요?

མཚོག། ལགས་རེད། གཅིག་བཟའ་དང་།
Yes, have one!
네, 하나 드세요.

제17과 나는 서른 살입니다.

Statement 31 ང་ + ལོ་ + Adj.C(age) + ཡིན།

ང་ལོ་སུམ་ཅུ་ཡིན།

I am thirty.
나는 서른 살입니다.

Yes-Q : ཁྱེད་རང་ལོ་སུམ་ཅུ་ཡིན་པས།
Are you thirty?
당신은 서른 살인가요?

Ans: ལགས་ཡིན། ང་ལོ་སུམ་ཅུ་ཡིན།
Yes, I am thirty.
네, 저는 서른 살이에요.

No-Q: ཁྱེད་རང་ལོ་བཞི་བཅུ་ཡིན་པས།
Are you forty?
당신은 마흔 살인가요?

Ans: ལགས་མིན། ང་ལོ་བཞི་བཅུ་མིན།
No, I am not forty.
아니요, 저는 마흔 살이 아니에요.

Key-Q: ཁྱེད་རང་ལོ་ག་ཚོད་ཡིན།
How old are you?
당신은 몇 살인가요?

Ans: ང་ལོ་སུམ་ཅུ་ཡིན།
I am thirty.
저는 서른 살이에요.

Or-Q: ཁྱེད་རང་ལོ་སུམ་ཅུ་ཡིན་བཞི་བཅུ་ཡིན།
Are you thirty or forty?
당신은 서른 살인가요? 마흔 살인가요?

Ans: ང་ལོ་སུམ་ཅུ་ཡིན།
I am thirty.
저는 서른 살이에요.

Statement 32 ཁོང་ + ལོ་ + Adj.C (age) + རེད། / རེད་འདུག / ཤག

ཁོང་ལོ་ཉི་ཤུ་རེད།

He/she is twe.
그/그녀는 스무 살입니다.

Yes-Q : ཁོང་ལོ་ཉི་ཤུ་རེད་པས།
Is he/she twenty?
그/그녀는 스무 살인가요?

Ans: ལགས་རེད། ཁོང་ལོ་ཉི་ཤུ་རེད།
Yes, he/she is twenty.
네, 그/그녀는 스무 살이에요.

No-Q: ཁོང་ལོ་བཅོ་ལྔ་རེད་པས།
Is he/she fifteen?
그/그녀는 열다섯 살인가요?

Ans: ལགས་མ་རེད། ཁོང་ལོ་བཅོ་ལྔ་མ་རེད།
No, he/she is not fifteen.
아니요, 그/그녀는 열다섯 살이 아니에요.

Key-Q: ཁོང་ལོ་ག་ཚོད་རེད།
How old is he/she?
그/그녀는 몇 살인가요?

Ans: ཁོང་ལོ་ཉི་ཤུ་རེད།
He/she is twenty.
그/그녀는 스무 살이에요.

Or-Q: ཁོང་ལོ་ཉི་ཤུ་རེད་བཅོ་ལྔ་རེད།
Is he/she twenty or fifteen?
그/그녀는 스무 살인가요? 열다섯 살인가요?

Ans: ཁོང་ལོ་ཉི་ཤུ་རེད།
He/she is twenty.
그/그녀는 스무 살이에요.

མིང་ཚིག Vocabulary 어휘

Cardinal numbers 기수

1. ༡	གཅིག	one	일
2. ༢	གཉིས།	two	이
3. ༣	གསུམ།	three	삼
4. ༤	བཞི།	four	사
5. ༥	ལྔ།	five	오
6. ༦	དྲུག	six	육
7. ༧	བདུན།	seven	칠
8. ༨	བརྒྱད།	eight	팔
9. ༩	དགུ།	nine	구
10. ༡༠	བཅུ།	ten	십

Ordinal Numbers 서수

1. དང་པོ།	first	첫 번째
2. གཉིས་པ།	second	두 번째
3. གསུམ་པ།	third	세 번째
4. བཞི་པ།	fourth	네 번째
5. ལྔ་པ།	fifth	다섯 번째
6. དྲུག་པ།	sixth	여섯 번째
7. བདུན་པ།	seventh	일곱 번째
8. བརྒྱད་པ།	eighth	여덟 번째
9. དགུ་པ།	ninth	아홉 번째
10. བཅུ་པ།	tenth	열 번째

Eleven to Twenty (11-20)

11. བཅུ་གཅིག	eleven	십일
12. བཅུ་གཉིས།	twelve	십이
13. བཅུ་གསུམ།	thirteen	십삼
14. བཅུ་བཞི།	fourteen	십사
15. བཅོ་ལྔ།	fifteen	십오
16. བཅུ་དྲུག	sixteen	십육
17. བཅུ་བདུན།	seventeen	십칠
18. བཅོ་བརྒྱད།	eighteen	십팔
19. བཅུ་དགུ།	nineteen	십구
20. ཉི་ཤུ།	twenty	이십

མིང་ཚིག Vocabulary 어휘

Number 숫자 : 이십일 - 구십구(21-99)

21.	ཉི་ཤུ་རྩ་གཅིག	twenty one	이십일
32.	སུམ་ཅུ་སོ་གཉིས།	thirty two	삼십이
43.	བཞི་བཅུ་ཞེ་གསུམ།	forty three	사십삼
54.	ལྔ་བཅུ་ང་བཞི།	fifty four	오십사
65.	དྲུག་ཅུ་རེ་ལྔ།	sixty five	육십오
76.	བདུན་ཅུ་དོན་དྲུག	seventy six	칠십육
87.	བརྒྱད་ཅུ་གྱ་བདུན།	eighty seven	팔십칠
88.	བརྒྱད་ཅུ་གྱ་བརྒྱད།	eighty eight	팔십팔
99.	དགུ་བཅུ་གོ་དགུ།	ninety nine	구십구

Numerical Particles

1. རྩ། 21 ~ 29 에 사용
2. སོ། 31 ~ 39 에 사용
3. ཞེ། 41 ~ 49 에 사용
4. ང་། 51 ~ 59 에 사용
5. རེ། 61 ~ 69 에 사용
6. དོན། 71 ~ 79 에 사용
7. གྱ། 81 ~ 89 에 사용
8. གོ། 91 ~ 99 에 사용

★ བཅུ의 경우, 앞 글자에 후접자가 없으면 그대로 쓰고,
앞 글자에 후접자가 있으면 བཅུ에서 བ가 탈락 된다. 20의 경우는 ཤུ로 바뀐다.
ཉི་ཤུ(20), སུམ་ཅུ(30), བཞི་བཅུ(40), ལྔ་བཅུ(50), དྲུག་ཅུ(60), བདུན་ཅུ(70), བརྒྱད་ཅུ(80), དགུ་བཅུ(90)

Number 숫자 : 영 - 십억(0 - 1,000,000,000)

1.	ཀླད་ཀོར།		zero	0	영
2.	གཅིག		one	1	일
3.	བཅུ།		ten	10	십
4.	བརྒྱ།	ཆིག་བརྒྱ།	one hundred	100	백
5.	སྟོང་།	ཆིག་སྟོང་།	one thousand	1,000	천
6.	ཁྲི།	ཆིག་ཁྲི།	ten thousand	10,000	일만
7.	འབུམ།	ཆིག་འབུམ།	hundred thousand	100,000	십만
8.	ས་ཡ།	ས་ཡ་གཅིག	one million	1000,000	백만
9.	བྱེ་བ།	བྱེ་བ་གཅིག	ten million	10,000,000	천만
10.	དུང་ཕྱུར།	དུང་ཕྱུར་གཅིག	hundred million	100,000,000	일억
11.	ཐེར་འབུམ།	ཐེར་འབུམ་གཅིག	billion	1,000,000,000	십억

제18과 오늘은 금요일입니다.

Statement 33 དེ་རིང་ + NC(day) + རེད། / རེད་འདུག / རེད་ཤག

དེ་རིང་གཟའ་པ་སངས་རེད།

Today is Friday.
오늘은 금요일입니다.

Yes-Q : དེ་རིང་གཟའ་པ་སངས་རེད་པས།
Is today Friday?
오늘은 금요일인가요?

Ans: ལགས་རེད། དེ་རིང་གཟའ་པ་སངས་རེད།
Yes, today is Friday.
네, 오늘은 금요일이에요.

No-Q: དེ་རིང་གཟའ་ཕུར་བུ་རེད་པས།
Is today Thursday?
오늘은 목요일인가요?

Ans: ལགས་མ་རེད། དེ་རིང་གཟའ་ཕུར་བུ་མ་རེད།
No, today is not Thursday.
아니요, 오늘은 목요일이 아니에요.

Key-Q: དེ་རིང་གཟའ་ག་རེ་རེད།
What day is it today?
오늘은 무슨 요일이에요?

Ans: དེ་རིང་གཟའ་པ་སངས་རེད།
Today is Friday.
오늘은 금요일이에요.

Or-Q: དེ་རིང་གཟའ་པ་སངས་རེད་ཕུར་བུ་རེད།
Is today Friday or Thursday?
오늘은 금요일이에요? 목요일이에요?

Ans: དེ་རིང་གཟའ་པ་སངས་རེད།
Today is Friday.
오늘은 금요일이에요.

Statement 34 སང་ཉིན་ + NC(day) + རེད། / རེད་འདུག / རེད་ཤག

སང་ཉིན་གཟའ་སྤེན་པ་རེད།

Tomorrow is Saturday.
내일은 토요일입니다.

Yes-Q : སང་ཉིན་གཟའ་སྤེན་པ་རེད་པས།
Is tomorrow Saturday?
내일은 토요일인가요?

Ans: ལགས་རེད། སང་ཉིན་གཟའ་སྤེན་པ་རེད།
Yes, tomorrow is Saturday.
네, 내일은 토요일이에요.

No-Q: སང་ཉིན་གཟའ་ཉི་མ་རེད་པས།
Is tomorrow Sunday?
내일이 일요일인가요?

Ans: ལགས་མ་རེད། སང་ཉིན་གཟའ་ཉི་མ་མ་རེད།
No, tomorrow is not Sunday.
아니요, 내일은 일요일이 아니에요.

Key-Q: སང་ཉིན་གཟའ་ག་རེ་རེད།
What day is it tomorrow?
내일은 무슨 요일인가요?

Ans: སང་ཉིན་གཟའ་སྤེན་པ་རེད།
Tomorrow is Saturday.
내일은 토요일이에요.

Or-Q: སང་ཉིན་གཟའ་སྤེན་པ་རེད་ཉི་མ་རེད།
Is tomorrow Saturday or Sunday?
내일은 토요일이에요? 일요일이에요?

Ans: སང་ཉིན་གཟའ་སྤེན་པ་རེད།
Tomorrow is Saturday.
내일은 토요일이에요.

མིང་ཚིག Vocabulary 어휘

1. གཟའ།	day	날, 요일	གཟའ།	planet	행성		
2. གཟའ་ཉི་མ།	Sunday	일요일	ཉི་མ།	Sun	태양	Nyima	니마
3. གཟའ་ཟླ་བ།	Monday	월요일	ཟླ་བ།	Moon	달	Dawa	다와
4. གཟའ་མིག་དམར།	Tuesday	화요일	མིག་དམར།	Mars	화성	Migmar	믹말
5. གཟའ་ལྷག་པ།	Wednesday	수요일	ལྷག་པ།	Mercury	수성	Lhakpa	락빠
6. གཟའ་ཕུར་བུ་	Thursday	목요일	ཕུར་བུ།	Jupiter	목성	Phurbu	풀부
7. གཟའ་པ་སངས།	Friday	금요일	པ་སངས།	Venus	금성	Pasang	빠쌍
8. གཟའ་སྤེན་པ།	Saturday	토요일	སྤེན་པ།	Saturn	토성	Penpa	뻰빠

9. དེ་རིང་།	today	오늘
10. ཁ་སང་།	yesterday	어제
11. སང་ཉིན།	tomorrow	내일
12. ཁ་ཉིན།	the day before yesterday	그제, 그저께
13. གནངས་ཉིན།	the day after tomorrow	모레
14. གཞེས་ཉིན།	three days from now	삼 일 후, 글피
15. བདུན་ཕྲག	week	주일
16. ཟླ་བ།	month	달
17. ད་ལོ།	this year	올해
18. ན་ནིང་།	last year	작년
19. གཞེས་ནིང་།	the year before last	재작년
20. ལོ་རྗེས་མ།	next year	내년
21. ཁ་ཤས།	some / a few	조금, 약간
22. ཆུ་ཚོད་ཁ་ཤས།	some hours	몇 시간
23. ཉི་མ་ཁ་ཤས།	a few days	며칠
24. ཟླ་བ་ཁ་ཤས།	some months	몇 달
25. ལོ་ཁ་ཤས།	some year	몇 년
26. སྐག	obstacle	장애
27. ལོ་སྐག	obstacle year	나쁜 해, 장애가 많은 해
28. དགུང་ལོ།	age	연세(나이의 존칭어)
29. གུང་སེང་།	holiday	휴가, 방학, 휴일
30. སྐྱེ་སྐར།	birthday	생일
31. དུས་ཆེན།	festival year	기념일, 명절, 축제
32. ལྷག་དཀར་	White Wednesday	특별한 명절

제19과 요즘은 봄입니다.

Statement 35 དེང་སང་ + OC(season) + རེད། / རེད་འདུག / རེད་ཤག

དེང་སང་དཔྱིད་ཀ་རེད།

It's spring these days.
요즘은 봄입니다.

Yes-Q : དེང་སང་དཔྱིད་ཀ་རེད་པས།
Is it spring these days?
요즘은 봄인가요?

Ans: ལགས་རེད། དེང་སང་དཔྱིད་ཀ་རེད།
Yes, it's spring these days.
네, 요즘은 봄이에요.

No-Q: དེང་སང་དགུན་ཁ་རེད་པས།
Is it winter these days?
요즘은 겨울인가요?

Ans: ལགས་མ་རེད། དེང་སང་དགུན་ཁ་མ་རེད།
No, it's not winter these days.
아니요, 요즘은 겨울이 아니에요.

Key-Q: དེང་སང་ནམ་དུས་ག་རེ་རེད།
What season is it these days?
요즘은 무슨 계절인가요?

Ans: དེང་སང་དཔྱིད་ཀ་རེད།
It's spring these days.
요즘은 봄이에요.

Or-Q: དེང་སང་དཔྱིད་ཀ་རེད་དགུན་ཁ་རེད།
Is it spring or winter these days?
요즘은 봄인가요? 겨울인가요?

Ans: དེང་སང་དཔྱིད་ཀ་རེད།
It's spring these days.
요즘은 봄이에요.

S.35(a) : དཔྱིད་ཀར་མེ་ཏོག་ཤར་གྱི་རེད།
Flowers bloom in spring.
봄에는 꽃이 핍니다.

S.35(b) : དབྱར་ཁར་ཆར་པ་འབབ་ཀྱི་རེད།
It rains in summer.
여름에는 비가 내립니다.

S.35(c) : སྟོན་ཀར་འབྲས་བུ་སྨིན་གྱི་རེད།
Fruit ripens in autumn.
가을에는 열매가 익습니다.

S.35(d) : དགུན་ཁར་གནམ་གཤིས་གྲང་མོ་ཡོད་རེད།
It is cold in winter.
겨울에는 날씨가 춥습니다.

1. ནམ་དུས་བཞི།	the four seasons	사계절 / 사계(四季)
2. དཔྱིད་ཀ	spring	봄 / 춘(春)
3. དབྱར་ཁ།	summer	여름 / 하(夏)
4. སྟོན་ཀ	autumn	가을 / 추(秋)
5. དགུན་ཁ	winter	겨울 / 동(冬)
6. གྲུ་བཞི།	the (four) cardinal points	사방(四方) –동서남북(東西南北)
7. ཤར།	east	동쪽
8. ལྷོ།	south	남쪽
9. ནུབ།	west	서쪽
10. བྱང་།	north	북쪽

མིང་ཚིག Vocabulary 어휘

1. ནམ་དུས་བཞི།	the four seasons	사계절
2. དཔྱིད་ཀ།	spring	봄
3. དབྱར་ཁ།	summer	여름
4. སྟོན་ཀ།	autumn	가을
5. དགུན་ཁ།	winter	겨울
6. དེང་སང་།	these days	요즘
7. རྩི་ཤིང་།	plants	식물
8. མེ་ཏོག	flower	꽃
9. ཤར།	east, to bloom	동쪽, (꽃이) 피다.
10. མེ་ཏོག་ཤར།	to bloom flowers	꽃이 피다.
11. ཆར་པ།	rain	비
12. འབབ།	to fall	내리다.
13. ཆར་པ་འབབ།	to rain	비가 내리다.
14. འབྲས་བུ།	fruits	열매
15. སྨིན་པ།	to ripen	익다.
16. འབྲས་བུ་སྨིན།	to ripen fruits	열매가 익다.
17. གངས།	snow	눈
18. གངས་འབབ།	to snow	눈이 오다.
19. འདྲ་མི་འདྲ།	different kinds of	다른 종류
20. སྣ་ཚོགས།	various	가지각색의, 다양한
21. གྲང་མོ།	cold	차가운
22. ཚ་པོ།	hot	뜨거운
23. བསིལ་པོ།	cool	시원한
24. དྲོ་པོ།	warm	따뜻한
25. སྡུག་ཅག	bad	나쁜
26. སྐྱིད་པོ།	pleasant	행복한, 편안한, 상쾌한, 안락한
27. ཉི་མ་དྲོ་པོ།	sunny	양지 바른, 햇빛이 잘 비치는
28. ལྷགས་པ་ཚ་པོ།	windy	바람이 세게 부는

제20과 한 시입니다.

Statement 36 ཆུ་ཚོད་ + Time + རེད། / རེད་འདུག / རེ་ཤག

ཆུ་ཚོད་དང་པོ་རེད།

It's one o'clock.

한 시입니다.

Yes-Q: ཆུ་ཚོད་དང་པོ་རེད་པས།
Is it one o'clock?
한 시인가요?

Ans: ལགས་རེད། ཆུ་ཚོད་དང་པོ་རེད།
Yes, it's one o'clock.
네, 한 시에요.

No-Q: ཆུ་ཚོད་གཉིས་པ་རེད་པས།
Is it two o'clock?
두 시인가요?

Ans: ལགས་མ་རེད། ཆུ་ཚོད་གཉིས་པ་མ་རེད།
No, it's not two o'clock.
아니요, 두 시가 아니에요.

Key-Q: ཆུ་ཚོད་ག་ཚོད་རེད།
What time is it?
몇 시에요?

Ans: ཆུ་ཚོད་དང་པོ་རེད།
It's one o'clock.
한 시에요.

Or-Q: ཆུ་ཚོད་དང་པོ་རེད་གཉིས་པ་རེད།
Is it one o'clock or two o'clock?
한 시에요? 두 시에요?

Ans: ཆུ་ཚོད་དང་པོ་རེད།
It's one o'clock.
한 시에요.

S.36(a) : t དང་པོ་དང་ཕྱེད་ཀ་རེད།
It's half past one.
한 시 삼십 분입니다. (1시 30분입니다.)

S.36(b) : དང་པོ་ཡོལ་ནས་སྐར་མ་བཅོ་ལྔ་རེད།
It's a quarter past one.
한 시 십오 분입니다. (1시 15분입니다.)

S.36(c) : དང་པོ་ཟིན་པ་ལ་སྐར་མ་བཅོ་ལྔ་འདུག
It's a quarter to one.
한 시 십오 분 전입니다. (1시 15분 전입니다).

S.36(d) : དང་པོ་ཟིན་པ་ལ་སྐར་མ་བཅུ་འདུག
It's ten minutes to one.
한 시 십 분 전입니다. (1시 10분 전 입니다.)

Ordinal Numbers 서수

1. དང་པོ།	first	첫 번째	10. བཅུ་པ།	tenth	열 번째
2. གཉིས་པ།	second	두 번째	20. ཉི་ཤུ་པ།	twentieth	스무 번쩨
3. གསུམ་པ།	third	세 번째	30. སུམ་ཅུ་པ།	thirtieth	서른 번째
4. བཞི་པ།	fourth	네 번째	40. བཞི་བཅུ་པ།	fortieth	마흔 번째
5. ལྔ་པ།	fifth	다섯 번째	50. ལྔ་བཅུ་པ།	fiftieth	쉬흔 번째
6. དྲུག་པ།	sixth	여섯 번째	60. དྲུག་ཅུ་པ།	sixtieth	예순 번째
7. བདུན་པ།	seventh	일곱 번째	70. བདུན་ཅུ་པ།	seventieth	일흔 번째
8. བརྒྱད་པ།	eighth	여덟 번째	80. བརྒྱད་ཅུ་པ།	eightieth	여든 번째
9. དགུ་པ།	ninth	아홉 번째	90. དགུ་བཅུ་པ།	ninetieth	아흔 번째
10. བཅུ་པ།	tenth	열 번째	100. བརྒྱ་པ།	hundredth	백 번째

མིང་ཚིག Vocabulary 어휘

1. ཆུ་ཚོད།	clock / time / hour	시계 / 시간
2. ཕྱག་ཚོད།	wristwatch / hour / time(h)	손목시계 / 시간(높임말)
3. སྐར་མ།	minute	분
4. སྐར་ཆ།	second	초
5. དང་པོ།	one	한 시(시간) / 첫 번째
6. གཉིས་པ།	two	두 시(시간) / 두 번째
7. བཅུ་པ།	ten	열 시(시간) / 열 번째
8. བཅུ་གཅིག	eleven	열한 시(시간)
9. ཡོལ་ནས་...	...past	지나서
10. དང་པོ་ཡོལ་ནས་...	...past one	한 시가 지난
11. དང་པོ་ཡོལ་ནས་སྐར་མ་བཅོ་ལྔ།	a quarter past one	한 시 십오 분(1시 15분)
12. དང་པོ་དང་སྐར་མ་བཅོ་ལྔ།	one o'clock fifteen minute	한 시 십오 분(1시 15분)
13. ཕྱེད་ཀ།	half	절반, 삼십 분(30분)
14. དང་པོ་དང་ཕྱེད་ཀ།	half past one	한 시 삼십 분(1시 30분)
15. ཟིན་པ་ལ་...	...to	~를 향해서
16. ལྔ་པ་ཟིན་པ་ལ་སྐར་མ་བཅོ་ལྔ།	a quarter to five	다섯 시 십오 분 전 (5시 15분 전)
17. ལྔ་པ་ཟིན་པ་ལ་སྐར་མ་ཉི་ཤུ།	20 minutes to five	다섯 시 이십 분 전 (5시 20분 전)
18. ལྔ་དང་སྐར་མ་བཅུ།	five o'clock ten minute	다섯 시 십 분(5시 10분)
19. ཆུ་ཚོད་བཅུ་གཉིས་ཏག་ཏག	exactly twelve o'clock	열두 시 정각(12시 정각)
20. ཆུ་ཚོད་དང་པོ་ཏག་ཏག	exactly one o'clock	한 시 정각(1시 정각)
21. ཞོགས་པ་ཆུ་ཚོད་བདུན་པ།	seven in the morning	아침 일곱 시(7시)
22. དགོང་དྲོ་ཆུ་ཚོད་བདུན་པ།	seven in the evening	저녁 일곱 시(7시)
23. ཉིན་གུང་ཆུ་ཚོད་བཅུ་གཉིས་	twelve noon	낮 열두 시(정오)
24. མཚན་གུང་ཆུ་ཚོད་བཅུ་གཉིས།	twelve midnight	밤 열두 시(자정)

སློང་མོལ། Dialogue 대화문 13

མཆོག   པད་མ་ལགས། དེ་རིང་གཟའ་ག་རེ་རེད།
Pema-la, what day is it today?
빼마씨, 오늘은 무슨 요일인가요?

པད་མ།   དེ་རིང་གཟའ་ལྷག་པ་རེད།
Today is Wednesday.
오늘은 수요일입니다.

མཆོག   ཨ་ལེ། དེ་རིང་ལྷག་དཀར་རེད་པ།
Oh! Today is White Wednesday, right?
오~, 오늘은 화이트 수요일이지요, 그렇죠?

པད་མ།   ལགས་རེད། ད་ལོ་༧གོང་ས་མཆོག་དགུང་ལོ་ག་ཚོད་རེད།
Yes, it is. How old is His Holiness this year?
네, 그래요. 존자님은 올해 연세가 어떻게 되시나요?

མཆོག   ཁོང་དགུང་ལོ་བདུན་ཅུ་དོན་བདུན་རེད།
He's seventy-seven.
존자님은 77세입니다.   *77세: 칠십칠 세, 일흔일곱 살

པད་མ།   ༧གོང་ས་མཆོག་སྐུ་བགྲེས་པོར་ཕེབས་འདུག་ག
His holiness has aged, hasn't he?
존자님께서 연세가 많이 드셨어요, 그렇죠?

མཆོག   གལ་ཡོད་མ་རེད།
It's nothing.
그렇지 않아요.

༧གོང་ས་མཆོག་དགུང་ལོ་༡༡༣་བཞུགས་ཀྱི་རེད།
His Holliness will live 113 years.
존자님께서는 113세까지 사실 거예요.   *113세 : 백십삼 세 , 백열세 살

པད་མ།   དེ་འདྲ་ཡིན་ན་དགའ་བ་ལ།
I would be so happy if that was so.
만일 그렇게 된다면 정말 기쁠 거예요.

** ༧གོང་ས་མཆོག 달라이 라마

གླེང་མོལ། Dialogue 대화문 **14**

མཆོག། རང་གི་གཅུང་མོ་ལོ་ག་ཚོད་རེད།
How old is your younger sister?
당신의 여동생은 몇 살인가요?

པད་མ། ཁོང་ལོ་ཉི་ཤུ་རྩ་ལྔ་རེད།
She's twenty-five.
그녀는 25살 이에요.

མཆོག། ཨ་ནི། ད་ལོ་སྐག་རེད་པ།
Then this year is her obstacle-year, right?
그러면 올해가 '장애해'이죠?

པད་མ། ལགས་རེད། ད་ལོ་མོའི་ལོ་སྐག་རེད།
Yes. This year is her obstacle-year.
네, 올해가 그녀의 '장애해'이에요.

མཆོག། ཁོང་ད་ལྟ་ག་པར་ཡོད་རེད།
Where is she now?
그녀는 지금 어디에 있나요?

པད་མ། ད་ལྟ་ཁོང་ཉི་ཧོང་ལ་ཡོད་རེད།
She's in japan now.
그녀는 지금 일본에 있어요.

མཆོག། ད་ལོ་ཁོང་ཡོང་གི་རེད་པས།
Is she coming this year?
그녀는 올해 오나요?

པད་མ། ལགས་ཡོང་གི་མ་རེད།
No, she'll not come.
아니요, 그녀는 오지 않아요.

ཁོང་ལོ་རྗེས་མ་དབྱར་ཁ་ལ་ཡོང་གི་རེད།
She'll come next year in summer.
그녀는 내년 여름에 올 거예요.

*장애해 : 12년마다 돌아오는 자기 띠에 해당하는 해. 삼재(三災) 같은 개념

སློང་སྦྱོང་། Dialogue 대화문 15

མཆོག། པད་མ་ལགས། ད་ལྟ་ཆུ་ཚོད་ག་ཚོད་རེད།
Pema-la, what time is it now?
빼마씨, 지금 몇 시인가요?

པད་མ། ཆུ་ཚོད་བཅུ་གཉིས་ཏག་ཏག་རེད།
It is exactly twelve o'clock.
정각 12시에요.

མཆོག། ཨ་ལེ། རང་ཉིན་གུང་ཁ་ལག་ག་དུས་ཟ་གི་ཡོད།
I see! When do you eat lunch?
네~. 당신은 언제 점심을 먹나요?

པད་མ། ཆུ་ཚོད་དང་པོ་ལ་ཟ་གི་ཡོད། རང་ག་དུས་ཟ་གི་ཡོད།
I eat at one o'clock. When do you eat?
한 시에 먹어요. 당신은 언제 먹나요?

མཆོག། ང་དང་པོ་དང་ཕྱེད་ཀ་ལ་ཟ་གི་ཡོད།
I eat at half past one.
저는 한 시 반에 먹어요.

པད་མ། རང་ཁ་ལག་ག་རེ་ཟ་གི་ཡོད།
What do you eat?
당신은 무엇을 먹나요?

མཆོག། འདྲ་མི་འདྲ་ཟ་གི་ཡོད།
I eat different things.
다양한 종류를 먹어요.

제21과 이 책은 하얀색입니다.

Statement 37 S + འདི་ + Adj. C + རེད། / རེད་འདུག / རེད་ཤག

དེབ་འདི་དཀར་པོ་རེད།

This book is white.

이 책은 하얀색입니다.

Yes-Q : དེབ་འདི་དཀར་པོ་རེད་པས།

Is this book white?

이 책은 하얀색인가요?

Ans: ལགས་རེད། དེབ་འདི་དཀར་པོ་རེད།

Yes, this book is white.

네, 이 책은 하얀색이에요.

No-Q: དེབ་འདི་ནག་པོ་རེད་པས།

Is this book black?

이 책은 검은색인가요?

Ans: ལགས་མ་རེད། དེབ་འདི་ནག་པོ་མ་རེད།

No, this book is not black.

아니요, 이 책은 검은색이 아니에요.

Key-Q: དེབ་འདིའི་ཚོན་མདོག་ག་རེ་རེད།

What color is this book?

이 책의 색깔은 무엇인가요?

Ans: དེབ་འདི་དཀར་པོ་རེད།

This book is white.

이 책은 하얀색이에요.

Or-Q: དེབ་འདི་དཀར་པོ་རེད་ནག་པོ་རེད།

Is this book white or black?

이 책은 하얀색인가요? 검은색인가요?

An s: དེབ་འདི་དཀར་པོ་རེད།

This book is white.

이 책은 하얀색이에요.

Statement 38 PP + S + Adj. C + རེད། / རེད་འདུག / རེད་ཤག

ངའི་སྟོད་ཐུང་སེར་པོ་རེད།

My coat is yellow.
나의 코트는 노란색입니다.

Yes-Q : ཁྱེད་རང་གི་སྟོད་ཐུང་སེར་པོ་རེད་པས།
Is your coat yellow?
당신 코트는 노란색인가요?

Ans: ལགས་རེད། ངའི་སྟོད་ཐུང་སེར་པོ་རེད།
Yes, my coat is yellow.
네, 제 코트는 노란색이에요.

No-Q: ཁྱེད་རང་གི་སྟོད་ཐུང་དམར་པོ་རེད་པས།
Is your coat red?
당신 코트는 빨간색인가요?

Ans: ལགས་མ་རེད། ངའི་སྟོད་ཐུང་དམར་པོ་མ་རེད།
No, my coat is not red.
아니요, 제 코트는 빨간색이 아니에요.

Key-Q: ཁྱེད་རང་གི་སྟོད་ཐུང་གི་ཚོན་མདོག་ག་རེ་རེད།
What color is your coat?
당신 코트의 색깔은 무엇인가요?

Ans: ངའི་སྟོད་ཐུང་སེར་པོ་རེད།
My coat is yellow.
제 코트는 노란색이에요.

Or-Q: ཁྱེད་རང་གི་སྟོད་ཐུང་སེར་པོ་རེད་དམར་པོ་རེད།
Is your coat yellow or red?
당신의 코트는 노란색인가요? 빨간색인가요?

Ans: ངའི་སྟོད་ཐུང་སེར་པོ་རེད།
My coat is yellow.
제 코트는 노란색이에요.

* 당신 코트 = 당신의 코트 , 제 코트 =저의 코트 (나의 코트의 겸양어)

མིང་ཚིག Vocabulary 어휘

1. དཀར་པོ།	white	하얀색
2. ནག་པོ།	black	검은색
3. སྔོན་པོ།	blue	파란색
4. དམར་པོ།	red	빨간색
5. སེར་པོ།	yellow	노란색
6. ལྗང་ཁུ།	green	초록색
7. རྒྱ་སྨུག	brown	갈색
8. ལི་ཝང་།	orange	주황색
9. ཟིང་སྐྱ།	pink	분홍색
10. མུ་མེན།	purple / violet	보라색
11. ཐལ་མདོག	grey	회색
12. ཁྲ་ཁྲ།	multicolored	다채로운 색
13. ཞྭ་མོ།	hat	모자
14. ཇུལ་ལེན།	vest	조끼
15. སྟོད་ཐུང་། སྟོད་གོས།	coat	코트
16. སུ་ཏར།	sweater	스웨터
17. ཚུ་རས།	underpants	팬티
18. གུ་ཐུང་།	pants / trousers	바지
19. ཨུ་སུག ཨུ་ཤུ་སུ།	socks	양말
20. འཇུར་རྒྱ། ལྷམ་གོག	shoes	신발
21. ཕྱུ་པ།	chupa	츄빠(티베트인의 전통적인 겉옷)
22. སྨད་གཡོག	skirt	치마
23. འོག་འཇུག	shirt	셔츠
24. ལག་ཤུབས།	gloves	장갑

Synonyms for Color 색깔과 동의어

1. ཚོན། 2. མདོག 3. ཚོས་གཞི། 4. ཁ་དོག 5. ཚོན་ཁྲ། 6. ཚོན་མདོག

제22과 나는 식당에 있습니다.

Statement 39 ང་ + OP + ལ་ + ཡོད།

ང་ཟ་ཁང་ལ་ཡོད།

I am at the restaurant.
나는 식당에 있습니다.

Yes-Q : ཁྱེད་རང་ཟ་ཁང་ལ་ཡོད་པས།
Are you at the restaurant?
당신은 식당에 있나요?

Ans: ལགས་ཡོད། ང་ཟ་ཁང་ལ་ཡོད།
Yes, I am at the restaurant.
네, 저는 식당에 있어요.

No-Q: ཁྱེད་རང་ཚོང་ཁང་ལ་ཡོད་པས།
Are you at the shop?
당신은 상점에 있나요?

Ans: ལགས་མེད། ང་ཚོང་ཁང་ལ་མེད།
No, I am not at the shop.
아니요, 저는 상점에 없어요.

Key-Q: ཁྱེད་རང་ག་པར་ཡོད།
Where are you?
당신은 어디에 있나요?

Ans: ང་ཟ་ཁང་ལ་ཡོད།
I am at the restaurant.
저는 식당에 있어요.

Or-Q: ཁྱེད་རང་ཟ་ཁང་ལ་ཡོད་ཚོང་ཁང་ལ་ཡོད།
Are you at the restaurant or the shop?
당신은 식당에 있나요? 상점에 있나요?

Ans: ང་ཟ་ཁང་ལ་ཡོད།
I am at the restaurant.
저는 식당에 있어요.

Statement 40 ཁོང་ + OP + ལ་ + འདུག / ཡོད་རེད།

ཁོང་ཟ་ཁང་ལ་འདུག།*

He/she is at the restaurant.
그/그녀는 식당에 있습니다.

*그/그녀가 식당에 있는 것을 내가 본 경우에는 ཁོང་ཟ་ཁང་ལ་འདུག།로, 일반적으로는 ཁོང་ཟ་ཁང་ལ་ཡོད་རེད།로 사용한다.

Yes-Q : ཁོང་ཟ་ཁང་ལ་འདུག་གས།
Is he/she at the restaurant?
그/그녀는 식당에 있나요?

Ans: ལགས་འདུག། ཁོང་ཟ་ཁང་ལ་འདུག།
Yes, he/she is at the restaurant.
네, 그/그녀는 식당에 있어요.

No-Q: ཁོང་ཚོང་ཁང་ལ་འདུག་གས།
Is he/she at the shop?
그/그녀는 상점에 있나요?

Ans: ལགས་མི་འདུག། ཁོང་ཚོང་ཁང་ལ་མི་འདུག།
No, he/she is not at the shop.
아니요, 그/그녀는 상점에 없어요.

Key-Q: ཁོང་ག་པར་འདུག།
Where is he/she?
그/그녀는 어디에 있나요?

Ans: ཁོང་ཟ་ཁང་ལ་འདུག།
He/she is at the restaurant.
그/그녀는 식당에 있어요.

Or-Q: ཁོང་ཟ་ཁང་ལ་འདུག་ཚོང་ཁང་ལ་འདུག།
Is he/she at the restaurant or the shop?
그/그녀는 식당에 있나요? 상점에 있나요?

Ans: ཁོང་ཟ་ཁང་ལ་འདུག།
He/she is at the restaurant.
그/그녀는 식당에 있어요.

མིང་ཚིག Vocabulary 어휘

1. ག་པར་/ལ་	where	어디에
2. གང་དུ་	where	어디에
3. ཟ་ཁང་ལ་	in/to/at the restaurant	식당에
4. ཚོང་ཁང་ལ་	in/to/at shop	가게에, 상점에
5. ཚོགས་ཁང་ལ་	in/to/at hall	예불당에, 회의장에
6. སྨན་ཁང་ལ་	in/to/at hospital	병원에
7. སྡོད་ཁང་ལ་	in/to/at hostel ; dormitory	기숙사에 / 호스텔에
8. མཆོད་ཁང་ལ་	in/to/at shrine	기도실에, 법당에
9. ལྷ་ཁང་ལ་	in/to/at chapel ; temple	사원에
10. ཉལ་ཁང་ལ་	in/to/at bedroom	침실에
11. ཁྲུས་ཁང་ལ་	in/to/at bathroom	욕실에
12. དེབ་ཁང་ལ་	in/to/at bookshop	서점에
13. བོད་ཁང་ལ་	in/to/at Tibet House	티베트 하우스에
14. སློབ་གཉེར་ཁང་ལ་	in/to/at school ; academy	학교에
15. སྟེང་ཁང་ལ་	in/to/at upper ; top floor	위층에 / 꼭대기층에
16. བར་ཁང་ལ་	in/to/at middle floor	중간층에
17. འོག་ཁང་ལ་	in/to/at lower floor	아래층에
18. འགྲེམ་སྟོན་ཁང་ལ་	in/to/at museum	박물관에
19. སྐྱོ་ཁང་ལ་	in/to/at recreation center	별장에 (여름 별장에)
20. སྦྲག་ཁང་ལ་	in/to/at post office	우체국에
21. མགྲོན་ཁང་ལ་	in/to/at guesthouse ; hotel	게스트 하우스에
22. དཔེ་མཛོད་ཁང་ལ་	in/to/at library	도서관에
23. ན་	if, suppose	만약
24. ཡིན་ན་	if... is	만약 ~라면
25. ཕྱུག་པོ་ཡིན་ན་	if... rich	만약 부자라면
26. མིན་ན་	if… is not	만약 ~이 아니라면
27. མཁས་པ་མིན་ན་	if… not wise	만약 현명하지 않다면
28. སྐྱོ་པོ་མིན་ན་	if… not poor	만약 가난하지 않다면
29. ཡོད་ན་	if… has	만약 가지고 있다면
30. དངུལ་ཡོད་ན་	if… has money	만약 돈을 가지고 있다면
31. གོ་སྐབས་ཡོད་ན་	if…has the opportunity	만약 기회를 가지고 있다면
32. མེད་ན་	if…has no	만약 가지고 있지 않다면
33. དངུལ་མེད་ན་	if... has no money	만약 돈을 가지고 있지 않다면

제23과 나는 집 안에 있습니다.

Statement 41 ང་ + OP + ལ་ + ཡོད།

ང་ཁང་པའི་ནང་ལ་ཡོད།

I am in* the house.
나는 집 안에 있습니다.

Yes-Q : ཁྱེད་རང་ཁང་པའི་ནང་ལ་ཡོད་པས།
Are you in the house?
당신은 집 안에 있나요?

Ans: ལགས་ཡོད། ང་ཁང་པའི་ནང་ལ་ཡོད།
Yes, I am in the house.
네, 저는 집 안에 있어요.

No-Q: ཁྱེད་རང་ཁང་པའི་ཕྱི་ལ་ཡོད་པས།
Are you outside the house?
당신은 집 밖에 있나요?

Ans: ལགས་མེད། ང་ཁང་པའི་ཕྱི་ལ་མེད།
No, I am not outside the house.
아니요, 저는 집 밖에 있지 않아요.

Key-Q: ཁྱེད་རང་ག་པར་ཡོད།
Where are you?
당신은 어디에 있나요?

Ans: ང་ཁང་པའི་ནང་ལ་ཡོད།
I am in the house.
저는 집 안에 있어요.

Or-Q: ཁྱེད་རང་ཁང་པའི་ནང་ལ་ཡོད་ཕྱི་ལ་ཡོད།
Are you in the house or outside the house?
당신은 집 안에 있나요? 밖에 있나요?

Ans: ང་ཁང་པའི་ནང་ལ་ཡོད།
I am in the house.
저는 집·안에 있어요.

Statement 42 ཁོང་ + OP + ལ་ + འདུག / ཡོད་རེད།

ཁོང་ཁང་པའི་ཕྱི་ལ་འདུག

He/she is outside the house.
그/그녀는 집 밖에 있습니다.

Yes-Q : ཁོང་ཁང་པའི་ཕྱི་ལ་འདུག་གས།
Is he/she outside the house?
그/그녀는 집 밖에 있나요?

Ans: ལགས་འདུག ཁོང་ཁང་པའི་ཕྱི་ལ་འདུག
Yes, he/she is outside the house.
네, 그/그녀는 집 밖에 있어요.

No-Q: ཁོང་ཁང་པའི་ནང་ལ་འདུག་གས།
Is he/she in the house?
그/그녀는 집 안에 있나요?

Ans: ལགས་མི་འདུག ཁོང་ཁང་པའི་ནང་ལ་མི་འདུག
No, he/she is not in the house.
아니요, 그/그녀는 집 안에 없어요.

Key-Q: ཁོང་ག་པ་ལ་འདུག
Where is he/she?
그/그녀는 어디에 있나요?

Ans: ཁོང་ཁང་པའི་ཕྱི་ལ་འདུག
He/she is outside the house.
그/그녀는 집 밖에 있어요.

Or-Q: ཁོང་ཁང་པའི་ཕྱི་ལ་འདུག་ནང་ལ་འདུག
Is he/she outside the house or in the house?
그/그녀는 집 밖에 있나요? 안에 있나요?

Ans: ཁོང་ཁང་པའི་ཕྱི་ལ་འདུག
He/she is outside the house.
그/그녀는 집 밖에 있어요.

མིང་ཚིག Vocabulary 어휘

1. ནང་ལ་	in	안에
2. ཕྱི་ལ་	out / outside	밖에
3. ནང་ལོག་ལ་	inside	안쪽으로
4. ཕྱི་ལོག་ལ་	outside	바깥쪽으로
5. བར་ལ་/དབར་ལ་	between	사이에
6. སྟེང་ལ་	above	위에
7. སྒང་ལ་	on	위에
8. འོག་ལ་	under / below / beneath	아래에
9. གཡས་ལ་	to the right	오른쪽으로
10. གཡོན་ལ་	to the left	왼쪽으로
11. རྗེས་ལ་	after 후에	
12. སྔོན་ལ་	before	전에
13. མདུན་ལ་	in front of	앞에
14. རྒྱབ་ལ་	behind / in the back of	뒤에
15. ཁྲིས་ལ་	beside / next to / close by	옆에, 가까이에
16. དཀྱིལ་ལ་	in the middle of	가운데에
17. ཚུར་ཕྱོགས་ལ་	on this side	이쪽으로
18. ཕར་ཕྱོགས་ལ་	on that side	저쪽으로
19. མཐའ་ལ་	at the end / on the edge	끝에, 가장자리에
20. ཟུར་ལ་	in the corner	구석에

Some interjections 감탄사

21. ཨ་ཚ། / ཚ་ཚ།	ouch! (hot)	아! (덥다)
22. ཨ་ཁྱུ། / ཁྱུ་ཁྱུ།	ouch! (cold)	아! (춥다)
23. ཨ་ར། / ར་ར།	ouch (pain)	아! (아프다)
24. ཨ་ཙི། / ཙི་ཙི།	what! ah! (surprise)	아! 깜짝이야
25. ཨ་མ། / མ་མ།	oh my! (shock)	오! 이런 (충격적일 때)
26. ཨ་ཡོ། / ཡོ་ཡོ།	ahh! ugh! (fatigue)	아! 피곤해
27. ཨ་འོ།	what's this! (doubt)	이게 뭐야? (의심할 때)
28. ཨ་ཡ། / ཡ་ཡ།	oh! darn (regret)	오! 젠장 (후회할 때)
29. ཨ་ཁ། / ཁ་ཁ།	too bad! (dismay)	이럴 수가 (크게 실망할 때)
30. ཨ་ལའི།	oh, I see! (recall)	오! 알았다. (기억이 날 때)
31. ཨ་ཧ། / ཧ་ཧ།	wow! (amazement)	와우! (대단히 놀라울 때)
32. སྙིང་རྗེ།	what a pity!	오! 안됐다. (애석할 때, 불쌍할 때)
33. སྐུ་ཅི།	please!	제발.
34. ཨ་ཙི།	what! ah! (wonder)	뭐? (놀랐을 때)

제24과 병원이 문을 열었습니다.

Statement 43   S + སྒོ་ + ཕྱེས་ + འདུག / ཤག / ཡོད་རེད།

སྨན་ཁང་སྒོ་ཕྱེས་འདུག

The hospital is open.
병원이 문을 열었습니다.

Yes-Q : སྨན་ཁང་སྒོ་ཕྱེས་འདུག་གས།
Is the hospital open?
병원이 문을 열었나요?

Ans: ལགས་འདུག སྨན་ཁང་སྒོ་ཕྱེས་འདུག
Yes, the hospital is open.
네, 병원이 문을 열었어요.

No-Q: སྨན་ཁང་སྒོ་བརྒྱབས་འདུག་གས།
Is the hospital closed?
병원이 문을 닫았나요?

Ans: ལགས་མི་འདུག སྨན་ཁང་སྒོ་བརྒྱབས་མི་འདུག
No, the hospital is not closed.
아니요, 병원이 문을 닫지 않았어요.

Key-Q: ག་རེ་སྒོ་ཕྱེས་འདུག
What is open?
무엇이 문을 열었나요?

Ans: སྨན་ཁང་སྒོ་ཕྱེས་འདུག
The hospital is open.
병원이 문을 열었어요.

Or-Q: སྨན་ཁང་སྒོ་ཕྱེས་འདུག་བརྒྱབས་འདུག
Is the hospital open or closed?
병원이 문을 열었나요, 닫았나요?

Ans: སྨན་ཁང་སྒོ་ཕྱེས་འདུག
The hospital is open.
병원이 문을 열었어요.

Statement 44 S + སྒོ་ + བརྒྱབས་ + འདུག / ཤག / ཡོད་རེད།

དངུལ་ཁང་སྒོ་བརྒྱབས་འདུག

The bank is closed.
은행이 문을 닫았습니다.

Yes-Q : དངུལ་ཁང་སྒོ་བརྒྱབས་འདུག་གས།
Is the bank is closed?
은행이 문을 닫았나요?

Ans: ལགས་འདུག། དངུལ་ཁང་སྒོ་བརྒྱབས་འདུག
Yes, the bank is closed.
네, 은행이 문을 닫았어요.

No-Q: དངུལ་ཁང་སྒོ་ཕྱེས་འདུག་གས།
Is the bank open?
은행이 문을 열었나요?

Ans: ལགས་མི་འདུག། དངུལ་ཁང་སྒོ་ཕྱེས་མི་འདུག
No, the bank is not open.
아니요, 은행이 문을 열지 않았어요.

Key-Q: ག་རེ་སྒོ་བརྒྱབས་འདུག
What is closed?
무엇이 문을 닫았나요?

Ans: དངུལ་ཁང་སྒོ་བརྒྱབས་འདུག
The bank is closed.
은행이 문을 닫았어요.

Or-Q: དངུལ་ཁང་སྒོ་བརྒྱབས་འདུག་ཕྱེས་འདུག
Is the bank is closed or open?
은행이 문을 닫았나요? 열었나요?

Ans: དངུལ་ཁང་སྒོ་བརྒྱབས་འདུག
The bank is closed.
은행이 문을 닫았어요.

མིང་ཚིག Vocabulary 어휘

1. དངུལ་ཁང་།	bank	은행
2. མགྲོན་ཁང་།	guesthouse / hotel	손님방 / 게스트 하우스 / 호텔
3. སྦྲག་ཁང་།	post office	우체국
4. ཉལ་ཁང་།	bedroom	침실
5. སློབ་གྲྭ	school	학교
6. ཉེན་རྟོག་ལས་ཁུངས།	police station	경찰서
7. སྨན་ཁང་།	hospital	병원
8. ཆང་ཁང་།	bar	술집
9. འཛིན་ཁང་།	classroom	교실
10. ཇ་ཁང་།	tea stall / café	찻집, 카페
11. གཙུག་ལག་ཁང་།	main temple	대법당
12. ལས་ཁུངས།	office / department	사무실 / 부서
13. དེབ་ཁང་།	bookshop	서점
14. ཡིག་ཚང་།	office	사무실
15. དཔེ་མཛོད་ཁང་།	library	도서관
16. མཐོ་སློབ།	college	대학교
17. ཟ་ཁང་།	restaurant	식당
18. ལྷ་ཁང་།	shrine / temple	사원 / 법당
19. གཞང་ཁང་།	brothel	사창가
20. གློག་བརྙན་ཁང་།	movie theater	영화관
21. ཚོང་ཁང་།	shop	상점
22. སློབ་གཉེར་ཁང་།	school / academy	학교 / 학원
23. ཡིན་ནའི། / ཡིན་ནའང་།	but / however	그러나
24. གང་ལྟར།	anyway / in any case	어쨌든
25. མགྱོགས་པོར།	quickly	빨리
26. ག་ལེར།	slowly / gently	천천히

གླེང་མོལ། Dialogue 대화문 **16**

མཆོག། པད་མ་ལགས། ཁྱེད་རང་ག་པར་ཡོད།

Pema-la, where are you?

빼마씨, 당신은 어디에 있나요?

པད་མ། ང་ཚོང་ཁང་ལ་ཡོད།

I am in a shop.

저는 상점에 있어요.

མཆོག། ཚོང་ཁང་ལ་ག་རེ་བྱེད་ཀྱི་ཡོད།

What are you doing in the shop?

상점에서 무엇을 하고 있나요?

པད་མ། ང་ཚོང་ཁང་ལ་དེབ་ཉོ་གི་ཡོད།

I'm buying books.

저는 상점에서 책을 사고 있어요.

མཆོག། ད་ལྟ་ཆུ་ཚོད་བདུན་པ་རེད། ཚོང་ཁང་སྒོ་ཕྱེས་འདུག་གས།

It's 7 o'clock. Are the shops open?

지금 7시인데요. 상점이 문을 열었나요?

པད་མ། ཚོང་ཁང་ཚང་མ་སྒོ་ཕྱེས་མི་འདུག

No. All the shops are not open.

상점이 모두 문을 열지는 않았어요.

ཡིན་ནའི་གཅིག་སྒོ་ཕྱེས་འདུག

But there is one open.

그러나 하나가 열었어요.

མཆོག། ཨ་ནི། ང་ཡོང་གི་ཡིན་ད།

Then I will come, okay?

그러면 내가 갈게요.

གླེང་མོལ། Dialogue 대화문 **17**

པད་མ། མཆོག་ལགས། ཁྱེད་རང་ག་པར་ཡོད།
Chok-la, where are you?
촉씨, 당신은 어디 있나요?

མཆོག། ང་རིའི་སྒང་ལ་ཡོད།
I'm on the hill.
저는 언덕 위에 있어요.

པད་མ། རིའི་སྒང་ལ་ག་རེ་བྱེད་ཀྱི་ཡོད།
What are you doing on the hill?
언덕 위에서 무엇을 하고 있나요?

མཆོག། རིའི་སྒང་ལ་འཆམ་འཆམ་འགྲོ་གི་ཡོད།
I'm going for a walk on the hill.
언덕 위에서 산책하고 있어요.

པད་མ། ཨ་ལེ། ག་དུས་ཡོང་གི་ཡིན།
I see, when are you coming?
아 네, 언제 오시나요?

མཆོག། མགྱོགས་པོ་ཡོང་གི་ཡིན། ལས་ཀ་ག་རེ་ཡོད།
I'll come soon. What work do you have?
곧 갈 거예요. 무슨 일이 있나요?

པད་མ། ལས་ཀ་གལ་མེད། མཉམ་དུ་རྩེད་མོ་རྩེ་དགོས་བསམ་བྱུང་།
I've nothing important to do. I thought we could play together.
중요한 일은 없어요. 함께 놀 수 있을 거라고 생각했어요.

མཆོག། ད་ང་ཁ་པར་གཞག་གི་ཡིན་ད།
I am going to hang up the phone now, okay?
이제 전화 끊을게요.

པད་མ། ཡ་ཡ། མགྱོགས་པོ་མཇལ་ཡོང་།
Okay. See you soon.
네~ 곧 만나요.

གླེང་མོལ། Dialogue 대화문 **18**

མཆོག　པད་མ་ལགས། ཚོང་ཁང་ནས་ག་རེ་ཉོས་པ་ཡིན།
Pema-la, what did you buy from the shop?
빼마씨, 상점에서 무엇을 샀나요?

པད་མ།　ཁྱེད་རང་གི་ཨ་མ་ལགས་ལ་ཛན་པ་ཉོས་པ་ཡིན།
I bought a present for your mother.
당신의 어머니를 위해 선물을 샀어요.　*당신의 어머니 = 당신 어머니

མཆོག　ཛན་པ་ག་རེ་ཉོས་པ་ཡིན།
What present did you buy?
무슨 선물을 샀나요?

པད་མ།　གཟིགས་དང་། ཞྭ་མོ་དམར་པོ་འདི་ཉོས་པ་ཡིན།
Look! I bought this red hat.
보세요. 이 빨간 모자를 샀어요.

མཆོག　དངོས་གནས། ཞྭ་མོ་དམར་པོ་འདི་ཡག་པོ་འདུག
Really! This red hat is nice.
정말요! 이 빨간 모자 좋은데요.

པད་མ།　ཞྭ་མོ་འདི་ཡག་པོ་འདུག་གས།
Is this red hat nice?
이 빨간 모자 괜찮아요?

མཆོག　དངོས་གནས་ཡིན། དཔེ་ཡག་པོ་འདུག
Really, it's very nice.
정말이에요, 매우 좋아요.

제25과 나는 춥습니다.

Statement 45 ང་ + (NC +) V + གི་ + འདུག

ང་འཁྱག་གི་འདུག

I am cold. (I feel cold).

나는 춥습니다.

Yes-Q : ཁྱེད་རང་འཁྱག་གི་འདུག་གས།1)

Do you feel cold? (Are you cold?)

당신은 추운가요?

Ans: ལགས་འདུག ང་འཁྱག་གི་འདུག

Yes, I feel cold. (I am cold.)

네, 저는 추워요.

No-Q: ཁྱེད་རང་ཚ་བ་འཚིག་གི་འདུག་གས།

Do you feel hot? (Are you hot?)

당신은 더운가요?

Ans: ལགས་མི་འདུག ང་ཚ་བ་འཚིག་གི་མི་འདུག

No, I don't feel hot. (No, I am not hot.)

아니요, 저는 덥지 않아요.

Key-Q: ཁྱེད་རང་ག་རེ་བྱེད་ཀྱི་འདུག2)

What do you feel?

당신은 무엇을 느끼나요?

Ans: ང་འཁྱག་གི་འདུག

I feel cold.

저는 추워요.

Or-Q: ཁྱེད་རང་འཁྱག་གི་འདུག་ཚ་བ་འཚིག་གི་འདུག

Do you feel cold or hot? (Are you cold or hot?)

당신은 추운가요? 더운가요?

Ans: ང་འཁྱག་གི་འདུག

I feel cold. (I am cold.)

저는 추워요.

1) 다음과 같은 표현도 사용한다.
ཁྱེད་རང་ག་འདྲ་ཚོར་གི་འདུག
How do you feel?
당신은 어떠세요?

2) ཀྱི(소유격 어미)는 본문 23쪽 참조.

Statement 46 ཁོང་ + (NC +) V + གི་ + ཡོད་རེད། / འདུག

ཁོང་ན་གི་ཡོད་རེད།

He/she is sick (He/she feels sick).
그/그녀는 아픕니다.

Yes-Q : ཁོང་ན་གི་ཡོད་རེད་པས།
Is he/she sick?
그/그녀는 아픈가요?

Ans: ལགས་ཡོད་རེད། ཁོང་ན་གི་ཡོད་རེད།
Yes, He/she is sick.
네, 그/그녀는 아파요.

No-Q: ཁོང་གྲོད་ཁོག་ལྟོགས་ཀྱི་ཡོད་རེད་པས།
Is he/she hungry?
그/그녀는 배고픈가요?

Ans: ལགས་ཡོད་མ་རེད། ཁོང་གྲོད་ཁོག་ལྟོགས་ཀྱི་ཡོད་མ་རེད།
No, he/she is not hungry.
아니요, 그/그녀는 배고프지 않아요.

Key-Q: ཁོང་ག་རེ་བྱེད་ཀྱི་ཡོད་རེད།
What does he/she feel?
그/그녀는 무엇을 느끼나요?

Ans: ཁོང་ན་གི་ཡོད་རེད།
He/she is sick.
그/그녀는 아파요.

Or-Q: ཁོང་ན་གི་ཡོད་རེད་ལྟོགས་ཀྱི་ཡོད་རེད།
Is he/she sick or hungry?
그/그녀는 아픈가요? 배고픈가요?

Ans: ཁོང་ན་གི་ཡོད་རེད།
He/she is sick.
그/그녀는 아파요.

མིང་ཚིག Vocabulary 어휘

1. V + གི་འདུག / ཡོད་རེད། to feel / to be V ~을 느끼다 / ~하다
2. ཉོབ་ཀྱི··· to feel / to be bored 지루하다.
3. འཁྱག་གི··· to feel / to be cold 춥다.
4. ཚ་བ་འཚིག་གི··· to feel / to be hot 덥다.
5. ཁ་སྐོམ་གྱི··· to feel / to be thirsty 목마르다.
6. གྲོད་ཁོག་ལྟོགས་ཀྱི··· to feel / to be hungry 배고프다.
7. ན་གི··· to feel / to be sick / pain 아프다.
8. འཚབ་ཀྱི··· to feel / to be nervous 긴장하다, 걱정하다, 불안하다.
9. ཚ་བ་འབར་གྱི··· to feel / to have a fever 열이 있다.
10. སེམས་པ་སྐྱོ་གི··· to feel / to be sad 슬프다.
11. གཉིད་བྲོ་གི··· to feel / to be sleepy 졸립다.
12. དྲན་གྱི··· to feel / to be miss someone 그리워하다.
13. ཐང་ཆད་ཀྱི··· to feel / to be tired 피곤하다.
14. རླུང་ལང་གི··· to feel / to be angry 화나다.

1. V + སྙིང་བྲོ་གི··· to feel like + V 동사 + 하고 싶다.
2. སྦྱོང་སྙིང་བྲོ་གི··· to feel like studying 공부하고 싶다.
3. ངུ་སྙིང་བྲོ་གི··· to feel like crying 울고 싶다.
4. འགྲོ་སྙིང་བྲོ་གི··· to feel like going 가고 싶다.
5. ཟ་སྙིང་བྲོ་གི··· to feel like eating 먹고 싶다.
6. གློག་བརྙན་ལྟ་སྙིང་བྲོ་གི··· to feel like watching movies 영화 보고 싶다.

Past Construction 과거 시제*

1인칭	2인칭 / 3인칭
종결 어미 བྱུང་། / སོང་།	종결 어미 སོང་། / པ་རེད། / ཤག / འདུག
ང་ན་བྱུང་། / སོང་།	ཁྱེད་རང་/ ཁོང་ན་སོང་། / པ་རེད། / ཤག / འདུག
ང་ཁ་སྐོམ་བྱུང་། / སོང་།	ཁྱེད་རང་/ ཁོང་ཁ་སྐོམ་སོང་། / པ་རེད། / ཤག / འདུག

* 부록 52 쪽 བྱུང་། སོང་། པ་རེད། འདུག ཤག 종결 어미 표현법 중 과거형 참조.

제26과 날씨가 춥습니다.

Statement 47 S + Adj. C + འདུག / ཡོད་རེད།

གནམ་གཤིས་གྲང་མོ་འདུག

The weather is cold.
날씨가 춥습니다.

Yes-Q : གནམ་གཤིས་གྲང་མོ་འདུག་གས།
Is the weather cold?
날씨가 추운가요?

Ans: ལགས་འདུག གནམ་གཤིས་གྲང་མོ་འདུག
Yes, the weather is cold?
네, 날씨가 추워요.

No-Q: གནམ་གཤིས་ཚ་པོ་འདུག་གས།
Is the weather hot?
날씨가 더운가요?

Ans: ལགས་མི་འདུག གནམ་གཤིས་ཚ་པོ་མི་འདུག
No, the weather is not hot.
아니요, 날씨가 덥지 않아요.

Key-Q: གནམ་གཤིས་ག་འདྲས་འདུག*
How is the weather?
날씨가 어떤가요?

> * 다음과 같이 쓸 수 있다.
> གནམ་གཤིས་གྲང་ཚོད་/ཚ་ཚོད་འདུག
> How cold/warm is the weather?
> 날씨가 얼마나 추운/더운가요?

Ans: གནམ་གཤིས་གྲང་མོ་འདུག
The weather is cold.
날씨가 추워요.

Or-Q: གནམ་གཤིས་གྲང་མོ་འདུག་ཚ་པོ་འདུག
Is the weather cold or hot?
날씨가 추운가요, 더운가요?

Ans: གནམ་གཤིས་གྲང་མོ་འདུག
The weather is cold.
날씨가 추워요.

Statement 48 S + Adj. C + འདུག / ཡོད་རེད།

བོད་སྐད་ལས་སླ་པོ་ཡོད་རེད།

Spoken Tibetan is easy.
티베트어 말하기는 쉽습니다.

* 말하기 : 회화

Yes-Q : བོད་སྐད་ལས་སླ་པོ་ཡོད་རེད་པས།
Is spoken Tibetan easy?
티베트어 말하기는 쉬운가요?

Ans: ལགས་ཡོད་རེད། བོད་སྐད་ལས་སླ་པོ་ཡོད་རེད།
Yes, spoken Tibetan is easy.
네, 티베트어 말하기는 쉬워요.

No-Q: བོད་སྐད་ཁག་པོ་ཡོད་རེད་པས།
Is spoken Tibetan difficult?
티베트어 말하기는 어려운가요?

Ans: ལགས་ཡོད་མ་རེད། བོད་སྐད་ཁག་པོ་ཡོད་མ་རེད།
No, spoken Tibetan is not difficult.
아니요, 티베트어 말하기는 어렵지 않아요.

Key-Q: བོད་སྐད་ག་འདྲས་ཡོད་རེད།*
How is spoken Tibetan?
티베트어 말하기는 어떤가요?

*은 다음과 같이 쓸 수 있다.
བོད་སྐད་ལས་སླ་ཚོད་ / ཁག་ཚོད་རེད།
How easy/hard is Tibetan?
티베트어는 얼마나 쉬운/어려운가요?

Ans: བོད་སྐད་ལས་སླ་པོ་ཡོད་རེད།
Spoken Tibetan is easy.
티베트어 말하기는 쉬워요.

Or-Q: བོད་སྐད་ལས་སླ་པོ་ཡོད་རེད་ཁག་པོ་ཡོད་རེད།
Is spoken Tibetan easy or difficult?
티베트어 말하기는 쉬운가요? 어려운가요?

Ans: བོད་སྐད་ལས་སླ་པོ་ཡོད་རེད།
Spoken Tibetan is easy.
티베트어 말하기는 쉬워요.

མིང་ཚིག Vocabulary 어휘

1. ཡག་པོ། – སྡུག་ཅག།	good – bad	좋은 – 나쁜
2. སྐམ་པོ། – རློན་པ།	dry – wet	마른 – 젖은
3. ལས་སླ་པོ། – དཀའ་ལས་ཁག་པོ།	easy – difficult	쉬운 – 어려운
4. གར་པོ། – སླ་པོ།	strong / thick – dilute / light(liq.)	강한 / 진한 – 약한 / 옅은
5. མཐུག་པོ། – སྲབ་པོ།	thick – thin	두꺼운 – 얇은
6. དཀོན་པོ། – འབེལ་པོ།	scarce – plentiful	부족한 – 풍부한
7. སྔ་པོ། – ཕྱི་པོ།	early – late	이른 – 늦은
8. མགྱོགས་པོ། – ག་ལེ།/ དལ་པོ།	fast – slow	빠른 – 느린
9. གྲང་མོ།– ཚ་པོ།	cold – hot	추운 – 더운 / 차가운 – 뜨거운
10. ཀྱོང་པོ། – མཉེན་པོ།	stiff – supple	뻣뻣한 – 유연한
11. མངར་མོ། – སྐྱུར་མོ།	sweet – sour	달콤한 – 시큼한
12. སྐྱིད་པོ། – སྡུག་པོ།	pleasant – unpleasant	행복한 – 괴로운
13. གཅིག་པུ། – ཚང་མ།	sole – all	혼자 – 모두
14. ལྗིད་པོ། – ཡང་པོ།	heavy – light	무거운 – 가벼운
15. ཆེན་པོ། – ཆུང་ཆུང་།	big – small	큰 – 작은
16. འཇམ་པོ། – རྩུབ་པོ།	soft / smooth – rough	부드러운 – 거친
17. ཐག་ཉེ་པོ། – ཐག་རིང་པོ།	near – far	가까운 – 먼
18. རིང་པོ། – ཐུང་ཐུང་།	long / tall – short	긴 – 짧은
19. གསར་པ། – རྙིང་པ།	new – old	새로운 – 오래된
20. རྒྱས་པོ། – བསྡུས་པོ།	detailed – abridged	자세한 – 요약한
21. ཕྱུག་པོ། – དབུལ་པོ། / སྐྱོ་པོ།	rich – poor	부유한 – 가난한
22. སྙིང་རྗེ་པོ། – མདོག་ཉེས་པོ།	beautiful – ugly	아름다운 – 추한

제27과 나는 차를 좋아합니다.

Statement 49 ང་ + O + ལ་ + དགའ་པོ་ + ཡོད།

ང་ཇ་ལ་དགའ་པོ་ཡོད།

I like tea.
나는 차를 좋아합니다.

Yes-Q : ཁྱེད་རང་ཇ་ལ་དགའ་པོ་ཡོད་པས།
Do you like tea?
당신은 차를 좋아하나요?

Ans: ལགས་ཡོད། ང་ཇ་ལ་དགའ་པོ་ཡོད།
Yes, I like tea.
네, 저는 차를 좋아해요.

No-Q: ཁྱེད་རང་འོ་མ་ལ་དགའ་པོ་ཡོད་པས།
Do you like milk?
당신은 우유를 좋아하나요?

Ans: ལགས་མེད། ང་འོ་མ་ལ་དགའ་པོ་མེད།
No, I don't like milk.
아니요, 저는 우유를 좋아하지 않아요.

Key-Q: ཁྱེད་རང་ག་རེ་ལ་དགའ་པོ་ཡོད།
What do you like?
당신은 무엇을 좋아하나요?

Ans: ང་ཇ་ལ་དགའ་པོ་ཡོད།
I like tea.
저는 차를 좋아해요.

Or-Q: ཁྱེད་རང་ཇ་ལ་དགའ་པོ་ཡོད་འོ་མ་ལ་དགའ་པོ་ཡོད།
Do you like tea or milk?
당신은 차를 좋아하나요? 우유를 좋아하나요?

Ans: ང་ཇ་ལ་དགའ་པོ་ཡོད།
I like tea.
저는 차를 좋아해요.

Statement 50 ཁོང་ + O + ལ་ + དགའ་པོ་ + འདུག / ཡོད་རེད།

ཁོང་ཇ་ལ་དགའ་པོ་འདུག

He/she likes tea.
그/그녀는 차를 좋아합니다.

Yes-Q : ཁོང་ཇ་ལ་དགའ་པོ་འདུག་གས།
Does he/she like tea?
그/그녀는 차를 좋아하나요?

Ans: ལགས་འདུག ཁོང་ཇ་ལ་དགའ་པོ་འདུག
Yes, he/she likes tea.
네, 그/그녀는 차를 좋아해요.

No-Q: ཁོང་ཆུ་ལ་དགའ་པོ་འདུག་གས།
Does he/she like water?
그/그녀는 물을 좋아하나요?

Ans: ལགས་མི་འདུག ཁོང་ཆུ་ལ་དགའ་པོ་མི་འདུག
No, he/she doesn't like water.
아니요, 그/그녀는 물을 좋아하지 않아요.

Key-Q: ཁོང་ག་རེ་ལ་དགའ་པོ་འདུག
What does he/she like?
그/그녀는 무엇을 좋아하나요?

Ans: ཁོང་ཇ་ལ་དགའ་པོ་འདུག
He/she likes tea.
그/그녀는 차를 좋아해요.

Or-Q: ཁོང་ཇ་ལ་དགའ་པོ་འདུག་ཆུ་ལ་དགའ་པོ་འདུག
Does he/she like tea or water?
그/그녀는 차를 좋아하나요? 물을 좋아하나요?

Ans: ཁོང་ཇ་ལ་དགའ་པོ་འདུག
He/she likes tea.
그/그녀는 차를 좋아해요.

མིང་ཚིག Vocabulary 어휘

1. O + ལ་ + དགའ་པོ་	to like + O	~를 좋아한다.
2. སྒྲུང་ལ་དགའ་པོ་	to like stories	이야기를 좋아한다.
3. གཞས་ལ་དགའ་པོ་	to like songs	노래를 좋아한다.
4. མེ་ཏོག་ལ་དགའ་པོ་	to like flowers	꽃을 좋아한다.
5. ཇ་ལ་དགའ་པོ་	to like tea	차를 좋아한다.
6. བོད་ཇ་ལ་དགའ་པོ་	to like Tibetan tea	티베트 차를 좋아한다.
7. ཇ་ཐང་ལ་དགའ་པོ་	to like black tea	블랙티를 좋아한다.
8. ཇ་མངར་མོ་ལ་དགའ་པོ་	to like sweet tea	달콤한 차(짜이)를 좋아한다.
9. ཚལ་ལ་དགའ་པོ་	to like vegetables	야채를 좋아한다.
10. ཤ་ལ་དགའ་པོ་	to like meat	고기를 좋아한다.
11. མར་ལ་དགའ་པོ་	to like butter	버터를 좋아한다.
12. རྩམ་པ་ལ་དགའ་པོ་	to like tsampa	짬빠를 좋아한다.
13. ཁོ་ལ་དགའ་པོ་	to like him	그를 좋아한다.
14. མོ་ལ་དགའ་པོ་	to like her	그녀를 좋아한다.
15. བོད་པ་ལ་དགའ་པོ་	to like Tibetans	티베트사람을 좋아한다.
16. བོད་སྐད་ལ་དགའ་པོ་	to like Tibetan (spoken)	티베트어를 좋아한다.
17. ནང་ཆོས་ལ་དགའ་པོ་	to like Buddhism	불교를 좋아한다.
18. ནང་པ་ལ་དགའ་པོ་	to like Buddhist	불교인을 좋아한다.
19. ཐུག་པ་ལ་དགའ་པོ་	to like noodles	국수를 좋아한다.
20. འབྲས་ལ་དགའ་པོ་	to like rice	밥을 좋아한다.
21. ཁྱི་ལ་དགའ་པོ་	to like dogs	개를 좋아한다.
22. ཞི་མི་ལ་དགའ་པོ་	to like cats	고양이를 좋아한다.
23. དཔེ།	very much	매우 많이
24. ཞེ་དྲག	very / so much	매우 / 많이
25. དངོས་གནས།	really	진짜로, 정말로
26. ཧ་ལས་པའི།	startlingly / extremely	놀랍게도 / 심하게도
27. ཏོག་ཙམ། ཨོ་ཙུ་ཙེ།	a little / so so	조금 / 그저 그런
28. ཞེ་དྲག་དགའ་པོ་མེད།	not so much	그다지 좋아하지 않는다.
29. ཀྱོན་ནས།	not at all	전혀
30. ཙ་བ་ནས།(with neg.)	never / no way	전혀 / 절대로
31. ནང་བཞིན།	like / similar to	처럼 / 비슷한
32. ད་ག་ནང་བཞིན།	likewise / similarly	비슷하게 / 똑같이

제28과 우리는 학교가 같습니다.

Statement 51 S + NC + གཅིག་པ་ + ཡིན།

ང་ཚོ་སློབ་གྲྭ་གཅིག་པ་ཡིན།

We are in the same school.
우리는 학교가 같습니다.

Yes-Q : ཁྱེད་རང་ཚོ་སློབ་གྲྭ་གཅིག་པ་ཡིན་པས།
Are you in the same school?
당신들은 학교가 같나요?

Ans: ལགས་ཡིན། ང་ཚོ་སློབ་གྲྭ་གཅིག་པ་ཡིན།
Yes, we are in the same school.
네, 저희들은 학교가 같아요.

No-Q: ཁྱེད་རང་ཚོ་འཛིན་གྲྭ་གཅིག་པ་ཡིན་པས།
Are you in the same class?
당신들은 반이 같나요?

Ans: ལགས་མིན། ང་ཚོ་འཛིན་གྲྭ་གཅིག་པ་མིན།
No, we are not in the same class.
아니요, 우리는 반이 같지 않아요.

Key-Q: ཁྱེད་རང་ཚོ་ག་རེ་གཅིག་པ་ཡིན།
What are you in the same?
당신들은 무엇이 같은가요?

Ans: ང་ཚོ་སློབ་གྲྭ་གཅིག་པ་ཡིན།
We are in the same school.
우리들은 학교가 같아요.

Or-Q: ཁྱེད་རང་ཚོ་སློབ་གྲྭ་གཅིག་པ་ཡིན་འཛིན་གྲྭ་གཅིག་པ་ཡིན།
Are you in the same school or in the same class?
당신들은 학교가 같나요? 반이 같나요?

Ans: ང་ཚོ་སློབ་གྲྭ་གཅིག་པ་ཡིན།
We are in the same school.
우리들은 학교가 같아요.

Statement 52 S + NC + གཅིག་པ་ + རེད།

ཁོང་ཚོ་ལུང་པ་གཅིག་པ་རེད།

They are from the same region.
그들은 고향이 같습니다.

Yes-Q : ཁོང་ཚོ་ལུང་པ་གཅིག་པ་རེད་པས།
Are they from the same region?
그들은 고향이 같나요?

Ans: ལགས་རེད། ཁོང་ཚོ་ལུང་པ་གཅིག་པ་རེད།
Yes, they are from the same region.
네, 그들은 고향이 같아요.

No-Q: ཁོང་ཚོ་ཕ་མ་གཅིག་པ་རེད་པས།
Do they have the same parents?
그들은 부모님이 같나요?

Ans: ལགས་མ་རེད། ཁོང་ཚོ་ཕ་མ་གཅིག་པ་མ་རེད།
No, they don't have the same parents.
아니요, 그들은 부모님이 같지 않아요.

Key-Q: ཁོང་ཚོ་ག་རེ་གཅིག་པ་རེད།
What are they the same?
그들은 무엇이 같은가요?

Ans: ཁོང་ཚོ་ལུང་པ་གཅིག་པ་རེད།
They are from the same region.
그들은 고향이 같아요.

Or-Q: ཁོང་ཚོ་ལུང་པ་གཅིག་པ་རེད་ཕ་མ་གཅིག་པ་རེད།
Are they from the same region or do they have the same parents?
그들은 고향이 같나요? 부모님이 같나요?

Ans: ཁོང་ཚོ་ལུང་པ་གཅིག་པ་རེད།
They are from the same region.
그들은 고향이 같아요.

མིང་ཚིག Vocabulary 어휘

1. གཅིག་པ།	the same	같은
2. ང་གཉིས།	the two of us	우리 둘
3. ཁྱེད་རང་གཉིས།	the two of you	너희 둘
4. ང་གཉིས་གཅིག་སྦུ།	only the two of us	우리 둘만
5. འཛིན་གྲྭ་གཅིག་པ།	the same class	반이 같은
6. མགྲོན་ཁང་གཅིག་པ།	the same guesthouse	게스트 하우스가 같은
7. ལུང་པ་གཅིག་པ།	the same country	고향(출신지역, 나라)이 같은
8. ཕ་མ་གཅིག་པ།	the same parents	부모님이 같은
9. གནམ་གྲུ་གཅིག་པ།	the same flight	비행기가 같은
10. སྤྱི་སྤྱོད་རླངས་འཁོར་གཅིག་པ།	the same bus	버스가 같은
11. སློབ་གྲྭ་གཅིག་པ།	the same school	학교가 같은
12. ཆོས་ལུགས་གཅིག་པ།	the same religion	종교가 같은
13. གྲྭ་ཚང་གཅིག་པ།	the same monastery	사원이 같은
14. སྨན་ཁང་གཅིག་པ།	the same hospital	병원이 같은
15. ཨང་གྲངས།	number	번호
16. ཁང་མིག་ཨང་གྲངས།	room number	방 번호
17. ཁ་པར་ཨང་གྲངས།	phone number	전화번호
18. པོད་ཨང་གྲངས།	volumn number	책 번호
19. ཐམ་པ།	multiple of 10	10의 배수
20. བཅུ་ཐམ་པ།	ten	10
21. ཉི་ཤུ་ཐམ་པ།	twenty	20
22. བརྒྱ་ཆ།	percent	%, 퍼센트(백분의 일)
23. བརྒྱ་ཆ་ལྔ་བཅུ།	fifty percent	50%
24. བརྒྱ་ཆ་བརྒྱ་ཐམ་པ།	hundred percent	100%

གླེང་མོལ། Dialogue 대화문 19

པད་མ། མཆོག་ལགས། དེ་རིང་གནམ་གཤིས་ཡག་པོ་མི་འདུག
Chok-la, the weather is not good today.
촉씨, 오늘 날씨가 좋지 않아요.

མཆོག དངོས་གནས།
Really?
정말요?

པད་མ། དེ་རིང་ང་སློབ་གྲྭ་ལ་འགྲོ་གི་མིན།
I'm not going to school today.
저는 오늘 학교에 안 갈 거예요.

མཆོག ག་རེ་བྱས་ནས། ན་གི་འདུག་གས།
Why? Are you sick?
왜요? 아픈가요?

པད་མ། འོང་། ང་གཟུགས་པོ་བདེ་པོ་མི་འདུག ང་འཁྱག་གི་འདུག
Yes, I'm not feeling well. I feel cold.
네. 저는 몸이 좋지 않아요. 추워요.

མཆོག ང་ཡང་གྲོད་ཁོག་བདེ་པོ་མི་འདུག
I'm also having stomach problems.
저도 배가 편하지 않아요.

པད་མ། ང་སྨན་ཁང་ལ་འགྲོ་གི་ཡིན།
I'm going to the hospital.
저는 병원에 갈 거예요.

ཁྱེད་རང་ང་དང་མཉམ་དུ་ཡོང་གི་ཡིན་པས།
Do you want to come with me?
당신도 저와 함께 갈래요?

མཆོག འོང་། ཡོང་གི་ཡིན།
Yes, I will come.
네, 저도 갈게요.

གླེང་མོལ། Dialogue 대화문 20

མཚོག། པད་མ་ལགས། ཁྱེད་རང་བོད་ཇ་ལ་དགའ་པོ་ཡོད་པས།
Pema-la, do you like Tibetan tea?
빼마씨, 당신은 티베트차를 좋아하나요?

པད་མ། ལགས་མེད། ང་ཇ་མངར་མོ་ལ་དགའ་པོ་ཡོད།
No, I like sweet tea.
아니요. 저는 달콤한 차를 좋아해요.

ཁྱེད་རང་ཇ་ག་རེ་ལ་དགའ་པོ་ཡོད།
What kind of tea do you like?
당신은 어떤 차를 좋아하나요?

མཚོག། ང་བོད་ཇ་ལ་དགའ་པོ་ཡོད།
I like Tibetan tea.
저는 티베트차를 좋아해요.

པད་མ། ཡ་ཡ། ཁོང་སུ་རེད།
Okay. Who is she?
네. 그녀는 누구인가요?

མཚོག། ཁོང་ངའི་འཛིན་གྲྭ་གཅིག་པ་རེད།
She's my classmate.
그녀는 저와 같은 반이에요.

ཁོང་ཨ་རི་ནས་རེད།
She's from the United States.
그녀는 미국에서 왔어요.

པད་མ། ཁོང་བོད་ཇ་ལ་དགའ་པོ་ཡོད་རེད་པས།
Does she like Tibetan tea?
그녀는 티베트차를 좋아하나요?

མཚོག། ཧ་གོ་མ་སོང་།
I don't know.
잘 몰라요.

གླེང་མོལ། Dialogue 대화문 21

པད་མ། ཁོང་བོད་སྐད་ཤེས་ཀྱི་ཡོད་རེད་པས།
Does he know spoken Tibetan?
그는 티베트 말을 할 줄 알아요?

མཚོ་མོ། ལགས་ཡོད་རེད། ཏོག་ཙམ་ཤེས་ཀྱི་ཡོད་རེད།
Yes, he knows a little bit.
네, 조금 알아요.

པད་མ། ཁོང་བོད་ཡིག་ལ་དགའ་པོ་ཡོད་རེད་པས།
Does he like literary Tibetan?
그는 티베트 글을 좋아하나요?

མཚོ་མོ། ཡོད་རེད། ད་ལྟ་བོད་ཡིག་སྦྱོང་བཞིན་པ་རེད།
Yes, right now he's studying literary Tibetan.
네, 그는 지금 티베트 글을 공부하고 있어요.

པད་མ། ཨ་ལེ། བོད་སྐད་ད་ལས་སླ་པོ་མ་རེད་པས།
I see! Isn't spoken Tibetan easy?
아~, 티베트 말은 쉽지 않나요?

མཚོ་མོ། ལགས་རེད། བོད་སྐད་ད་ལས་སླ་པོ་རེད།
Yes, spoken Tibetan is easy.
네, 티베트 말은 쉬워요.

བོད་ཡིག་ཏོག་ཙམ་ཁག་པོ་འདུག་ག
Literary Tibetan is a bit difficult, right?
티베트 글자는 조금 어려워요. 그렇죠?

* བོད་སྐད། : 티베트어 / 티베트 말
* བོད་ཡིག : 티베트 글

제29과 이곳은 음식을 먹는 곳입니다.

Statement 53 འདི་ + O inf + V + ས་ + རེད།

འདི་ཁ་ལག་ཟ་ས་རེད།

This is a place to eat.

이곳은 음식을 먹는 곳입니다.

Yes-Q : འདི་ཁ་ལག་ཟ་ས་རེད་པས།

Is this a place to eat?

이곳은 음식을 먹는 곳인가요?

Ans: ལགས་རེད། འདི་ཁ་ལག་ཟ་ས་རེད།

Yes, this is a place to eat.

네, 이곳은 음식을 먹는 곳이에요.

No-Q: འདི་ཇ་འཐུང་ས་རེད་པས།

Is this a place to drink tea?

이곳은 차를 마시는 곳인가요?

Ans: ལགས་མ་རེད། འདི་ཇ་འཐུང་ས་མ་རེད།

No, this is not a place to drink tea.

아니요, 이곳은 차를 마시는 곳이 아니에요.

Key-Q: འདི་ག་རེ་བྱེད་ས་རེད།

What is this a place for?

이곳은 무엇을 하는 곳인가요?

Ans: འདི་ཁ་ལག་ཟ་ས་རེད།

This is a place to eat.

이곳은 음식을 먹는 곳이에요.

Or-Q: འདི་ཁ་ལག་ཟ་ས་རེད་ཇ་འཐུང་ས་རེད།

Is this a place to eat or to drink tea?

이곳은 음식을 먹는 곳인가요? 차를 마시는 곳인가요?

Ans: འདི་ཁ་ལག་ཟ་ས་རེད།

This is a place to eat.

이곳은 음식을 먹는 곳이에요.

Statement 54 དེ་ + O inf. + V + ས་ + རེད།

དེ་དེབ་ཀློག་ས་རེད།

That is a place to read books.

저곳은 책을 읽는 곳입니다.

Yes-Q : དེ་དེབ་ཀློག་ས་རེད་པས།

Is that a place to read books?

저곳은 책을 읽는 곳인가요?

Ans: ལགས་རེད། དེ་དེབ་ཀློག་ས་རེད།

Yes, that is a place to read books.

네, 저곳은 책을 읽는 곳이에요.

No-Q: དེ་ལྟད་མོ་ལྟ་ས་རེད་པས།

Is that a place to watch shows?

저곳은 공연을 보는 곳인가요?

Ans: ལགས་མ་རེད། དེ་ལྟད་མོ་ལྟ་ས་མ་རེད།

No, that is not a place to watch shows.

저곳은 공연을 보는 곳이 아니에요.

Key-Q: དེ་ག་རེ་བྱེད་ས་རེད།

What is that a place for?

저곳은 무엇을 하는 곳인가요?

Ans: དེ་དེབ་ཀློག་ས་རེད།

That is a place to read books.

저곳은 책을 읽는 곳이에요.

Or-Q: དེ་དེབ་ཀློག་ས་རེད་ལྟད་མོ་ལྟ་ས་རེད།

Is that a place to read books or to watch shows?

저곳은 책을 읽는 곳인가요? 공연을 보는 곳인가요?

Ans: དེ་དེབ་ཀློག་ས་རེད།

That is a place to read books.

저곳은 책을 읽는 곳이에요.

མིང་ཚིག Vocabulary 어휘

1. O +	V + ས།	place to + V	~ 하는(V) 곳
2. དེབ་	བཞག་ས།	place to keep books	책 두는 곳
3. ཁ་ལག་	ཟ་ས།	place to eat	음식 먹는 곳
4. ཡོང་ས།	place to come	온 곳	
5. དུག་ལོག་	གོན་ས།	place to get dressed	옷 입는 곳
6. ཁ་ལག་	མངག་ས།	place to order food	음식 주문하는 곳
7. ཡི་གེ་	འབྲི་ས།	place to write letter	편지 쓰는 곳
8. མོ་ཊ་	བཟོ་ས།	place to make cars	자동차 만드는 곳
9. དེབ་	ཉོ་ས།	place to buy books	책 사는 곳
10. ལས་ཀ་	བྱེད་ས།	place to work	일 하는 곳
11. དེབ་	ཀློག་ས།	place to read books	책 읽는 곳
12. ཡར་	ལང་ས།	place to stand up	일어서는 곳
13. སྐད་ཆ་	འདྲི་ས།	place to ask questions	질문하는 곳
14. དངུལ་	སྤྲོད་ས།	place to give money	돈 주는 곳
15. མོ་ཊ་	གླ་ས།	place to rent / hire a taxi	자동차 빌리는 곳
16. མར་	སྡོད་ས།	place to sit down	앉는 곳
17. བོད་ཡིག་	སྦྱོང་ས།	place to study Tibetan	티베트어 공부하는 곳
18. ཁ་པར་	གཏོང་ས།	place to make phone call	전화하는 곳
19. དངུལ་	བརྗེ་ས།	place to exchange money	돈 바꾸는 곳
20. ཡི་གེ་	ལེན་ས།	place to receive letters	편지 받는 곳
21. ལྟད་མོ་	ལྟ་ས།	place to watch shows	공연 보는 곳
22. གཞས་	ཉན་ས།	place to listen to songs	노래 듣는 곳

Swearing 맹세

23. དཀོན་མཆོག་གསུམ།	Three Jewels!	삼보님!
24. ཇོ་བོ་རིན་པོ།	Jowo Rinpoche!	조오 린포체!
25. ཡིད་བཞིན་ནོར་བུ།	His Holiness!	보배로운 여의주/ 달라이 라마!
26. དཔལ་ལྡན་ལྷ་མོ།	Shri Devi!	빨덴 라모 (여신의 이름)!

Curses 악담

27. ཨ་ཕའི་རོ།	father's corpse!	아버지 시체
28. ཨ་མའི་རོ།	mother's corpse!	어머니 시체
29. བདུད་མོ།	witch!	마녀
30. གཞང་བཙོང་མ།	Whore!	매춘부

제30과 나는 공부하고 싶습니다.

Statement 55 ང་ + O inf. + V + འདོད་ + ཡོད།

ང་སློབ་སྦྱོང་བྱེད་འདོད་ཡོད།

I want to study.

나는 공부하고 싶습니다.

Yes-Q : ཁྱེད་རང་སློབ་སྦྱོང་བྱེད་འདོད་ཡོད་པས།
Do you want to study?
당신은 공부하고 싶어요?

Ans: ལགས་ཡོད། ང་སློབ་སྦྱོང་བྱེད་འདོད་ཡོད།
Yes, I want to study.
네, 저는 공부하고 싶어요.

No-Q: ཁྱེད་རང་རྩེད་མོ་རྩེ་འདོད་ཡོད་པས།
Do you want to play games?
당신은 놀고 싶어요?

Ans: ལགས་མེད། ང་རྩེད་མོ་རྩེ་འདོད་མེད།
No, I don't want to play games.
아니요, 저는 놀고 싶지 않아요.

Key-Q: ཁྱེད་རང་ག་རེ་བྱེད་འདོད་ཡོད།
What do you want to do?
당신은 무엇을 하고 싶어요?

Ans: ང་སློབ་སྦྱོང་བྱེད་འདོད་ཡོད།
I want to study.
저는 공부하고 싶어요.

Or-Q: ཁྱེད་རང་སློབ་སྦྱོང་བྱེད་འདོད་ཡོད་རྩེད་མོ་རྩེ་འདོད་ཡོད།
Do you want to study or to play games?
당신은 공부하고 싶어요? 놀고 싶어요?

Ans: ང་སློབ་སྦྱོང་བྱེད་འདོད་ཡོད།
I want to study.
저는 공부하고 싶어요.

Statement 56 ཁོང་ + O inf. + V + འདོད་ + འདུག / ཡོད་རེད།

ཁོང་མོ་ཊ་ཉོ་འདོད་འདུག

He/she wants to buy a car.
그/그녀는 자동차를 사고 싶습니다.

Yes-Q : ཁོང་མོ་ཊ་ཉོ་འདོད་འདུག་གས།
Does he/she want to buy a car?
그/그녀는 자동차를 사고 싶어해요?

Ans: ལགས་འདུག ཁོང་མོ་ཊ་ཉོ་འདོད་འདུག
Yes, he/she wants to buy a car.
네, 그/그녀는 자동차를 사고 싶어해요.

No-Q: ཁོང་ཁང་པ་ཉོ་འདོད་འདུག་གས།
Does he/she want to buy a house?
그/그녀는 집을 사고 싶어해요?

Ans: ལགས་མི་འདུག ཁོང་ཁང་པ་ཉོ་འདོད་མི་འདུག
No, he/she doesn't want to buy a house.
아니요, 그/그녀는 집을 사고 싶어하지 않아요.

Key-Q: ཁོང་ག་རེ་ཉོ་འདོད་འདུག
What does he/she want to buy?
그/그녀는 무엇을 사고 싶어해요?

Ans: ཁོང་མོ་ཊ་ཉོ་འདོད་འདུག
He/she wants to buy a car.
그/그녀는 자동차를 사고 싶어해요.

Or-Q: ཁོང་མོ་ཊ་ཉོ་འདོད་འདུག་ཁང་པ་ཉོ་འདོད་འདུག
Does he/she want to buy a car or a house?
그/그녀는 자동차를 사고 싶어해요? 집을 사고 싶어해요?

Ans: ཁོང་མོ་ཊ་ཉོ་འདོད་ཡོད་རེད།
He/she wants to buy a car.
그/그녀는 자동차를 사고 싶어해요.

མིང་ཚིག Vocabulary 어휘

1. O +	V + འདོད།	want to V + O	~를 ~하고 싶다.
2. མོ་ཊ་	གཏོང་འདོད།	want to drive a car	자동차를 운전하고 싶다
3. གནམ་གྲུ་	གཏོང་འདོད།	want to fly an airplane	비행기를 운전하고 싶다.
4. སྦག་སྦག་	བཞོན་འདོད།	want to ride motorbikes	오토바이를 타고 싶다.
5. ཁ་ལག་	ཟ་འདོད།	want to eat food	음식을 먹고 싶다.
6. ཁ་ལག་	མངག་འདོད།	want to order food	음식을 주문하고 싶다.
7. སློབ་སྦྱོང་	བྱེད་འདོད།	want to study	공부를 하고 싶다.
8. གཞས་	ཉན་འདོད།	want to listen to songs	음악을 듣고 싶다.
9. ཤིང་ཏོག་	ཉོ་འདོད།	want to buy fruits	과일을 사고 싶다.
10. ལས་ཀ་	བྱེད་འདོད།	want to work	일을 하고 싶다.
11. དེབ་	ཀློག་འདོད།	want to read book	책을 읽고 싶다.
12. ཡར་	ལང་འདོད།	want to get up / stand up	일어나고 싶다.
13. དྲི་བ་	འདྲི་འདོད།	want to ask questions	질문을 하고 싶다.
14. དངུལ་	སྤྲོད་འདོད།	want to give money	돈을 주고 싶다.
15. སྐད་ཆ་	ཤོད་འདོད།	want to talk	대화를 하고 싶다.
16. ཆུ་	འཐུང་འདོད།	want to drink water	물을 마시고 싶다.
17. བོད་ཡིག་	སྦྱོང་འདོད།	want to study Tibetan	티베트어를 공부하고 싶다.
18. གཅིན་པ་	གཏོང་འདོད།	want to urinate	소변을 누고 싶다.
19. དངུལ་	བརྗེ་འདོད།	want to exchange money	돈을 바꾸고 싶다.
20. དུག་ལོག་	འཁྲུད་འདོད།	want to wash clothes	옷을 세탁하고 싶다.
21. ལྟད་མོ་	ལྟ་འདོད།	want to watch a show	공연을 보고 싶다.
22. ཁ་ལག་	བཟོ་འདོད།	want to make food	음식을 만들고 싶다.
23. བོད་ལ་	འགྲོ་འདོད།	want to go to Tibet	티베트에 가고 싶다.
24. ཟ་ཁང་ལ་	འགྲོ་འདོད།	want to go to a restaurant	식당에 가고 싶다.

Past Construction 과거시제

25. ང་... འདོད་བྱུང་།	I wanted	나는 ~하고 싶었다.
26. ང་བོད་ལ་འགྲོ་འདོད་བྱུང་།	I wanted to go to Tibet.	나는 티베트에 가고 싶었다.
27. ཁོང་... འདོད་བྱུང་སོང་། / པ་རེད། / ཤག	He wanted	그는 ~하고 싶었다.
28. ཁོང་ཇ་འཐུང་འདོད་བྱུང་སོང་། / པ་རེད། /ཤག	He wanted to drink a tea.	그는 차를 마시고 싶었다.

제31과 나는 자동차를 운전하는 사람입니다.

Statement 57 ང་ + O + V + མཁན་ + ཡིན།

ང་མོ་ཊ་གཏོང་མཁན་ཡིན།

I am the one who drives cars.

나는 자동차를 운전하는 사람입니다.

Yes-Q : ཁྱེད་རང་མོ་ཊ་གཏོང་མཁན་ཡིན་པས།

Are you the one who drives cars?

당신은 자동차를 운전하는 사람인가요?

Ans: ལགས་ཡིན། ང་མོ་ཊ་གཏོང་མཁན་ཡིན།

Yes, I am the one who drives cars.

네, 저는 자동차를 운전하는 사람이에요.

No-Q: ཁྱེད་རང་གནམ་གྲུ་གཏོང་མཁན་ཡིན་པས།

Are you the one who drives airplanes?

당신은 비행기를 운전하는 사람인가요?

Ans: ལགས་མིན། ང་གནམ་གྲུ་གཏོང་མཁན་མིན།

No, I am not the one who drives airplanes.

아니요, 저는 비행기를 운전하는 사람이 아니에요.

Key-Q: ཁྱེད་རང་ག་རེ་གཏོང་མཁན་ཡིན།

What are you driving?

당신은 무엇을 운전하는 사람인가요?

Ans: ང་མོ་ཊ་གཏོང་མཁན་ཡིན།

I am the one who drives cars.

저는 자동차를 운전하는 사람이에요.

Or-Q: ཁྱེད་རང་མོ་ཊ་གཏོང་མཁན་ཡིན། གནམ་གྲུ་གཏོང་མཁན་ཡིན།

Are you the one who drive cars or drive plane?

당신은 자동차를 운전하는 사람인가요? 비행기를 운전하는 사람인가요?

Ans: ང་མོ་ཊ་གཏོང་མཁན་ཡིན།

I am the one who drives cars.

저는 자동차를 운전하는 사람이에요.

Statement 58 ཁོང་ + O + V + མཁན་ + རེད། / རེད་འདུག

ཁོང་ཁ་ལག་བཟོ་མཁན་རེད།

He/she is the one who cooks.
그/그녀는 요리를 하는 사람입니다.

Yes-Q : ཁོང་ཁ་ལག་བཟོ་མཁན་རེད་པས།
Is he/she the one who cooks?
그/그녀는 요리를 하는 사람인가요?

Ans: ལགས་རེད། ཁོང་ཁ་ལག་བཟོ་མཁན་རེད།
Yes, he/she is the one who cooks.
네, 그/그녀는 요리를 하는 사람이에요.

No-Q: ཁོང་མོ་ཊ་བཟོ་མཁན་རེད་པས།
Is he/she the one who makes cars?
그/그녀는 자동차를 만드는 사람인가요?

Ans: ལགས་མ་རེད། ཁོང་མོ་ཊ་བཟོ་མཁན་མ་རེད།
No, he/she is not the one who makes cars.
아니요, 그/그녀는 자동차를 만드는 사람이 아니에요.

Key-Q: ཁོང་ག་རེད་བཟོ་མཁན་རེད།
What is he/she making?
그/그녀는 무엇을 만드는 사람인가요?

Ans: ཁོང་ཁ་ལག་བཟོ་མཁན་རེད།
He/she is the one who cooks.
그/그녀는 음식을 만드는 사람이에요.

Or-Q: ཁོང་ཁ་ལག་བཟོ་མཁན་རེད་མོ་ཊ་བཟོ་མཁན་རེད།
Is he/she the one who cooks or makes cars?
그/그녀는 음식을 만드는 사람인가요? 자동차를 만드는 사람인가요?

Ans: ཁོང་ཁ་ལག་བཟོ་མཁན་རེད།
He/she is the one who cooks.
그/그녀는 음식을 만드는 사람이에요.

མིང་ཚིག Vocabulary 어휘

1. O +	V + མཁན།	one who + V	~를 ~ 하는 사람
2. མོ་ཊ་	གཏོང་མཁན།	one who drives cars	자동차를 운전하는 사람
3. གནམ་གྲུ་	གཏོང་མཁན།	one who flies airplanes	비행기를 운전하는 사람
4. སྦག་སྦག་	བཞོན་མཁན།	one who rides motorbikes	오토바이를 타는 사람
5. ཁ་ལག་	ཟ་མཁན།	one who eats food	음식을 먹는 사람
6. ཁ་ལག་	མངག་མཁན།	one who orders food	음식을 주문하는 사람
7. ཡི་གེ་	འབྲི་མཁན།	one who writes letters	편지를 쓰는 사람
8. གཞས་	ཉན་མཁན།	one who listens to songs	음악을 듣는 사람
9. ཤིང་ཏོག་	ཉོ་མཁན།	one who buys fruit	과일을 사는 사람
10. ལས་ཀ་	བྱེད་མཁན།	one who works	일을 하는 사람
11. དེབ་	ཀློག་མཁན།	one who reads books	책을 읽는 사람
12. ཡར་	ལང་མཁན།	one who gets up	잠자리에서 일어나는 사람
13. དྲི་བ་	འདྲི་མཁན།	one who asks question	질문하는 사람
14. དངུལ་	སྤྲོད་མཁན།	one who gives money	돈을 주는 사람
15. སྐད་ཆ་	ཤོད་མཁན།	one who speaks	대화를 하는 사람
16.	ངུ་མཁན།	one who cries	우는 사람
17. བོད་ཡིག་	སྦྱོང་མཁན།	one who studies Tibetan	티베트어를 공부하는 사람
18. གཅིན་པ་	གཏོང་མཁན།	one who urinate	소변을 누는 사람
19. དངུལ་	བརྗེ་མཁན།	one who exchanges money	돈을 바꾸는 사람
20. དུག་ལོག་	འཁྲུད་མཁན།	one who washes clothes	옷을 빠는 사람
21. ལྟད་མོ་	ལྟ་མཁན།	one who watches shows	공연을 보는 사람
22. ཁ་ལག་	བཟོ་མཁན།	one who makes food	음식을 만드는 사람

제32과 나는 티베트에 갈 계획입니다.

Statement 59 ང་ + O inf. (+ ལ་) + V + རྩིས་ + ཡོད།

ང་བོད་ལ་འགྲོ་རྩིས་ཡོད།*

I plan to go to Tibet.
나는 티베트에 갈 계획입니다.

Yes-Q : ཁྱེད་རང་བོད་ལ་འགྲོ་རྩིས་ཡོད་པས།
Do you plan to go to Tibet?
당신은 티베트에 갈 계획인가요?

Ans: ལགས་ཡོད། ང་བོད་ལ་འགྲོ་རྩིས་ཡོད།
Yes, I plan to go to Tibet.
네, 저는 티베트에 갈 계획이에요.

No-Q: ཁྱེད་རང་ཨ་རི་ལ་འགྲོ་རྩིས་ཡོད་པས།
Do you plan to go to America?
당신은 미국에 갈 계획인가요?

Ans: ལགས་མེད། ང་ཨ་རི་ལ་འགྲོ་རྩིས་མེད།
No, I don't plan to go to America.
아니요, 저는 미국에 갈 계획이 없어요.

Key-Q: ཁྱེད་རང་ག་པར་འགྲོ་རྩིས་ཡོད།
Where do you plan to go?
당신은 어디에 갈 계획인가요?

Ans: ང་བོད་ལ་འགྲོ་རྩིས་ཡོད།
I plan to go to Tibet.
저는 티베트에 갈 계획이에요.

Or-Q: ཁྱེད་རང་བོད་ལ་འགྲོ་རྩིས་ཡོད་ཨ་རི་ལ་འགྲོ་རྩིས་ཡོད།
Do you plan to go to Tibet or America?
당신은 티베트에 갈 계획인가요? 미국에 갈 계획인가요?

Ans: ང་བོད་ལ་འགྲོ་རྩིས་ཡོད།
I plan to go to Tibet.
저는 티베트에 갈 계획이에요.

* 이것은 다음과 같이 쓸 수 있다.
ང་བོད་ལ་འགྲོ་རྩིས་བྱེད་ཀྱི་ཡོད།
I am planning to go to Tibet.
나는 티베트에 갈 예정입니다.

Statement 60 ཁོང་ + O Inf. (+ ལ་)+ V + རྩིས་ + འདུག / ཡོད་རེད།

ཁོང་མོག་མོག་བཟོ་རྩིས་འདུག*

He/she plans to make momos.
그/그녀는 만두를 만들 계획입니다.

Yes-Q : ཁོང་མོག་མོག་བཟོ་རྩིས་འདུག་གས།
Does he/she plan to make momos?
그/그녀는 만두를 만들 계획인가요?

* 이것은 다음과 같이 쓸 수 있다.
ཁོང་མོག་མོག་བཟོ་རྩིས་བྱེད་ཀྱི་འདུག
He/she is planning to make momos.
그/그녀는 만두를 만들려고 합니다.

Ans: ལགས་འདུག ཁོང་མོག་མོག་བཟོ་རྩིས་འདུག
Yes, he/she plans to make momos.
네, 그/그녀는 만두를 만들 계획이에요.

No-Q: ཁོང་ཐུག་པ་བཟོ་རྩིས་འདུག་གས།
Does he/she plan to make noodles(thukpa)?
그/그녀는 툭빠(칼국수)를 만들 계획인가요?

Ans: ལགས་མི་འདུག ཁོང་ཐུག་པ་བཟོ་རྩིས་མི་འདུག
No, he/she doesn't plan to make noodles(thukpa).
아니요, 그/그녀는 툭빠를 만들 계획이 아니에요.

Key-Q: ཁོང་ག་རེ་བཟོ་རྩིས་འདུག
What does he/she plan to make?
그/그녀는 무엇을 만들 계획인가요?

Ans: ཁོང་མོག་མོག་བཟོ་རྩིས་འདུག
He/she plans to make momos.
그/그녀는 만두를 만들 계획이에요.

Or-Q: ཁོང་མོག་མོག་བཟོ་རྩིས་འདུག་ཐུག་པ་བཟོ་རྩིས་འདུག
Does he/she plan to make momos or thukpa?
그/그녀는 만두를 만들 계획인가요? 툭빠를 만들 계획인가요?

Ans: ཁོང་མོག་མོག་བཟོ་རྩིས་འདུག
He/she plans to make momos
그그녀는 만두를 만들 계획이에요.

མིང་ཚིག Vocabulary 어휘

1. O +	V + རྩིས།	plan to + V + O	~를 ~ 할 계획
2. མོ་ཊ་	གཏོང་རྩིས།	plan to drive cars	자동차를 운전할 계획
3. གནམ་གྲུ་	གཏོང་རྩིས།	plan to fly airplanes	비행기를 운전할 계획
4. མོག་མོག་	བཟོ་རྩིས།	plan to make momos	만두를 만들 계획
5. ཁ་ལག་	ཟ་རྩིས།	plan to eat food	식사를 할 계획
6. ཁ་ལག་	མངག་རྩིས།	plan to order food	음식을 주문할 계획
7. སློབ་སྦྱོང་	བྱེད་རྩིས།	plan to study	공부를 할 계획
8. གཞས་	ཉན་རྩིས།	plan to listen to songs	노래를 들을 계획
9. ཤིང་ཏོག་	ཉོ་རྩིས།	plan to buy fruit	과일을 살 계획
10. ལས་ཀ་	བྱེད་རྩིས།	plan to work	일을 할 계획
11. དེབ་	ཀློག་རྩིས།	plan to read books	책을 읽을 계획
12. ཡར་	ལང་རྩིས།	plan to gets up / stand up	일어날 계획
13. དྲི་བ་	འདྲི་རྩིས།	plan to ask question	질문을 할 계획
14. དངུལ་	སྤྲོད་རྩིས།	plan to give money	돈을 줄 계획
15. སྐད་ཆ་	ཤོད་རྩིས།	plan to talk	대화를 할 계획
16. ངུ་རྩིས།	plan to cry	울 계획	
17. བོད་ཡིག་	སྦྱོང་རྩིས།	plan to study Tibetan	티베트어를 공부할 계획
18. གཅིན་པ་	གཏོང་རྩིས།	plan to urinate	소변을 볼 계획
19. དངུལ་	བརྗེ་རྩིས།	plan to exchange money	돈을 바꿀 계획
20. དུག་ལོག་	འཁྲུད་རྩིས།	plan to wash clothes	빨래를 할 계획
21. ལྟད་མོ་	ལྟ་རྩིས།	plan to watch shows	공연을 볼 계획
22. ཁ་ལག་	བཟོ་རྩིས།	plan to make food	음식을 만들 계획
23. སྔ་པོ།		early	일찍
24. ཕྱི་པོ།		late	늦게
25. གནས་སྟངས།		condition / circumstance	조건 / 상황
26. གོ་སྐབས་བྱུང་ན།		if an opportunity arises	기회가 생기면
27. ད་ག་སེ་ལབ།		to tease (verbally)	그냥 말하다.
28. ད་ག་སེ་བྱེད།		to tease (physically)	그냥 하다, 이유 없이 하다.

གླེང་མོལ། Dialogue 대화문 22

པད་མ། མཆོག་ལགས། སྔ་དྲོ་བདེ་ལེགས།
Chok-la, good morning.
촉씨, 좋은 아침입니다.

མཆོག སྔ་དྲོ་བདེ་ལེགས། པད་མ་ལགས།
Good morning, Pema-la.
빼마씨, 좋은 아침입니다.

པད་མ། ཁྱེད་རང་བོད་ལ་འགྲོ་འདོད་ཡོད་པས།
Do you want to go to Tibet?
당신은 티베트에 가고 싶어요?

མཆོག ཡོད་ད་ཡོད། ང་སྔོན་མ་ནས་བོད་ལ་འགྲོ་འདོད་ཡོད།
Of course, I have wanted to go to Tibet for a long time.
물론이에요. 저는 오랫동안 티베트에 가기를 원했습니다.

པད་མ། ང་བོད་ལ་མགྱོགས་པོ་འགྲོ་རྩིས་ཡོད། ཁྱེད་རང་ང་མཉམ་དུ་ཡོང་གི་ཡིན་པས།
I'm planning to go to Tibet soon. Will you come with me?
저는 곧 티베트에 갈 계획입니다. 저와 함께 가실래요?

མཆོག ཁྱེད་རང་ག་དུས་འགྲོ་རྩིས་ཡོད།
When do you plan to go?
언제가실 계획인가요?

པད་མ། བདུན་ཕྲག་གཅིག་གི་རྗེས་ལ་འགྲོ་རྩིས་ཡོད།
I plan to go after one week.
일주일 후에 갈 계획입니다.

མཆོག ཨ་ལེ། ཨ་ནི་ང་བསམ་བློ་གཏོང་གི་ཡིན།
Okay, then I will think about it.
네~. 그럼 생각해 볼게요.

གླིང་མོལ། Dialogue 대화문 23

མཆོག། ཁྱེད་རང་བོད་ལ་སྡོད་ས་ཡོད་པས།
Do you have a place to stay in Tibet?
당신은 티베트에 머물 곳이 있나요?

པད་མ། ལགས་ཡོད་དུ་ཡོད། ངའི་ཕ་མ་ལྷ་ས་ལ་ཡོད་རེད།
Yes, of course, my parents are in lhasa.
네, 물론이에요. 저의 부모님이 라싸에 계세요.

མཆོག། ཁྱེད་རང་གི་ཕ་མ་ག་རེ་བྱེད་མཁན་རེད།
What do your parents do?
부모님은 무슨 일을 하시나요?

པད་མ། ངའི་པ་ལགས་མོ་ཊ་བཟོ་མཁན་རེད། ཨ་མ་ལགས་གཞས་གཏོང་མཁན་རེད།
My father is a mechanic. My mother is a singer.
저의 아버지는 자동차 수리공이에요. 어머니는 가수입니다.

མཆོག། དངོས་གནས། ཁོང་གཉིས་བཞུགས་ས་ག་པར་ཡོད་རེད།
Really? Where do they live?
정말요? 그분들은 어디에 사시나요?

པད་མ། བར་སྐོར་ནང་ལ་ཡོད་རེད།
They are in Bhakor.
그분들은 발꼴에 사세요.

མཆོག། ཨ་ལེ། ཡག་ག་ལ།
How wonderful!
네~, 정말 멋지네요.

སློང་མོལ། Dialogue 대화문 24

པད་མ། ཁྱེད་རང་ལ་སྤུན་མཆེད་ཡོད་པས།
Do you have siblings?
당신은 형제 자매가 있나요?

མཚོག། ཡོད། ང་ལ་གཅུང་པོ་གཅིག་དང་གཅུང་མོ་ལྔ་ཡོད།
Yes, I have a younger brother and five younger sisters.
네, 남동생 한 명과 여동생 다섯 명이 있어요.

པད་མ། ཁོང་ཚོ་ལས་ཀ་ག་རེ་བྱེད་ཀྱི་ཡོད་རེད།
What do they do?
동생들 직업이 뭔가요?

གཅུང་པོ་མོ་ཊ་གཏོང་མཁན་རེད།
My younger brother is a driver.
남동생은 운전사입니다.

མཚོག། གཅུང་མོ་ཚང་མ་སློབ་ཕྲུག་རེད།
All my younger sisters are students.
여동생들은 다 학생입니다.

པད་མ། སློབ་གྲྭ་འགྲོ་ས་ག་པར་རེད།
Which school do they go to?
어느 학교에 다니나요?

མཚོག། བོད་ཁྱིམ་སློབ་གྲྭ་ལ་འགྲོ་གི་ཡོད་རེད།
They go to TCV school.
티베트 어린이 마을(TCV) 학교에 다닙니다.

* TCV(Tibetan Children's Villages)

པད་མ། དངོས་གནས། ངའི་ཕྲུ་གུ་ཡང་བོད་ཁྱིམ་སློབ་གྲྭར་གཏོང་རྩིས་ཡོད།
Really? I am also planning to send my children to TCV school.
그래요? 우리 아이들도 티베트 어린이 마을(TCV) 학교에 보내려고 해요.

제33과 그보다 내가 나이가 더 많습니다.

Statement 61 S2 + ལས་ + S1 + Comp. Adj. + ཡིན། / རེད།

ཁོ་ལས་ང་རྒན་པ་ཡིན།*

I am older than him.
그보다 내가 나이가 더 많습니다.

> * 이것은 다음과 같이 말할 수 있다.
> ཁོང་ལས་ང་རྒན་གྱི་རེད།
> 그보다 내가 나이가 많습니다.

Yes-Q : ཁོ་ལས་ཁྱེད་རང་རྒན་པ་ཡིན་པས།
Are you older than him?
그보다 당신이 나이가 더 많은가요?

Ans: ལགས་ཡིན། ཁོ་ལས་ང་རྒན་པ་ཡིན།
Yes, I am older than him.
네, 그보다 내가 나이가 더 많아요.

No-Q: ཁོ་ལས་ཁྱེད་རང་གཞོན་པ་ཡིན་པས།
Are you younger than him?
그보다 당신이 나이가 더 어린가요?

Ans: ལགས་མིན། ཁོ་ལས་ང་གཞོན་པ་མིན།
No, I am not younger than him.
아니요, 그보다 내가 나이가 더 어리지 않아요.

Key-Q: ཁྱེད་རང་གཉིས་སུ་རྒན་པ་ཡིན།
Which of you two is older?
당신 둘 중 누가 더 나이가 많은가요?

Ans: ཁོ་ལས་ང་རྒན་པ་ཡིན།
I am older than him.
그보다 내가 나이가 더 많아요.

Or-Q: ཁོ་ལས་ཁྱེད་རང་རྒན་པ་ཡིན་གཞོན་པ་ཡིན།
Are you older or younger than him?
그보다 당신이 나이가 더 많은가요? 더 적은가요?

Ans: ཁོ་ལས་ང་རྒན་པ་ཡིན།
I am older than him.
그보다 내가 더 나이가 많아요.

Statement 62

S2 + ལས་ + S1 + Comp. Adj. + འདུག / ཡོད་རེད།

ང་ལས་མོ་ཡག་ག་ཡོད་རེད།*

She is better than me.
저**보다 그녀가 더 낫습니다.

Yes-Q : ཁྱེད་རང་ལས་མོ་ཡག་ག་ཡོད་རེད་པས།
Is he/she better than you?
당신보다 그녀가 더 나은가요?

Ans: ལགས་ཡོད་རེད། ང་ལས་མོ་ཡག་ག་ཡོད་རེད།
Yes, she is better than me.
네, 저보다 그녀가 더 나아요.

No-Q: ཁྱེད་རང་ལས་མོ་སྡུག་ག་ཡོད་རེད་པས།
Is she worse than you?
당신보다 그녀가 더 못하나요?

Ans: ལགས་ཡོད་མ་རེད། ང་ལས་མོ་སྡུག་ག་ཡོད་མ་རེད།
No, she is not worse than me.
아니요, 저보다 그녀가 더 못하지 않아요.

Key-Q: ཁྱེད་རང་གཉིས་སུ་ཡག་ག་ཡོད་རེད།
Which of you two is better?
당신 둘 중 누가 더 나은가요?

Ans: ང་ལས་མོ་ཡག་ག་ཡོད་རེད།
She is better than me.
저보다 그녀가 더 나아요.

Or-Q: ཁྱེད་རང་ལས་མོ་ཡག་ག་ཡོད་རེད་སྡུག་ག་ཡོད་རེད།
Is she better or worse than you?
당신보다 그녀가 더 나은가요? 더 못한가요?

Ans: ང་ལས་མོ་ཡག་ག་ཡོད་རེད།
She is better than me.
저보다 그녀가 더 나아요.

* 이것은 다음과 같이 말할 수 있다.
ང་ལས་མོ་ཡག་གི་རེད།
나보다 그녀가 낫다.

** 저 : '나'의 겸양어(자신을 낮추는 말)

མིང་ཚིག Vocabulary 어휘

1. ལས།	than / from	~보다 / ~로부터
2. མཐོ་བ། – དམའ་བ།	higher – lower	더 높은 – 더 낮은
3. ཡག་ག / ཡག་པ། – སྡུག་ག / སྡུག་པ།	better – worse	더 나은 – 더 나쁜
4. ཐུང་ང་/ ཐུང་བ། – རིང་ང་/ རིང་པ།	shorter – longer / taller	더 짧은 – 더 긴/ (키가)더 큰
5. མང་ང་/ མང་བ། – ཉུང་ང་/ ཉུང་བ།	more – less	더 많은 – 더 적은
6. ཚ་བ། – གྲང་ང་།/ གྲང་བ།	hotter – colder	더 뜨거운 – 더 차가운
7. ཕྲ་བ། – སྦོམ་པ།	finer – thicker	더 가는 – 더 두꺼운
8. ཆེ་བ། – ཆུང་ང་། / ཆུང་བ།	bigger – smaller	더 큰 – 더 작은
9. སྐྱུར་ར། སྐྱུར་བ། – མངར་ར།/མངར་བ།	sourer – sweeter	더 시큼한 – 더 달은
10. སྐམ་པ། – རྒྱགས་ག/རྒྱགས་པ།	thinner – fatter	더 마른 – 더 뚱뚱한
11. ཕྱུག་ག/ཕྱུག་པ་ – སྐྱོ་བ།	richer – poorer	더 부유한 – 더 가난한
12. གཞོན་པ། – རྒན་པ།	younger – older	더 젊은 – 더 늙은
13. སྔ་བ། – ཕྱི་བ།	earlier – later	더 이른 – 더 늦은
14. དལ་བ། – མགྱོགས་ག/ མགྱོགས་པ།	slower – faster	더 느린 – 더 빠른
15. ཡང་ང་།/ཡང་བ། – ལྗིད་བ།	lighter – heavier	더 가벼운 – 더 무거운
16. ནག་ག/ནག་པ། – དམར་ར།/དམར་བ།	blacker – redder	더 검은 – 더 붉은

Another Way to Make Comparison Construction
비교급 표현을 만드는 또 다른 방법

17. Adj. + གི་/ གྱི་/ ཀྱི་རེད།		더 ~ 하다.
18. སྐྱིད་ཀྱི་རེད།	more pleasant	더 쾌적하다.
19. ཞིམ་གྱི་རེད།	tastier	더 맛있다.
20. ཡག་གི་རེད།	better	더 낫다.
21. སྡུག་གི་རེད།	more unpleasant	더 불쾌하다.
22. ཆེ་གི་རེད།	bigger	더 크다.
23. མང་གི་རེད།	more (in number/amount)	더 많다. (숫자 / 양적으로)
24. མཐོ་གི་རེད།	higher	더 높다.
25. རིང་གི་རེད།	longer / taller	길이가 더 길다. /키가 더 크다
26. མངར་གྱི་རེད།	sweeter	더 달콤하다.

제34과 나는 장남입니다.

Statement 63   ང་ + NC + Superative Adj. + དེ་ + ཡིན།

ང་བུ་རྒན་ཤོས་དེ་ཡིན།

I am the eldest son.
나는 장남입니다.

Yes-Q : ཁྱེད་རང་བུ་རྒན་ཤོས་དེ་ཡིན་པས།
Are you the eldest son?
당신은 장남인가요?

* 장남(長男) : 아들 가운데 첫째 아들.

Ans: ལགས་ཡིན། ང་བུ་རྒན་ཤོས་དེ་ཡིན།
Yes, I am the eldest son.
네, 저는 장남이에요.

No-Q: ཁྱེད་རང་བུ་ཆུང་ཤོས་དེ་ཡིན་པས།
Are you the youngest son?
당신은 막내아들인가요?

* 막내아들 : 아들 중 가장 어린 아들.

Ans: ལགས་མིན། ང་བུ་ཆུང་ཤོས་དེ་མིན།
No, I am not the youngest son.
아니요, 저는 막내아들이 아니에요.

Key-Q: བུ་རྒན་ཤོས་དེ་སུ་ཡིན།
Who is the eldest son?
누가 장남인가요?

Ans: ང་བུ་རྒན་ཤོས་དེ་ཡིན།
I am the eldest son.
제가 장남이에요.

Or-Q: ཁྱེད་རང་བུ་རྒན་ཤོས་དེ་ཡིན་ཆུང་ཤོས་དེ་ཡིན།
Are you the eldest son or the youngest son?
당신은 장남인가요? 막내아들인가요?

Ans: ང་བུ་རྒན་ཤོས་དེ་ཡིན།
I am the eldest son.
저는 장남이에요.

Statement 64 ཁོང་ + NC + Superative Adj. + དེ་ + རེད།

ཁོང་མི་ཕྱུག་ཤོས་དེ་རེད།

He/she is the richest person.
그/그녀는 가장 부유한 사람입니다.

Yes-Q : ཁོང་མི་ཕྱུག་ཤོས་དེ་རེད་པས།
Is he/she the richest person?
그/그녀는 가장 부유한 사람인가요?

Ans: ལགས་རེད། ཁོང་མི་ཕྱུག་ཤོས་དེ་རེད།
Yes, he/she is the richest person.
네, 그/그녀는 가장 부유한 사람이에요.

No-Q: ཁོང་མི་སྐྱོ་ཤོས་དེ་རེད་པས།
Is he/she the poorest person?
그/그녀는 가장 가난한 사람인가요?

Ans: ལགས་མ་རེད། ཁོང་མི་སྐྱོ་ཤོས་དེ་མ་རེད།
No, he/she is not the poorest person.
아니요, 그/그녀는 가장 가난한 사람이 아니에요.

Key-Q: མི་ཕྱུག་ཤོས་དེ་སུ་རེད།
Who is the richest person?
가장 부유한 사람은 누구인가요?

Ans: ཁོང་མི་ཕྱུག་ཤོས་དེ་རེད།
He/she is the richest person.
그/그녀가 가장 부유한 사람이에요.

Or-Q: ཁོང་མི་ཕྱུག་ཤོས་དེ་རེད་སྐྱོ་ཤོས་དེ་རེད།
Is he/she the richest person or the poorest person?
그/그녀는 가장 부유한 사람인가요? 가장 가난한 사람인가요?

Ans: ཁོང་མི་ཕྱུག་ཤོས་དེ་རེད།
He/she is the richest person.
그/그녀는 가장 부유한 사람이에요.

མིང་ཚིག Vocabulary 어휘

1.	Adj. + ཤོས།	superative construction	최상급 형식
2.	ཡག་ཤོས། – སྡུག་ཤོས།	best – worst	최고의 – 최악의
3.	ཐུང་ཤོས། – རིང་ཤོས།	shortest - longest / tallest	가장 짧은 – 가장 긴
4.	མང་ཤོས། – ཉུང་ཤོས།	most - least	가장 많은 – 가장 적은
5.	ཆེ་ཤོས། – ཆུང་ཤོས།	biggist - smallest	가장 큰 – 가장 작은
6.	མཐོ་ཤོས། – དམའ་ཤོས།	highest - lowest	가장 높은 – 가장 낮은
7.	བསྡུས་ཤོས། – རྒྱས་ཤོས།	briefest- most elaborate	가장 간략한 – 가장 상세한
8.	ཚ་ཤོས། – གྲང་ཤོས།	hottest - coldest	가장 뜨거운 – 가장 차가운
9.	སྦོམ་ཤོས། – ཕྲ་ཤོས།	thickest - finest	가장 굵은 – 가장 가는
10.	མཐུག་ཤོས། – སྲབ་ཤོས།	thickest - thinnest	가장 두꺼운 – 가장 얇은
11.	མངར་ཤོས། – སྐྱུར་ཤོས།	sweetest - sourest	가장 달콤한 – 가장 시큼한
12.	རྒྱགས་ཤོས། – སྐམ་ཤོས།	fattest - thinnest	가장 뚱뚱한 – 가장 마른
13.	ཕྱུག་ཤོས། – སྐྱོ་ཤོས།	richest - poorest	가장 부유한 – 가장 가난한
14.	གཞོན་ཤོས། – རྒན་ཤོས།	youngest - oldest	가장 젊은 – 가장 늙은
15.	སྔ་ཤོས། – ཕྱི་ཤོས།	earlist - latest	가장 일찍 – 가장 늦게
16.	དལ་ཤོས། – མགྱོགས་ཤོས།	slowest - fastest	가장 천천히 – 가장 빨리
17.	ལྗིད་ཤོས། – ཡང་ཤོས།	heaviest - lightest	가장 무거운 – 가장 가벼운
18.	སྐྱིད་ཤོས། – སྡུག་ཤོས།	most pleasant - most unpleasant	가장 유쾌한 - 가장 불쾌한
19.	ཞིམ་ཤོས། – མི་ཞིམ་ཤོས།	tastiest - most tasteless	가장 맛있는 – 가장 맛없는
20.	དགའ་ཤོས། – མི་དགའ་ཤོས།	most loved - most disliked	가장 좋아하는 – 가장 싫어하는
21.	དཀར་ཤོས། – ནག་ཤོས།	whitest - blackest	가장 하얀 – 가장 검은
22.	མཛེས་ཤོས། – མདོག་ཉེས་ཤོས།	most beautiful - ugliest	가장 아름다운 – 가장 못생긴
23.	ངས་བྱས་ན།	from my point of view	내 견해로는
24.	ངའི་བསམ་ཚུལ་བྱས་ན།	from my point of view	나의 생각에는
25.	ཁོས་བྱས་ན།	from his point of view	그의 견해로는
26.	ཆོས་ཕྱོགས་ཀྱི་ཐོག་ནས་བྱས་ན།	from a religious point of view	종교적 견지로서는

제35과 나는 명상을 하기 위해 노력하고 있습니다.

35

Statement 65 ང་ + O Inf. + V + ལས་ + ཐབས་ཤེས་བྱེད་ཀྱི་ + ཡོད།

ང་སྒོམ་རྒྱག་ལས་ཐབས་ཤེས་བྱེད་ཀྱི་ཡོད།

I am trying to do meditation.
나는 명상하기 위해 노력하고 있습니다.

Yes-Q : ཁྱེད་རང་སྒོམ་རྒྱག་ལས་ཐབས་ཤེས་བྱེད་ཀྱི་ཡོད་པས།
Are you trying to do meditation?
당신은 명상하기 위해 노력하나요?

Ans: ལགས་ཡོད། ང་སྒོམ་རྒྱག་ལས་ཐབས་ཤེས་བྱེད་ཀྱི་ཡོད།
Yes, I am trying to do meditation.
네, 저는 명상하기 위해 노력해요.

No-Q: ཁྱེད་རང་སྔ་པོ་ལང་ལས་ཐབས་ཤེས་བྱེད་ཀྱི་ཡོད་པས།
Are you trying to get up early?
당신은 일찍 일어나기 위해 노력하나요?

Ans: ལགས་མེད། ང་སྔ་པོ་ལང་ལས་ཐབས་ཤེས་བྱེད་ཀྱི་མེད།
No, I am not trying to get up early.
아니요, 저는 일찍 일어나기 위해 노력하지 않아요.

Key-Q: ཁྱེད་རང་ག་རེ་བྱེད་ལས་ཐབས་ཤེས་བྱེད་ཀྱི་ཡོད།
What are you trying to do for?
당신은 무엇을 하기 위해 노력하나요?

Ans: ང་སྒོམ་རྒྱག་ལས་ཐབས་ཤེས་བྱེད་ཀྱི་ཡོད།
I am trying to do meditation.
저는 명상하기 위해 노력하고 있어요.

Or-Q: ཁྱེད་རང་སྒོམ་རྒྱག་ལས་ཐབས་ཤེས་བྱེད་ཀྱི་ཡོད་...
སྔ་པོ་ལང་ལས་ཐབས་ཤེས་བྱེད་ཀྱི་ཡོད།
Are you trying to do meditation or to get up early?
당신은 명상 하기 위해 노력하나요? 일찍 일어나기 위해 노력하나요?

Ans: ང་སྒོམ་རྒྱག་ལས་ཐབས་ཤེས་བྱེད་ཀྱི་ཡོད།
I am trying to do meditation.
저는 명상하기 위해 노력해요.

Statement 66 མོ་ + O Inf. + V + ཡས་ + ཐབས་ཤེས་བྱེད་ཀྱི་ + ཡོད་རེད། / འདུག

མོ་གཞས་གཏོང་ཡས་ཐབས་ཤེས་བྱེད་ཀྱི་འདུག

She is trying to sing a song.
그녀는 노래를 부르기 위해 노력하고 있습니다.

Yes-Q : མོ་གཞས་གཏོང་ཡས་ཐབས་ཤེས་བྱེད་ཀྱི་འདུག་གས།
Is she trying to sing a song?
그녀는 노래를 부르기 위해 노력하고 있나요?

Ans: མོ་གཞས་གཏོང་ཡས་ཐབས་ཤེས་བྱེད་ཀྱི་འདུག
She is trying to sing a song.
그녀는 노래를 부르기 위해 노력하고 있어요.

No-Q: མོ་དེབ་ཀློག་ཡས་ཐབས་ཤེས་བྱེད་ཀྱི་འདུག་གས།
Is she trying to read books?
그녀는 책을 읽기 위해 노력하고 있나요?

Ans: མོ་དེབ་ཀློག་ཡས་ཐབས་ཤེས་བྱེད་ཀྱི་མི་འདུག
She is not trying to read books.
그녀는 책을 읽기 위해 노력하고 있지 않아요.

Key-Q: མོ་ག་རེ་བྱེད་ཡས་ཐབས་ཤེས་བྱེད་ཀྱི་འདུག
What is she trying to do for?
그녀는 무엇을 하기 위해 노력하고 있나요?

Ans: མོ་གཞས་གཏོང་ཡས་ཐབས་ཤེས་བྱེད་ཀྱི་འདུག
She is trying to sing a song.
그녀는 노래를 부르기 위해 노력하고 있어요.

Or-Q: མོ་གཞས་གཏོང་ཡས་ཐབས་ཤེས་བྱེད་ཀྱི་འདུག།་་་
དེབ་ཀློག་ཡས་ཐབས་ཤེས་བྱེད་ཀྱི་འདུག
Is she trying to sing a song or to read books?
그녀는 노래를 부르기 위해 노력하고 있나요? 책을 읽기 위해 노력하고 있나요?

Ans: མོ་གཞས་གཏོང་ཡས་ཐབས་ཤེས་བྱེད་ཀྱི་འདུག
She is trying to sing a song.
그녀는 노래를 부르기 위해 노력하고 있어요.

མིང་ཚིག Vocabulary 어휘

1. V + ཡས་ཐབས་ཞེས་བྱེད་ཀྱི་	trying to do	~하려고 노력하다.
2. སྐད་ཆ་ཤོད་ཡས…	trying to talk/dicuss	대화/토론을하려고노력하다.
3. འཛིན་གྲྭར་ཡོང་ཡས…	trying to come to class	수업에 오려고 노력하다.
4. ཡི་གེ་གཏོང་ཡས…	trying to send a letter	편지를 보내려고 노력하다.
5. སྒོམ་རྒྱག་ཡས…	trying to do meditation	명상하려고 노력하다.
6. ལས་ཀ་རག་ཡས…	trying to get a job	취업하려고 노력하다.
7. དེབ་ཀློག་ཡས…	trying to read books	책을 읽으려고 노력하다.
8. སྔ་པོ་ལང་ཡས…	trying to get up early	일찍 일어나려고 노력하다.
9. བོད་ལ་འགྲོ་ཡས…	trying to go to Tibet	티베트에 가려고 노력하다.
10. བོད་ཡིག་སྦྱོང་ཡས…	trying to study Tibetan	티베트어를공부하려고노력하다.
11. གཞས་གཏོང་ཡས…	trying to sing a song	노래 부르려고 노력하다.
12. སྦྱིན་པ་གཏོང་ཡས…	trying to practice giving	보시하려고 노력하다.
13. ནང་ལ་ཁ་པར་གཏོང་ཡས…	trying to call my family	집에 전화를 하려고 노력하다.
14. འགྲེལ་བཤད་རྒྱག་ཡས…	trying to explain	설명하려고 노력하다.

You may also construct. 다음과 같은 형식을 써도 됩니다.

15. V + ཐབས་བྱེད་ཀྱི་	trying to + V	
16. སྐད་ཆ་ཤོད་ཐབས…	trying to talk / discuss	대화/토론하려고 노력하다.
17. འཛིན་གྲྭར་ཡོང་ཐབས…	trying to come to class	수업에 오려고 노력하다.
18. ཡི་གེ་གཏོང་ཐབས…	trying to send a letter	편지를 보내려고 노력하다.
19. སྒོམ་རྒྱག་ཐབས…	trying to do meditation	명상하려고 노력하다.
20. ལས་ཀ་རག་ཐབས…	trying to get a job	취업하려고 노력하다.
21. དེབ་ཀློག་ཐབས…	trying to read books	책을 읽으려고 노력하다.
22. སྔ་པོ་ལང་ཐབས…	trying to get up early	일찍 일어나려고 노력하다.
23. བོད་ཡིག་སྦྱོང་ཐབས…	trying to study Tibetan	티베트어를공부하려고노력하다.
24. འགྲེལ་བཤད་རྒྱག་ཐབས…	trying to explain	설명하려고 노력하다.

제36과 나는 식사할 시간이 있습니다.

Statement 67 ང་ + ལ་ + O Inf. + V + ལོང་ + ཡོད།

ང་ལ་ཁ་ལག་ཟ་ལོང་ཡོད།

I have time to eat.
나는 식사할 시간이 있습니다.

Yes-Q : ཁྱེད་རང་ལ་ཁ་ལག་ཟ་ལོང་ཡོད་པས།
Do you have time to eat?
당신은 식사할 시간이 있나요?

Ans: ལགས་ཡོད། ང་ལ་ཁ་ལག་ཟ་ལོང་ཡོད།
Yes, I have time to eat.
네, 저는 식사할 시간이 있어요.

No-Q: ཁྱེད་རང་ལ་ཇ་འཐུང་ལོང་ཡོད་པས།
Do you have time to drink tea?
당신은 차 마실 시간이 있나요?

Ans: ལགས་མེད། ང་ལ་ཇ་འཐུང་ལོང་མེད།
No, I don't have time to drink tea.
아니요, 저는 차 마실 시간이 없어요.

Key-Q: ཁྱེད་རང་ལ་ག་རེ་བྱེད་ལོང་ཡོད།
What do you have time to do?
당신은 무엇을 할 시간이 있나요?

Ans: ང་ལ་ཁ་ལག་ཟ་ལོང་ཡོད།
I have time to eat.
저는 식사할 시간이 있어요.

Or-Q: ཁྱེད་རང་ལ་ཁ་ལག་ཟ་ལོང་ཡོད་ཇ་འཐུང་ལོང་ཡོད།
Do you have time to eat or to drink tea?
당신은 식사할 시간이 있나요? 차 마실 시간이 있나요?

Ans: ང་ལ་ཁ་ལག་ཟ་ལོང་ཡོད།
I have time to eat.
저는 식사할 시간이 있어요.

Statement 68 ཁོང་ + ལ་ + O Inf. + V + ལོང་ + ཡོད་རེད། / འདུག

ཁོང་ལ་དེབ་ཀློག་ལོང་ཡོད་རེད།

He/she has time to read a book.
그/그녀는 책 읽을 시간이 있습니다.

Yes-Q : ཁོང་ལ་དེབ་ཀློག་ལོང་ཡོད་རེད་པས།
Does he/she have time to read a book?
그/그녀는 책 읽을 시간이 있나요?

Ans: ལགས་ཡོད་རེད། ཁོང་ལ་དེབ་ཀློག་ལོང་ཡོད་རེད།
Yes, he/she has time to read a book.
네, 그/그녀는 책 읽을 시간이 있어요.

No-Q: ཁོང་ལ་ཡི་གེ་འབྲི་ལོང་ཡོད་རེད་པས།
Does he/she have time to write a letter?
그/그녀는 편지 쓸 시간이 있나요?

Ans: ལགས་ཡོད་མ་རེད། ཁོང་ལ་ཡི་གེ་འབྲི་ལོང་ཡོད་མ་རེད།
Yes, he/she doesn't have time to write a letter.
아니요, 그/그녀는 편지 쓸 시간이 없어요.

Key-Q: ཁོང་ལ་ག་རེ་བྱེད་ལོང་ཡོད་རེད།
What does he/she have time to do?
그/그녀는 무엇 할 시간이 있나요?

Ans: ཁོང་ལ་དེབ་ཀློག་ལོང་ཡོད་རེད།
He/she has time to read a book.
그/그녀는 책 읽을 시간이 있어요.

Or-Q: ཁོང་ལ་དེབ་ཀློག་ལོང་ཡོད་རེད་ཡི་གེ་འབྲི་ལོང་ཡོད་རེད།
Does he/she have time to read a book or to write a letter?
그/그녀는 책 읽을 시간이 있나요? 편지 쓸 시간이 있나요?

Ans: ཁོང་ལ་དེབ་ཀློག་ལོང་ཡོད་རེད།
He/she has time to read a book.
그/그녀는 책 읽을 시간이 있어요.

མིང་ཚིག Vocabulary 어휘

1.	O +	V + ལོང་།	have/has time to + V	... 할 시간이 있다.
2.	སྒོ་	རྒྱག་ལོང་།	have/has time to close the door	문 닫을 시간이 있다.
3.	ཡི་གེ་	གཏོང་ལོང་།	have/has time to send a letter	편지 보낼 시간이 있다.
4.	ཕྱག་	འཚལ་ལོང་།	have/has time to prostrate	절할 시간이 있다.
5.	དངུལ་	ལེན་ལོང་།	have/has time to get money	돈 받을 시간이 있다.
6.	ལས་ཀ་	བྱེད་ལོང་།	have/has time to work	일할 시간이 있다.
7.	ཁ་ལག་	བཟོ་ལོང་།	have/has time to make food	음식 만들 시간이 있다.
8.	གཅིན་པ་	གཏོང་ལོང་།	have/has time to urinate	소변 볼 시간이 있다.
9.	དངུལ་	བརྗེ་ལོང་།	have/has time to change money	돈 바꿀 시간이 있다.
10.	རྩེད་མོ་	རྩེ་ལོང་།	have/has time to play a game	놀이 할 시간이 있다.
11.	ལྟད་མོ་	ལྟ་ལོང་།	have/has time to watch a show	공연 볼 시간이 있다.
12.	དུག་སློག་	གྱོན་ལོང་།	have/has time to get dressed	옷을 입을 시간이 있다.
13.	ཤིང་ཏོག་	ཉོ་ལོང་།	have/has time to buy fruits	과일 살 시간이 있다.
14.	ཁ་པར་	གཏོང་ལོང་།	have/has time to make a call	전화를 할 시간이 있다.
15.	བོད་ཡིག་	སྦྱོང་ལོང་།	have/has time to study Tibetan	티베트어 공부할 시간이 있다.
16.	སྐད་ཆ་	ཤོད་ལོང་།	have/has time to discuss / talk	토론 할 / 말할 시간이 있다.
17.	གྲོགས་པོ་	ཐུག་ལོང་།	have/has time to meet friends	친구 만날 시간이 있다.
18.	དེབ་	ཀློག་ལོང་།	have/has time to read books	책 읽을 시간이 있다.
19.	དཔར་སློག་	རྒྱག་ལོང་།	have/has time to make photocopies	복사 할 시간이 있다.

Past Construction 과거시제형식

22.	ང་ལ་...	ལོང་བྱུང་།	I had time to + V	나는 ~할 시간이 있었다.
23.	ང་ལ་...	ལོང་མ་བྱུང་།	I haven't had time to + V	나는 ~할 시간이 없었다.
24.	ཁོང་ལ་...	ལོང་བྱུང་སོང་།	He/she had time to + V	그는 ~할 시간이 있었다.
25.	ཁོང་ལ་...	ལོང་བྱུང་མ་སོང་།	He/she hasn't had time to + V	그는 ~할 시간이 없었다.

སྐད་ཆ། Dialogue 대화문 25

པད་མ། མཆོག་ལགས། ང་ཞོགས་ཀས་ཁྲོམ་ལ་ཕྱིན་པ་ཡིན།
Chok-la, I went to the market this morning.
촉씨, 저는 오늘 아침에 시장에 갔어요.

མཆོག ཨ་ལེ། ག་རེ་ཉོས་པ་ཡིན།
Oh, I see! What did you buy?
아! 네~, 무엇을 사셨어요?

པད་མ། འདིར་ཤོག་དང་། ངས་སྟོད་ཐུང་ཡག་ག་གཉིས་ཉོས་པ་ཡིན།
Come here. I bought two fine shirts.
이리 와 보세요. 멋진 셔츠 두 개 샀어요.

མཆོག དངོས་གནས། ང་ལ་ཉོས་ཡིན་པས།
Really? Did you buy them for me?
정말요? 저를 위해 산 거예요?

པད་མ། འོང་། ཆེ་བ་དེ་ཁྱེད་རང་ལ་རྟེན་པ་ཡིན། ཆུང་ང་དེ་ངའི་གཅུང་མོ་ལ་ཡིན།
Yes, the larger one is a gift for you. The smaller one is for my younger sister.
네~, 큰 것은 당신에게 주는 선물이에요. 작은 것은 제 여동생 거예요.

མཆོག ཆུང་བ་དེ་སྙིང་རྗེ་བ་འདུག
The smaller one is nicer.
작은 게 더 예뻐요.

གླེང་མོལ། Dialogue 대화문 26

མཆོག སང་ཉིན་རི་ལ་འགྲོ་ལོང་ཡོད་པས།
Do you have time to go to the mountains tomorrow?
내일 산에 갈 시간 있나요?

པད་མ། ལགས་འགྲོ་ལོང་མེད། ང་ཁྲོམ་ལ་འགྲོ་དགོས་ཡོད།
No, I don't have time. I need to go to the market.
아니요, 갈 시간이 없어요. 저는 시장에 가야 해요.

མཆོག ཨ་ལེ། རང་གི་གཅུང་མོ་འགྲོ་ལོང་ཡོད་རེད་པས།
Okay, does your younger sister have time to go?
알았어요. 당신 여동생은 갈 시간 있나요?

པད་མ། ངས་ཧ་གོ་གི་མེད། ཁྱེད་རང་གིས་སྐད་ཆ་དྲིས་དང་།
I don't know. Ask her yourself.
저는 모르겠어요. 당신이 물어보세요.

མཆོག ཨ་ལེ། བྱས་ན་གཡུག་ཞོགས།
Oh, well then forget it.
아! 그럼 됐어요.

གླེང་མོལ། Dialogue 대화문 27

མཆོག པད་མ། ཁྱེད་རང་གི་ཅོ་ཅོ་ཆེ་ཤོས་དེ་ག་པར་ཡོད་རེད།
Pema, where is your eldest brother?
빼마, 당신의 큰오빠는 어디 계세요?.

*큰오빠 : 오빠 중 가장 나이가 많은 사람

པད་མ། ཁོང་དགོན་པ་ལ་ཡོད་རེད།
He's at the monastery.
그분는 사원에 계세요. (저의 오빠는 사원에 계세요)

མཆོག སང་ཉིན་ཁོང་ནང་ལ་ཡོང་ལོང་ཡོད་རེད་པས།
Does he have time to come home tomorrow?
내일 집에 오실 시간이 있나요?

པད་མ། ཡོད་མ་རེད། ཁོང་ལ་གུང་སེང་ཡོད་མ་རེད།
No, he doesn t have a holiday break.
아니요, 그분은 휴일이 없어요. (오빠는 휴일이 없어요.)

མཆོག ཨ་ལེ། གཟའ་ཉི་མ་ལ་ནང་ལ་ཡོང་གི་འདུག་གས།
Oh, I see. Does he come home on Sundays?
아! 네~, 일요일에는 집에 오시나요?

པད་མ། སྐབས་སྐབས་གཟའ་ཉི་མ་ལ་ཡོང་གི་འདུག
Sometimes he comes home on Sundays.
가끔씩 일요일에 오세요.

མཆོག ཁྱེད་རང་སྤུ་གུ་ཆེ་ཤོས་དེ་ཡིན་པས།
Are you the eldest child?
당신이 제일 나이가 많은 자식인가요?

*자식 : 부모가 낳은 아이를, 그 부모에 상대하여 이르는 말.

པད་མ། ལགས་མིན། ང་ཆུང་ཤོས་དེ་ཡིན།
No, I'm the youngest.
아니요, 제가 막내예요.

མཆོག ཨ་ལེ། ངས་ནི་ཁྱེད་རང་སྤུ་གུ་ཆེ་ཤོས་དེ་རེད་བསམས་བྱུང་།
I see! I thought you were the eldest child.
아! 네~, 저는 당신이 제일 큰아이라고 생각했어요.

པད་མ། དངོས་གནས། ང་སྤོ་ལགས་འདྲ་པོ་མཐོང་གི་འདུག་གས།
Really? Do I look like an old man?
정말요! 제가 나이 들어 보이나요?

མཆོག དེ་འདྲ་ད་མ་རེད།
I didn't mean it like that.
그런 뜻은 아닙니다.

제37과 나는 문을 닫고 있습니다.

རྒྱག། 표현 (현재형 / 현재 진행형)

Statement 69 ང་ + ○ + རྒྱག་གི་ + ཡོད།

ང་སྒོ་རྒྱག་གི་ཡོད།

I am closing the door.

나는 문을 닫고 있습니다.

Yes-Q : ཁྱེད་རང་སྒོ་རྒྱག་གི་ཡོད་པས།
Are you closing the door?
당신은 문을 닫고 있나요?

Ans: ལགས་ཡོད། ང་སྒོ་རྒྱག་གི་ཡོད།
Yes, I am closing the door.
네, 저는 문을 닫고 있어요.

No-Q: ཁྱེད་རང་སྒེ་ཁུང་རྒྱག་གི་ཡོད་པས།
Are you closing the window?
당신은 창문을 닫고 있나요?

Ans: ལགས་མེད། ང་སྒེ་ཁུང་རྒྱག་གི་མེད།
No, I am not closing the window.
아니요, 저는 창문을 닫고 있지 않아요.

Key-Q: ཁྱེད་རང་ག་རེ་བྱེད་ཀྱི་ཡོད།
What are you doing?
당신은 무엇을 하고 있나요?

Ans: ང་སྒོ་རྒྱག་གི་ཡོད།
I am closing the door.
저는 문을 닫고 있어요.

Or-Q: ཁྱེད་རང་སྒོ་རྒྱག་གི་ཡོད་སྒེ་ཁུང་རྒྱག་གི་ཡོད།
Are you closing the door or the window?
당신은 문을 닫고 있나요? 창문을 닫고 있나요?

Ans: ང་སྒོ་རྒྱག་གི་ཡོད།
I am closing the door.
저는 문을 닫고 있어요.

Statement 70 ཁོང་ + O + རྒྱག་གི་ + འདུག / ཡོད་རེད།

ཁོང་སྒོ་རྒྱག་གི་འདུག

He/she is closing the door.
그/그녀는 문을 닫고 있습니다.

Yes-Q : ཁོང་སྒོ་རྒྱག་གི་འདུག་གས།
Is he/she closing the door?
그/그녀는 문을 닫고 있나요?

Ans: ལགས་འདུག ཁོང་སྒོ་རྒྱག་གི་འདུག
Yes, he/she is closing the door.
네, 그/그녀는 문을 닫고 있어요.

No-Q: ཁོང་སྒེའུ་ཁུང་རྒྱག་གི་འདུག་གས།
Is he/she closing the window?
그/그녀는 창문을 닫고 있나요?

Ans: ལགས་མི་འདུག ཁོང་སྒེའུ་ཁུང་རྒྱག་གི་མི་འདུག
No, he/she is not closing the window.
아니요, 그/그녀는 창문을 닫고 있지 않아요.

Key-Q: ཁོང་ག་རེ་བྱེད་ཀྱི་འདུག
What is he/she doing?
그/그녀는 무엇을 하고 있나요?

Ans: ཁོང་སྒོ་རྒྱག་གི་འདུག
He/she is closing the door.
그/그녀는 문을 닫고 있어요.

Or-Q: ཁོང་སྒོ་རྒྱག་གི་འདུག་སྒེའུ་ཁུང་རྒྱག་གི་འདུག
Is he/she closing the door or the window?
그/그녀는 문을 닫고 있나요? 창문을 닫고 있나요?

Ans: ཁོང་སྒོ་རྒྱག་གི་འདུག
He/she is closing the door.
그/그녀는 문을 닫고 있어요.

མིང་ཚིག Vocabulary 어휘

Future 미래형	Present 현재형	Past 과거형	Imperative 명령형
བརྒྱབ།*	རྒྱག	བརྒྱབས།	རྒྱོབས།

* 티베트 고문헌과 구어체에서는 모든 시제에 བརྒྱབ།이 사용된다.

1.	དཀའ་ལས་ རྒྱག་པ།	to work hard	일을 열심히 하다.
2.	སྒོ་ལྕགས་ རྒྱག་པ།	to lock	문을 잠그다.
3.	རྐྱལ་ རྒྱག་པ།	to swim	수영을 하다.
4.	གྲི་ རྒྱག་པ།	to stab	칼로 찌르다.
5.	སྐད་ རྒྱག་པ།	to shout	고함을 지르다.
6.	ཆང་ས་ རྒྱག་པ།	to get married	결혼을 하다.
7.	སྐོར་ར་ རྒྱག་པ།	to do circumambulation	꼬라를 돌다.
8.	རྒྱག་ཤད་ རྒྱག་པ།	to comb	머리를 빗다.
9.	དཔར་ རྒྱག་པ།	to take a photo	사진을 찍다.
10.	སྒོམ་ རྒྱག་པ།	to meditate	명상을 하다.
11.	ཁ་ རྒྱག་པ།	to close something	닫다. (병뚜껑 등)
12.	མེ་མདའ་ རྒྱག་པ།	to shoot a gun	총을 쏘다.
13.	ཁ་ཚོད་ རྒྱག་པ།	to cover	덮다.
14.	མོ་ རྒྱག་པ།	to do a divination	점을 치다.
15.	ངོ་ལོག་ རྒྱག་པ།	to rebel	반란을 일으키다.
16.	ཆུ་ རྒྱག་པ།	to water	물을 주다.
17.	ཁབ་ རྒྱག་པ།	to inject	주사하다.
18.	ཆམ་པ་ རྒྱག་པ།	to catch a cold	감기 걸리다.
19.	རྟགས་ རྒྱག་པ།	to mark	표시하다.
20.	ཐོ་ རྒྱག་པ།	to register	등록하다.

제38과 나는 법을 수행하고 있습니다.

བྱེད། 표현 (현재형 / 현재 진행형)

Statement 71 ང་ + O + བྱེད་ཀྱི་ + ཡོད།

ང་ཆོས་བྱེད་ཀྱི་ཡོད།

I am practicing the dharma.
나는 법을 수행하고 있습니다.

Yes-Q : ཁྱེད་རང་ཆོས་བྱེད་ཀྱི་ཡོད་པས།
Are you practicing the dharma?
당신은 법을 수행하고 있나요?

Ans: ལགས་ཡོད། ང་ཆོས་བྱེད་ཀྱི་ཡོད།
Yes, I am practicing the dharma.
네, 저는 법을 수행하고 있어요.

No-Q: ཁྱེད་རང་ལས་ཀ་བྱེད་ཀྱི་ཡོད་པས།
Are you working?
당신은 일을 하고 있나요?

Ans: ལགས་མེད། ང་ལས་ཀ་བྱེད་ཀྱི་མེད།
No, I am not working.
아니요, 저는 일을 하고 있지 않아요.

Key-Q: ཁྱེད་རང་ག་རེ་བྱེད་ཀྱི་ཡོད།
What are you doing?
당신은 무엇을 하고 있나요?

Ans: ང་ཆོས་བྱེད་ཀྱི་ཡོད།
I am practicing the dharma.
저는 법을 수행하고 있어요.

Or-Q: ཁྱེད་རང་ཆོས་བྱེད་ཀྱི་ཡོད་ལས་ཀ་བྱེད་ཀྱི་ཡོད།
Are you practicing the dharma or working?
당신은 법을 수행하고 있나요? 일을 하고 있나요?

Ans: ང་ཆོས་བྱེད་ཀྱི་ཡོད།
I am practicing the dharma.
저는 법을 수행하고 있어요.

Statement 72　ཁོང་ + O + བྱེད་ཀྱི་ + འདུག / ཡོད་རེད།

ཁོང་སེམས་ཁྲེལ་བྱེད་ཀྱི་འདུག

He/she is worrying.
그/그녀는 걱정하고 있습니다.

Yes-Q : ཁོང་སེམས་ཁྲེལ་བྱེད་ཀྱི་འདུག་གས།
Is he/she is worrying?
그/그녀는 걱정하고 있나요?

Ans: ལགས་འདུག ཁོང་སེམས་ཁྲེལ་བྱེད་ཀྱི་འདུག
Yes, he/she is worrying.
네, 그/그녀는 걱정하고 있어요.

No-Q: ཁོང་ངོ་རྒོལ་བྱེད་ཀྱི་འདུག་གས།
Is he/she protesting?
그/그녀는 항의하고 있나요?

Ans: ལགས་མི་འདུག ཁོང་ངོ་རྒོལ་བྱེད་ཀྱི་མི་འདུག
No, he/she isn't protesting.
아니요, 그/그녀는 항의하고 있지 않아요.

Key-Q: ཁོང་ག་རེ་བྱེད་ཀྱི་འདུག
What is he/she doing?
그/그녀는 무엇을 하고 있나요?

Ans: ཁོང་སེམས་ཁྲེལ་བྱེད་ཀྱི་འདུག
He/she is worrying.
그/그녀는 걱정하고 있어요.

Or-Q: ཁོང་སེམས་ཁྲེལ་བྱེད་ཀྱི་འདུག་ངོ་རྒོལ་བྱེད་ཀྱི་འདུག
Is he/she is worrying or protesting?
그/그녀는 걱정하고 있나요? 항의하고 있나요?

Ans: ཁོང་སེམས་ཁྲེལ་བྱེད་ཀྱི་འདུག
He/she is worrying.
그/그녀는 걱정하고 있어요.

མིང་ཚིག Vocabulary 어휘

Future 미래형	Present 현재형	Past 과거형	Imperative 명령형
བྱ།	བྱེད།*	བྱས།	བྱོས།

* 구어체에서는 모든 시제에 བྱེད།가 사용된다.

1. ཐབས་ཤེས་	བྱེད་པ།	to try	노력하다.
2. ཆོས་	བྱེད་པ།	to do dharma practice	(불법을)수행하다.
3. ལས་ཀ་	བྱེད་པ།	to work	일하다.
4. སྤོབས་པ་	བྱེད་པ།	to feel confident	자신감이 있다.
5. སྐད་ཆ་	བྱེད་པ།	to discuss	이야기하다.
6. བྱམས་པོ་	བྱེད་པ།	to show affection	애정을 나타내다.
7. སྐྱོན་བརྗོད་	བྱེད་པ།	to criticize	비난하다.
8. བྱུས་གཏོགས་	བྱེད་པ།	to interfere	간섭하다.
9. ཁྱབ་བསྒྲགས་	བྱེད་པ།	to advertise	광고하다.
10. བཙན་འཛུལ་	བྱེད་པ།	to invade	침략하다.
11. གྲ་སྒྲིག་	བྱེད་པ།	to prepare	준비하다.
12. ཚབ་	བྱེད་པ།	to represent / substitute	대표하다, 대체하다.
13. འགྲན་བསྡུར་	བྱེད་པ།	to compete	경쟁하다.
14. འོས་འདེམས་	བྱེད་པ།	to elect	선거하다, 뽑다.
15. བཀག་སྡོམ་	བྱེད་པ།	to detain	지체하게 하다.
16. ལམ་སྟོན་	བྱེད་པ།	to guide / instruct	안내하다, 지시하다.
17. དགའ་པོ་	བྱེད་པ།	to like / love	좋아하다, 사랑하다.
18. སེམས་ཁྲལ་	བྱེད་པ།	to worry	걱정하다.
19. ངོ་རྒོལ་	བྱེད་པ།	to protest	저항하다.
20. གཤག་བཅོས་	བྱེད་པ།	to perform surgery	수술하다.

제39과 나는 전화를 걸고 있습니다.

གཏོང་། 표현 (현재형 / 현재 진행형)

Statement 73 ང་ + O + གཏོང་གི་ + ཡོད།

ང་ཁ་པར་གཏོང་གི་ཡོད།

I am making a phone call.
나는 전화를 걸고 있습니다.

Yes-Q : ཁྱེད་རང་ཁ་པར་གཏོང་གི་ཡོད་པས།
Are you making a phone call?
당신은 전화를 걸고 있나요?

Ans: ལགས་ཡོད། ང་ཁ་པར་གཏོང་གི་ཡོད།
Yes, I am making a phone call.
네, 저는 전화를 걸고 있어요.

No-Q: ཁྱེད་རང་ཡི་གེ་གཏོང་གི་ཡོད་པས།
Are you sending a letter?
당신은 편지를 보내고 있나요?

Ans: ལགས་མེད། ང་ཡི་གེ་གཏོང་གི་མེད།
No, I am not sending a letter.
아니요, 저는 편지를 보내고 있지 않아요.

Key-Q: ཁྱེད་རང་ག་རེ་གཏོང་གི་ཡོད།
What are you doing?
당신은 무엇을 하고 있나요?

Ans: ང་ཁ་པར་གཏོང་གི་ཡོད།
I am making a phone call.
저는 전화를 걸고 있어요.

Or-Q: ཁྱེད་རང་ཁ་པར་གཏོང་གི་ཡོད་ཡི་གེ་གཏོང་གི་ཡོད།
Are you making a phone call or sending a letter?
당신은 전화를 걸고 있나요? 편지를 보내고 있나요?

Ans: ང་ཁ་པར་གཏོང་གི་ཡོད།
I am making a phone call.
저는 전화를 걸고 있어요.

Statement 74 ཁོང་ + O + གཏོང་གི་ + འདུག / ཡོད་རེད།

ཁོང་ཁ་པར་གཏོང་གི་འདུག

He/she is making a phone call.
그/그녀는 전화를 걸고 있습니다.

Yes-Q : ཁོང་ཁ་པར་གཏོང་གི་འདུག་གས།
Is he/she making a phone call?
그/그녀는 전화를 걸고 있나요?

Ans: ལགས་འདུག ཁོང་ཁ་པར་གཏོང་གི་འདུག
Yes, he/she is making a phone call.
네, 그/그녀는 전화를 걸고 있어요.

No-Q: ཁོང་ཡི་གེ་གཏོང་གི་འདུག་གས།
Is he/she sending a letter?
그/그녀는 편지를 보내고 있나요?

Ans: ལགས་མི་འདུག ཁོང་ཡི་གེ་གཏོང་གི་མི་འདུག
No, he/she isn't sending a letter.
아니요, 그/그녀는 편지를 보내고 있지 않아요.

Key-Q: ཁོང་ག་རེ་གཏོང་གི་འདུག
What is he/she doing?
그/그녀는 무엇을 하고 있나요?

Ans: ཁོང་ཁ་པར་གཏོང་གི་འདུག
He/she is making a phone call.
그/그녀는 전화를 걸고 있어요.

Or-Q: ཁོང་ཁ་པར་གཏོང་གི་འདུག་ཡི་གེ་གཏོང་གི་འདུག
Is he/she making a phone call or sending a letter?
그/그녀는 전화를 걸고 있나요? 편지를 보내고 있나요?

Ans: ཁོང་ཁ་པར་གཏོང་གི་འདུག
He/she is making a phone call.
그/그녀는 전화를 걸고 있어요.

མིང་ཚིག Vocabulary 어휘

Future 미래형	Present 현재형	Past 과거형	Imperative 명령형
གཏང་།*	གཏོང་།	བཏང་།	ཐོངས།

* 구어체에서는 모든 시제에 གཏང་།이 사용된다.

1. ཁ་པར་	གཏོང་བ།	to make a phone call	전화를 걸다.
2. གླིང་ཁ་	གཏོང་བ།	to picnic	소풍을 가다.
3. ཡི་གེ་	གཏོང་བ།	to send a letter	편지를 보내다.
4. གླིང་བུ་	གཏོང་བ།	to play a flute	플루트를 불다.
5. སྐད་	གཏོང་བ།	to call	누군가를 부르다.
6. སྒྲ་བསྙན་	གཏོང་བ།	to play a guitar	기타를 치다.
7. བཀའ་	གཏོང་བ།	to order / command	명령하다, 지휘하다.
8. གཅིན་པ་	གཏོང་བ།	to urinate	소변을 보다.
9. ལག་པ་	གཏོང་བ།	to shake hands	악수하다.
10. ཐུབ་ཚོད་	གཏོང་བ།	to bully	놀리다, 괴롭히다.
11. ཁ་	གཏོང་བ།	to backstab	험담하다.
12. གཞས་	གཏོང་བ།	to sing	노래를 부르다.
13. ཁ་ལག་	གཏོང་བ།	to treat to meals	식사를 대접하다.
14. མེ་	གཏོང་བ།	to make a fire	불을 지피다.
15. བསམ་བློ་	གཏོང་བ།	to think	생각하다.
16. ཆུ་	གཏོང་བ།	to release water / irrigate	물을 대다.
17. ཆར་པ་	གཏོང་བ།	to rain	비가 내리다.
18. ཚོན་	གཏོང་བ།	to paint	페인트칠을 하다.
19. སེམས་གསོ་	གཏོང་བ།	to console	위로하다.
20. ཡར་རྒྱས་	གཏོང་བ།	to develop / improve	발전하다, 향상되다.

제40과 음식이 너무 많습니다.

Statement 75　　S + Adj. + དྲགས་ + འདུག / ཤག

ཁ་ལག་མང་དྲགས་འདུག

There is too much food.
음식이 너무 많습니다.

Yes-Q : ཁ་ལག་མང་དྲགས་འདུག་གས།
Is there too much food?
음식이 너무 많은가요?

Ans: ལགས་འདུག ཁ་ལག་མང་དྲགས་འདུག
Yes, there is too much food.
네, 음식이 너무 많아요.

No-Q: ཁ་ལག་ཉུང་དྲགས་འདུག་གས།
Is there too little food?
음식이 너무 적은가요?

Ans: ལགས་མི་འདུག ཁ་ལགས་ཉུང་དྲགས་མི་འདུག
No, there isn't too little food.
아니요, 음식이 적지 않아요.

Key-Q: ཁ་ལག་མང་ཉུང་ག་འདྲ་འདུག
How is there the amount of food?
음식 분량이 어떤가요?

Ans: ཁ་ལག་མང་དྲགས་འདུག
There is too much food.
음식이 너무 많아요.

Or-Q: ཁ་ལག་མང་དྲགས་འདུག་ཉུང་དྲགས་འདུག
Is there too much food or too little food?
음식이 너무 많은가요? 적은가요?

Ans: ཁ་ལག་མང་དྲགས་འདུག
There is too much food.
음식이 너무 많아요.

Statement 76 S + Adj. + དྲགས་ + འདུག / ཤག

ཆང་མངར་དྲགས་ཤག

The chang is too sweet.
술이 너무 답니다.

Yes-Q : ཆང་མངར་དྲགས་འདུག་གས།
Is the chang too sweet?
술이 너무 달아요?

Ans: ལགས་འདུག ཆང་མངར་དྲགས་ཤག
Yes, the chang is too sweet.
네, 술이 너무 달아요.

No-Q: ཆང་སྐྱུར་དྲགས་འདུག་གས།
Is the chang too sour?
술이 너무 셔요?

Ans: ལགས་མི་འདུག ཆང་སྐྱུར་དྲགས་མི་འདུག
No, the chang isn't too sour.
아니요, 술이 너무 시지 않아요.

Key-Q: ཆང་མངར་ཡོད་ག་འདྲ་འདུག
How sweet is the chang?
술이 얼마나 달아요?

Ans: ཆང་མངར་དྲགས་ཤག
The chang is too sweet.
술이 너무 달아요.

Or-Q: ཆང་མངར་དྲགས་ཤག་སྐྱུར་དྲགས་ཤག
Is the chang too sweet or too sour?
술이 너무 달아요? 너무 셔요?

Ans: ཆང་མངར་དྲགས་ཤག
The chang is too sweet.
술이 너무 달아요.

* ཆང་(chang): 술의 통칭, 막걸리와 비슷한 티베트 전통술.

མིང་ཚིག Vocabulary 어휘

1. སྐམ་དྲགས། – རློན་དྲགས།	too dry – too wet	너무 건조한 – 너무 습한
2. མངར་དྲགས། – སྐྱུར་དྲགས།	too sweet – too sour	너무 달콤한 – 너무 시큼한
3. ཡག་དྲགས། – སྡུག་དྲགས།	too good – too bad	너무 좋은 – 너무 나쁜
4. གར་དྲགས། – སླ་དྲགས།	too strong – too dilute / light	너무 진한 – 너무 묽은
5. མཐུག་དྲགས། – སྲབ་དྲགས།	too thick – too thin	너무 두꺼운 – 너무 얇은
6. དཀོན་དྲགས། – འབེལ་དྲགས།	too scarce – too plentiful	너무 부족한 – 너무 충분한
7. གྲང་དྲགས། – ཚ་དྲགས།	too cold – too hot	너무 차가운 – 너무 뜨거운
8. རྒན་དྲགས། – གཞོན་དྲགས།	too old – too young	너무 늙은 – 너무 젊은
9. མགྱོགས་དྲགས། – དལ་དྲགས།	too fast – too slow	너무 빠른 – 너무 느린
10. རྒྱས་དྲགས། – བསྡུས་དྲགས།	too detailed – too abridged	너무 상세한 – 너무 요약된
11. སྔ་དྲགས། – ཕྱི་དྲགས།	too early – too late	너무 일찍 – 너무 늦게
12. ལྗིད་དྲགས། – ཡང་དྲགས།	too heavy – too light	너무 무거운 – 너무 가벼운
13. ཆེ་དྲགས། – ཆུང་དྲགས།	too big – too small	너무 큰 – 너무 작은
14. རྩུབ་དྲགས། – འཇམ་དྲགས།	too rough – too soft / smooth	너무 거친 – 너무 부드러운
15. ཐག་ཉེ་དྲགས། – ཐག་རིང་དྲགས།	too close – too far	너무 가까운 – 너무 먼
16. ལས་སླ་དྲགས། – དཀའ་ལས་ཁག་དྲགས།	too easy – too difficult	너무 쉬운 – 너무 어려운
17. གསར་དྲགས། – རྙིང་དྲགས།	too new – too old	너무 새로운 – 너무 오래된
18. སྐྱིད་དྲགས། – སྡུག་དྲགས།	too pleasant – too unpleasant	너무 유쾌한 – 너무 불쾌한
19. རིང་དྲགས། – ཐུང་དྲགས།	too long / tall – too short	너무 긴 - 너무 짧은
20. མདོག་ཉེས་དྲགས། – སྙིང་རྗེ་དྲགས།	too ugly – too beautiful	너무 못생긴 – 너무 아름다운
21. ཟ་དྲགས་ན།	If it is eaten too much	너무 많이 먹었다면
22. བྱས་དྲགས་ན།	If it is done too much	너무 많이 했다면
23. དཀའ་ལས་ཁག་དྲགས་ན།	If it is too difficult	너무 어렵다면
24. ཚ་དྲགས་ན།	If it is too hot	너무 뜨겁다면
25. བསྟེན་པ།	to rely upon / seek	의존하다, 구하다
26. ཞེ་དྲག	very / extremely	매우, 지나치게
27. ཅི་ཡང་།	at all / anything / (with neg.) nothing	전혀, 아무것도, 아무것도 아니다.

40-0 대화문

གླེང་མོལ། Dialogue 대화문 28

པད་མ། ཁྱེད་རང་ག་རེ་བྱེད་ཀྱི་ཡོད།
What are you doing?
당신은 뭐 하시나요?

མཚོག། ང་ལས་ཀ་བྱེད་ཀྱི་ཡོད། ཁྱེད་རང་ག་རེ་བྱེད་ཀྱི་ཡོད།
I'm working. What are you doing?
저는 일하고 있어요. 당신은 뭐 하시나요?

པད་མ། ང་སློབ་ཚན་གྲ་སྒྲིག་བྱེད་ཀྱི་ཡོད།
I'm preparing lessons.
저는 수업 준비하고 있어요.

མཚོག། སློབ་ཚན་ག་རེ་གྲ་སྒྲིག་བྱེད་ཀྱི་ཡོད།
What lessons are you preparing?
무슨 수업 준비하는 건가요?

པད་མ། བོད་ཡིག་སློབ་ཚན་གྲ་སྒྲིག་བྱེད་ཀྱི་ཡོད།
I'm preparing Tibetan lessons.
티베트어 수업 준비하고 있어요.

མཚོག། སློབ་ཕྲུག་ལ་བྱམས་པོ་བྱེད་ཀྱི་ཡོད་པས།
Are you kind to the students?
학생들에게 친절하신가요?

པད་མ། ཡིན་ད་ཡིན།
Of course.
물론이죠.

གླིང་མོལ། Dialogue 대화문 29

པད་མ། ཁྱེད་རང་གི་བུ་ཆམ་པ་བརྒྱབས་ཤག སྨན་ཁང་ལ་ཕྱིན་ཡིན་པས།
your son has caught a cold. Did you go to the hospital?
당신 아들이 감기에 걸렸군요. 병원에 가봤어요?

མཚོག ལགས་འོང་། ཁོ་སློ་ཞེ་དྲག་རྒྱག་གི་འདུག
Yes. He is coughing a lot.
네, 아들이 기침을 많이 해요.

པད་མ། ཨེམ་ཆིས་ག་རེ་ལབ་གྱི་འདུག
What did the doctor say?
의사가 뭐라고 말하던가요?

མཚོག གལ་ལབ་གྱི་མི་འདུག ཁབ་གཅིག་བརྒྱབས་སོང་།
He didn't say anything. He gave him an injection.
아무 말도 안 했어요. 주사만 놨어요.

པད་མ། ཨ་ལེ། ཁྱད་མཚར། ག་རེ་ཡིན་ན།
I see. That's strange! I wonder why?
네, 이상하네요. 왜 그럴까요?

གླེང་མོལ། Dialogue 대화문 30

མཆོག པད་མ་ལགས། རང་བསམ་བློ་ག་རེ་གཏོང་གི་ཡོད།
Pema-la, what are you thinking about?
빼마씨, 무슨 생각하고 있나요?

པད་མ། ང་བསམ་བློ་གལ་གཏོང་གི་མེད། ཁྱེད་རང་ལ་ལས་ཀ་ཡོད་པས།
I'm not thinking about anything. Do you have something to do?
저는 아무 생각 안 해요. 당신에게 해야 할 일이 있나요?

མཆོག མེད། ངས་ཇ་མངར་མོ་བཟོས་ཡོད། བཏུང་གས།
No, I don't. I made sweet tea, would you like some?
아니 없어요. 제가 달콤한 차를 만들었어요. 좀 드실래요?

པད་མ། བཏུང་གི་ཡིན། རང་གི་རོགས་པ་ག་རེ་བྱེད་ཀྱི་འདུག
Yes, I would. What's your friend doing?
네, 마실게요. 당신 친구는 뭐 해요?

མཆོག ཁོང་བོད་ལ་ཁ་པར་གཏོང་གི་འདུག
He is making a phone call to Tibet.
그는 티베트에 전화 걸고 있어요.

གླེང་མོལ། Dialogue 대화문 31

པད་མ། ཇ་ཁར་དྭགས་ཤག
The tea is too strong.
차가 너무 진하네요.

འོ་མ་ཡང་མང་དྭགས་འདུག
There is too much milk as well.
우유도 너무 많아요.

མཚོག ཇ་ཁར་པོ་ལ་དགའ་པོ་མེད་པས།
Don't you like strong tea?
진한 차를 좋아하지 않아요?

པད་མ། ཇ་ཁར་པོ་ཞིམ་པོ་ཅི་ཡང་མི་འདུག
I don't like strong tea at all.
진한 차는 맛있지 않아요.

མཚོག ཨ་ལེ། དགོངས་དག ཡང་བསྐྱར་བཟོ་ག
Okay, I'm sorry. Shall I make it again?
아! 네~, 미안해요. 차를 다시 만들까요?

པད་མ། ད་འགྲིག་གི་རེད།
It's okay now.
지금은 괜찮아요.

제41과 나는 차 마시는 것을 좋아합니다.

Statement 77 ང་ + O Inf. + V + ཡས་ + ལ་ + དགའ་པོ་ + ཡོད།

ང་ཇ་འཐུང་ཡས*་ལ་དགའ་པོ་ཡོད།

I like to drink tea.
나는 차 마시는 것을 좋아합니다.

Yes-Q : ཁྱེད་རང་ཇ་འཐུང་ཡས་ལ་དགའ་པོ་ཡོད་པས།
Do you like to drink tea?
당신은 차 마시는 것을 좋아하나요?

Ans: ལགས་ཡོད། ང་ཇ་འཐུང་ཡས་ལ་དགའ་པོ་ཡོད།
Yes, I like to drink tea.
네, 저는 차 마시는 것을 좋아해요.

No-Q: ཁྱེད་རང་ཆུ་འཐུང་ཡས་ལ་དགའ་པོ་ཡོད་པས།
Do you like to drink water?
당신은 물 마시는 것을 좋아하나요?

Ans: ལགས་མེད། ང་ཆུ་འཐུང་ཡས་ལ་དགའ་པོ་མེད།
No, I don't like to drink water.
아니요, 저는 물 마시는 것을 좋아하지 않아요.

Key-Q: ཁྱེད་རང་ག་རེ་འཐུང་ཡས་ལ་དགའ་པོ་ཡོད།
What do you like to drink?
당신은 무엇을 마시는 것을 좋아하세요?

Ans: ང་ཇ་འཐུང་ཡས་ལ་དགའ་པོ་ཡོད།
I like to drink tea.
차 마시는 것을 좋아해요.

Or-Q: ཁྱེད་རང་ཇ་འཐུང་ཡས་ལ་དགའ་པོ་ཡོད་ཆུ་འཐུང་ཡས་ལ་དགའ་པོ་ཡོད།
Do you like to drink tea or water?
당신은 차 마시는 것을 좋아하세요? 물 마시는 것을 좋아하세요?

Ans: ང་ཇ་འཐུང་ཡས་ལ་དགའ་པོ་ཡོད།
I like to drink tea.
저는 차 마시는 것을 좋아해요.

*티베트인들은 구어에서 때때로 ཡ་ 또는 ཡག་이라고도 한다.(글자로 쓸 때는 ཡགས་으로 쓴다.)
*문어로 표현할 때는 རྒྱུ་라고도 하는데 이것은 구어에서도 통용된다.

Statement 78   ཁོང་ + O Inf. + V + ཡས་ + ལ་ + དགའ་པོ་ + འདུག / ཡོད་རེད།

ཁོང་ཇ་འཐུང་ཡས་ལ་དགའ་པོ་འདུག

He/she likes to drink tea.
그/그녀는 차 마시는 것을 좋아합니다.

Yes-Q : ཁོང་ཇ་འཐུང་ཡས་ལ་དགའ་པོ་འདུག་གས།
Does he/she like to drink tea?
그/그녀는 차 마시는 것을 좋아하나요?

Ans: ལགས་འདུག ཁོང་ཇ་འཐུང་ཡས་ལ་དགའ་པོ་འདུག
Yes, he/she likes to drink tea.
네, 그/그녀는 차 마시는 것을 좋아해요.

No-Q: ཁོང་ཆུ་འཐུང་ཡས་ལ་དགའ་པོ་འདུག་གས།
Does he/she like to drink water?
그/그녀는 물 마시는 것을 좋아하나요?

Ans: ལགས་མི་འདུག ཁོང་ཆུ་འཐུང་ཡས་ལ་དགའ་པོ་མི་འདུག
No, he/she doesn't like to drink water.
아니요, 그/그녀는 물 마시는 것을 좋아하지 않아요.

Key-Q: ཁོང་ག་རེ་འཐུང་ཡས་ལ་དགའ་པོ་འདུག
What does he/she like to drink?
그/그녀는 무엇을 마시는 것을 좋아하나요?

Ans: ཁོང་ཇ་འཐུང་ཡས་ལ་དགའ་པོ་འདུག
He/she likes to drink tea.
그/그녀는 차 마시는 것을 좋아해요.

Or-Q: ཁོང་ཇ་འཐུང་ཡས་ལ་དགའ་པོ་འདུག་ཆུ་འཐུང་ཡས་ལ་དགའ་པོ་འདུག
Does he/she like to drink tea or water?
그/그녀는 차 마시는 것을 좋아하나요? 물 마시는 것을 좋아하나요?

Ans: ཁོང་ཇ་འཐུང་ཡས་ལ་དགའ་པོ་འདུག
He/she likes to drink tea.
그/그녀는 차 마시는 것을 좋아해요.

མིང་ཚིག Vocabulary 어휘

1. N +	V + ཡས་ལ་དགའ་པོ་	like to + V	~하는 것을 좋아하다.
2. སྐད་ཆ་	ཉན་ཡས་ལ་དགའ་པོ་	like to listen to conversation	대화 듣는 것을 좋아하다.
3. ཇ་	འཐུང་ཡས་ལ་དགའ་པོ་	like to drink tea	차 마시는 것을 좋아하다.
4. འཛིན་གྲྭ་	ཡོང་ཡས་ལ་དགའ་པོ་	like to come to class	수업에 오는 것을 좋아하다.
5. མོག་མོག་	ཟ་ཡས་ལ་དགའ་པོ་	like to eat momos	만두 먹는 것을 좋아하다.
6. ཁྲོམ་ལ་	འགྲོ་ཡས་ལ་དགའ་པོ་	like to go to market	시장에 가는 것을 좋아하다.
7. ཡི་གེ་	འབྲི་ཡས་ལ་དགའ་པོ་	like to write letters	글씨 쓰는 것을 좋아하다.
8. ཁ་ལག་	བཟོ་ཡས་ལ་དགའ་པོ་	like to cook	음식 만드는 것을 좋아하다.
9. ཚལ་	ཉོ་ཡས་ལ་དགའ་པོ་	like to buy vegetables	채소 사는 것을 좋아하다.
10. ལས་ཀ་	བྱེད་ཡས་ལ་དགའ་པོ་	like to work	일 하는 것을 좋아하다.
11. དེབ་	ཀློག་ཡས་ལ་དགའ་པོ་	like to read book	책 읽는 것을 좋아하다.
12. སྔ་པོ་	ལང་ཡས་ལ་དགའ་པོ་	like to get up early	일찍 일어나는 것을 좋아하다.
13. དྲི་བ་	འདྲི་ཡས་ལ་དགའ་པོ་	like to ask questions	질문하는 것을 좋아하다.
14. སྦྱིན་པ་	གཏོང་ཡས་ལ་དགའ་པོ་	like to practice giving	보시하는 것을 좋아하다.
15. ལྟད་མོ་	ལྟ་ཡས་ལ་དགའ་པོ་	like to watch shows	쇼/공연 보는 것을 좋아하다.
16. ས་ལ་	སྡོད་ཡས་ལ་དགའ་པོ་	like to sit in the ground	땅에 앉는 것을 좋아하다.
17. བོད་ཡིག་	སྦྱོང་ཡས་ལ་དགའ་པོ་	like to stu dy Tibetan	티베트어 공부하는 것을 좋아하다.
18. གཞས་	གཏོང་ཡས་ལ་དགའ་པོ་	like to sing	노래 부르는 것을 좋아하다.
19. ཞྭ་མོ་	གྱོན་ཡས་ལ་དགའ་པོ་	like to wear hats	모자 쓰는 것을 좋아하다.
20. སྐད་ཆ་	ཤོད་ཡས་ལ་དགའ་པོ་	like to talk	이야기하는 것을 좋아하다.
21. བརྙན་འཕྲིན་	ལྟ་ཡས་ལ་དགའ་པོ་	like to watch television	텔레비전 보는 것을 좋아하다.
22. རྐྱལ་	རྒྱག་ཡས་ལ་དགའ་པོ་	like to swim	수영하는 것을 좋아하다.
23. འཆམ་འཆམ་	འགྲོ་ཡས་ལ་དགའ་པོ་	like to walk	산책 가는 것을 좋아하다.
24. རི་ལ་	འཛེག་ཡས་ལ་དགའ་པོ་	like to climb mountain	산에 오르는 것을 좋아하다.

제42과 음식을 먹으러 가고 있습니다.

Statement 79 ང་ + O Inf. + V + གར་*འགྲོ་གི་ + ཡོད།

ང་ཁ་ལག་ཟ་གར་འགྲོ་གི་ཡོད།

I am on my way to eat.
나는 음식을 먹으러 가고 있습니다.

Yes-Q : ཁྱེད་རང་ཁ་ལག་ཟ་གར་འགྲོ་གི་ཡོད་པས།
Are you on your way to eat?
당신은 음식을 먹으러 가고 있나요?

Ans: ལགས་ཡོད། ང་ཁ་ལག་ཟ་གར་འགྲོ་གི་ཡོད།
Yes, I am on my way to eat.
네, 저는 음식을 먹으러 가고 있어요.

No-Q: ཁྱེད་རང་ཇ་འཐུང་གར་འགྲོ་གི་ཡོད་པས།
Are you on your way to drink tea?
당신은 차를 마시러 가고 있나요?

Ans: ལགས་མེད། ང་ཇ་འཐུང་གར་འགྲོ་གི་མེད།
No, I am not on my way to drink tea.
아니요, 저는 차를 마시러 가고 있지 않아요.

Key-Q: ཁྱེད་རང་ག་རེ་བྱེད་ཀར་འགྲོ་གི་ཡོད།
What are you on your way to do? (What are you going to do?)
당신은 무엇을 하러 가고 있나요?

Ans: ང་ཁ་ལག་ཟ་གར་འགྲོ་གི་ཡོད།
I am on my way to eat.
저는 음식을 먹으러 가고 있어요.

Or-Q: ཁྱེད་རང་ཁ་ལག་ཟ་གར་འགྲོ་གི་ཡོད་ཇ་འཐུང་གར་འགྲོ་གི་ཡོད།
Are you on your way to eat or to drink tea?
당신은 음식을 먹으러 가고 있나요? 차를 마시러 가고 있나요?

Ans: ང་ཁ་ལག་ཟ་གར་འགྲོ་གི་ཡོད།
I am on my way to eat.
저는 음식을 먹으러 가고 있어요.

Statement 80 ཁོང་ + O Inf. + V + གར་འགྲོ་གི་ + འདུག / ཡོད་རེད།

ཁོང་ཁ་ལག་ཟ་གར་འགྲོ་གི་འདུག

He(she) is on his(her) way to eat.
그/그녀는 음식을 먹으러 가고 있습니다.

Yes-Q : ཁོང་ཁ་ལག་ཟ་གར་འགྲོ་གི་འདུག་གས།
Is he(she) on his(her) way to eat?
그/그녀는 음식을 먹으러 가고 있나요?

Ans: ལགས་འདུག ཁོང་ཁ་ལག་ཟ་གར་འགྲོ་གི་འདུག
Yes, he(she) is on his(her) way to eat.
네, 그/그녀는 음식을 먹으러 가고 있어요.

No-Q: ཁོང་ཇ་འཐུང་གར་འགྲོ་གི་འདུག་གས།
Is he(she) on his(her) way to drink tea?
그/그녀는 차를 마시러 가고 있나요?

Ans: ལགས་མི་འདུག ཁོང་ཇ་འཐུང་གར་འགྲོ་གི་མི་འདུག
No, he(she) is not on his(her) way to drink tea.
아니요, 그/그녀는 차를 마시러 가고 있지 않아요.

Key-Q: ཁོང་ག་རེ་བྱེད་ཀར་འགྲོ་གི་འདུག
What is he(she) on his(her) way to do? (What is he/she going to do?)
그/그녀는 무엇을 하러 가고 있나요?

Ans: ཁོང་ཁ་ལག་ཟ་གར་འགྲོ་གི་འདུག
He(she) is on his(her) way to eat.
그/그녀는 음식을 먹으러 가고 있어요.

Or-Q: ཁོང་ཁ་ལག་ཟ་གར་འགྲོ་གི་འདུག་ཇ་འཐུང་གར་འགྲོ་གི་འདུག
Is he(she) on his(her) way to eat or drink tea?
그/그녀는 음식을 먹으러 가고 있나요? 차를 마시러 가고 있나요?

Ans: ཁོང་ཁ་ལག་ཟ་གར་འགྲོ་གི་འདུག
He(she) is on his(her) way to eat.
그/그녀는 음식을 먹으러 가고 있어요.

* 그/그녀로 표기되는 경우 영어 표기를 he/she 로 하였는데, 이곳에서는 한 문장에 he/she와 his/her 가 함께 들어가야 하므로, 편의상 괄호에 넣어서 구분하였다.

མིང་ཚིག Vocabulary 어휘

1. V + གར་ or ཀར་འགྲོ་གི་		going to V	~하러 가고 있다.
2. སྒོ་	རྒྱག་གར་འགྲོ་གི་	going to close the door	문을 닫으러 가고 있다.
3. ཡི་གེ་	གཏོང་གར་འགྲོ་གི་	going to send a letter	편지를 보내러 가고 있다.
4. ཕྱག་	འཚལ་གར་འགྲོ་གི་	going to prostrate	절하러 가고 있다.
5. དངུལ་	ལེན་གར་འགྲོ་གི་	going to receive the money	돈을 받으러 가고 있다.
6. ལས་ཀ་	བྱེད་ཀར་འགྲོ་གི་	going to work	일을 하러 가고 있다.
7. ཁ་ལག་	བཟོ་གར་འགྲོ་གི་	going to make food	음식을 만들러 가고 있다.
8. གཅིན་པ་	གཏོང་གར་འགྲོ་གི་	going to urinate	오줌을 누러 가고 있다.
9. དངུལ་	བརྗེ་གར་འགྲོ་གི་	going to change money	돈을 바꾸러 가고 있다.
10. གད་སྙིགས་	སྒྲུག་གར་འགྲོ་གི་	going to pick up rubbish	쓰레기를 주우러 가고 있다.
11. ལྟད་མོ་	ལྟ་གར་འགྲོ་གི་	going to watch a show	공연을 보러 가고 있다.
12. ཇ་	འཐུང་གར་འགྲོ་གི་	going to drink tea	차를 마시러 가고 있다.
13. དུག་སློག་	གྱོན་གར་འགྲོ་གི་	going to wear clothes	옷을 입으러 가고 있다.
14. ཤིང་ཏོག་	ཉོ་གར་འགྲོ་གི་	going to buy fruits	과일을 사러 가고 있다.
15. རྩེད་མོ་	རྩེ་གར་འགྲོ་གི་	going to play games	놀이를 하러 가고 있다.
16. བོད་ཡིག་	སྦྱོང་གར་འགྲོ་གི་	going to study Tibetan	티베트어를 공부하러 가고 있다.
17. སྐད་ཆ་	ཤོད་ཀར་འགྲོ་གི་	going to discuss / talk	이야기를 하러 가고 있다.
18. གྲོགས་པོ་	ཐུག་གར་འགྲོ་གི་	going to meet friends	친구를 만나러 가고 있다.
19. དེབ་	ཀློག་གར་འགྲོ་གི་	going to read books	책을 읽으러 가고 있다.
20. དཔར་སློག་	རྒྱག་གར་འགྲོ་གི་	going to make photocopies	복사를 하러 가고 있다.
21. ཨི་མེལ་	གཏོང་གར་འགྲོ་གི་	going to send an email	이메일을 보내러 가고 있다.
22. ཁ་པར་	གཏོང་གར་འགྲོ་གི་	going to make a phone call	전화를 하러 가고 있다.

ང་ཁ་ལག་ཟ་གར་འགྲོ་གི་ཡོད། I am on my way to eat. '나는 음식을 먹으러 가고 있다.' 는 다음과 같은 의미로 사용된다.

ང་ཁ་ལག་ཟ་གར་འགྲོ་བཞིན་པ་ཡིན། I am going to eat 나는 음식을 먹으러 가고 있다. (현재 진행을 강조함)

ང་ནམ་རྒྱུན་ཆུ་ཚོད་དང་པོ་ལ་ཁ་ལག་ཟ་གར་འགྲོ་གི་ཡོད། I usually go to eat at one o'clock.
나는 1시에 음식을 먹으러 가곤 한다. (습관을 나타냄)

ཁ་སང་ཁྱེད་རང་ཐུག་དུས་ང་ཁ་ལག་ཟ་གར་འགྲོ་གི་ཡོད། I was on my way to eat when I met you yesterday
어제 당신을 만났을 때 음식을 먹으러 가고 있었다. (과거)

제43과 나는 음식을 먹으러 갈 것입니다.

Statement 81 ང་ + O Inf. + V + གར་འགྲོ་གི་ + ཡིན།

ང་ཁ་ལག་ཟ་གར་འགྲོ་གི་ཡིན།*

I will go to eat.
나는 음식을 먹으러 갈 것입니다.

Yes-Q : ཁྱེད་རང་ཁ་ལག་ཟ་གར་འགྲོ་གི་ཡིན་པས།
Will you go to eat?
당신은 음식을 먹으러 갈 거예요?

Ans: ལགས་ཡིན། ང་ཁ་ལག་ཟ་གར་འགྲོ་གི་ཡིན།
Yes, I will go to eat.
네, 저는 음식을 먹으러 갈 거예요.

No-Q: ཁྱེད་རང་ཇ་འཐུང་གར་འགྲོ་གི་ཡིན་པས།
Will you go to drink tea?
당신은 차를 마시러 갈 거예요?

Ans: ལགས་མིན། ང་ཇ་འཐུང་གར་འགྲོ་གི་མིན།
No, I will not go to drink tea.
아니요, 저는 차를 마시러 가지 않을 거예요.

Key-Q: ཁྱེད་རང་ག་རེ་བྱེད་ཀར་འགྲོ་གི་ཡིན།
What will you go to do?
당신은 무엇을 하러 갈 거예요?

Ans: ང་ཁ་ལག་ཟ་གར་འགྲོ་གི་ཡིན།
I will go to eat.
저는 음식을 먹으러 갈 거예요.

Or-Q: ཁྱེད་རང་ཁ་ལག་ཟ་གར་འགྲོ་གི་ཡིན་ཇ་འཐུང་གར་འགྲོ་གི་ཡིན།
Will you go to eat or to drink tea?
당신은 음식을 먹으러 갈 거예요? 차를 마시러 갈 거예요?

Ans: ང་ཁ་ལག་ཟ་གར་འགྲོ་གི་ཡིན།
I will go to eat.
저는 음식을 먹으러 갈 거예요.

* སང་ཉིན་ང་ཁ་ལག་ཟ་གར་འགྲོ་གི་ཡོད།
Tomorrow I am going to eat.
나는 내일 음식을 먹으러 갈 것이다.
(좀 더 확실한 예정을 나타낸다.)

Statement 82 ཁོང་ + O Inf. + V + གར་འགྲོ་གི་ + རེད།

ཁོང་ཁ་ལག་ཟ་གར་འགྲོ་གི་རེད།*

He/she will go to eat.
그/그녀는 음식을 먹으러 갈 것입니다.

Yes-Q : ཁོང་ཁ་ལག་ཟ་གར་འགྲོ་གི་རེད་པས།
Will he/she go to eat?
그/그녀는 음식을 먹으러 갈 거예요?

Ans: ལགས་རེད། ཁོང་ཁ་ལག་ཟ་གར་འགྲོ་གི་རེད།
Yes, he/she will go to eat.
네, 그/그녀는 음식을 먹으러 갈 거예요.

No-Q: ཁོང་ཇ་འཐུང་གར་འགྲོ་གི་རེད་པས།
Will he/she go to drink tea?
그/그녀는 차를 마시러 갈 거예요?

Ans: ལགས་མ་རེད། ཁོང་ཇ་འཐུང་གར་འགྲོ་གི་མ་རེད།
Yes, he/she will not go to drink tea.
아니요, 그/그녀는 차를 마시러 가지 않을 거예요.

Key-Q: ཁོང་ག་རེ་བྱེད་ཀར་འགྲོ་གི་རེད།
What will he/she go to do?
그/그녀는 무엇을 하러 갈 거예요?

Ans: ཁོང་ཁ་ལག་ཟ་གར་འགྲོ་གི་རེད།
He/she will go to eat.
그/그녀는 음식을 먹으러 갈 거예요.

Or-Q: ཁོང་ཁ་ལག་ཟ་གར་འགྲོ་གི་རེད་ཇ་འཐུང་གར་འགྲོ་གི་རེད།
Will he/she go to eat or drink tea?
그/그녀는 음식을 먹으러 갈 거예요? 차를 마시러 갈 거예요?

Ans: ཁོང་ཁ་ལག་ཟ་གར་འགྲོ་གི་རེད།
He/she will go to eat.
그/그녀는 음식을 먹으러 갈 거예요.

* སང་ཉིན་ཁོང་ཁ་ལག་ཟ་གར་འགྲོ་གི་ཡོད་རེད།
Tomorrow he.she is goingto eat
그/그녀는 내일 음식을 먹으러 갈 것입니다.
(좀 더 확실한 예정을 나타낸다.)

མིང་ཚིག Vocabulary 어휘

1. V + གར་ or	ཀར་འགྲོ་གི་	will go to + V	~ (V) 하러 갈 것이다.
2. སྒོ་	རྒྱག་གར་འགྲོ་གི་	will go to close the door	문을 닫으러 갈 것이다.
3. ཡི་གེ་	གཏོང་གར་འགྲོ་གི་	will go to send a letter	편지를 보내러 갈 것이다.
4. ཕྱག་	འཚལ་གར་འགྲོ་གི་	will go to prostrate	절하러 갈 것이다.
5. དངུལ་	ལེན་གར་འགྲོ་གི་	will go to receive the money	돈을 받으러 갈 것이다.
6. ལས་ཀ་	བྱེད་ཀར་འགྲོ་གི་	will go to work	일을 하러 갈 것이다.
7. ཁ་ལག་	བཟོ་གར་འགྲོ་གི་	will go to make food	음식을 만들러 갈 것이다.
8. གཅིན་པ་	གཏོང་གར་འགྲོ་གི་	will go to urinate	오줌을 누러 갈 것이다.
9. དངུལ་	བརྗེ་གར་འགྲོ་གི་	will go to change money	돈을 바꾸러 갈 것이다.
10. གད་སྙིགས་	སྒྲུག་གར་འགྲོ་གི་	will go to pick up rubbish	쓰레기를 주우러 갈 것이다.
11. ལྟད་མོ་	ལྟ་གར་འགྲོ་གི་	will go to watch a show	공연을 보러 갈 것이다.
12. ཇ་	འཐུང་གར་འགྲོ་གི་	will go to drink tea	차를 마시러 갈 것이다.
13. དུག་སློག་	གྱོན་གར་འགྲོ་གི་	will go to wear clothes	옷을 입으러 갈 것이다.
14. ཤིང་ཏོག་	ཉོ་གར་འགྲོ་གི་	will go to buy fruits	과일을 사러 갈 것이다.
15. རྩེད་མོ་	རྩེ་གར་འགྲོ་གི་	will go to play games	놀이를 하러 갈 것이다.
16. བོད་ཡིག་	སྦྱོང་གར་འགྲོ་གི་	will go to study Tibetan	티베트어 공부하러 갈 것이다.
17. སྐད་ཆ་	ཤོད་ཀར་འགྲོ་གི་	will go to discuss / talk	이야기를 하러 갈 것이다.
18. གྲོགས་པོ་	ཐུག་གར་འགྲོ་གི་	will go to meet friends	친구를 만나러 갈 것이다.
19. དེབ་	ཀློག་གར་འགྲོ་གི་	will go to read books	책을 읽으러 갈 것이다.
20. དཔར་སློག་	རྒྱག་གར་འགྲོ་གི་	will go to make photocopies	복사를 하러 갈 것이다.
21. ཨི་མེལ་	གཏོང་གར་འགྲོ་གི་	will go to send an email	이메일을 보내러 갈 것이다.
22. ཁ་པར་	གཏོང་གར་འགྲོ་གི་	will go to make a phone call	전화를 하러 갈 것이다.

제44과 나는 음식을 먹으러 갔습니다 .

Statement 83 ང་ + O Inf. + V + གར་ཕྱིན་(པ་) + ཡིན།

ང་ཁ་ལག་ཟ་གར་ཕྱིན་པ་ཡིན།[1)]

I went to eat.

나는 음식을 먹으러 갔습니다.

Yes-Q : ཁྱེད་རང་ཁ་ལག་ཟ་གར་ཕྱིན་པ་ཡིན་པས།
Did you go to eat?
당신은 음식을 먹으러 갔나요?

Ans: ལགས་ཡིན། ང་ཁ་ལག་ཟ་གར་ཕྱིན་པ་ཡིན།
Yes, I went to eat.
네, 저는 음식을 먹으러 갔어요.

No-Q: ཁྱེད་རང་ཇ་འཐུང་གར་ཕྱིན་པ་ཡིན་པས།
Did you go to drink tea?
당신은 차를 마시러 갔나요?

Ans: ལགས་ཕྱིན་མིན། ང་ཇ་འཐུང་གར་ཕྱིན་མིན།[2)]
No, I didn't go to drink tea.
아니요, 저는 차를 마시러 가지 않았어요.

Key-Q: ཁྱེད་རང་ག་རེ་བྱེད་ཀར་ཕྱིན་པ་ཡིན།
What did you go to do?
당신은 무엇을 하러 갔나요?

Ans: ང་ཁ་ལག་ཟ་གར་ཕྱིན་པ་ཡིན།
I went to eat.
저는 음식을 먹으러 갔어요.

Or-Q: ཁྱེད་རང་ཁ་ལག་ཟ་གར་ཕྱིན་པ་ཡིན་ཇ་འཐུང་གར་ཕྱིན་པ་ཡིན།
Did you go to eat or drink tea?
당신은 음식을 먹으러 갔나요? 차를 마시러 갔나요?

Ans: ང་ཁ་ལག་ཟ་གར་ཕྱིན་པ་ཡིན།
I went to eat.
저는 음식을 먹으러 갔어요.

1) ང་ཁ་ལག་ཟ་གར་ཕྱིན་ཡིན། 로 쓸 수 있다.

2) ང་ཇ་འཐུང་གར་མ་ཕྱིན། 으로 쓸 수 있다.

Statement 84 ཁོང་ + O Inf. + V + གར་ཕྱིན་ + སོང་། / པ་རེད།

ཁོང་ཁ་ལག་ཟ་གར་ཕྱིན་སོང་།

He/she went to eat.
그/그녀는 음식을 먹으러 갔습니다.

Yes-Q : ཁོང་ཁ་ལག་ཟ་གར་ཕྱིན་སོང་ངས།
Did he/she go to eat?
그/그녀는 음식을 먹으러 갔나요?

Ans: ལགས་ཕྱིན་སོང་། ཁོང་ཁ་ལག་ཟ་གར་ཕྱིན་སོང་།
Yes, he/she went to eat.
네, 그/그녀는 음식을 먹으러 갔어요.

No-Q: ཁོང་ཇ་འཐུང་གར་ཕྱིན་སོང་ངས།
Did he/she go to drink tea?
그/그녀는 차를 마시러 갔나요?

Ans: ལགས་ཕྱིན་མ་སོང་། ཁོང་ཇ་འཐུང་གར་ཕྱིན་མ་སོང་།
No, he/she didn't go to drink tea.
아니요, 그/그녀는 차를 마시러 가지 않았어요.

Key-Q: ཁོང་ག་རེ་བྱེད་ཀར་ཕྱིན་སོང་།
What did he/she go to do?
그/그녀는 무엇을 하러 갔나요?

Ans: ཁོང་ཁ་ལག་ཟ་གར་ཕྱིན་སོང་།
He/she went to eat.
그/그녀는 음식을 먹으러 갔어요.

Or-Q: ཁོང་ཁ་ལག་ཟ་གར་ཕྱིན་སོང་ཇ་འཐུང་གར་ཕྱིན་སོང་།
Did he/she go to eat or drink tea?
그/그녀는 음식을 먹으러 갔나요? 차를 마시러 갔나요?

Ans: ཁོང་ཁ་ལག་ཟ་གར་ཕྱིན་སོང་།
He/she went to eat.
그/그녀는 음식을 먹으러 갔어요.

མིང་ཚིག Vocabulary 어휘

1. V + གར་ or ཀར་ཕྱིན་(པ)་ཡིན།		I went to + V	나는 ~하러 갔다.
V + གར་ or གར་ཕྱིན + སོང་། / པ་རེད།		He/she went to + V	그/그녀는 ~ 하러 갔다.
2. སྒོ་	རྒྱག་གར་	went to close the door	문을 닫으러 갔다.
3. ཡི་གེ་	གཏོང་གར་	went to send a letter	편지를 보내러 갔다.
4. ཕྱག་	འཚལ་གར་	went to prostrate	절을 하러 갔다.
5. དངུལ་	ལེན་གར་	went to receive the money	돈을 받으러 갔다.
6. ལས་ཀ་	བྱེད་ཀར་	went to work	일을 하러 갔다.
7. ཁ་ལག་	བཟོ་གར་	went to make food	음식을 만들러 갔다.
8. གཅིན་པ་	གཏོང་གར་	went to urinate	오줌을 누러 갔다.
9. དངུལ་	བརྗེ་གར་	went to change money	돈을 바꾸러 갔다.
10. གད་སྙིགས་	སྒྲུག་གར་	went to pick up rubbish	쓰레기를 주우러 갔다.
11. ལྟད་མོ་	ལྟ་གར་	went to watch a show	공연을 보러 갔다.
12. ཇ་	འཐུང་གར་	went to drink tea	차를 마시러 갔다.
13. དུག་སློག་	གྱོན་གར་	went to wear clothes	옷을 입으러 갔다.
14. ཤིང་ཏོག་	ཉོ་གར་	went to buy fruits	과일을 사러 갔다.
15. རྩེད་མོ་	རྩེ་གར་	went to play games	놀러 갔다.
16. བོད་ཡིག་	སྦྱོང་གར་	went to study Tibetan	티베트어를 공부하러 갔다.
17. སྐད་ཆ་	ཤོད་ཀར་	went to discuss / talk	이야기를 하러 갔다.
18. གྲོགས་པོ་	ཐུག་གར་	went to meet friends	친구를 만나러 갔다.
19. དེབ་	ཀློག་གར་	went to read books	책을 읽으러 갔다.
20. དཔར་སློག་	རྒྱག་གར་	went to make photocopies	복사를 하러 갔다.
21. ཨི་མེལ་	གཏོང་གར་	went to send an email	이메일을 보내러 갔다.
22. ཁ་པར་	གཏོང་གར་	went to make a phone call	전화를 하러 갔다.
23. སྒུག་པ།		to wait	기다리다.
24. བྲེལ་བ།		busy / to be in a hurry	바쁘다.
25. འཚོལ་བ།		to search / look for	찾다.
26. ད་གིན་		a moment ago	조금 전
27. ད་ལྟ་རང་		just now	바로 지금
28. དཀའ་ངལ་		problems	어려움, 곤란

44-0 대화문

གླེང་མོལ། Dialogue 대화문 32

མཆོག　པད་མ་ལགས། ཁྱེད་རང་ག་རེ་བྱེད་ཀྱི་ཡོད།

Pema-la, what are you doing?

빼마씨, 당신은 무엇을 하고 있나요?

པད་མ།　ང་རང་སྦྱོང་བྱེད་ཀྱི་ཡོད།

I am studying.

저는 숙제하고 있어요.

མཆོག　རང་རྩེད་མོ་རྩེ་ཡས་ལ་དགའ་པོ་ཡོད་པས།

Do you like to play sports?

당신은 놀이하는 것을 좋아하나요?

པད་མ།　ལགས་མེད། བརྙན་འཕྲིན་ལྟ་ཡས་ལ་དགའ་པོ་ཡོད།

No, I like to watch television.

아니요, 저는 텔레비전(TV) 보는 것을 좋아해요.

ཁྱེད་རང་ག་རེ་བྱེད་ཡས་ལ་དགའ་པོ་ཡོད།

What do you like to do?

당신은 무엇 하는 것을 좋아하나요?

མཆོག　ང་རྐང་རྩེད་པོ་ལོ་རྩེ་ཡས་ལ་དགའ་པོ་ཡོད།

I like to play soccer.

저는 축구하는 것을 좋아해요.

པད་མ།　ཨ་ལེ། བུ་ཚང་མ་རྐང་རྩེད་པོ་ལོ་ལ་དགའ་པོ་འདུག ག་རེ་ཡིན་ན།

I see. All boys like to play soccer. I wonder why?

아! 네~, 남자들은 모두 축구를 좋아하는군요. 왜죠?

མཆོག　ངས་ཧ་གོ་མ་སོང་།

I don't know.

저는 모르겠어요.

གླེང་མོལ། Dialogue 대화문 33

མཆོག པད་མ་ལགས། ང་ཕྱི་ལོགས་ལ་འགྲོ་དགོས་ཡོད།
Pema-la, I have to go out.
빼마씨, 저는 밖에 나가야 돼요.

པད་མ། ཁྱེད་རང་དགའ་རོགས་ཐུག་གར་འགྲོ་གི་ཡིན་པས།
Are you going to see your girlfriend?
당신은 애인을 만나러 가나요?

མཆོག ལགས་མིན། ང་གྲོགས་པོ་ཐུག་གར་འགྲོ་གི་ཡིན།
No, I will go to meet a friend.
아니요, 저는 친구 만나러 갈 거예요.

པད་མ། སྒུག་དང་། ང་ཡང་དཔར་སློག་རྒྱག་གར་འགྲོ་གི་ཡིན།
Wait. I'm also going to make some photocopies.
기다리세요. 나도 복사하러 갈 거예요.

མཆོག འོང་། མགྱོགས་པོ་བྱེད་དང་།
Alright. Hurry up!
네. 빨리 하세요.

པད་མ། བྲེལ་བ་མ་བྱེད་དང་།
Don't be in such a hurry.
재촉하지 마세요.

སློབ་ཚན། Dialogue 대화문 34

པད་མ། ཁྱེད་རང་གི་ཨ་མ་ལགས་ཤིང་ཏོག་ཉོ་གར་ཕྱིན་སོང་།
Your mother went to buy fruits.
당신 어머니는 과일 사러 가셨어요.

མཆོག ཨ་ལེ། ཁོང་ག་པར་འདུག སུ་མཉམ་དུ་འདུག
I see! Where is she? Who is she with?
그래요? 어머니는 어디 계세요? 누구랑 같이 계세요?

པད་མ། ཁོང་ད་གིན་ཤིང་ཏོག་ཚོང་ཁང་ལ་འདུག ཡིན་ནའང་རོགས་པ་མི་འདུག
She was in the fruit shop a little while ago. But she wasn't with anyone.
어머니는 조금 전에 과일 가게에 계셨어요. 그런데 동행은 없었어요.

མཆོག ཨ་ལེ། ཁྱེད་རང་ཤིང་ཏོག་ཉོ་གར་ཕྱིན་པས།
I see! Did you go to buy fruits?
네~, 당신은 과일 사러 갔나요?

པད་མ། ལགས་ཕྱིན་མིན། ང་ཨི་མེལ་གཏོང་གར་ཕྱིན་པ་ཡིན།
No. I went to send an email.
아니요, 저는 이메일 보내러 갔어요.

མཆོག ངའི་ཨ་མ་ལགས་ཀྱིས་ག་རེ་གསུངས་བྱུང་།
What did my mother say?
우리 어머니가 뭐라고 하셨어요?

པད་མ། ཁོང་གིས་ཤིང་ཏོག་ཉོ་གར་འགྲོ་གི་ཡོད་གསུངས་བྱུང་།
She told me that she was going to buy fruits.
어머니가 과일 사러 간다고 말씀하셨어요.

མཆོག ཨ་ལེ། བཞུགས་ཨ།
Okay. Bye.
네~, 안녕히 계세요.

ང་ཨ་མ་ལགས་འཚོལ་གར་འགྲོ་གི་ཡིན།
I am going to look for my mother.
저는 어머니를 찾으러 갈 거예요.

ཁོང་ལོ་ཆེན་པོ་ཞེ་དྲག་རེད།
She's quite old.
어머니는 연세가 너무 많으세요.

제45과 나에게 물이 필요합니다.

Statement 85 ང་ + ལ་ + ○ + དགོས་ + ཡོད།

ང་ལ་ཆུ་དགོས་*ཡོད།

I need water.
나에게 물이 필요합니다.

Yes-Q : ཁྱེད་རང་ལ་ཆུ་དགོས་ཡོད་པས།
Do you need water?
당신에게 물이 필요한가요?

Ans: ལགས་དགོས་ཡོད། ང་ལ་ཆུ་དགོས་ཡོད།
Yes, I need water.
네, 나에게 물이 필요해요.

No-Q: ཁྱེད་རང་ལ་ཇ་དགོས་ཡོད་པས།
Do you need tea?
당신에게 차가 필요한가요?

Ans: ལགས་དགོས་མེད། ང་ལ་ཇ་དགོས་མེད།
No, I don't need tea.
아니요, 나에게 차가 필요하지 않아요.

Key-Q: ཁྱེད་རང་ལ་ག་རེ་དགོས་ཡོད།
What do you need?
당신에게 무엇이 필요한가요?

Ans: ང་ལ་ཆུ་དགོས་ཡོད།
I need water.
저에게 물이 필요해요.

Or-Q: ཁྱེད་རང་ལ་ཆུ་དགོས་ཡོད་ཇ་དགོས་ཡོད།
Do you need water or tea?
당신에게 물이 필요한가요? 차가 필요한가요?

Ans: ང་ལ་ཆུ་དགོས་ཡོད།
I need water.
나에게 물이 필요해요.

* 티베트 원어민은 དགོས་보다는 དགོ로 발음하는 경우가 많다

Statement 86 ཁོང་ + ལ་ + O + དགོས་ + རེད། / ཡོད་རེད། / འདུག

ཁོང་ལ་མོ་ཊ་དགོས་རེད།

He/she needs a car.
그/그녀에게 자동차가 필요합니다.

Yes-Q : ཁོང་ལ་མོ་ཊ་དགོས་རེད་པས།
Does he/she need a car?
그/그녀에게 자동차가 필요해요?

Ans: ལགས་དགོས་རེད། ཁོང་ལ་མོ་ཊ་དགོས་རེད།
Yes, he/she needs a car.
네, 그/그녀에게 자동차가 필요해요.

No-Q: ཁོང་ལ་སྦག་སྦག་དགོས་རེད་པས།
Does he/she need a motorbike?
그/그녀에게 오토바이가 필요해요?

Ans: ལགས་དགོས་མ་རེད། ཁོང་ལ་སྦག་སྦག་དགོས་མ་རེད།
No, he/she doesn't need a motorbike.
아니요, 그/그녀에게 오토바이가 필요하지 않아요.

Key-Q: ཁོང་ལ་ག་རེ་དགོས་རེད།
What does he/she need?
그/그녀는 무엇이 필요해요?

Ans: ཁོང་ལ་མོ་ཊ་དགོས་རེད།
He/she needs a car.
그/그녀에게 자동차가 필요해요.

Or-Q: ཁོང་ལ་མོ་ཊ་དགོས་རེད་སྦག་སྦག་དགོས་རེད།
Does he/she need a car or a motorbike?
그/그녀에게 자동차가 필요해요? 오토바이가 필요해요?

Ans: ཁོང་ལ་མོ་ཊ་དགོས་རེད།
He/she needs a car.
그/그녀에게 자동차가 필요해요.

མིང་ཚིག Vocabulary 어휘

1. ནག་པང་།	blackboard	칠판
2. དཀར་པང་།	whiteboard	화이트보드
3. རྐུབ་བཀྱག	chair	의자
4. ཅོག་ཙེ།	table	책상, 테이블
5. སྣག་སྣག	motorbike	오토바이
6. མོ་ཊ།	car / vehicle	자동차
7. ཚགས་པར།	newspaper	신문
8. དུས་དེབ།	journal	잡지, 정기 간행물
9. ཚ་ལུ་མ།	orange	오렌지
10. ཀུ་ཤུ།	apple	사과
11. སྒོང་ང་།	egg	계란
12. བག་ལེབ།	bread	빵
13. འཁྱིག་དམ།	plastic bottle	플라스틱 병
14. ཤེལ་དམ།	glass bottle	유리병
15. ཆུ།	water	물
16. འོ་མ།	milk	우유
17. མར།	butter	버터
18. ཕྱུ་ར།	cheese	치즈
19. ཇ།	tea	차
20. རྩམ་པ།	tsampa	짬빠 (보릿가루로 만든 음식)
21. འོག་འཇུག	shirt	셔츠
22. གཙང་ཤོག	toilet paper	화장실 휴지
23. དུས་ཚོད།	time	시간
24. གློག་ཀླད།	computer	컴퓨터
25. གྲོགས་པོ།	(male) friend	(남자) 친구
26. གྲོགས་མོ།	(female) friend	(여자) 친구

제46과 나는 물을 마셔야 합니다.

Statement 87 ང་ + O Inf. + V + དགོས་ + ཡོད།

ང་ཆུ་འཐུང་དགོས་ཡོད།

I need to drink water.
나는 물을 마셔야 합니다.

Yes-Q : ཁྱེད་རང་ཆུ་འཐུང་དགོས་ཡོད་པས།
Do you need to drink water?
당신은 물을 마셔야 하나요?

Ans: ལགས་ཡོད། ང་ཆུ་འཐུང་དགོས་ཡོད།
Yes, I need to drink water.
네, 저는 물을 마셔야 해요.

No-Q: ཁྱེད་རང་ཇ་འཐུང་དགོས་ཡོད་པས།
Do you need to drink tea?
당신은 차를 마셔야 하나요?

Ans: ལགས་མེད། ང་ཇ་འཐུང་དགོས་མེད།
No, I don't need to drink tea.
아니요, 저는 차를 마시지 않아도 돼요.

Key-Q: ཁྱེད་རང་ག་རེ་འཐུང་དགོས་ཡོད།
What do you need to drink?
당신은 무엇을 마셔야 하나요?

Ans: ང་ཆུ་འཐུང་དགོས་ཡོད།
I need to drink water.
저는 물을 마셔야 합니다.

Or-Q: ཁྱེད་རང་ཆུ་འཐུང་དགོས་ཡོད་ཇ་འཐུང་དགོས་ཡོད།
Do you need to drink water or tea?
당신은 물을 마셔야 하나요? 차를 마셔야 하나요?

Ans: ང་ཆུ་འཐུང་དགོས་ཡོད།
I need to drink water.
저는 물을 마셔야 해요.

Statement 88 ཁོང་ + O Inf. + V + དགོས་ + རེད། / ཡོད་རེད། / འདུག

ཁོང་བོད་ཡིག་སྦྱོང་དགོས་འདུག

He/she needs to study Tibetan.
그/그녀는 티베트어 공부를 해야 합니다.

Yes-Q : ཁོང་བོད་ཡིག་སྦྱོང་དགོས་འདུག་གས།
Does he/she need to study Tibetan?
그/그녀는 티베트어 공부를 해야 하나요?

Ans: ལགས་འདུག ཁོང་བོད་ཡིག་སྦྱོང་དགོས་འདུག
Yes, he/she needs to study Tibetan.
네, 그/그녀는 티베트어 공부를 해야 해요.

No-Q: ཁོང་ཨིན་ཡིག་སྦྱོང་དགོས་འདུག་གས།
Does he/she need to study English?
그/그녀는 영어 공부를 해야 하나요?

Ans: ལགས་མི་འདུག ཁོང་ཨིན་ཡིག་སྦྱོང་དགོས་མི་འདུག
No, he/she doesn't need to study English.
아니요, 그/그녀는 영어 공부를 하지 않아도 돼요.

Key-Q: ཁོང་ག་རེ་སྦྱོང་དགོས་འདུག
What does he/she need to study?
그/그녀는 무엇을 공부해야 하나요?

Ans: ཁོང་བོད་ཡིག་སྦྱོང་དགོས་འདུག
He/she needs to study Tibetan.
그/그녀는 티베트어 공부를 해야 해요.

Or-Q: ཁོང་བོད་ཡིག་སྦྱོང་དགོས་འདུག་ཨིན་ཡིག་སྦྱོང་དགོས་འདུག
Does he/she need to study Tibetan or English?
그/그녀는 티베트어 공부를 해야 해요? 영어 공부를 해야 해요?

Ans: ཁོང་བོད་ཡིག་སྦྱོང་དགོས་འདུག
He/she needs to study Tibetan.
그/그녀는 티베트어 공부를 해야 해요.

མིང་ཚིག Vocabulary 어휘

1.	O +	V + དགོས་	have to / need to + V	~해야 한다. ~ 할 필요가 있다.
2.	སྒོ་	རྒྱག་དགོས་	need to close the door	문을 닫아야 한다.
3.	ཡི་གེ་	གཏོང་དགོས་	need to send a letter	편지를 보내야 한다.
4.	ཕྱག་	འཚལ་དགོས་	need to prostrate	절해야 한다.
5.	དངུལ་	ལེན་དགོས་	need to receive money	돈을 받아야 한다.
6.	ལས་ཀ་	བྱེད་དགོས་	need to work	일해야 한다.
7.	ཁ་ལག་	བཟོ་དགོས་	need to make food	음식을 만들어야 한다.
8.	གཅིན་པ་	གཏོང་དགོས་	need to urinate	오줌을 눠야 한다.
9.	དངུལ་	བརྗེ་དགོས་	need to change money	돈을 바꿔야 한다.
10.	ཁ་པར་	གཏོང་དགོས་	need to telephone	전화를 걸어야 한다.
11.	ལྟད་མོ་	ལྟ་དགོས་	need to watch a show	공연을 보아야 한다.
12.	སྐད་	སྒྱུར་དགོས་	need to interpret	통역을 해야 한다.
13.	དུག་སློག་	གྱོན་དགོས་	need to wear clothes	옷을 입어야 한다.
14.	ཤིང་ཏོག་	ཉོ་དགོས་	need to buy fruits	과일을 사야 한다.
15.	བསམ་བློ་	གཏོང་དགོས་	need to think	생각해야 한다.
16.	བོད་ཡིག་	སྦྱོང་དགོས་	need to study Tibetan	티베트어를 공부해야 한다.
17.	སྐད་ཆ་	ཤོད་དགོས་	need to discuss / talk	이야기를 해야 한다.
18.	གྲོགས་པོ་	ཐུག་དགོས་	need to meet friends	친구를 만나야 한다.
19.	དེབ་	ཀློག་དགོས་	need to read books	책을 읽어야 한다.
20.	དཔར་སློག་	རྒྱག་དགོས་	need to make photocopies	복사를 해야 한다.
21.	ཨི་མེལ་	གཏོང་དགོས་	need to send an email	이메일을 보내야 한다.
22.	རྩེད་མོ་	རྩེ་དགོས་	need to play games	놀이를 해야 한다.

제47과 나는 음식을 먹으러 가야 합니다.

Statement 89 ང་ + O Inf. + V + གར་ + འགྲོ་ + དགོས་ + ཡོད།

ང་ཁ་ལག་ཟ་གར་འགྲོ་དགོས་ཡོད།

I need to go and eat.
나는 음식을 먹으러 가야 합니다.

Yes-Q : ཁྱེད་རང་ཁ་ལག་ཟ་གར་འགྲོ་དགོས་ཡོད་པས།
Do you need to go and eat?
당신은 음식 먹으러 가야 하나요?

Ans: ལགས་ཡོད། ང་ཁ་ལག་ཟ་གར་འགྲོ་དགོས་ཡོད།
Yes, I need to go and eat.
네, 저는 음식을 먹으러 가야 해요.

No-Q: ཁྱེད་རང་ཇ་འཐུང་གར་འགྲོ་དགོས་ཡོད་པས།
Do you need to go and drink tea?
당신은 차를 마시러 가야 하나요?

Ans: ལགས་མེད། ང་ཇ་འཐུང་གར་འགྲོ་དགོས་མེད།
No, I don't need to go and drink tea.
아니요, 저는 차를 마시러 가지 않아도 돼요.

Key-Q: ཁྱེད་རང་ག་རེ་བྱེད་ཀར་འགྲོ་དགོས་ཡོད།
What do you need to go and do?
당신은 무엇을 하러 가야 하나요?

Ans: ང་ཁ་ལག་ཟ་གར་འགྲོ་དགོས་ཡོད།
I need to go and eat.
저는 음식을 먹으러 가야 해요.

Or-Q: ཁྱེད་རང་ཁ་ལག་ཟ་གར་འགྲོ་དགོས་ཡོད་ཇ་འཐུང་གར་འགྲོ་དགོས་ཡོད།
Do you need to go and eat or drink tea?
당신은 음식을 먹으러 가야 하나요? 차를 마시러 가야 하나요?

Ans: ང་ཁ་ལག་ཟ་གར་འགྲོ་དགོས་ཡོད།
I need to go and eat.
저는 음식을 먹으러 가야 해요.

Statement 90 ཁོང་ + O Inf. + V + གར་ + འགྲོ་ + དགོས་ + རེད། / ཡོད་རེད། / འདུག

ཁོང་ཆུ་འཐུང་གར་འགྲོ་དགོས་རེད།

He/she needs to go and drink water.
그/그녀는 물을 마시러 가야 합니다.

Yes-Q : ཁོང་ཆུ་འཐུང་གར་འགྲོ་དགོས་རེད་པས།
Does he/she need to go and drink water?
그/그녀는 물을 마시러 가야 하나요?

Ans: ལགས་རེད། ཁོང་ཆུ་འཐུང་གར་འགྲོ་དགོས་རེད།
Yes, he/she needs to go and drink water.
네, 그/그녀는 물을 마시러 가야 해요.

No-Q: ཁོང་ཆང་འཐུང་གར་འགྲོ་དགོས་རེད་པས།
Does he/she need to go and drink chang?
그/그녀는 술을 마시러 가야 하나요?

Ans: ལགས་མ་རེད། ཁོང་ཆང་འཐུང་གར་འགྲོ་དགོས་མ་རེད།
No, he/she doesn't need to go and drink chang.
아니요, 그/그녀는 술을 마시러 가지 않아도 돼요.

Key-Q: ཁོང་ག་རེ་འཐུང་གར་འགྲོ་དགོས་རེད།
What does he/she need to go and drink?
그/그녀는 무엇을 마시러 가야 하나요?

Ans: ཁོང་ཆུ་འཐུང་གར་འགྲོ་དགོས་རེད།
He/she needs to go and drink water.
그/그녀는 물을 마시러 가야 해요.

Or-Q: ཁོང་ཆུ་འཐུང་གར་འགྲོ་དགོས་རེད་ཆང་འཐུང་གར་འགྲོ་དགོས་རེད།
Does he/she need to go and drink water or drink chang?
그/그녀는 물을 마시러 가야 하나요? 술을 마시러 가야 하나요?

Ans: ཁོང་ཆུ་འཐུང་གར་འགྲོ་དགོས་རེད།
He/she needs to go and drink water.
그/그녀는 물을 마시러 가야 해요.

མིང་ཚིག Vocabulary 어휘

1. O + V + གར་ / ཀར་འགྲོ་དགོས།	need to go and V	~하러 가야 한다.
2. སྒོ་རྒྱག་གར་འགྲོ་དགོས་	need to go and close the door	문을 닫으러 가야 한다.
3. ཡི་གེ་གཏོང་གར་འགྲོ་དགོས་	need to go and send a letter	편지를 보내러 가야 한다.
4. ཕྱག་འཚལ་གར་འགྲོ་དགོས་	need to go and prostrate	절하러 가야 한다.
5. དངུལ་ལེན་གར་འགྲོ་དགོས་	need to go and receive the money	돈을 받으러 가야 한다.
6. ལས་ཀ་བྱེད་ཀར་འགྲོ་དགོས་	need to go and work	일을 하러 가야 한다.
7. ཁ་ལག་བཟོ་གར་འགྲོ་དགོས་	need to go and make food	음식을 만들러 가야 한다.
8. གཅིན་པ་གཏོང་གར་འགྲོ་དགོས་	need to go and urinate	오줌을 누러 가야 한다.
9. དངུལ་བརྗེ་གར་འགྲོ་དགོས་	need to go and change money	돈을 바꾸러 가야 한다.
10. གད་སྙིགས་སྡུག་གར་འགྲོ་དགོས་	need to go and pick up rubbish	쓰레기를 주우러 가야 한다.
11. ལྟད་མོ་ལྟ་གར་འགྲོ་དགོས་	need to go and watch a show	공연을 보러 가야 한다.
12. ཇ་འཐུང་གར་འགྲོ་དགོས་	need to go and drink tea	차를 마시러 가야 한다.
13. དུག་སློག་གྱོན་གར་འགྲོ་དགོས་	need to go and wear clothes	옷을 입으러 가야 한다.
14. ཤིང་ཏོག་ཉོ་གར་འགྲོ་དགོས་	need to go and buy fruits	과일을 사러 가야 한다.
15. རྩེད་མོ་རྩེ་གར་འགྲོ་དགོས་	need to go and play games	놀러 가야 한다.
16. བོད་ཡིག་སྦྱོང་གར་འགྲོ་དགོས་	need to go and study Tibetan	티베트어를 공부하러가야 한다.
17. སྐད་ཆ་ཤོད་ཀར་འགྲོ་དགོས་	need to go and discuss / talk	이야기를 하러 가야 한다.
18. གྲོགས་པོ་ཐུག་གར་འགྲོ་དགོས་	need to go and meet friends	친구를 만나러 가야 한다.
19. དེབ་ཀློག་གར་འགྲོ་དགོས་	need to go and read books	책을 읽으러 가야 한다.
20. པར་སློག་རྒྱག་གར་འགྲོ་དགོས་	need to go and make photocopies	복사를 하러 가야 한다.
21. ཨི་མེལ་གཏོང་གར་འགྲོ་དགོས་	need to go and send an email	이메일을 보내러 가야 한다.
22. ཁ་པར་གཏོང་གར་འགྲོ་དགོས་	need to go and make a phone call	전화를 하러 가야 한다.
23. སྒྲིག་ཆས།	uniform	제복, 유니폼
24. དེ་འདྲ་ཡིན་ན།	if that is the case	그렇다면, 그러면
24. དགོས་མེད།	no need	필요 없다.
25. ལགས་འོང་།	yes, I agree	그래, 맞아.

제48과 나는 음식 만드는 방법을 압니다.

Statement 91 ང་ + O Inf. + V + སྟངས་ + ཤེས་ཀྱི་ + ཡོད།

ང་ཁ་ལག་བཟོ་སྟངས་ཤེས་ཀྱི་ཡོད།

I know how to cook.

나는 음식 만드는 방법을 압니다.

Yes-Q : ཁྱེད་རང་ཁ་ལག་བཟོ་སྟངས་ཤེས་ཀྱི་ཡོད་པས།
Do you know how to cook?
당신은 음식 만드는 방법을 아나요?

Ans: ལགས་ཡོད། ང་ཁ་ལག་བཟོ་སྟངས་ཤེས་ཀྱི་ཡོད།
Yes, I know how to cook.
네, 저는 음식 만드는 방법을 알아요.

No-Q: ཁྱེད་རང་ཇ་བཟོ་སྟངས་ཤེས་ཀྱི་ཡོད་པས།
Do you know how to make tea?
당신은 차 만드는 방법을 아나요?

Ans: ལགས་མེད། ང་ཇ་བཟོ་སྟངས་ཤེས་ཀྱི་མེད།
No, I don't know how to make tea.
아니요, 저는 차 만드는 방법을 몰라요.

Key-Q: ཁྱེད་རང་ག་རེ་བཟོ་སྟངས་ཤེས་ཀྱི་ཡོད།
What do you know how to make?
당신은 무엇 만드는 방법을 아나요?

Ans: ང་ཁ་ལག་བཟོ་སྟངས་ཤེས་ཀྱི་ཡོད།
I know how to cook.
저는 음식 만드는 방법을 알아요.

Or-Q: ཁྱེད་རང་ཁ་ལག་བཟོ་སྟངས་ཤེས་ཀྱི་ཡོད་ཇ་བཟོ་སྟངས་ཤེས་ཀྱི་ཡོད།
Do you know how to cook or how to make tea?
당신은 음식 만드는 방법을 아나요? 차 만드는 방법을 아나요?

Ans: ང་ཁ་ལག་བཟོ་སྟངས་ཤེས་ཀྱི་ཡོད།
I know how to cook.
저는 음식 만드는 방법을 알아요.

Statement 92 ཁོང་ + O Inf. + V + སྟངས་ + ཤེས་ཀྱི་ + རེད། / ཡོད་རེད། / འདུག

ཁོང་ཁ་ལག་བཟོ་སྟངས་ཤེས་ཀྱི་འདུག

He/she knows how to cook.
그/그녀는 음식 만드는 방법을 압니다.

Yes-Q : ཁོང་ཁ་ལག་བཟོ་སྟངས་ཤེས་ཀྱི་འདུག་གས།
Does he/she know how to cook?
그/그녀는 음식 만드는 방법을 아나요?

Ans: ལགས་འདུག ཁོང་ཁ་ལག་བཟོ་སྟངས་ཤེས་ཀྱི་འདུག
Yes, he/she knows how to cook.
네, 그/그녀는 음식 만드는 방법을 알아요.

No-Q: ཁོང་ཇ་བཟོ་སྟངས་ཤེས་ཀྱི་འདུག་གས།
Does he/she know how to make tea?
그/그녀는 차 만드는 방법을 아나요?

Ans: ལགས་མི་འདུག ཁོང་ཇ་བཟོ་སྟངས་ཤེས་ཀྱི་མི་འདུག
No, he/she doesn't know how to make tea.
아니요, 그/그녀는 차 만드는 방법을 몰라요.

Key-Q: ཁོང་ག་རེ་བཟོ་སྟངས་ཤེས་ཀྱི་འདུག
What does he/she know how to make?
그/그녀는 무엇 만드는 방법을 아나요?

Ans: ཁོང་ཁ་ལག་བཟོ་སྟངས་ཤེས་ཀྱི་འདུག
He/she knows how to cook.
그/그녀는 음식 만드는 방법을 알아요.

Or-Q: ཁོང་ཁ་ལག་བཟོ་སྟངས་ཤེས་ཀྱི་འདུག་ཇ་བཟོ་སྟངས་ཤེས་ཀྱི་འདུག
Does he/she know how to cook or make tea?
그/그녀는 음식 만드는 방법을 아나요? 차 만드는 방법을 아나요?

Ans: ཁོང་ཁ་ལག་བཟོ་སྟངས་ཤེས་ཀྱི་འདུག
He/she knows how to cook.
그/그녀는 음식 만드는 방법을 알아요.

མིང་ཚིག Vocabulary 어휘

1.	V + སྟངས་ཤེས་	to know how to + V	~하는 방법을 알다.
2.	སྒོ་རྒྱག་སྟངས་ཤེས་	to know how to close the door	문 닫는 방법을 알다.
3.	ཡི་གེ་གཏོང་སྟངས་ཤེས་	to know how to send a letter	편지 보내는 방법을 알다.
4.	ཕྱག་འཚལ་སྟངས་ཤེས་	to know how to prostrate	절하는 방법을 알다.
5.	དངུལ་ལེན་སྟངས་ཤེས་	to know how to receive the money	돈 받는 방법을 알다.
6.	ལས་ཀ་བྱེད་སྟངས་ཤེས་	to know how to work	일하는 방법을 알다.
7.	ཁ་པར་གཏོང་སྟངས་ཤེས་	to know how to make a phone call	전화하는 방법을 알다.
8.	གཅིན་པ་གཏོང་སྟངས་ཤེས་	to know how to urinate	오줌 누는 방법을 알다.
9.	དངུལ་བརྗེ་སྟངས་ཤེས་	to know how to change money	돈 바꾸는 방법을 알다.
10.	འགྲོ་སྟངས་ཤེས་	to know how to go	가는 방법을 알다.
11.	ལྟད་མོ་ལྟ་སྟངས་ཤེས་	to know how to watch a show	공연 보는 방법을 알다.
12.	ཁ་ལག་བཟོ་སྟངས་ཤེས་	to know how to cook	음식 만드는 방법을 알다.
13.	དུག་སློག་གྱོན་སྟངས་ཤེས་	to know how to wear clothes	옷 입는 방법을 알다.
14.	ཤིང་ཏོག་ཉོ་སྟངས་ཤེས་	to know how to buy fruits	과일 사는 방법을 알다.
15.	བསམ་བློ་གཏོང་སྟངས་ཤེས་	to know how to think	생각하는 방법을 알다.
16.	བོད་ཡིག་སྦྱོང་སྟངས་ཤེས་	to know how to study Tibetan	티베트어 공부하는 방법을 알다.
17.	སྐད་ཆ་ཤོད་སྟངས་ཤེས་	to know how to discuss / talk	토론하는 방법을 알다.
18.	གྲོགས་པོ་ཐུག་སྟངས་ཤེས་	to know how to meet friends	친구 만나는 방법을 알다.
19.	དེབ་ཀློག་སྟངས་ཤེས་	to know how to read books	책 읽는 방법을 알다.
20.	པར་སློག་རྒྱག་སྟངས་ཤེས་	to know how to make photocopies	복사하는 방법을 알다.
21.	ཨི་མེལ་གཏོང་སྟངས་ཤེས་	to know how to send an email	이메일 보내는 방법을 알다.
22.	རྩེད་མོ་རྩེ་སྟངས་ཤེས་	to know how to play games	놀이하는 방법을 알다.

제49과 나는 집에 거의 다 왔습니다.

Statement 93 ང་ + O Inf. + V + གྲབས་ + ཡོད།

ང་ནང་ལ་ཡོང་གྲབས*་ཡོད།

I am about to come home.
나는 집에 거의 다 왔습니다.

*회화에서 གྲབས은 འགྲོའོ로 발음하기도 한다.

Yes-Q : ཁྱེད་རང་ནང་ལ་ཡོང་གྲབས་ཡོད་པས།
Are you about to come home?
당신은 집에 거의 다 왔나요?

Ans: ལགས་ཡོད། ང་ནང་ལ་ཡོང་གྲབས་ཡོད།
Yes, I am about to come home.
네, 저는 집에 거의 다 왔어요.

No-Q: ཁྱེད་རང་ཕྱི་ལ་འགྲོ་གྲབས་ཡོད་པས།
Are you about to go out?
당신은 밖에 막 나가려고 하나요?

Ans: ལགས་མེད། ང་ཕྱི་ལ་འགྲོ་གྲབས་མེད།
No, I am not about to go out.
아니요, 저는 밖에 막 나가려고 하지 않아요.

Key-Q: ཁྱེད་རང་ག་རེ་བྱེད་གྲབས་ཡོད།
What are you about to do?
당신은 무엇을 막 하려는 참인가요?

Ans: ང་ནང་ལ་ཡོང་གྲབས་ཡོད།
I am about to come home.
저는 집에 거의 다 왔어요.

Or-Q: ཁྱེད་རང་ནང་ལ་ཡོང་གྲབས་ཡོད་ཕྱི་ལ་འགྲོ་གྲབས་ཡོད།
Are you about to come home or go out?
당신은 집에 거의 다 왔나요? 밖에 막 나가려고 하나요?

Ans: ང་ནང་ལ་ཡོང་གྲབས་ཡོད།
I am about to come home.
저는 집에 거의 다 왔어요.

Statement 94 ཁོང་ + O Inf. + V + ཚར་གྲབས་ + འདུག / ཡོད་རེད།

ཁོང་ཁ་ལག་བཟོ་ཚར་གྲབས་འདུག

He/she is almost finished cooking.
그/그녀는 음식을 거의 다 만들었습니다.

Yes-Q : ཁོང་ཁ་ལག་བཟོ་ཚར་གྲབས་འདུག་གས།
Is he/she almost finished cooking?
그/그녀는 음식을 거의 다 만들었나요?

Ans: ལགས་འདུག ཁོང་ཁ་ལག་བཟོ་ཚར་གྲབས་འདུག
Yes, he/she is almost finished cooking.
네, 그/그녀는 음식을 거의 다 만들었어요.

No-Q: ཁོང་ཇ་སྐོལ་ཚར་གྲབས་འདུག་གས།
Is he/she almost finished boiling tea?
그/그녀는 차를 거의 다 끓였나요?

Ans: ལགས་མི་འདུག ཁོང་ཇ་སྐོལ་ཚར་གྲབས་མི་འདུག
No, he/she is not almost finished boiling tea.
아니요, 그/그녀는 차를 거의 다 끓이지 않았어요.

Key-Q: ཁོང་ག་རེ་བྱེད་ཚར་གྲབས་འདུག
What is he/she almost finished?
그/그녀는 무엇을 거의 다 했나요?

Ans: ཁོང་ཁ་ལག་བཟོ་ཚར་གྲབས་འདུག
He/she is almost finished cooking.
그/그녀는 음식을 거의 다 만들었어요.

Or-Q: ཁོང་ཁ་ལག་བཟོ་ཚར་གྲབས་འདུག་ཇ་སྐོལ་ཚར་གྲབས་འདུག
Is he/she almost finished cooking or boiling tea?
그/그녀는 음식을 거의 다 만들었나요? 차를 거의 다 끓였나요?

Ans: ཁོང་ཁ་ལག་བཟོ་ཚར་གྲབས་འདུག
He/she is almost finished cooking.
그/그녀는 음식을 거의 다 만들었어요.

མིང་ཚིག Vocabulary 어휘

1. V + གྲབས་	to be about to + V	지금 막 ~하려고 하다.
2. གྲབས་	about, just	지금 곧, 막~, 거의
3. ཡར་ལང་གྲབས་	be about to get up	막 일어나려고 하다.
4. ཤི་གྲབས་	be about to die	막 죽으려고 하다.
5. སླེབས་གྲབས་	be about to arrive	막 도착하려고 하다.
6. འགྲོ་གྲབས་	be about to go	막 가려고 하다.
7. ཡོང་གྲབས་	be about to come	막 오려고 하다.
8. འགོ་ཚུགས་གྲབས་	be about to begin	막 시작하려고 하다.
9. རྫོགས་གྲབས་	be about to finish	막 끝나려고 하다.
10. ཁ་ལག་ཟ་གྲབས་	be about to eat	막 음식을 먹으려고 하다.
11. ཐག་གཅོད་གྲབས་	be about to make a decision	막 결정하려고 하다.
12. མར་ཉལ་གྲབས་	be about to sleep	막 누워서 자려고 하다.
13. V + ཚར་གྲབས་	be about to finish + V	~를 거의 다 끝내다.
14. མོ་ཊ་བཟོ་ཚར་གྲབས་	be about to finish repairing a car	자동차 수리를 거의 다 끝내다.
15. དྲི་བ་འདྲི་ཚར་གྲབས་	be about to finish asking question	질문을 거의 다 끝내다.
16. གཞས་ཉན་ཚར་གྲབས་	be about to finish listening songs	노래 듣기를 거의 다 끝내다.
17. ཁ་ལག་བཟོ་ཚར་གྲབས་	be about to finish preparing food	음식 만들기를 거의 다 끝내다.
18. དེབ་ཀློག་ཚར་གྲབས་	be about to finish reading a book	책 읽기를 거의 다 끝내다.
19. སྐད་ཆ་ཤོད་ཚར་གྲབས་	be about to finish talking	대화하는 것을 거의 다 끝내다.
20. ཡི་གེ་འབྲི་ཚར་གྲབས་	be about to finish writing a letter	편지 쓰기를 거의 다 끝내다.
21. བོད་ཡིག་སྦྱོང་ཚར་གྲབས་	be about to finish studying Tibetan	티베트어 공부를 거의 다 끝내다.
22. དུག་སློག་འཁྲུད་ཚར་གྲབས་	be about to finish washing clothes	빨래를 거의 다 끝내다.
23. ལས་ཀ་བྱེད་ཚར་གྲབས་	be about to finish working	일하기를 거의 다 끝내다.
24. གཞས་གཏོང་ཚར་གྲབས་	be about to finish singing	노래 부르기를 거의 다 끝내다.

50

제50과 나는 음식을 만들러 갈 계획입니다.

Statement 95 ང་ + O Inf. + V + གར་ + འགྲོ་རྩིས་ + ཡོད།

ང་ཁ་ལག་བཟོ་གར་འགྲོ་རྩིས་ཡོད།

I am planning to go to cook.
나는 음식을 만들러 갈 계획입니다.

Yes-Q : ཁྱེད་རང་ཁ་ལག་བཟོ་གར་འགྲོ་རྩིས་ཡོད་པས།
Are you planning to go to cook?
당신은 음식을 만들러 갈 계획이에요?

Ans: ལགས་ཡོད། ང་ཁ་ལག་བཟོ་གར་འགྲོ་རྩིས་ཡོད།
Yes, I am planning to go to cook.
네, 저는 음식을 만들러 갈 계획이에요.

No-Q: ཁྱེད་རང་ཇ་བཟོ་གར་འགྲོ་རྩིས་ཡོད་པས།
Are you planning to go to make a tea?
당신은 차를 만들러 갈 계획이에요?

Ans: ལགས་མེད། ང་ཇ་བཟོ་གར་འགྲོ་རྩིས་མེད།
No, I am not planning to go to make a tea.
아니요, 저는 차를 만들러 갈 계획이 아니에요.

Key-Q: ཁྱེད་རང་ག་རེ་བྱེད་ཀར་འགྲོ་རྩིས་ཡོད།
What are you planning to go to do?
당신은 무엇을 하러 갈 계획이에요?

Ans: ང་ཁ་ལག་བཟོ་གར་འགྲོ་རྩིས་ཡོད།
I am planning to go to cook.
저는 음식을 만들러 갈 계획이에요.

Or-Q: ཁྱེད་རང་ཁ་ལག་བཟོ་གར་འགྲོ་རྩིས་ཡོད་ཇ་བཟོ་གར་འགྲོ་རྩིས་ཡོད།
Are you planning to go to cook or make a tea?
당신은 음식을 만들러 갈 계획이에요? 차를 만들러 갈 계획이에요?

Ans: ང་ཁ་ལག་བཟོ་གར་འགྲོ་རྩིས་ཡོད།
I am planning to go to cook.
저는 음식을 만들러 갈 계획이에요.

Statement 96 ཁོང་ + O Inf. + V + གར་ + འགྲོ་རྩིས་+ འདུག / ཡོད་རེད།

ཁོང་ཇ་འཐུང་གར་འགྲོ་རྩིས་འདུག

He/she is planning to go to have tea.
그/그녀는 차 마시러 갈 계획입니다.

Yes-Q : ཁོང་ཇ་འཐུང་གར་འགྲོ་རྩིས་འདུག་གས།
Is he/she planning to go to have tea?
그/그녀는 차 마시러 갈 계획인가요?

Ans: ལགས་འདུག ཁོང་ཇ་འཐུང་གར་འགྲོ་རྩིས་འདུག
Yes, he/she is planning to go to have tea.
네, 그/그녀는 차 마시러 갈 계획이에요.

No-Q: ཁོང་ཁ་ལག་ཟ་གར་འགྲོ་རྩིས་འདུག་གས།
Is he/she planning to go to eat food?
그/그녀는 음식을 먹으러 갈 계획인가요?

Ans: ལགས་མི་འདུག ཁོང་ཁ་ལག་ཟ་གར་འགྲོ་རྩིས་མི་འདུག
No, he/she is not planning to go to eat food.
아니요, 그/그녀는 음식을 먹으러 갈 계획이 아니에요.

Key-Q: ཁོང་ག་རེ་བྱེད་ཀར་འགྲོ་རྩིས་འདུག
What is he/she planning to go to do?
그/그녀는 무엇을 하러 갈 계획인가요?

Ans: ཁོང་ཇ་འཐུང་གར་འགྲོ་རྩིས་འདུག
He/she is planning to go to have tea.
그/그녀는 차 마시러 갈 계획이에요.

Or-Q: ཁོང་ཇ་འཐུང་གར་འགྲོ་རྩིས་འདུག་ཁ་ལག་ཟ་གར་འགྲོ་རྩིས་འདུག
Is he/she planning to go to have tea or eat food?
그/그녀는 차 마시러 갈 계획인가요? 음식을 먹으러 갈 계획인가요?

Ans: ཁོང་ཇ་འཐུང་གར་འགྲོ་རྩིས་འདུག
He/she is planning to go to have tea.
그/그녀는 차 마시러 갈 계획이에요.

མིང་ཚིག Vocabulary 어휘

1. V + གར་འགྲོ་རྩིས་	to plan to go to + V	~하러 갈 계획이다.
2. མོ་ཊ་གཏོང་གར་འགྲོ་རྩིས་	plan to go to drive cars	자동차를 운전하러 갈 계획이다.
3. གསུང་ཆོས་ཞུ་གར་འགྲོ་རྩིས་	plan to go to receive teaching	법문을 들으러 갈 계획이다.
4. མོ་ཊ་བཟོ་གར་འགྲོ་རྩིས་	plan to go to repair cars	자동차를 수리하러 갈 계획이다.
5. ཁ་ལག་ཟ་གར་འགྲོ་རྩིས་	plan to go to eat food	음식을 먹으러 갈 계획이다.
6. ཁ་ལག་མངག་གར་འགྲོ་རྩིས་	plan to go to place an order	음식을 주문하러 갈 계획이다.
7. སློབ་སྦྱོང་བྱེད་ཀར་འགྲོ་རྩིས་	plan to go to study	공부하러 갈 계획이다.
8. གཞས་ཉན་གར་འགྲོ་རྩིས་	plan to go to listen to songs	노래를 들으러 갈 계획이다.
9. ཤིང་ཏོག་ཉོ་གར་འགྲོ་རྩིས་	plan to go to buy fruits	과일을 사러 갈 계획이다.
10. ལས་ཀ་བྱེད་ཀར་འགྲོ་རྩིས་	plan to go to work	일 하러 갈 계획이다.
11. ཁ་ལག་བཟོ་གར་འགྲོ་རྩིས་	plan to go to make food	음식을 만들러 갈 계획이다.
12. ཉལ་གར་འགྲོ་རྩིས་	plan to go to sleep	자러 갈 계획이다.
13. དྲི་བ་འདྲི་གར་འགྲོ་རྩིས་	plan to go to ask questions	질문을 하러 갈 계획이다.
14. དངུལ་སྤྲོད་ཀར་འགྲོ་རྩིས་	plan to go to give money	돈을 주러 갈 계획이다.
15. སྐད་ཆ་ཤོད་ཀར་འགྲོ་རྩིས་	plan to go to talk	이야기 하러 갈 계획이다.
16. རྩེད་མོ་རྩེ་གར་འགྲོ་རྩིས་	plan to go to play games	놀러 갈 계획이다.
17. བོད་ཡིག་སྦྱོང་གར་འགྲོ་རྩིས་	plan to go to study Tibetan	티베트어를 공부하러 갈 계획이다.
18. གཅིན་པ་གཏོང་གར་འགྲོ་རྩིས་	plan to go to urinate	오줌을 누러 갈 계획이다.
19. དངུལ་བརྗེ་གར་འགྲོ་རྩིས་	plan to go to exchange money	돈을 바꾸러 갈 계획이다.
20. དུག་ལོག་འཁྲུད་ཀར་འགྲོ་རྩིས་	plan to go to wash clothes	옷을 빨러 갈 계획이다.
21. ལྟད་མོ་ལྟ་གར་འགྲོ་རྩིས་	plan to go to watch a show	공연을 보러 갈 계획이다.
22. སྒོམ་རྒྱག་གར་འགྲོ་རྩིས་	plan to go to meditate	명상을 하러 갈 계획이다.

གླེང་མོལ། Dialogue 대화문 35

པད་མ། ཁྱེད་རང་ལ་སྒྲིག་ཆས་གོས་ཐུང་ཡོད་པས།
Do you have uniform trousers?
당신에게 유니폼 바지가 있나요?

མཚོག། ལགས་ཡོད། ཁ་ཤས་ཡོད།
Yes, I have some.
네, 몇 개 있어요.

པད་མ། ང་ལ་གཅིག་དགོས་ཀྱི་འདུག
I need one.
저에게 하나 필요해요.

མཚོག། ཡིན་ད་ཡིན། འདི་འཁྱེར།
Of course, take this.
물론이죠. 이거 가져 가세요.

ཁྱེད་རང་ལ་སྟོད་ཐུང་དགོས་ཡོད་པས།
Do you need a shirt?
당신에게 윗도리(윗옷) 필요하세요?

པད་མ། དགོས་མེད། ངའི་སྟོད་ཐུང་གསར་པ་ཡིན།
No, I don't need one. My shirt is new.
필요하지 않아요. 제 윗도리는 새 거예요.

གླེང་མོལ། Dialogue 대화문 36

མཚོག　པད་མ། ཁྱེད་རང་དེ་རིང་ཁྲོམ་ལ་འགྲོ་དགོས་ཡོད་པས།
Pema, do you need to go to the market today?
빼마, 당신은 오늘 시장에 가야 하나요?

པད་མ།　ལགས་འོང་། ང་ཤིང་ཏོག་ཉོ་གར་འགྲོ་དགོས་ཡོད།
Yes, I have to go to buy fruits.
네, 저는 과일을 사러 가야 해요.

ཁྱེད་རང་བོད་ཡིག་འཛིན་གྲྭར་འགྲོ་དགོས་ཡོད་པས།
Do you need to go to your Tibetan class?
당신은 티베트어 수업에 가야 하나요?

མཚོག　ལགས་མེད། དེ་རིང་ང་ཚོའི་རྒན་ལགས་ཡེབས་ཀྱི་མ་རེད།
No, I don't. Today our teacher will not come.
아니요. 오늘 우리 선생님이 안 오세요.

པད་མ།　ཨ་ལེ། དེ་རིང་ཁྱེད་རང་ག་རེ་བྱེད་རྩིས་ཡོད།
Oh, I see. What are you planing to do today?
아~, 오늘 당신은 무엇을 할 생각인가요?

དེ་རིང་ང་གློག་བརྙན་ལྟ་གར་འགྲོ་རྩིས་ཡོད།
I plan to go to watch a movie.
오늘 저는 영화 보러 갈 생각이에요.

མཚོག　ངའི་མཉམ་དུ་ཡོང་གས།
Would you like to come with me?
나랑 같이 갈래요?

པད་མ།　གློག་བརྙན་ག་རེ་རེད། ག་དུས་འགོ་འཛུགས་ཀྱི་རེད།
What's the movie? When does it start?
무슨 영화예요? 언제 시작해요?

མཚོག　རྒྱ་གར་གྱི་གློག་བརྙན་རེད། ཆུ་ཚོད་དང་པོ་ལ་རེད།
It's a Hindi movie. It starts at one o'clock.
인도 영화예요. 1시에 시작해요.

སློང་མོ། Dialogue 대화문 37

པད་མ། དེ་རིང་ཞོགས་ཀས་ང་ལས་ཁུངས་ལ་ཡོང་གི་མིན།
I am not coming to the office this morning.
오늘 아침에 저는 사무실에 안 갈 거예요.

མཚོག། ཨ། ག་རེ་བྱེད་སོང་།
What? What happened?
아, 무슨 일 있었어요?

པད་མ། ག་ལ་བྱེད་མ་སོང་། ང་དངུལ་ཁང་ནས་དངུལ་ལེན་གར་འགྲོ་དགོས་ཡོད།
Nothing happened. I need to go to the bank to get some money.
별일 없어요. 저는 은행에서 돈 찾으러 가야 해요.

མཚོག། མོ་ཊ་གཏོང་སྟངས་ཤེས་ཀྱི་ཡོད་པས།
Do you know how to drive a car?
자동차 운전하는 법 알아요?

པད་མ། ཤེས་ཀྱི་མེད། མོ་ཊ་གཏོང་སྟངས་ཙྱིན་ནས་ཤེས་ཀྱི་མེད།
No, I don't know at all how to drive a car.
몰라요. 자동차 운전하는 법을 전혀 몰라요.

མཚོག། ཨ་ལེ། སྟག་སྟག་གཏོང་སྟངས་ཤེས་ཀྱི་ཡོད་པས།
I see! Do you know how to ride a motorbike?
아~, 오토바이 탈 줄 알아요?

པད་མ། སྟག་སྟག་གཏོང་སྟངས་ཤེས་ཀྱི་ཡོད།
I know how to ride a motorbike.
오토바이 탈 줄 알아요.

མཚོག། ཨ་ལེ། དེ་འདྲ་ཡིན་ན་མོ་ཊ་གཏོང་ཡས་ལས་སླ་པོ་ཞེ་དྲག་རེད། ངས་བསླབ་དགོས།
Oh! If that is the case, then it will be very easy for you to drive a car.
I should teach you.
아~ 그러면 자동차를 운전하는 것은 아주 쉬워요. 내가 알려 줄게요.

པད་མ། དངོས་ནས། ཐུགས་རྗེ་ཆེ་གནང་།
Really? Thanks.
정말이에요? 고마워요.

제51과 나는 음식을 만들 수 있습니다.

Statement 97 ངས་ + O Inf. + V + ཐུབ་ཀྱི་ + ཡོད།

ངས་ཁ་ལག་བཟོ་ཐུབ་ཀྱི་ཡོད།

I can cook.
나는 음식을 만들 수 있습니다.

Yes-Q : ཁྱེད་རང་གིས་ཁ་ལག་བཟོ་ཐུབ་ཀྱི་ཡོད་པས།
Can you cook?
당신은 음식을 만들 수 있나요?

Ans: ལགས་ཡོད། ངས་ཁ་ལག་བཟོ་ཐུབ་ཀྱི་ཡོད།
Yes, I can cook.
네, 저는 음식을 만들 수 있어요.

No-Q: ཁྱེད་རང་གིས་ཨི་མེལ་གཏོང་ཐུབ་ཀྱི་ཡོད་པས།
Can you send an email?
당신은 이메일을 보낼 수 있나요?

Ans: ལགས་མེད། ངས་ཨི་མེལ་གཏོང་ཐུབ་ཀྱི་མེད།
No, I can not send an email.
아니요, 저는 이메일을 보낼 수 없어요.

Key-Q: ཁྱེད་རང་གིས་ག་རེ་བྱེད་ཐུབ་ཀྱི་ཡོད།
What can you do?
당신은 무엇을 할 수 있나요?

Ans: ངས་ཁ་ལག་བཟོ་ཐུབ་ཀྱི་ཡོད།
I can cook.
저는 음식을 만들 수 있어요.

Or-Q: ཁྱེད་རང་གིས་ཁ་ལག་བཟོ་ཐུབ་ཀྱི་ཡོད་ཨི་མེལ་གཏོང་ཐུབ་ཀྱི་ཡོད།
Can you cook or send an email?
당신은 음식을 만들 수 있나요? 이메일을 보낼 수 있나요?

Ans: ངས་ཁ་ལག་བཟོ་ཐུབ་ཀྱི་ཡོད།
I can cook.
저는 음식을 만들 수 있어요.

Statement 98 ཁོང་གིས་ + O Inf. + V + ཐུབ་ཀྱི་ + འདུག / རེད། / ཡོད་རེད།

ཁོང་གིས་བོད་ཡིག་ཀློག་ཐུབ་ཀྱི་ཡོད་རེད།

He/she can read Tibetan.
그/그녀는 티베트어를 읽을 수 있습니다.

Yes-Q : ཁོང་གིས་བོད་ཡིག་ཀློག་ཐུབ་ཀྱི་ཡོད་རེད་པས།
Can he/she read Tibetan?
그/그녀는 티베트어를 읽을 수 있나요?

Ans: ལགས་ཡོད་རེད། ཁོང་གིས་བོད་ཡིག་ཀློག་ཐུབ་ཀྱི་ཡོད་རེད།
Yes, he/she can read Tibetan.
네, 그/그녀는 티베트어를 읽을 수 있어요.

No-Q: ཁོང་གིས་ཨིན་ཡིག་ཀློག་ཐུབ་ཀྱི་ཡོད་རེད་པས།
Can he/she read English?
그/그녀는 영어를 읽을 수 있나요?

Ans: ལགས་ཡོད་མ་རེད། ཁོང་གིས་ཨིན་ཡིག་ཀློག་ཐུབ་ཀྱི་ཡོད་མ་རེད།
No, he/she can not read English.
아니요, 그/그녀는 영어를 읽을 수 없어요.

Key-Q: ཁོང་གིས་ག་རེ་ཀློག་ཐུབ་ཀྱི་ཡོད་རེད།
What can he/she read?
그/그녀는 무엇을 읽을 수 있나요?

Ans: ཁོང་གིས་བོད་ཡིག་ཀློག་ཐུབ་ཀྱི་ཡོད་རེད།
He/she can read Tibetan.
그/그녀는 티베트어를 읽을 수 있어요.

Or-Q: ཁོང་གིས་བོད་ཡིག་ཀློག་ཐུབ་ཀྱི་ཡོད་རེད། ཨིན་ཡིག་ཀློག་ཐུབ་ཀྱི་ཡོད་རེད།
Can he/she read Tibetan or English?
그/그녀는 티베트어를 읽을 수 있나요? 영어를 읽을 수 있나요?

Ans: ཁོང་གིས་བོད་ཡིག་ཀློག་ཐུབ་ཀྱི་ཡོད་རེད།
He/she can read Tibetan.
그/그녀는 티베트어를 읽을 수 있어요.

མིང་ཚིག Vocabulary 어휘

1.	O+	V+ཐུབ་ཀྱི་	can + V	~을 할 수 있다.
2.	མོ་ཊ་	གཏོང་ཐུབ་ཀྱི་	can drive cars	차를 운전할 수 있다.
3.	གནམ་གྲུ་	གཏོང་ཐུབ་ཀྱི	can fly an airplane	비행기를 운전할 수 있다.
4.	མོ་ཊ་	བཅོས་ཐུབ་ཀྱི་	can repair cars	차를 수리할 수 있다
5.	ཁ་ལག་	ཟ་ཐུབ་ཀྱི་	can eat food	음식을 먹을 수 있다.
6.	ཁ་ལག་	མངག་ཐུབ་ཀྱི་	can place an order	음식을 주문을 할 수 있다.
7.	སློབ་སྦྱོང་	བྱེད་ཐུབ་ཀྱི་	can study	공부를 할 수 있다.
8.	གཞས་	ཉན་ཐུབ་ཀྱི་	can listen to songs	노래를 들을 수 있다.
9.	ཤིང་ཏོག་	ཉོ་ཐུབ་ཀྱི་	can buy fruits	과일을 살 수 있다.
10.	ལས་ཀ་	བྱེད་ཐུབ་ཀྱི་	can work	일을 할 수 있다.
11.	དེབ་	ཀློག་ཐུབ་ཀྱི་	can read books	책을 읽을 수 있다.
12.	ཡར་	ལང་ཐུབ་ཀྱི་	can get up / stand up	일어날 수 있다.
13.	དྲི་བ་	འདྲི་ཐུབ་ཀྱི་	can ask questions	질문을 할 수 있다.
14.	དངུལ་	སྤྲོད་ཐུབ་ཀྱི་	can give money	돈을 줄 수 있다.
15.	སྐད་ཆ་	ཤོད་ཐུབ་ཀྱི་	can talk	대화를 할 수 있다.
16.	བོད་ལ་	འགྲོ་ཐུབ་ཀྱི་	can go to Tibet	티베트에 갈 수 있다.
17.	བོད་ཡིག་	སྦྱོང་ཐུབ་ཀྱི་	can study Tibetan	티베트어 공부를 할 수 있다.
18.	གཅིན་པ་	གཏོང་ཐུབ་ཀྱི་	can urinate	소변을 볼 수 있다.
19.	དངུལ་	བརྗེ་ཐུབ་ཀྱི་	can exchange money	환전을 할 수 있다.
20.	དུག་ལོག་	འཁྲུད་ཐུབ་ཀྱི་	can wash clothes	옷을 빨 수 있다.
21.	ལྟད་མོ་	ལྟ་ཐུབ་ཀྱི་	can watch shows	공연을 볼 수 있다.
22.	ཁ་ལག་	བཟོ་ཐུབ་ཀྱི་	can prepare food	음식을 만들 수 있다.

제52과 나는 어릴 때 개구쟁이였습니다.

Statement 99 ང་ + Adj.C / NC + ཡིན་དུས་ + Adj.C + ཡོད།

ང་ཆུང་ཆུང་ཡིན་དུས་འཚུབ་པོ་ཡོད།

I was naughty when I was young.
나는 어릴 때 개구쟁이였습니다.

Yes-Q : ཁྱེད་རང་ཆུང་ཆུང་ཡིན་དུས་འཚུབ་པོ་ཡོད་པས།
Were you naughty when you were young?
당신은 어릴 때 개구쟁이였나요?

Ans: ལགས་ཡོད། ང་ཆུང་ཆུང་ཡིན་དུས་འཚུབ་པོ་ཡོད།
Yes, I was naughty when I was young.
네, 저는 어릴 때 개구쟁이였어요.

No-Q: ཁྱེད་རང་ཆུང་ཆུང་ཡིན་དུས་ཁ་ལ་ཉན་པོ་ཡོད་པས།
Were you obedient when you were young?
당신은 어릴 때 말을 잘 들었나요?

Ans: ལགས་མེད། ང་ཆུང་ཆུང་ཡིན་དུས་ཁ་ལ་ཉན་པོ་མེད།
No, I was not obedient when I was young.
아니요, 저는 어릴 때 말을 잘 듣지 않았어요.

Key-Q: ཁྱེད་རང་ཆུང་ཆུང་ཡིན་དུས་ག་འདྲ་ཡོད།
How were you when you were young?
당신은 어릴 때 어땠나요?

Ans: ང་ཆུང་ཆུང་ཡིན་དུས་འཚུབ་པོ་ཡོད།
I was naughty when I was young.
저는 어릴 때 개구쟁이였어요.

Or-Q: ཁྱེད་རང་ཆུང་ཆུང་ཡིན་དུས་འཚུབ་པོ་ཡོད་ཁ་ལ་ཉན་པོ་ཡོད།
Were you naughty or obedient when you were young?
당신은 어릴 때 개구쟁이였나요? ? 말을 잘 들었나요?

Ans: ང་ཆུང་ཆུང་ཡིན་དུས་འཚུབ་པོ་ཡོད།
I was naughty when I was young.
저는 어릴 때 개구쟁이였어요.

Statement 100 སྔོན་ + Adj.C / NC + ཡིན་དུས་ + Adj.C + འདུག / ཡོད་རེད།

སྔོན་ཆུང་ཆུང་ཡིན་དུས་འཚུབ་པོ་འདུག

He/she was naughty when he/she was young.
그/그녀는 어릴 때 개구쟁이였습니다.

Yes-Q : སྔོན་ཆུང་ཆུང་ཡིན་དུས་འཚུབ་པོ་འདུག་གས།
Was he/she naughty when he/she was young?
그/그녀는 어릴 때 개구쟁이였나요?

Ans: ལགས་འདུག སྔོན་ཆུང་ཆུང་ཡིན་དུས་འཚུབ་པོ་འདུག
Yes, he/she was naughty when he/she was young.
네, 그/그녀는 어릴 때 개구쟁이였어요.

No-Q: སྔོན་ཆུང་ཆུང་ཡིན་དུས་ཁ་ལ་ཉན་པོ་འདུག་གས།
Was he/she obedient when he/she was young?
그/그녀는 어릴 때 말을 잘 들었나요?

Ans: ལགས་མི་འདུག སྔོན་ཆུང་ཆུང་ཡིན་དུས་ཁ་ལ་ཉན་པོ་མི་འདུག
No, he/she was not obedient when he/she was young.
아니요, 그/그녀는 어릴 때 말을 잘 듣지 않았어요.

Key-Q: སྔོན་ཆུང་ཆུང་ཡིན་དུས་ག་འདྲ་འདུག
How was he/she when he was young?
그/그녀는 어릴 때 어땠나요?

Ans: སྔོན་ཆུང་ཆུང་ཡིན་དུས་འཚུབ་པོ་འདུག
He/she was naughty when he/she was young.
그/그녀는 어릴 때 개구쟁이였어요.

Or-Q: སྔོན་ཆུང་ཆུང་ཡིན་དུས་འཚུབ་པོ་འདུག་ཁ་ལ་ཉན་པོ་འདུག
Was he/she naughty or obedient when he/she was young?
그/그녀는 어릴 때 개구쟁이였나요? 말을 잘 들었나요?

Ans: སྔོན་ཆུང་ཆུང་ཡིན་དུས་འཚུབ་པོ་འདུག
He/she was naughty when he/she was young.
그/그녀는 어릴 때 개구쟁이였어요.

མིང་ཚིག Vocabulary 어휘

1. ཆུང་ཆུང་། – ཆེན་པོ།	small / young – big	작은 / 어린 – 큰
2. འཚུབ་པོ། – ཁ་ལ་ཉན་པོ།	naughty – obedient	개구쟁이인 – 말 잘듣는
3. ཡག་པོ། – སྡུག་ཅག	good – bad	좋은 – 나쁜
4. སྐམ་པོ། – རྒྱག་པ།	thin – fat	마른 – 뚱뚱한
5. མཐུག་པོ། – སྲབ་པོ།	thick – thin	두꺼운 – 얇은
6. དཀོན་པོ། – འབེལ་པོ།	scarce – plentiful	부족한 – 넉넉한
7. རིང་པོ། – ཐུང་ཐུང་།	long / tall – short	긴, 키 큰 – 짧은, 키 작은
8. མགྱོགས་པོ། – ག་ལེ་/དལ་པོ།	fast – slow	빠른 – 느린
9. གྱོང་པོ། – མཉེན་པོ།	stiff – supple	굳은 – 부드러운
10. སྔ་པོ། – ཕྱི་པོ།	early – late	이른 – 늦은
11. ལྗིད་པོ། – ཡང་པོ།	heavy – light	무거운 – 가벼운
12. འཇམ་པོ། – རྩུབ་པོ།	soft / smooth – rough	부드러운 – 거친
13. ཐག་ཉེ་པོ། – ཐག་རིང་པོ།	close – far	가까운 – 먼
14. སྐྱིད་པོ། – སྡུག་པོ།	pleasant – unpleasant	즐거운 – 불쾌한
15. གསར་པ། – རྙིང་པ།	new – old	새로운 – 오래된
16. སྙིང་རྗེ་པོ། – མདོག་ཉེས་པོ།	beautiful – ugly	아름다운 – 추한
17. གྲང་མོ། – ཚ་པོ།	cold – hot	차가운 – 뜨거운
18. ཕྱུག་པོ། – སྐྱོ་པོ།	rich – poor	부유한 – 가난한
19. དགེ་རྒན་ཡིན་དུས་	when… a teacher	선생님일 때
20. སློབ་ཕྲུག་ཡིན་དུས་	when… a student	학생일 때
21. མོ་སར་ཡིན་དུས་	when… a young girl	소녀, 아가씨일 때
22. ཕོ་སར་ཡིན་དུས་	when … a young man	소년, 청년일 때
23. ཨེམ་ཆི་ཡིན་དུས་	when…a doctor	의사일 때
24. ལས་བྱེད་པ་ཡིན་དུས་	when… staff	직원일 때
25. ང་གཉིས་གྲོགས་པོ་ཡིན་དུས་	when the two of us were friends	우리 둘이 친구일 때
26. ང་གཉིས་འཛིན་གྲྭ་གཅིག་པ་ཡིན་དུས་	when the two of us were classmates	우리 둘이 같은 반일 때

제53과 나는 어릴 때 야크고기를 먹었습니다.

Statement 101 ང་ + Adj.C / NC + ཡིན་དུས་ + O inf. + V + གི་ + ཡོད།

ང་ཆུང་ཆུང་ཡིན་དུས་གཡག་ཤ་ཟ་གི་ཡོད།

I used to eat yak meat when I was young.
나는 어릴 때 야크고기를 먹었습니다.

Yes-Q : ཁྱེད་རང་ཆུང་ཆུང་ཡིན་དུས་གཡག་ཤ་ཟ་གི་ཡོད་པས།
Did you use to eat yak meat when you were young?
당신은 어릴 때 야크고기를 먹었나요?

Ans: ལགས་ཡོད། ང་ཆུང་ཆུང་ཡིན་དུས་གཡག་ཤ་ཟ་གི་ཡོད།
Yes, I used to eat yak meat when I was young.
네, 저는 어릴 때 야크고기를 먹었어요.

No-Q: ཁྱེད་རང་ཆུང་ཆུང་ཡིན་དུས་ཕག་ཤ་ཟ་གི་ཡོད་པས།
Did you use to eat pork when you were young?
당신은 어릴 때 돼지고기를 먹었나요?

Ans: ལགས་མེད། ང་ཆུང་ཆུང་ཡིན་དུས་ཕག་ཤ་ཟ་གི་མེད།
No, I did not use to eat pork when I was young.
아니요, 저는 어릴 때 돼지고기를 먹지 않았어요.

Key-Q: ཁྱེད་རང་ཆུང་ཆུང་ཡིན་དུས་ག་རེ་ཟ་གི་ཡོད།
What did you use to eat when you were young?
당신은 어릴 때 무엇을 먹었나요?

Ans: ང་ཆུང་ཆུང་ཡིན་དུས་གཡག་ཤ་ཟ་གི་ཡོད།
I used to eat yak meat when I was young.
저는 어릴 때 야크고기를 먹었어요.

Or-Q: ཁྱེད་རང་ཆུང་ཆུང་ཡིན་དུས་གཡག་ཤ་ཟ་གི་ཡོད་ཕག་ཤ་ཟ་གི་ཡོད།
Did you use to eat yak meat or pork when you were young?
당신은 어릴 때 야크고기를 먹었나요? 돼지고기를 먹었나요?

Ans: ང་ཆུང་ཆུང་ཡིན་དུས་གཡག་ཤ་ཟ་གི་ཡོད།
I used to eat yak meat when I was young.
저는 어릴 때 야크고기를 먹었어요.

Statement 102 ཁོང་+ Adj.C / NC + ཡིན་དུས་ + O inf. + V + གི་+ འདུག / ཡོད་རེད།

ཁོང་ཆུང་ཆུང་ཡིན་དུས་ཉ་ཤ་ཟ་གི་འདུག

He/she used to eat fish when he/she was young.
그/그녀는 어릴 때 물고기를 먹었습니다.

Yes-Q : ཁོང་ཆུང་ཆུང་ཡིན་དུས་ཉ་ཤ་ཟ་གི་འདུག་གས།
Did he/she use to eat fish when he/she was young?
그/그녀는 어릴 때 물고기를 먹었나요?

Ans: ལགས་འདུག ཁོང་ཆུང་ཆུང་ཡིན་དུས་ཉ་ཤ་ཟ་གི་འདུག
Yes, he/she used to eat fish when he/she was young.
네, 그/그녀는 어릴 때 물고기를 먹었어요.

No-Q: ཁོང་ཆུང་ཆུང་ཡིན་དུས་བྱ་ཤ་ཟ་གི་འདུག་གས།
Did he/she use to eat chicken when he/she was young?
그/그녀는 어릴 때 닭고기를 먹었나요?

Ans: ལགས་མི་འདུག ཁོང་ཆུང་ཆུང་ཡིན་དུས་བྱ་ཤ་ཟ་གི་མི་འདུག
No, he/she did not use to eat chicken when he/she was young.
아니요, 그/그녀는 어릴 때 닭고기를 먹지 않았어요.

Key-Q: ཁོང་ཆུང་ཆུང་ཡིན་དུས་ག་རེ་ཟ་གི་འདུག
What did he/she use to when he/she was young?
그/그녀는 어릴 때 무엇을 먹었나요?

Ans: ཁོང་ཆུང་ཆུང་ཡིན་དུས་ཉ་ཤ་ཟ་གི་འདུག
He/she used to eat fish when he/she was young.
그/그녀는 어릴 때 물고기를 먹었어요.

Or-Q: ཁོང་ཆུང་ཆུང་ཡིན་དུས་ཉ་ཤ་ཟ་གི་འདུག་བྱ་ཤ་ཟ་གི་འདུག
Did he/she use to eat fish or chicken when he/she was young?
그/그녀는 어릴 때 물고기를 먹었나요? 닭고기를 먹었나요?

Ans: ཁོང་ཆུང་ཆུང་ཡིན་དུས་ཉ་ཤ་ཟ་གི་འདུག
He/she used to eat fish when he/she was young.
그/그녀는 어릴 때 물고기를 먹었어요.

མིང་ཚིག Vocabulary 어휘

1.	གཡག་ཤ	yak meat	야크고기
2.	གླང་ཤ	beef	소고기
3.	ལུག་ཤ	mutton[sheep]	양고기
4.	ར་ཤ	mutton[goat]	염소고기
5.	ཕག་ཤ	pork	돼지고기
6.	བྱ་ཤ	chicken	닭고기
7.	ཉ་ཤ	fish	생선 / 물고기
8.	མ་ཧེ་ཤ	buffalo meat	버팔로고기
9.	ཤ་རྗེན་པ།	raw meat	생고기 / 날고기
10.	ཤ་སྐམ་པོ།	dried meat	말린 고기
11.	ལུག་ཤ་རྗེན་པ།	raw mutton	생 양고기
12.	གཡག་ཤ་སྐམ་པོ།	dried yak meat	말린 야크고기
13.	རྒྱ་མ།	sausage	소시지
14.	ལྕེ་ལེབ།	tongue	혀
15.	ང་གཉིས་འཛིན་གྲྭ་གཅིག་པ་ཡིན་དུས་…	when the two of us were classmates 우리 둘이 같은 반일 때	
16.	ང་གཉིས་དགོན་པ་གཅིག་པ་ཡིན་དུས་…	when we were in the same monastery 우리 둘이 같은 사원에 있을 때	
17.	ཁོང་ཚོ་དགེ་རྒན་ཡིན་དུས་…	when they were teachers 그들이 선생님일 때	
18.	ཁོང་གཉིས་ལས་བྱེད་པ་ཡིན་དུས་…	when the two of them were staff 그 두 사람이 직원일 때	
19.	པདྨ་ང་གཉིས་དགའ་རོགས་ཡིན་དུས་…	when Pema and I were lovers 빼마와 내가 연인일 때	
20.	ང་ཚོ་མཐོ་སློབ་གཅིག་པ་ཡིན་དུས་…	when we were in the same collage 우리들이 같은 대학에 다닐 때	
21.	ཁོ་ངའི་ཁྱོ་ག་ཡིན་དུས་…	when he was my husband	그가 나의 남편일 때
22.	མོ་ངའི་སྐྱེས་དམན་ཡིན་དུས་…	when she was my wife	그녀가 나의 부인일 때

제54과 나는 티베트에 있을 때 술을 많이 마셨습니다.

Statement 103 ང་ + OP + ལ་ + V + ཡོད་དུས་ + O inf. + Adv. + V + གི་ཡོད།

ང་བོད་ལ་ཡོད་དུས་ཆང་མང་པོ་འཐུང་གི་ཡོད།

I used to drink a lot of chang when/ while I was in Tibet.
나는 티베트에 있을 때 술을 많이 마셨습니다.

Yes-Q : ཁྱེད་རང་བོད་ལ་ཡོད་དུས་ཆང་མང་པོ་འཐུང་གི་ཡོད་པས།
Did you use to drink a lot of chang when you were in Tibet?
당신은 티베트에 있을 때 술을 많이 마셨나요?

Ans: ལགས་ཡོད། ང་བོད་ལ་ཡོད་དུས་ཆང་མང་པོ་འཐུང་གི་ཡོད།
Yes, I used to drink a lot of chang when I was in Tibet.
네, 저는 티베트에 있을 때 술을 많이 마셨어요.

No-Q: ཁྱེད་རང་བོད་ལ་ཡོད་དུས་བོད་ཇ་མང་པོ་འཐུང་གི་ཡོད་པས།
Did you use to drink a lot of Tibetan tea when you were in Tibet?
당신은 티베트에 있을 때 티베트차를 많이 마셨나요?

Ans: ལགས་མེད། ང་བོད་ལ་ཡོད་དུས་བོད་ཇ་མང་པོ་འཐུང་གི་མེད།
No, I did not use to drink a lot of Tibetan tea when I was in Tibet.
아니요, 저는 티베트에 있을 때 티베트차를 많이 마시지 않았어요.

Key-Q: ཁྱེད་རང་བོད་ལ་ཡོད་དུས་ག་རེ་མང་པོ་འཐུང་གི་ཡོད།
What did you use to drink a lot when you were in Tibet?
당신은 티베트에 있을 때 무엇을 많이 마셨나요?

Ans: ང་བོད་ལ་ཡོད་དུས་ཆང་མང་པོ་འཐུང་གི་ཡོད།
I used to drink a lot of chang when I was in Tibet.
저는 티베트에 있을 때 술을 많이 마셨어요.

Or-Q: ཁྱེད་རང་བོད་ལ་ཡོད་དུས་ཆང་མང་པོ་འཐུང་གི་ཡོད་བོད་ཇ་མང་པོ་འཐུང་གི་ཡོད།
Did you use to drink a lot of chang or Tibetan tea when you were in Tibet?
당신은 티베트에 있을 때 술을 많이 마셨나요? 티베트차를 많이 마셨나요?

Ans: ང་བོད་ལ་ཡོད་དུས་ཆང་མང་པོ་འཐུང་གི་ཡོད།
I used to drink a lot of chang when I was in Tibet.
저는 티베트에 있을 때 술을 많이 마셨어요.

Statement 104 ཁོ་+ OP + ལ་ + V + ཡོད་དུས་ + O inf. + V + གི་+ འདུག / ཡོད་རེད།

ཁོ་ལྷ་ས་ལ་ཡོད་དུས་ཚོང་རྒྱག་གི་འདུག

He used to do business while he was in Lhasa.
그/그녀는 라싸에 있을 때 사업을 했습니다.

Yes-Q : ཁོ་ལྷ་ས་ལ་ཡོད་དུས་ཚོང་རྒྱག་གི་འདུག་གས།
Did he use to do business while he was in Lhasa?
그/그녀는 라싸에 있을 때 사업을 했나요?

Ans: ལགས་འདུག ཁོ་ལྷ་ས་ལ་ཡོད་དུས་ཚོང་རྒྱག་གི་འདུག
Yes, he used to do business while he was in Lhasa.
네, 그/그녀는 라싸에 있을 때 사업을 했어요.

No-Q: ཁོ་ལྷ་ས་ལ་ཡོད་དུས་སློབ་སྦྱོང་བྱེད་ཀྱི་འདུག་གས།
Did he use to study while he was in Lhasa?
그/그녀는 라싸에 있을 때 공부를 했나요?

Ans: ལགས་མི་འདུག ཁོ་ལྷ་ས་ལ་ཡོད་དུས་སློབ་སྦྱོང་བྱེད་ཀྱི་མི་འདུག
No, he did not use to study while he was in Lhasa.
아니요, 그/그녀는 라싸에 있을 때 공부를 하지 않았어요.

Key-Q: ཁོ་ལྷ་ས་ལ་ཡོད་དུས་ག་རེ་བྱེད་ཀྱི་འདུག
What did he use to do while he was in Lhasa?
그/그녀는 라싸에 있을 때 무엇을 했나요?

Ans: ཁོ་ལྷ་ས་ལ་ཡོད་དུས་ཚོང་རྒྱག་གི་འདུག
He used to do business while he was in Lhasa.
그/그녀는 라싸에 있을 때 사업을 했어요.

Or-Q: ཁོ་ལྷ་ས་ལ་ཡོད་དུས་ཚོང་རྒྱག་གི་འདུག་སློབ་སྦྱོང་བྱེད་ཀྱི་འདུག
Did he use to do business or study while he was in Lhasa?
그/그녀는 라싸에 있을 때 사업을 했나요? 공부를 했나요?

Ans: ཁོ་ལྷ་ས་ལ་ཡོད་དུས་ཚོང་རྒྱག་གི་འདུག
He used to do business while he was in Lhasa.
그/그녀는 라싸에 있을 때 사업을 했어요.

མིང་ཚིག Vocabulary 어휘

1. ཁྲོམ་ལ་	to/at/in the market	시장에
2. འཛིན་གྲྭ་ལ་	to/at/in classroom	교실에
3. དགོན་པ་ལ་	to/at/in monastery	사원에 / 절에
4. ཨ་ནི་དགོན་པ་ལ་	to/at/in nunnery	비구니 사원에
5. གཙུག་ལག་ཁང་ལ་	to/at/in temple	법당에
6. དཔེ་མཛོད་ཁང་ལ་	to/at/in library	도서관에
7. ཁྲིམས་ཁང་ལ་	to/at/in court	법원에
8. ཟ་ཁང་ལ་	to/at/in restaurant	식당에
9. ཚོང་ཁང་ལ་	to/at/in shop	가게에
10. མཐོ་སློབ་ལ་	to/at/in college	대학에
11. ཨ་མའི་ནང་ལ་	to/at/in my mother's place	어머니 집에
12. གྲོགས་པོའི་ནང་ལ་	to/at/in my friend's place	친구 집에
13. ཡིག་ཚང་ལ་	to/at/in office	사무실에
14. སློབ་གྲྭ་ལ་	to/at/in the school	학교에
15. གཞས་མང་པོ་གཏོང་གི་	to sing songs a lot	노래를 많이 부르다.
16. རི་ལ་མང་པོ་འཛེག་གི་	to climb mountains a lot	등산을 많이 하다.
17. དེབ་མང་པོ་ཀློག་གི་	to read books a lot	독서를 많이 하다.
18. ལས་ཀ་མང་པོ་བྱེད་ཀྱི་	to work a lot	일을 많이 하다.
19. སྔགས་མང་པོ་འདོན་གྱི་	to recite mantras a lot	진언을 많이 염송하다.
20. མེ་ཏོག་མང་པོ་འདེབས་ཀྱི་	to plant flowers a lot	꽃을 많이 심다.
21. ཚལ་མང་པོ་རྔོད་ཀྱི་	to fry vegetables a lot	야채를 많이 볶다.
22. རྩོམ་མང་པོ་འབྲི་གི་	to write composition a lot	글(시, 소설)을 많이 쓰다.
23. རྒྱག་རེས་མང་པོ་རྒྱག་གི་	to fight a lot	싸움을 많이 하다.
24. ཕྱག་མང་པོ་འཚལ་གྱི་	to prostrate a lot	절을 많이 하다.

གླེང་མོལ། Dialogue 대화문 38

མཆོག། ཞོགས་པ་བདེ་ལེགས། ཁྱེད་རང་ག་རེ་བྱེད་ཀྱི་ཡོད།
Good morning! What are you doing?
좋은 아침입니다. 당신은 무엇을 하고 있나요?

པད་མ། ང་ཁ་ལག་བཟོ་གི་ཡོད།
I am cooking.
저는 요리를 하고 있어요.

མཆོག། ཨ་ལེ། ཁྱེད་རང་གིས་ཁ་ལག་ག་རེ་བཟོ་ཐུབ་ཀྱི་ཡོད།
Oh, what kind of food can you make?
오~, 당신은 어떤 종류의 요리를 할 수 있나요?

པད་མ། ངས་ཤ་མོག་མོག་བཟོ་ཐུབ་ཀྱི་ཡོད།
I can make meat momos.
저는 고기 만두를 만들 수 있어요.

མཆོག། ཁྱེད་རང་ཆུང་ཆུང་ཡིན་དུས་མོ་ཊ་གཏོང་ཐུབ་ཀྱི་ཡོད་པས།
Could you drive when you were young?
당신은 젊을 때 운전할 수 있었나요?

པད་མ། ལགས་མེད། ཡིན་ནའང་ངས་རྐང་འཁོར་བཞོན་ཐུབ་ཀྱི་ཡོད།
No, I couldn't. but I could ride a bicycle.
아니요. 그러나 저는 자전거를 탈 수 있었어요.

གླེང་མོལ། Dialogue 대화문 39

པད་མ། ཁྱེད་རང་སློབ་ཕྲུག་ཡིན་དུས་འཚུབ་པོ་ཡོད་པས།

Were you naughty when you were a student?

당신은 학생일 때 말썽꾸러기였나요?

མཆོག ལགས་འོང་། ང་སློབ་ཕྲུག་ཡིན་དུས་འཚུབ་པོ་ཞེ་དྲག་ཡོད།

Yes, I was very naughty when I was a student.

네, 저는 학생일 때 매우 말썽꾸러기였어요.

པད་མ། ཨ་ནི། ཁྱེད་རང་གི་གྲོགས་པོ་དེ་ཚོ་འཚུབ་ལོད་ཡོད་རེད།

Well, what about your friends?

그럼, 당신의 친구들은 얼마나 말썽꾸러기였어요?

མཆོག ཁོང་ཚོ་ང་ལས་ཞེ་དྲག་འཚུབ་པོ་ཡོད་རེད།

They were much naughtier than me.

그들은 나보다 더 말썽꾸러기였어요.

པད་མ། ཁྱེད་རང་སློབ་ཕྲུག་ཡིན་དུས་འཚུབ་ལོད་ཡོད།

How naughty were you, when you were a student?

당신은 학생일 때 얼마나 말썽꾸러기였나요?

ང་སློབ་ཕྲུག་ཡིན་དུས་ཁ་ལ་ཉན་པོ་ཡོད་ཙང་། རྒན་ལགས་ཀྱིས་བྱམས་པོ་བྱེད་ཀྱི་ཡོད།

Since I was obedient when I was a student, my teacher were kind to me.

저는 학생일 때 말을 잘 들어서 선생님께서 귀여워해 주셨어요.

མཆོག དངོས་གནས།

Really?

정말요?

གླེང་མོལ། Dialogue 대화문 40

པད་མ། ཁྱེད་རང་ཆུང་ཆུང་ཡིན་དུས་ཤ་ཟ་གི་ཡོད་པས།
Did you eat meat when you were little?
당신은 어릴 때 고기를 먹었나요?

མཆོག། ལགས་ཡོད། ཡིན་ནའང་དེང་སང་ཟ་གི་མེད།
Yes, I did. But these days I don't eat meat.
네, 그러나 요즘은 고기를 먹지 않아요.

པད་མ། ཁྱེད་རང་གི་པ་ལགས་གཞོན་གཞོན་ཡིན་དུས་ཆང་འཐུང་གི་ཡོད་རེད་པས།
Did your father drink chang when he was young?
당신의 아버님은 젊었을 때 술을 마셨나요?

མཆོག། ལགས་ཡོད་མ་རེད། ཁོང་གིས་ཆང་ཁ་ལ་ལེན་གྱི་ཡོད་མ་རེད།
No, he never touched chang.
아니요, 아버지는 술은 입에 대지도 않았어요.

པད་མ། དངོས་གནས། དཔེ་ཡག་པོ་རེད།
Really! Very good.
정말이요? 참 좋으네요.

མཆོག། ཁྱེད་རང་བོད་ལ་ཡོད་དུས་སྦྱི་རག་འཐུང་གི་ཡོད་པས།
Did you drink beer when you were in Tibet?
당신은 티베트에 있을 때 맥주를 마셨나요?

པད་མ། ག་པར་ག་པར། ང་བོད་ལ་ཡོད་དུས་ཆུང་ཆུང་ཞེ་དྲག་རེད།
No way! I was very small when I was in Tibet.
전혀요. 저는 티베트에 있을 때 매우 어렸어요.

མཆོག། སྐྱུ་རྩེད་བྱས་པ་ཡིན།
I was kidding!
농담이에요.

པད་མ། ཨ་ལེ།
I see.
네, 알았어요.

제55과 나는 수업에 갈 시간입니다.

Statement 105 ང་+ OP + ལ་+ V + རན་ + འདུག / སོང་ / ཤག

ང་འཛིན་གྲྭ་ལ་འགྲོ་རན་འདུག

It's time for me to go to class.
나는 수업에 갈 시간입니다.

Yes-Q : ཁྱེད་རང་འཛིན་གྲྭ་ལ་འགྲོ་རན་འདུག་གས།
Is it time for you to go to class?
당신은 수업에 갈 시간인가요?

Ans: ལགས་འདུག ང་འཛིན་གྲྭ་ལ་འགྲོ་རན་འདུག
Yes, it's time for me to go to class.
네, 저는 수업에 갈 시간이에요.

No-Q: ཁྱེད་རང་ནང་ལ་འགྲོ་རན་འདུག་གས།
Is it time for you to go home?
당신은 집에 갈 시간인가요?

Ans: ལགས་མི་འདུག ང་ནང་ལ་འགྲོ་རན་མི་འདུག
No, it's not time for me to go home.
아니요, 저는 집에 갈 시간이 아니에요.

Key-Q: ཁྱེད་རང་ག་པར་འགྲོ་རན་འདུག
Is it time for you where to go?
당신은 어디에 갈 시간인가요?

Ans: ང་འཛིན་གྲྭ་ལ་འགྲོ་རན་འདུག
It's time for me to go to class.
저는 수업에 갈 시간에요.

Or-Q: ཁྱེད་རང་འཛིན་གྲྭ་ལ་འགྲོ་རན་འདུག་ནང་ལ་འགྲོ་རན་འདུག
Is it time for you to go to class or go home?
당신은 수업에 갈 시간인가요? 집에 갈 시간인가요?

Ans: ང་འཛིན་གྲྭ་ལ་འགྲོ་རན་འདུག
It's time for me to go to class.
저는 수업에 갈 시간이에요.

Statement 106 ཉལ་+ V + རན་ + ཡོད་རེད། / འདུག / ཤག

ཁོང་ཉལ་རན་ཡོད་རེད།

It's time for him/her to sleep.
그/그녀는 잘 시간입니다.

Yes-Q : ཁོང་ཉལ་རན་ཡོད་རེད་པས།
Is it time for him/her to sleep?
그/그녀는 잘 시간인가요?

Ans: ལགས་ཡོད་རེད། ཁོང་ཉལ་རན་ཡོད་རེད།
Yes, It's time for him/her to sleep.
네, 그/그녀는 잘 시간이에요.

No-Q: ཁོང་ལང་རན་ཡོད་རེད་པས།
Is it time for him/her to get up?
그/그녀는 일어날 시간인가요?

Ans: ལགས་ཡོད་མ་རེད། ཁོང་ལང་རན་ཡོད་མ་རེད།
No, it's not time for him/her to get up.
아니요, 그/그녀는 일어날 시간이 아니에요.

Key-Q: ཁོང་ག་རེ་བྱེད་རན་ཡོད་རེད།
Is it time for him/her what to do?
그/그녀는 무엇을 할 시간인가요?

Ans: ཁོང་ཉལ་རན་ཡོད་རེད།
It's time for him/her to sleep.
그/그녀는 잘 시간이에요.

Or-Q: ཁོང་ཉལ་རན་ཡོད་རེད་ལང་རན་ཡོད་རེད།
Is it time for him/her to sleep or to get up?
그/그녀는 잘 시간인가요? 일어날 시간인가요?

Ans: ཁོང་ཉལ་རན་ཡོད་རེད།
It's time for him/her to sleep.
그/그녀는 잘 시간이에요.

མིང་ཚིག Vocabulary 어휘

1. V+རན་(འདུག / ཡོད་རེད།)	It's time to + V	~해야 할 시간(때)이다.
2. འགྲོ་རན་…	It's time to go	갈 시간이다.
3. གཉིད་ཁུག་རན་…	It's time to sleep	잠을 잘 시간이다.
4. དེབ་ཀློག་རན་…	It's time to read a book	책 읽을 시간이다.
5. ལས་ཀ་བྱེད་རན་…	It's time to work	일을 할 시간이다.
6. གནམ་གྲུ་འཕུར་རན་…	It's time for the plane to take off	비행기가 이륙할 시간이다.
7. མེ་ཏོག་འདེབས་རན་…	It's time to plant flower	꽃을 심을 때이다.
8. ལྷམ་གོག་བརྗེ་རན་…	It's time to change shoes	신발을 바꿀 때이다.
9. ནང་ལས་བྱེད་རན་…	It's time to do homework	숙제를 할 시간이다.
10. ཁོང་ཡོང་རན་…	It's time for him to come	그가 올 시간이다.
11. རོགས་པ་བྱེད་རན་…	It's time to help	도와줄 때이다.
12. ཚོང་ཁང་སྒོ་ཕྱེ་རན་…	It's time for the shops to open	가게 문을 열 시간이다.
13. བེད་སྤྱོད་བྱེད་རན་…	It's time to use	사용할 시간이다.
14. གཞས་གཏོང་རན་…	It's time to sing a song	노래 부를 시간이다.
15. འཛིན་གྲྭ་འཚོགས་རན་…	It's time to begin the class	수업 시작할 시간이다.
16. ནང་ལ་འགྲོ་རན་…	It's time to go to the office	집에 갈 시간이다.
17. ཚོགས་འདུ་འཚོགས་རན་…	It's time to start the meeting	회의할 시간이다.
18. ཡིག་ཚང་ལ་འགྲོ་རན་…	It's time to go to the office	사무실에 갈 시간이다.
19. འཛིན་གྲྭ་ལ་འགྲོ་རན་…	It's time to go to class	수업에 갈 시간이다.
20. དགོན་པ་ལ་ལོག་རན་…	It's time to return to the monastery	사원에 돌아갈 시간이다.
21. དཔེ་སྐྲུན་བྱེད་རན་…	It's time to publish	책을 출판할 때이다.
22. བར་སེང་གཏོང་རན་…	It's time to have break	쉬어야 할 때이다.

제56과 나는 차를 마시러 갈 시간입니다.

Statement 107 ང་ + O inf + V + གར་ + འགྲོ་རན་ + འདུག / སོང་ / ཤག

ང་ཇ་འཐུང་གར་འགྲོ་རན་འདུག

It's time for me to go and drink tea.
나는 차를 마시러 갈 시간 입니다.

Yes-Q : ཁྱེད་རང་ཇ་འཐུང་གར་འགྲོ་རན་འདུག་གས།
Is it time for you to go and drink tea?
당신은 차를 마시러 갈 시간인가요?

Ans: ལགས་འདུག ང་ཇ་འཐུང་གར་འགྲོ་རན་འདུག
Yes, it's time for me to go and drink tea.
네, 저는 차를 마시러 갈 시간이에요.

No-Q: ཁྱེད་རང་ཆུ་འཐུང་གར་འགྲོ་རན་འདུག་གས།
Is it time for you to go and drink water?
당신은 물을 마시러 갈 시간인가요?

Ans: ལགས་མི་འདུག ང་ཆུ་འཐུང་གར་འགྲོ་རན་མི་འདུག
No, it is not time for me to go and drink water.
아니요, 저는 물을 마시러 갈 시간이 아니에요.

Key-Q: ཁྱེད་རང་ག་རེ་འཐུང་གར་འགྲོ་རན་འདུག
What is it time for you to go and drink?
당신은 무엇을 마시러 갈 시간인가요?

Ans: ང་ཇ་འཐུང་གར་འགྲོ་རན་འདུག
It's time for me to go and drink tea.
저는 차를 마시러 갈 시간이에요.

Or-Q: ཁྱེད་རང་ཇ་འཐུང་གར་འགྲོ་རན་འདུག་ཆུ་འཐུང་གར་འགྲོ་རན་འདུག
Is it time for you to go and drink tea or water?
당신은 차를 마시러 갈 시간인가요? 물을 마시러 갈 시간인가요?

Ans: ང་ཇ་འཐུང་གར་འགྲོ་རན་འདུག
It's time for me to go and drink tea.
저는 차를 마시러 갈 시간이에요.

Statement 108 ཁོ་ + O inf + V + གར་ + འགྲོ་རན་ + ཡོད་རེད། / འདུག / ཤག

ཁོ་ཡི་གེ་གཏོང་གར་འགྲོ་རན་འདུག

It's time for him to go and send the letter.
그/그녀는 편지를 부치러 갈 시간(때)입니다.

Yes-Q : ཁོ་ཡི་གེ་གཏོང་གར་འགྲོ་རན་འདུག་གས།
Is it time for him to go and send the letter?
그/그녀는 편지를 부치러 갈 시간인가요?

Ans: ལགས་འདུག ཁོ་ཡི་གེ་གཏོང་གར་འགྲོ་རན་འདུག
Yes, it is time for him to go and send the letter.
네, 그/그녀는 편지를 부치러 갈 시간이에요.

No-Q: ཁོ་ཡི་གེ་ལེན་གར་འགྲོ་རན་འདུག་གས།
Is it time for him to go and receive the letter?
그/그녀는 편지를 받으러 갈 시간인가요?

Ans: ལགས་མི་འདུག ཁོ་ཡི་གེ་ལེན་གར་འགྲོ་རན་མི་འདུག
No, it is not time for him to go and receive the letter.
아니요, 그/그녀는 편지를 받으러 갈 시간이 아니에요.

Key-Q: ཁོ་ག་རེ་བྱེད་གར་འགྲོ་རན་འདུག
What is it time for him to go?
그/그녀는 무엇을 하러 갈 시간인가요?

Ans: ཁོ་ཡི་གེ་གཏོང་གར་འགྲོ་རན་འདུག
It is time for him to go and send the letter.
그/그녀는 편지를 부치러 갈 시간이에요.

Or-Q: ཁོ་ཡི་གེ་གཏོང་གར་འགྲོ་རན་འདུག་ཡི་གེ་ལེན་གར་འགྲོ་རན་འདུག
Is it time for him to go and send the letter or receive the letter?
그/그녀는 편지를 부치러 갈 시간인가요? 편지를 받으러 갈 시간인가요?

Ans: ཁོ་ཡི་གེ་གཏོང་གར་འགྲོ་རན་འདུག
It is time for him to go and send the letter.
그/그녀는 편지를 부치러 갈 시간이에요.

མིང་ཚིག Vocabulary 어휘

1. སློབ་སྦྱོང་བྱེད་ཀར་འགྲོ་རན་་་	It's time to go and study	공부를 하러 갈 시간이다.
2. ཁ་ལག་ཟ་གར་འགྲོ་རན་་་	It's time to go and eat	음식을 먹으러 갈 시간이다.
3. ཅི་ནི་ཉོ་གར་འགྲོ་རན་་་	It's time to go and buy sugar	설탕을 사러 갈 시간이다.
4. ལས་ཀ་བྱེད་ཀར་འགྲོ་རན་་་	It's time to go and work	일을 하러 갈 시간이다.
5. ངལ་གསོ་བརྒྱབ་གར་འགྲོ་རན་་་	It's time to go and rest	휴식을 취하러 갈 시간이다.
6. ཆུ་ལེན་གར་འགྲོ་རན་་་	It's time to go and fetch water	물을 받으러 갈 시간이다.
7. དངུལ་བརྗེ་གར་འགྲོ་རན་་་	It's time to go and change money	환전을 하러 갈 시간이다.
8. གློག་བརྙན་ལྟ་གར་འགྲོ་རན་་་	It's time to go and watch a movie	영화를 보러 갈 시간이다.
9. གསུང་ཆོས་ཞུ་གར་འགྲོ་རན་་་	It's time to go and attend teachings	법문을 들으러 갈 시간이다.
10. རོགས་པ་བྱེད་ཀར་འགྲོ་རན་་་	It's time to go and help	도와주러 갈 시간이다.

11. ཨ་རི་ལ་སློབ་སྦྱོང་བྱེད་ཀར་འགྲོ་རན་་་
It's time to go and study in the United States
미국에 공부하러 갈 시간(때)이다.

12. རྒྱ་གར་ལ་གསུང་ཆོས་ཞུ་གར་འགྲོ་རན་་་
It's time to go and receive teachings in India
인도에 법문을 들으러 갈 시간(때)이다.

13. དཔེ་མཛོད་ཁང་ལ་དེབ་ཀློག་གར་འགྲོ་རན་་་
It's time to go and read books in the library
도서관에 책을 읽으러 갈 시간이다.

14. ཤིང་ནགས་ནང་ལ་སྒོམ་རྒྱག་གར་འགྲོ་རན་་་
It's time to go and meditate in the forest.
숲 속으로 수행하러 갈 시간이다.

15. སྨན་ཁང་ལ་ཨེམ་ཆི་བསྟེན་གར་འགྲོ་རན་་་
It's time to go and see a doctor
병원에 진료 받으러 갈 시간이다.

16. དངུལ་ཁང་ལ་དངུལ་བཙུག་གར་འགྲོ་རན་་་
It's time to go and deposit money in the bank
은행에 예금하러 갈 시간이다.

제57과 나는 시간이 있을 때 책을 읽습니다.

Statement 109 ང་ + ལ་ + དུས་ཚོད་ཡོད་དུས་ + O inf. + V + གི་ + ཡོད།

ང་ལ་དུས་ཚོད་ཡོད་དུས་དེབ་ཀློག་གི་ཡོད།

I read a book when I have time.
나는 시간이 있을 때 책을 읽습니다.

Yes-Q : ཁྱེད་རང་ལ་དུས་ཚོད་ཡོད་དུས་དེབ་ཀློག་གི་ཡོད་པས།
Do you read a book when you have time?
당신은 시간이 있을 때 책을 읽나요?

Ans: ལགས་ཡོད། ང་ལ་དུས་ཚོད་ཡོད་དུས་དེབ་ཀློག་གི་ཡོད།
Yes, I read a book when I have time.
네, 저는 시간이 있을 때 책을 읽어요.

No-Q: ཁྱེད་རང་ལ་དུས་ཚོད་ཡོད་དུས་དེབ་འབྲི་གི་ཡོད་པས།
Do you write a book when you have time?
당신은 시간이 있을 때 책을 쓰나요?

Ans: ལགས་མེད། ང་ལ་དུས་ཚོད་ཡོད་དུས་དེབ་འབྲི་གི་མེད།
No, I don't write a book when I have time.
아니요, 저는 시간이 있을 때 책을 쓰지 않아요.

Key-Q: ཁྱེད་རང་ལ་དུས་ཚོད་ཡོད་དུས་ག་རེ་བྱེད་ཀྱི་ཡོད།
What do you do when you have free time?
당신은 시간이 있을 때 무엇을 하나요?

Ans: ང་ལ་དུས་ཚོད་ཡོད་དུས་དེབ་ཀློག་གི་ཡོད།
I read a book when I have time.
저는 시간이 있을 때 책을 읽어요.

Or-Q: ཁྱེད་རང་ལ་དུས་ཚོད་ཡོད་དུས་དེབ་ཀློག་གི་ཡོད་འབྲི་གི་ཡོད།
Do you read a book or write a book when you have time?
당신은 시간이 있을 때 책을 읽나요? 책을 쓰나요?

Ans: ང་ལ་དུས་ཚོད་ཡོད་དུས་དེབ་ཀློག་གི་ཡོད།
I read a book when I have time.
저는 시간이 있을 때 책을 읽어요 .

Statement 110 ཁོང་ + ལ་ + དུས་ཚོད་ཡོད་དུས་ + O inf. + V + གི་ + འདུག / ཡོད་རེད།

ན་ཉིང་ཁོང་ལ་དུས་ཚོད་ཡོད་དུས་འཁྱམ་གྱི་འདུག

He/she was roaming around when he/she had time last year.
작년에 그/그녀는 시간이 있을 때 여기저기 돌아다녔습니다.

Yes-Q : ན་ཉིང་ཁོང་ལ་དུས་ཚོད་ཡོད་དུས་འཁྱམ་གྱི་འདུག་གས།
Was he/she roaming around when he/she had time last year?
작년에 그/그녀는 시간이 있을 때 여기저기 돌아다녔나요?

Ans: ལགས་འདུག ན་ཉིང་ཁོང་ལ་དུས་ཚོད་ཡོད་དུས་འཁྱམ་གྱི་འདུག
Yes, he/she was roaming around when he/she had time last year.
네, 작년에 그/그녀는 시간이 있을 때 여기저기 돌아다녔어요.

No-Q: ན་ཉིང་ཁོང་ལ་དུས་ཚོད་ཡོད་དུས་སློབ་སྦྱོང་བྱེད་ཀྱི་འདུག་གས།
Was he/she studying when he/she had time last year?
작년에 그/그녀는 시간이 있을 때 공부를 했나요?

Ans: ལགས་མི་འདུག ན་ཉིང་ཁོང་ལ་དུས་ཚོད་ཡོད་དུས་སློབ་སྦྱོང་བྱེད་ཀྱི་མི་འདུག
No, he/she was not studying when he/she had time last year.
아니요, 작년에 그/그녀는 시간이 있을 때 공부를 안 했어요.

Key-Q: ན་ཉིང་ཁོང་ལ་དུས་ཚོད་ཡོད་དུས་ག་རེ་བྱེད་ཀྱི་འདུག
What was he/she doing when he/she had time last year?
작년에 그/그녀는 시간이 있을 때 무엇을 했나요?

Ans: ན་ཉིང་ཁོང་ལ་དུས་ཚོད་ཡོད་དུས་འཁྱམ་གྱི་འདུག
He/she was roaming around when he/she had time last year.
작년에 그/그녀는 시간이 있을 때 여기저기 돌아다녔어요.

Or-Q: ན་ཉིང་ཁོང་ལ་དུས་ཚོད་ཡོད་དུས་འཁྱམ་གྱི་འདུག་སློབ་སྦྱོང་བྱེད་ཀྱི་འདུག
Was he/she roaming around or studying when he/she had time last year?
작년에 그/그녀는 시간이 있을 때 여기저기 돌아다녔나요? 공부를 했나요?

Ans: ན་ཉིང་ཁོང་ལ་དུས་ཚོད་ཡོད་དུས་འཁྱམ་གྱི་འདུག
He/she was roaming around when he/she had time last year.
작년에 그/그녀는 시간이 있을 때 여기저기 돌아다녔어요.

མིང་ཚིག Vocabulary 어휘

1. དུས་ཚོད་ཡོད་དུས་…	When… have/ had time	시간이 있을 때
2. དངུལ་ཡོད་དུས་…	When… have/ had money	돈이 있을 때
3. ཕ་མ་ཡོད་དུས་…	when… parents are alive	부모님이 살아계실 때
4. ལས་ཀ་ཡོད་དུས་…	When… have/had work	일이 있을 때
5. ཕྲུ་གུ་ཡོད་དུས་…	When… have/had children	아이들이 있을 때
6. སྣག་སྣག་ཡོད་དུས་…	When… have/had motorbike	오토바이가 있을 때
7. གྲོགས་པོ་ཡོད་དུས་…	When… have/had friends	친구가 있을 때
8. ཁྱོ་ག་ཡོད་དུས་…	When… have/had husband	남편이 있을 때
9. དགེ་རྒན་ཡོད་དུས་…	When… have/had teachers	선생님이 계실 때
10. ཨ་མ་ཡོད་དུས་…	When… have/had mother	어머님이 계실 때
11. དུས་ཚོད་མེད་དུས་…	When… have/ had no time	시간이 없을 때
12. དངུལ་མེད་དུས་…	When… have/ had no money	돈이 없을 때
13. ཕ་མ་མེད་དུས་…	When… have/ had no parents	부모님이 안 계실 때
14. ལས་ཀ་མེད་དུས་…	When… have/ had no work/job	일, 직업이 없을 때
15. ཕྲུ་གུ་མེད་དུས་…	When… have/ had no children	아이들이 없을 때
16. ཁྱོ་ག་མེད་དུས་…	When… have/ had no husband	남편이 없을 때
17. སྐྱེ་དམན་མེད་དུས་…	When… have/ had no wife	부인이 없을 때
18. དགེ་རྒན་མེད་དུས་…	When… have/ had no teacher	선생님이 안 계실 때
19. ཁང་པ་མེད་དུས་…	When… have/ had no houses	집이 없을 때
20. མེ་འཁོར་མེད་དུས་…	When… have/ had no trains	기차가 없을 때

제58과 나는 시간이 있으면 소설책을 읽습니다.

Statement 111 ང་+ ལ་+ དུས་ཚོད་ + ཡོད་ན་ + O + V + གི་ + ཡོད།

ང་ལ་དུས་ཚོད་ཡོད་ན་སྒྲུང་དེབ་ཀློག་གི་ཡོད།

I read stories when/ if I have free time.

나는 시간이 있으면 소설책을 읽습니다.

Yes-Q : ཁྱེད་རང་ལ་དུས་ཚོད་ཡོད་ན་སྒྲུང་དེབ་ཀློག་གི་ཡོད་པས།

Do you read stories when/ if you have free time?

당신은 시간이 있으면 소설책을 읽나요?

Ans: ལགས་ཡོད། ང་ལ་དུས་ཚོད་ཡོད་ན་སྒྲུང་དེབ་ཀློག་གི་ཡོད།

Yes, I read stories when/ if I have free time.

네, 저는 시간이 있으면 소설책을 읽어요.

No-Q: ཁྱེད་རང་ལ་དུས་ཚོད་ཡོད་ན་རྒྱལ་རབས་ཀློག་གི་ཡོད་པས།

Do you read a history book when/ if you have free time?

당신은 시간이 있으면 역사책을 읽나요?

Ans: ལགས་མེད། ང་ལ་དུས་ཚོད་ཡོད་ན་རྒྱལ་རབས་ཀློག་གི་མེད།

No, I don't read a history book when/ if I have free time.

아니요, 저는 시간이 있으면 역사책을 읽지 않아요.

Key-Q: ཁྱེད་རང་ལ་དུས་ཚོད་ཡོད་ན་ག་རེ་ཀློག་གི་ཡོད།

When/ if you have free time, what do you read?

당신은 시간이 있으면 무엇을 읽나요?

Ans: ང་ལ་དུས་ཚོད་ཡོད་ན་སྒྲུང་དེབ་ཀློག་གི་ཡོད།

I read stories when/ if I have free time.

저는 시간이 있으면 소설책을 읽어요.

Or-Q: ཁྱེད་རང་ལ་དུས་ཚོད་ཡོད་ན་སྒྲུང་དེབ་ཀློག་གི་ཡོད་རྒྱལ་རབས་ཀློག་གི་ཡོད།

When/ if you have free time, do you read stories or a history book?

당신은 시간이 있으면 소설책을 읽나요? 역사책을 읽나요?

Ans: ང་ལ་དུས་ཚོད་ཡོད་ན་སྒྲུང་དེབ་ཀློག་གི་ཡོད།

I read stories when/ if I have free time.

저는 시간이 있으면 소설책을 읽어요.

Statement 112 མོ་ + ལ་ + དུས་ཚོད་ + ཡོད་ན་ + O + V + གི་ + ཡོད་རེད། / འདུག

མོ་ལ་དུས་ཚོད་ཡོད་ན་འཆམ་འཆམ་འགྲོ་གི་འདུག

She goes for a walk if / when she has time.
그녀는 시간이 있으면 산책을 갑니다.

Yes-Q : མོ་ལ་དུས་ཚོད་ཡོད་ན་འཆམ་འཆམ་འགྲོ་གི་འདུག་གས།
Does she go for a walk if / when she has time?
그녀는 시간이 있으면 산책을 가나요?

Ans: ལགས་འདུག མོ་ལ་དུས་ཚོད་ཡོད་ན་འཆམ་འཆམ་འགྲོ་གི་འདུག
Yes, she goes for a walk if / when she has time.
네, 그녀는 시간이 있으면 산책을 가요.

No-Q: མོ་ལ་དུས་ཚོད་ཡོད་ན་ལུས་རྩལ་རྩེ་གི་འདུག་གས།
Does she exercise if / when she has time?
그녀는 시간이 있으면 운동을 하나요?

Ans: ལགས་མི་འདུག མོ་ལ་དུས་ཚོད་ཡོད་ན་ལུས་རྩལ་རྩེ་གི་མི་འདུག
No, she doesn't exercise if / when she has time.
아니요, 그녀는 시간이 있으면 운동을 하지 않아요.

Key-Q: མོ་ལ་དུས་ཚོད་ཡོད་ན་ག་རེ་བྱེད་ཀྱི་འདུག
If / when she has time, what does she do?
그녀는 시간이 있으면 무엇을 하나요?

Ans: མོ་ལ་དུས་ཚོད་ཡོད་ན་འཆམ་འཆམ་འགྲོ་གི་འདུག
She goes for a walk if / when she has time.
그녀는 시간이 있으면 산책을 가요.

Or-Q: མོ་ལ་དུས་ཚོད་ཡོད་ན་འཆམ་འཆམ་འགྲོ་གི་འདུག་ལུས་རྩལ་རྩེ་གི་འདུག
If / when she has time, does she go for a walk or exercise?
그녀는 시간이 있으면 산책을 가나요? 운동을 하나요?

Ans: མོ་ལ་དུས་ཚོད་ཡོད་ན་འཆམ་འཆམ་འགྲོ་གི་འདུག
She goes for a walk if / when she has time.
그녀는 시간이 있으면 산책을 가요.

མིང་ཚིག Vocabulary 어휘

1. དུས་ཚོད་ཡོད་ན་… If/when… have/had time 시간이 있으면
2. དངུལ་ཡོད་ན་… If/when… have/had money 돈이 있으면
3. ཕ་མ་ཡོད་ན་… If/when… have/had parents are alive 부모님이 계시면
4. ལས་ཀ་ཡོད་ན་… If/when… have/had work 일 / 직업이 있으면
5. ཕྲུ་གུ་ཡོད་ན་… If/when… have/had children 아이들이 있으면
6. སྣག་སྣག་ཡོད་ན་… If/when… have/had motorbike 오토바이가 있으면
7. གྲོགས་པོ་ཡོད་ན་… If/when… have/had friend 친구가 있으면
8. ཁྱོ་ག་ཡོད་ན་… If/when… have/had husband 남편이 있으면
9. དགེ་རྒན་ཡོད་ན་… If/when… have/had teachers 선생님이 계시면
10. ཨ་མ་ཡོད་ན་… If/when… have/had mother 어머님이 계시면
11. དུས་ཚོད་མེད་ན་… If/when… have/had no time 시간이 없으면
12. དངུལ་མེད་ན་… If/when… have/had no money 돈이 없으면
13. ཕ་མ་མེད་ན་… If/when… have/had no parents 부모님이 안 계시면
14. ལས་ཀ་མེད་ན་… If/when… have/had no work 일 / 직업이 없으면
15. ཕྲུ་གུ་མེད་ན་… If/when… have/had no children 아이들이 없으면
16. ཁྱོ་ག་མེད་ན་… If/when… have/had no husband 남편이 없으면
17. སྐྱེས་དམན་མེད་ན་… If/when… have/had no wife 부인이 없으면
18. དགེ་རྒན་མེད་ན་… If/when… have/had no teachers 선생님이 안 계시면
19. ཁང་པ་མེད་ན་… If/when… have/had no houses 집이 없으면
20. མེ་འཁོར་མེད་ན་… If/when… have/had no trains 기차가 없으면

སློབ་མོལ། Dialogue 대화문 41

པད་མ། མཆོག་ལགས། ང་ཚོ་འཛིན་གྲྭ་ལ་འགྲོ་རན་འདུག
Chok-la, it's time for us to go to class.
촉씨! 우리들은 수업에 갈 시간이에요.

མཆོག ད་ལྟ་ཆུ་ཚོད་ག་ཚོད་རེད་འདུག
What time is it now?
지금 몇 시예요?

པད་མ། ད་ལྟ་ཆུ་ཚོད་བཅུ་པ་རེད་ཤག
It's ten o'clock.
지금 10시예요.

མཆོག སྔ་པོ་དེ་འདྲ་འགྲོ་དགོས་ཡོད་ན།
Do we have to go to class so early?
그렇게 일찍 가야 돼요?

ད་ལྟ་འགྲོ་རན་འདུག་གས།
Is it time to go now?
지금 갈 시간이에요?

པད་མ། ལགས། ད་ལྟ་སྔ་པོ་མ་རེད། ཁྱེད་རང་ཆུ་ཚོད་ལ་སྟོས་དང་།
What! it's not early! Look at your watch.
아! 지금 일찍 아니에요. 당신은 시계를 보세요.

གླེང་མོལ། Dialogue 대화문 42

མཆོག། ཁྱེད་རང་ཁ་ལག་ཟ་གར་འགྲོ་རན་མི་འདུག་གས།
Isn't it time for you to go and eat?
당신은 밥을 먹으러 갈 시간 아닌가요?

པད་མ། ལགས་མི་འདུག ད་ལྟ་ང་འཛིན་གྲྭ་ལ་འགྲོ་རན་འདུག
No, It's time for me to go to class now.
아니요, 지금 수업에 갈 시간이에요.

མཆོག། ཨ་ལེ། བྱས་ན། ང་ནང་ལ་ཁ་ལག་ཟ་གར་འགྲོ་གི་ཡིན།
Oh! If that's the case, I am going home to eat.
네, 그럼 저는 밥 먹으러 집에 갈 거예요.

པད་མ། ཁྱེད་རང་གསུང་ཆོས་ཞུ་གར་འགྲོ་རན་མི་འདུག་གས།
Isn't it time for you to go to the teaching?
당신은 법문 들으러 갈 시간 아닌가요?

མཆོག། གསུང་ཆོས་ཁ་སང་ནས་ཚར་སོང་།
The teaching has been over since yesterday.
법문은 어제 끝났어요.

པད་མ། ཨ་ལེ། ངས་ཧ་གོ་མ་བྱུང་།
Oh! I didn't know.
아! 네~, 저는 몰랐어요.

གླིང་མོལ། Dialogue 대화문 43

པད་མ། ཁྱེད་རང་ལ་དུས་ཚོད་ཡོད་དུས་ག་རེ་བྱེད་ཀྱི་ཡོད།
What do you do when you have free time?
당신은 시간이 있을 때 무엇을 해요?

མཆོག ང་ལ་དུས་ཚོད་ཡོད་དུས་རྩེད་མོ་རྩེ་གི་ཡོད།
I play games when I have free time.
저는 시간이 있을 때 놀아요.

པད་མ། ཁྱེད་རང་རྩེད་མོ་རྩེ་ཡས་ལ་དགའ་པོ་དེ་འདྲ་ཡོད་པས།
Are you so fond of playing games?
당신은 노는 것을 그렇게 좋아해요?

མཆོག ལགས་འོང་། ང་ཆུང་ཆུང་ཡིན་དུས་ནས་རྩེད་མོ་ལ་དགའ་པོ་ཞེ་དྲག་ཡོད།
Yes. I have been very fond of games since I was small.
네. 저는 어릴 때부터 노는 것을 매우 좋아했어요.

པད་མ། ཁྱེད་རང་ལ་དུས་ཚོད་ཡོད་ན་དེབ་ཀློག་གི་མེད་པས།
Don’t you read a book when you have the time?
당신은 시간이 있으면 책을 읽지 않나요?

མཆོག ལགས་མེད། ཁྱེད་རང་ལ་དུས་ཚོད་སྟོང་པ་ཡོད་དུས་ག་རེ་བྱེད་ཀྱི་ཡོད།
No, I don’t. What do you do when you have free time?
아니요. 당신은 빈 시간이 있을 때 무엇을 해요?

པད་མ། དུས་ཚོད་སྟོང་པ་ཡོད་ན་དགའ་རོགས་མཉམ་དུ་གློག་བརྙན་ལྟ་གར་འགྲོ་གི་ཡོད།
If I have free time, I go to the movies with my boyfriend.
빈 시간이 있으면 애인과 함께 영화를 보러 가요.

མཆོག ཁྱེད་རང་གཉིས་གཟའ་ཉི་མ་ལ་ག་རེ་བྱེད་ཀྱི་ཡོད།
What do you two do on Sunday?
당신 두 사람(두 분)은 일요일에 무엇을 해요?

པད་མ། ང་གཉིས་གཟའ་ཉི་མ་ལ་ཞོགས་ཉལ་རྒྱག་གི་ཡོད།
We sleep in on Sundays.
우리는 일요일에 늦게까지 자요.

제59과 나는 체중이 늘고 있습니다.

Statement 113 ང་ + Adj. C + རུ་+འགྲོ་གི་ + འདུག

ང་རྒྱག་རུ་*འགྲོ་གི་འདུག

I am becoming fatter.
나는 체중이 늘고 있습니다.

Yes-Q : ཁྱེད་རང་རྒྱག་རུ་འགྲོ་གི་འདུག་གས།
Are you becoming fatter?
당신은 체중이 늘고 있나요?

Ans: ལགས་འདུག ང་རྒྱག་རུ་འགྲོ་གི་འདུག
Yes, I am becoming fatter.
네, 저는 체중이 늘고 있어요.

No-Q: ཁྱེད་རང་སྐམ་རུ་འགྲོ་གི་འདུག་གས།
Are you becoming thinner?
당신은 체중이 줄고 있나요?

Ans: ལགས་མི་འདུག ང་སྐམ་རུ་འགྲོ་གི་མི་འདུག
No, I am not becoming thinner.
아니요, 저는 체중이 줄고 있지 않아요.

Key-Q: ཁྱེད་རང་ག་འདྲ་འདུག
What about you?
당신은 어떤가요?

Ans: ང་རྒྱག་རུ་འགྲོ་གི་འདུག
I am becoming fatter.
저는 체중이 늘고 있어요.

Or-Q: ཁྱེད་རང་རྒྱག་རུ་འགྲོ་གི་འདུག་སྐམ་རུ་འགྲོ་གི་འདུག
Are you becoming fatter or thinner?
당신은 체중이 늘고 있나요? 줄고 있나요?

Ans: ང་རྒྱག་རུ་འགྲོ་གི་འདུག
I am becoming fatter.
저는 체중이 늘고 있어요.

* རུ는 구어에서 형용사 뒤에 사용된다. 다른 용법은 부록 41쪽 처격-여격 참조.

Statement 114 ཁོང་ + Adj. C + ཏུ་+ འགྲོ་གི་ + འདུག / ཡོད་རེད།

ཁོང་ཡག་ཏུ་འགྲོ་གི་འདུག

He/she is getting/becoming better.
그/그녀는 좋아지고 있습니다.

Yes-Q : ཁོང་ཡག་ཏུ་འགྲོ་གི་འདུག་གས།
Is he/she getting better?
그/그녀는 좋아지고 있나요?

Ans: ལགས་འདུག ཁོང་ཡག་ཏུ་འགྲོ་གི་འདུག
Yes, he/she is getting better.
네, 그/그녀는 좋아지고 있어요.

No-Q: ཁོང་སྡུག་ཏུ་འགྲོ་གི་འདུག་གས།
Is he/she getting worse?
그/그녀는 나빠지고 있나요?

Ans: ལགས་མི་འདུག ཁོང་སྡུག་ཏུ་འགྲོ་གི་མི་འདུག
No, he/she is not getting worse.
아니요, 그/그녀는 나빠지고 있지 않아요.

Key-Q: ཁོང་ག་འདྲ་འདུག
What about her/him?
그/그녀는 어떤가요?

Ans: ཁོང་ཡག་ཏུ་འགྲོ་གི་འདུག
He/she is getting better.
그/그녀는 좋아지고 있어요.

Or-Q: ཁོང་ཡག་ཏུ་འགྲོ་གི་འདུག་སྡུག་ཏུ་འགྲོ་གི་འདུག
Is he/she getting better or worse?
그/그녀는 좋아지고 있나요? 나빠지고 있나요?

Ans: ཁོང་ཡག་ཏུ་འགྲོ་གི་འདུག
He/she is getting better.
그/그녀는 좋아지고 있어요.

མིང་ཚིག Vocabulary 어휘

1. ཡག་རུ། – སྡུག་རུ།	become better – become worse	좋아지다. – 나빠지다.
2. སྐམ་རུ། – རློན་རུ།	become dry – become wet	건조해지다. – 축축해지다.
3. ལས་སླ་རུ། – ཁག་རུ།	become easy – become difficult	쉬워지다. – 어려워지다.
4. གར་རུ། – སླ་རུ།	become strong – become light	진해지다. – 옅어지다.
5. སྙིང་རྗེ་རུ། – མདོག་ཉེས་རུ།	become beautiful – become ugly	아름다워지다.– 흉해지다.
6. དཀོན་རུ། – འབེལ་རུ།	become rare – become plentiful	희귀해지다. – 풍부해지다.
7. སྐྱིད་རུ། – སྡུག་རུ།	become pleasant – become unpleasant	즐거워지다. – 불쾌해지다.
8. མགྱོགས་རུ། – དལ་རུ།	become fast – become slow	빨라지다. – 느려지다.
9. རྒྱས་རུ། – བསྡུས་རུ།	become elaborate – abbreviated	늘어나다. – 줄어들다.
10. གྲོང་རུ། – མཉེན་རུ།	become stiff – become supple	딱딱해지다. – 유연해지다.
11. མངར་རུ། – སྐྱུར་རུ།	become sweet – become sour	달콤해지다. – 새콤해지다.
12. སྔ་རུ། – ཕྱི་རུ།	become early – become late	(시간이)일러지다. – 늦어지다.
13. ལྗིད་རུ། – ཡང་རུ།	become heavy – become light	무거워지다. – 가벼워지다.
14. ཆེ་རུ། – ཆུང་རུ།	become big – become small	커지다. – 작아지다.
15. འཇམ་རུ། – རྩུབ་རུ།	become soft – become rough	부드러워지다. – 거칠어지다.
16. སྤྱང་རུ། – ལྐུག་རུ།	become smarter – become duller	똑똑해지다. – 어리석어지다.
17. རིང་རུ། – ཐུང་རུ།	become long/ tall – become short	길어지다. – 짧아지다.
18. གསར་རུ། – རྙིང་རུ།	become new – become old	새로워지다. – 오래되다.
19. གྲང་རུ། – ཚ་རུ།	become cold – become hot	차가워지다. – 뜨거워지다.
20. ཕྱུག་རུ། – སྐྱོ་རུ།	become rich – become poor	부유해지다. – 가난해지다.
21. ཡག་རུ་ཡག་རུ་བཏང་	made better and better	점점 더 좋게 만들었다.
22. ཚ་རུ་ཚ་རུ་ཕྱིན་	became hotter and hotter	점점 더 더워졌다.
23. རིང་རུ་རིང་རུ་འགྲོ་	get / become longer and longer	점점 더 길어지다.
24. Adj. + རུ་ཕྱིན་	became + Adj.	~ 하게 되었다.
25. Adj. + རུ་བཏང་	to make Adj.	~ 하게 하다. / 만들다.

제60과 나는 돈 주는 것을 잊고 있습니다.

60

Statement 115 ང་ + O inf. + V+ ཡས་+ བརྗེད་འགྲོ་གི་ + འདུག

ང་དངུལ་སྤྲོད་ཡས་བརྗེད་འགྲོ་གི་འདུག

I am forgetting to give money.
나는 돈 주는 것을 잊고 있습니다.

Yes-Q : ཁྱེད་རང་དངུལ་སྤྲོད་ཡས་བརྗེད་འགྲོ་གི་འདུག་གས།
Are you forgetting to give money?
당신은 돈 주는 것을 잊고 있나요?

Ans: ལགས་འདུག ང་དངུལ་སྤྲོད་ཡས་བརྗེད་འགྲོ་གི་འདུག
Yes, I am forgetting to give money.
네, 저는 돈 주는 것을 잊고 있어요.

No-Q: ཁྱེད་རང་དངུལ་ལེན་ཡས་བརྗེད་འགྲོ་གི་འདུག་གས།
Are you forgetting to take money?
당신은 돈 받는 것을 잊고 있나요?

Ans: ལགས་མི་འདུག ང་དངུལ་ལེན་ཡས་བརྗེད་འགྲོ་གི་མི་འདུག
No, I am not forgetting to take money.
아니요, 저는 돈 받는 것을 잊지 않고 있어요.

Key-Q: ཁྱེད་རང་ག་རེ་བྱེད་ཡས་བརྗེད་འགྲོ་གི་འདུག
What are you forgetting to do?
당신은 무엇 하는 것을 잊고 있나요?

Ans: ང་དངུལ་སྤྲོད་ཡས་བརྗེད་འགྲོ་གི་འདུག
I am forgetting to give money.
저는 돈 주는 것을 잊고 있어요.

Or-Q: ཁྱེད་རང་དངུལ་སྤྲོད་ཡས་བརྗེད་འགྲོ་གི་འདུག་ལེན་ཡས་བརྗེད་འགྲོ་གི་འདུག
Are you forgetting to give money or to take money?
당신은 돈 주는 것을 잊고 있나요? 받는 것을 잊고 있나요?

Ans: ང་དངུལ་སྤྲོད་ཡས་བརྗེད་འགྲོ་གི་འདུག
I am forgetting to give money.
저는 돈 주는 것을 잊고 있어요.

Statement 116 མོ་+ O inf. + V+ ཡས་+ བརྗེད་འགྲོ་གི་ + རེད། / ཡོད་རེད། / འདུག

མོ་རང་སྦྱོང་བྱེད་ཡས་བརྗེད་འགྲོ་གི་འདུག

She is forgetting to do her homework.
그녀는 숙제하는 것을 잊고 있습니다.

Yes-Q : མོ་རང་སྦྱོང་བྱེད་ཡས་བརྗེད་འགྲོ་གི་འདུག་གས།
Is she forgetting to do her homework?
그녀는 숙제하는 것을 잊고 있나요?

Ans: ལགས་འདུག མོ་རང་སྦྱོང་བྱེད་ཡས་བརྗེད་འགྲོ་གི་འདུག
Yes, she is forgetting to do her homework.
네, 그녀는 숙제하는 것을 잊고 있어요.

No-Q: མོ་དེབ་འཁྱེར་ཡས་བརྗེད་འགྲོ་གི་འདུག་གས།
Is she forgetting to bring a book?
그녀는 책 가져오는 것을 잊고 있나요?

Ans: ལགས་མི་འདུག མོ་དེབ་འཁྱེར་ཡས་བརྗེད་འགྲོ་གི་མི་འདུག
No, she is not forgetting to bring a book.
아니요, 그녀는 책 가져오는 것을 잊지 않고 있어요.

Key-Q: མོ་ག་རེ་བྱེད་ཡས་བརྗེད་འགྲོ་གི་འདུག
What is she forgetting to do?
그녀는 무엇 하는 것을 잊고 있나요?

Ans: མོ་རང་སྦྱོང་བྱེད་ཡས་བརྗེད་འགྲོ་གི་འདུག
She is forgetting to do her homework.
그녀는 숙제하는 것을 잊고 있어요.

Or-Q: མོ་རང་སྦྱོང་བྱེད་ཡས་བརྗེད་འགྲོ་གི་འདུག དེབ་འཁྱེར་ཡས་བརྗེད་འགྲོ་གི་འདུག
Is she forgetting to do her homework or to bring a book?
그녀는 숙제하는 것을 잊고 있나요? 책 가져오는 것을 잊고 있나요?

Ans: མོ་རང་སྦྱོང་བྱེད་ཡས་བརྗེད་འགྲོ་གི་འདུག
She is forgetting to do her homework.
그녀는 숙제하는 것을 잊고 있어요.

མིང་ཚིག Vocabulary 어휘

1. ཁ་ལག་ཟ་ཡས་བརྗེད་འགྲོ་···	forget to eat	음식 먹는 것을 잊다.
2. ནང་ལས་བྱེད་ཡས་བརྗེད་འགྲོ་···	forget to do chores	집안일 하는 것을 잊다.
3. ལྟད་མོ་ལྟ་ཡས་བརྗེད་འགྲོ་···	forget to watch shows	공연 보는 것을 잊다.
4. ཇ་འཐུང་ཡས་བརྗེད་འགྲོ་···	forget to drink tea	차 마시는 것을 잊다.
5. ཕྲུ་གུ་ལྟ་ཡས་བརྗེད་འགྲོ་···	forget to look after the children	아이들 돌보는 것을 잊다.
6. ཨི་མེལ་གཏོང་ཡས་བརྗེད་འགྲོ་···	forget to send emails	이메일 보내는 것을 잊다.
7. བརྗེད་ཤག/འདུག/སོང་།	forgot / have forgotten	잊어버렸다.
8. ཐད་དེ་	completely	완전히
9. དངུལ་སྤྲོད་ཡས་···	- to pay money	돈 주는 것을
10. ཨི་མེལ་གཏོང་ཡས་···	– to send emails	이메일 보내는 것을
11. རང་སྦྱོང་བྱེད་ཡས་···	– to do homework	숙제하는 것을
12. སྨན་ཟ་ཡས་···	– to take medicine	약 먹는 것을
13. དྲན་གྱི་འདུག	to remember	기억하다.
14. གསལ་པོ་དྲན་གྱི་འདུག	to remember clearly	확실하게 기억하다 .
15. གསལ་པོ་ཞེ་དྲག་དྲན་གྱི་འདུག	to remember very clearly	매우 확실하게 기억하다.
16. དཔེ་གསལ་པོ་དྲན་གྱི་འདུག་	to remember very clearly	매우 확실하게 기억하다.

제61과 나는 고기를 먹으면 배가 아픕니다.

Statement 117 ངས་ + O + past V + ན་ + O + V + འདུག

ངས་ཤ་བཟས་ན་གྲོད་ཁོག་ན་གི་འདུག

I get sick if I eat meat.
나는 고기를 먹으면 배가 아픕니다.

Yes-Q : ཁྱེད་རང་གིས་ཤ་བཟས་ན་གྲོད་ཁོག་ན་གི་འདུག་གས།
Do you get sick if you eat meat?
당신은 고기를 먹으면 배가 아픈가요?

Ans: ལགས་འདུག ངས་ཤ་བཟས་ན་གྲོད་ཁོག་ན་གི་འདུག
Yes, I get sick if I eat meat.
네, 저는 고기를 먹으면 배가 아파요.

No-Q: ཁྱེད་རང་གིས་ཚལ་བཟས་ན་གྲོད་ཁོག་ན་གི་འདུག་གས།
Do you get sick if you eat vegetables?
당신은 야채를 먹으면 배가 아픈가요?

Ans: ལགས་མི་འདུག ངས་ཚལ་བཟས་ན་གྲོད་ཁོག་ན་གི་མི་འདུག
No, I don't get sick if I eat vegetables.
아니요, 저는 야채를 먹으면 배가 아프지 않아요.

Key-Q: ཁྱེད་རང་གིས་ག་རེ་བཟས་ན་གྲོད་ཁོག་ན་གི་འདུག
What food makes you get sick?
당신은 무엇을 먹으면 배가 아픈가요?

Ans: ངས་ཤ་བཟས་ན་གྲོད་ཁོག་ན་གི་འདུག
I get sick if I eat meat.
저는 고기를 먹으면 배가 아파요.

Or-Q: ཁྱེད་རང་གིས་ཤ་བཟས་ན་གྲོད་ཁོག་ན་གི་འདུག་ཚལ་བཟས་ན་གྲོད་ཁོག་ན་གི་འདུག
Do you get sick if you eat meat or vegetables?
당신은 고기를 먹으면 배가 아픈가요, 야채를 먹으면 배가 아픈가요?

Ans: ངས་ཤ་བཟས་ན་གྲོད་ཁོག་ན་གི་འདུག
I get sick if I eat meat.
저는 고기를 먹으면 배가 아파요.

Statement 118 ཁོང་གིས་ + O + past V + ན་ + O + V + རེད། ཡོད་རེད། / འདུག

ཁོང་གིས་ཤ་བཟས་ན་གྲོད་ཁོག་ན་གི་རེད།

He/she gets sick if he/she eats meat.
그/그녀는 고기를 먹으면 배가 아픕니다.

Yes-Q : ཁོང་གིས་ཤ་བཟས་ན་གྲོད་ཁོག་ན་གི་རེད་པས།
Does he/she get sick if he/she eats meat?
그/그녀는 고기를 먹으면 배가 아픈가요?

Ans: ལགས་རེད། ཁོང་གིས་ཤ་བཟས་ན་གྲོད་ཁོག་ན་གི་རེད།
Yes, he/she gets sick if he/she eats meat.
네, 그/그녀는 고기를 먹으면 배가 아파요.

No-Q: ཁོང་གིས་ཚལ་བཟས་ན་གྲོད་ཁོག་ན་གི་རེད་པས།
Does he/she get sick if he/she eats vegetable?
그/그녀는 야채를 먹으면 배가 아픈가요?

Ans: ལགས་མ་རེད། ཁོང་གིས་ཚལ་བཟས་ན་གྲོད་ཁོག་ན་གི་མ་རེད།
No, he/she doesn't get sick if he/she eats vegetable.
아니요, 그/그녀는 야채를 먹으면 배가 아프지 않아요.

Key-Q: ཁོང་གིས་ག་རེ་བཟས་ན་གྲོད་ཁོག་ན་གི་རེད།
What food makes her/him get sick?
그/그녀는 무엇을 먹으면 배가 아픈가요?

Ans: ཁོང་གིས་ཤ་བཟས་ན་གྲོད་ཁོག་ན་གི་རེད།
He/she gets sick if he/she eats meat.
그/그녀는 고기를 먹으면 배가 아파요.

Or-Q: ཁོང་གིས་ཤ་བཟས་ན་གྲོད་ཁོག་ན་གི་རེད་ཚལ་བཟས་ན་གྲོད་ཁོག་ན་གི་རེད།
Does he/she get sick if he/she eats meat or vegetables?
그/그녀는 고기를 먹으면 배가 아픈가요, 야채를 먹으면 배가 아픈가요?

Ans: ཁོང་གིས་ཤ་བཟས་ན་གྲོད་ཁོག་ན་གི་རེད།
He/she gets sick if he/she eats meat.
그/그녀는 고기를 먹으면 배가 아파요.

མིང་ཚིག Vocabulary 어휘

1. O +	past V + ན་	if + V	만약 ~ 하면
2. སྒོ་	བརྒྱབས་ན་	- close the door	만약 문을 닫으면
3. ཡི་གེ་	བཏང་ན་	- send a letter	만약 편지를 보내면
4. ཕྱག་	འཚལ་ན་	- prostrate	만약 절을 하면
5. དངུལ་	བླངས་ན་	- receive/ take money	만약 돈을 받으면
6. ལས་ཀ་	བྱས་ན་	- work	만약 일을 하면
7. ཁ་ལག་	བཟོས་ན་	- make food	만약 음식을 만들면
8. གཅིན་པ་	བཏང་ན་	- urinate	만약 소변을 누면
9. དངུལ་	བརྗེས་ན་	- change money	만약 돈을 바꾸면
10. གད་སྙིགས་	བསྡུགས་ན་	- pick up rubbish	만약 쓰레기를 주우면
11. ལྟད་མོ་	བལྟས་ན་	- watch a show	만약 공연을 보면
12. སྐད་	བསྒྱུར་ན་	- translate	만약 통역을 하면
13. དུག་སློག་	གྱོན་ན་	- get dressed	만약 옷을 입으면
14. ཤིང་ཏོག་	ཉོས་ན་	- buy fruits	만약 과일을 사면
15. བསམ་བློ་	བཏང་ན་	- think	만약 생각을 하면
16. བོད་ཡིག་	སྦྱངས་ན་	- study Tibetan	만약 티베트어를 공부하면
17. སྐད་ཆ་	བཤད་ན་	- discuss/ talk	만약 이야기를 하면 / 토론을 하면
18. གྲོགས་པོ་	ཐུག་ན་	- meet friend	만약 친구를 만나면
19. དེབ་	བཀླགས་ན་	- read	만약 책을 읽으면
20. དཔར་སློག་	བརྒྱབ་ན་	- make photo	만약 사진을 찍으면
21. ཨི་མེལ་	བཏང་ན་	- send an email	만약 이메일을 보내면
22. རྩེད་མོ་	བརྩེས་ན་	- play games	만약 놀이를 하면

제62과 나는 머리가 아프면 약을 먹습니다.

Statement 119 ང་ + O + V + ན་ + O + V + གི་ཡོད།

ང་མགོ་ན་ན་སྨན་ཟ་གི་ཡོད།

I take medicine if/when I get a headache.

나는 머리가 아프면 약을 먹습니다.

Yes-Q : ཁྱེད་རང་མགོ་ན་ན་སྨན་ཟ་གི་ཡོད་པས།
Do you take medicine if/when you get a headache?
당신은 머리가 아프면 약을 먹나요?

Ans: ལགས་ཡོད། ང་མགོ་ན་ན་སྨན་ཟ་གི་ཡོད།
Yes, I take medicine if/when I get a headache.
네, 저는 머리가 아프면 약을 먹어요.

No-Q: ཁྱེད་རང་གྲོད་ཁོག་ན་ན་སྨན་ཟ་གི་ཡོད་པས།
Do you take medicine if/when you get a stomachache?
당신은 배가 아프면 약을 먹나요?

Ans: ལགས་མེད། ང་གྲོད་ཁོག་ན་ན་སྨན་ཟ་གི་མེད།
No, I don't take medicine if/when I get a stomachache.
아니요, 저는 배가 아프면 약을 먹지 않아요.

Key-Q: ཁྱེད་རང་ག་རེ་ན་ན་སྨན་ཟ་གི་ཡོད།
Do you take medicine if where you get sick?
당신은 어디가 아프면 약을 먹나요?

Ans: ང་མགོ་ན་ན་སྨན་ཟ་གི་ཡོད།
I take medicine if/when I get a headache.
저는 머리가 아프면 약을 먹어요.

Or-Q: ཁྱེད་རང་མགོ་ན་ན་སྨན་ཟ་གི་ཡོད་གྲོད་ཁོག་ན་ན་སྨན་ཟ་གི་ཡོད།
Do you take medicine if/when you get a headache or a stomachache?
당신은 머리가 아프면 약을 먹나요? 배가 아프면 약을 먹나요?

Ans: ང་མགོ་ན་ན་སྨན་ཟ་གི་ཡོད།
I take medicine if/when I get a headache.
저는 머리가 아프면 약을 먹어요.

Statement 120 ཁོང་ + O + V + ན་ + O + V + གི་རེད། / ཡོད་རེད། / འདུག

ཁོང་མགོ་ན་ན་སྨན་ཟ་གི་འདུག

He/she takes medicine if/when he/she gets a headache.
그/그녀는 머리가 아프면 약을 먹습니다.

Yes-Q : ཁོང་མགོ་ན་ན་སྨན་ཟ་གི་འདུག་གས།
Does he/she take medicine if/when he/she gets a headache?
그/그녀는 머리가 아프면 약을 먹나요?

Ans: ལགས་འདུག ཁོང་མགོ་ན་ན་སྨན་ཟ་གི་འདུག
Yes, he/she takes medicine if he/she gets a headache.
네, 그/그녀는 머리가 아프면 약을 먹어요.

No-Q: ཁོང་གྲོད་ཁོག་ན་ན་སྨན་ཟ་གི་འདུག་གས།
Does he/she take medicine if/when he/she gets a stomachache?
그/그녀는 배가 아프면 약을 먹나요?

Ans: ལགས་མི་འདུག ཁོང་གྲོད་ཁོག་ན་ན་སྨན་ཟ་གི་མི་འདུག
No, he/she doesn't take medicine if he/she gets a stomachache.
아니요, 그/그녀는 배가 아프면 약을 먹지 않아요.

Key-Q: ཁོང་ག་རེ་ན་ན་སྨན་ཟ་གི་འདུག
Does he/she take medicine if where he/she gets sick?
그/그녀는 어디가 아프면 약을 먹나요?

Ans: ཁོང་མགོ་ན་ན་སྨན་ཟ་གི་འདུག
He/she takes medicine if he/she gets a headache.
그/그녀는 머리가 아프면 약을 먹어요.

Or-Q: ཁོང་མགོ་ན་ན་སྨན་ཟ་གི་འདུག་གྲོད་ཁོག་ན་ན་སྨན་ཟ་གི་འདུག
Does he/she take medicine if he/she gets a headache or a stomachache?
그/그녀는 머리가 아프면 약을 먹나요, 배가 아프면 약을 먹나요?

Ans: ཁོང་མགོ་ན་ན་སྨན་ཟ་གི་འདུག
He/she takes medicine if he/she gets a headache.
그/그녀는 머리가 아프면 약을 먹어요.

མིང་ཚིག Vocabulary 어휘

1. གཟུགས་པོ།	body	몸
2. མགོ།	head	머리
3. དཔུང་པ།	shoulder	어깨
4. ལག་པ།	hand	손
5. གྲོད་ཁོག	abdomen	배
6. བྲང་ཁོག	chest	가슴
7. སྐེད་པ།	waist	허리
8. རྐུབ།	buttock	엉덩이
9. རྐང་པ།	leg	다리
10. པུས་མོ།	knee	무릎
11. མིག	eye	눈
12. སྣ་ཁུག	nose	코
13. ཨ་མཆོག	ear	귀
14. སོ།	teeth	치아 / 이 / 이빨
15. རྒྱབ།	back	등
16. སྙིང་།	heart	심장
17. ཕོ་བ།	stomach	위
18. གློ་བ།	lungs	폐
19. Present V + ན་	if/when feel	~하면
20. འཁྱག་ན་	if/when feel cold	추우면
21. ཁ་སྐོམ་ན་	if/when feel thirsty	목마르면
22. འཚབ་ན་	if/when feel nervous	불안하면
23. ཚ་བ་འབར་ན་	if/when feel feverish	열이 나면 / 흥분하면
24. གཉིད་ཐྲོ་ན་	if/when feel sleepy	졸리면
25. གྲོད་ཁོག་ལྟོགས་ན་	if/when feel hungry	배가 고프면
26. ཚ་བ་འཚིག་ན་	if/when feel hot	더우면
27. ཐང་ཆད་ན་	if/when feel tired	피곤하면
28. ཉོབ་ན་	if/when feel board	지루하면

62-0 대화문

གླེང་མོལ། Dialogue 대화문 44

མཆོག། ཁྱེད་རང་ཤ་བཟས་ན་གྲོད་ཁོག་ན་གི་འདུག་གས།
Does your stomach ache if you eat meat?
당신은 고기를 먹으면 배가 아픈가요?

པད་མ། ལགས་འོང་། ཤ་བཟས་ན་གྲོད་ཁོག་ན་གི་འདུག
Yes, my stomach aches when I eat meat.
네, 고기를 먹으면 배가 아파요.

མཆོག། གྲོད་ཁོག་ན་ན་སྨན་ཟ་གི་ཡོད་པས།
Do you take medicine when you get a stomach ache?
배가 아프면 약을 먹나요?

པད་མ། ལགས་མེད། གྲོད་ཁོག་ན་ན་ཆུ་འཁོལ་མང་པོ་འཐུང་གི་ཡོད།
No, I drink a lot of boiled water.
아니요, 배가 아프면 끓인 물을 많이 마셔요.

མཆོག། ཆུ་འཁོལ་བཏུངས་ན་གྲོད་ཁོག་དྲག་གི་འདུག་གས།
Does drinking boiled water relieve your stomach ache?
끓인 물을 많이 마시면 배가 괜찮나요?

པད་མ། ལགས་འོང་།
Yes.
네.

གླེང་མོལ། Dialogue 대화문 45

པད་མ། དེང་སང་ཁྱེད་རང་རྒྱག་རུ་འགྲོ་གི་འདུག ག་རེ་ཟ་གི་ཡོད།
You are getting fatter these days. What are you eating?
요즘 당신은 뚱뚱해지고 있어요. 무엇을 먹고 있나요?

མཚོག དངོས་གནས། དམིགས་བསལ་ཁ་ལག་གལ་ཟ་གི་མེད།
Really? I'm not eating anything special.
정말요? 특별한 것을 안 먹는데요.

པད་མ། དེང་སང་ཁྱེད་རང་མདོག་ཉེས་རུ་འགྲོ་གི་མི་འདུག་གས།
Aren't you becoming uglier these days?
요즘 당신 보기 흉해지는 것 같지 않나요?

མཚོག ཧ་གོ་མ་སོང་། ཡིན་ནའང་དུག་སློག་ཚང་མ་ཆུང་རུ་འགྲོ་གི་འདུག
I don't know. But my clothes are getting smaller.
모르겠어요. 하지만 옷들이 모두 작아지고 있어요.

པད་མ། སེམས་ཁྲལ་བྱེད་དགོས་མ་རེད། རྒྱག་པ་ཡིན་ན་རྫིག་པོ་མཐོང་གི་འདུག
No need to worry. You look great when you're fat.
걱정하지 마세요. 뚱뚱하면 멋져 보여요.

མཚོག དངོས་གནས། སེམས་གསོ་གཏོང་མི་དགོས།
Really? You don't have to cheer me up.
정말요? 위로할 필요 없어요.

གླེང་མོལ། Dialogue 대화문 46

མཚོག པད་མ། ག་རེ་ཡིན་ནམ། དེང་སང་ལས་ཀ་བྱེད་ཡས་མང་པོ་གཅིག་བརྗེད་འགྲོ་གི་འདུག
Pema, what's going on? I am forgetting to do many things these days.
빼마씨, 왜 그럴까요? 요즘 해야 할 많은 일들을 잊어버려요.

པད་མ། ངས་ཧ་གོ་མ་སོང་། རང་ཨེམ་ཇེ་བསྟེན་ན་ཡག་པོ་ཡོད་རེད།
I don't know. It would be good if you see a doctor.
저는 잘 몰라요. 당신은 의사에게 가보는 게 좋겠어요.

མཚོག བསམ་ཚུལ་དེ་ཡག་པོ་འདུག ང་སྨན་ཁང་ལ་ངེས་པར་དུ་འགྲོ་གི་ཡིན།
That's a good idea. I will definitely go to the hospital.
그것 좋은 생각이네요. 저는 병원에 꼭 가야겠어요.

པད་མ། ཁྱེད་རང་རྟག་པར་ལས་ཀ་བྱེད་ཡས་བརྗེད་འགྲོ་གི་འདུག་གས།
Do you always forget to do things?
당신은 항상 할 일을 잊어버리나요?

མཚོག ལགས་འོང་། ང་རྟག་པར་རང་གི་དེབ་འཁྱེར་ཡོང་ཡས་བརྗེད་འགྲོ་གི་འདུག
Yes, I always forget to bring your books.
네, 저는 항상 당신 책을 가져오는 걸 잊어버려요.

པད་མ། གལ་ཡོད་མ་རེད། ང་ཡང་ཁྱེད་རང་གི་དངུལ་སྤྲོད་ཡས་བརྗེད་འགྲོ་གི་འདུག
It doesn't matter. I also forget to give you your money.
괜찮아요. 나도 당신 돈을 주는 걸 잊어버려요.

མཚོག ད་ང་ཚོ་རྒན་ཁོག་ཆགས་འགྲོ་གི་ཡོད་པ་འདྲ།
Now it seems we are getting old!
이제 우리들은 늙어가고 있는 것 같아요.

པད་མ། ཞུས་ཚང་། ཡིན་ས་རེད།
Yes, that's probably the case.
맞아요. 그런 것 같아요.

제63과 나는 음식을 최대한 맛있게 만들 수 있습니다.

Statement 121 ངས་ + O + གང་ + Adj. + V + གི་ཡོད།

ངས་ཁ་ལག་གང་ཞིམ་ཞིམ་བཟོ་གི་ཡོད།

I make meals as delicious as possible.
나는 음식을 최대한 맛있게 만들 수 있습니다.

Yes-Q : ཁྱེད་རང་གིས་ཁ་ལག་གང་ཞིམ་ཞིམ་བཟོ་གི་ཡོད་པས།
Do you make meals as delicious as possible?
당신은 음식을 최대한 맛있게 만들 수 있나요?

Ans: ལགས་ཡོད། ངས་ཁ་ལག་གང་ཞིམ་ཞིམ་བཟོ་གི་ཡོད།
Yes, I make meals as delicious as possible.
네, 나는 음식을 최대한 맛있게 만들 수 있어요.

No-Q: ཁྱེད་རང་གིས་ཇ་གང་ཞིམ་ཞིམ་བཟོ་གི་ཡོད་པས།
Do you make tea as delicious as possible?
당신은 차를 최대한 맛있게 만들 수 있나요?

Ans: ལགས་མེད། ངས་ཇ་གང་ཞིམ་ཞིམ་བཟོ་གི་མེད།
No, I don't make tea as delicious as possible.
아니요, 나는 차를 그렇게 맛있게 만들지 못해요.

Key-Q: ཁྱེད་རང་གིས་ག་རེ་གང་ཞིམ་ཞིམ་བཟོ་གི་ཡོད།
What do you make as delicious as possible?
당신은 무엇을 최대한 맛있게 만들 수 있나요?

Ans: ངས་ཁ་ལག་གང་ཞིམ་ཞིམ་བཟོ་གི་ཡོད།
I make meals as delicious as possible.
나는 음식을 최대한 맛있게 만들 수 있어요.

Or-Q: ཁྱེད་རང་གིས་ཁ་ལག་གང་ཞིམ་ཞིམ་བཟོ་གི་ཡོད་ཇ་གང་ཞིམ་ཞིམ་བཟོ་གི་ཡོད།
Do you make meals or tea as delicious as possible?
당신은 음식을 최대한 맛있게 만들 수 있나요? 차를 최대한 맛있게 만들 수 있나요?

Ans: ངས་ཁ་ལག་གང་ཞིམ་ཞིམ་བཟོ་གི་ཡོད།
I make meals as delicious as possible.
나는 음식을 최대한 맛있게 만들 수 있어요.

Statement 122 ཁོང་གིས་ + O + གང་ + Adj. + V + གི་འདུག / རེད། / ཡོད་རེད།

ཁོང་གིས་ཇ་གང་ཞིམ་ཞིམ་བཟོ་གི་འདུག

He/she makes tea as delicious as possible.
그/그녀는 차를 최대한 맛있게 만들 수 있습니다.

Yes-Q : ཁོང་གིས་ཇ་གང་ཞིམ་ཞིམ་བཟོ་གི་འདུག་གས།
Does he/she make tea as delicious as possible?
그/그녀는 차를 최대한 맛있게 만들 수 있나요?

Ans: ལགས་འདུག ཁོང་གིས་ཇ་གང་ཞིམ་ཞིམ་བཟོ་གི་འདུག
Yes, he/she makes tea as delicious as possible.
네, 그/그녀는 차를 최대한 맛있게 만들 수 있어요.

No-Q: ཁོང་གིས་ཁ་ལག་གང་ཞིམ་ཞིམ་བཟོ་གི་འདུག་གས།
Does he/she make meals as delicious as possible?
그/그녀는 음식을 최대한 맛있게 만들 수 있나요?

Ans: ལགས་མི་འདུག ཁོང་གིས་ཁ་ལག་གང་ཞིམ་ཞིམ་བཟོ་གི་ཡོད་མ་རེད།
No, he/she doesn't make meals as delicious as possible.
아니요, 그/그녀는 음식을 그렇게 맛있게 만들지 못해요.

Key-Q: ཁོང་གིས་ག་རེ་གང་ཞིམ་ཞིམ་བཟོ་གི་འདུག
What does he/she make as delicious as possible?
그/그녀는 무엇을 최대한 맛있게 만들 수 있나요?

Ans: ཁོང་གིས་ཇ་གང་ཞིམ་ཞིམ་བཟོ་གི་འདུག
He/she makes tea as delicious as possible.
그/그녀는 차를 최대한 맛있게 만들 수 있어요.

Or-Q: ཁོང་གིས་ཁ་ལག་གང་ཞིམ་ཞིམ་བཟོ་གི་འདུག་ཇ་གང་ཞིམ་ཞིམ་བཟོ་གི་འདུག
Does he/she make tea or meals as delicious as possible?
그/그녀는 차를 최대한 맛있게 만들 수 있나요? 음식을 최대한 맛있게 만들 수 있나요?

Ans: ཁོང་གིས་ཇ་གང་ཞིམ་ཞིམ་བཟོ་གི་འདུག
He/she makes tea as delicious as possible.
그/그녀는 차를 최대한 맛있게 만들 수 있어요.

མིང་ཚིག Vocabulary 어휘

1.	གང་མང་མང་	as much/many as possible	최대한 많이
2.	གང་ཉུང་ཉུང་	as little as possible	최대한 적게
3.	གང་ཡག་ཡག་	as good as possible	최대한 좋게
4.	གང་སྡུག་སྡུག་	as bad as possible	최대한 나쁘게
5.	གང་ཆུང་ཆུང་	as small as possible	최대한 작게
6.	གང་ཆེ་ཆེ་	as large as possible	최대한 크게
7.	གང་ཐུང་ཐུང་	as short as possible	최대한 짧게
8.	གང་རིང་རིང་	as long as possible	최대한 길게
9.	གང་དཀར་དཀར་	as white as possible	최대한 하얗게
10.	གང་ནག་ནག་	as black as possible	최대한 까맣게
11.	གང་ཞིམ་ཞིམ་	as delicious as possible	최대한 맛있게
12.	གང་གྲུང་གྲུང་	as alert/smart as possible	최대한 민첩하게
13.	གང་མཛེས་མཛེས་	as beautiful as possible	최대한 아름답게
14.	གང་འདྲ་འདྲ་	as similar as possible	최대한 비슷하게
15.	གང་གསལ་གསལ་	as clear as possible	최대한 맑게
16.	གང་དྲག་དྲག་	as good as possible	최대한 좋게
17.	གང་གཙང་གཙང་	as clean as possible	최대한 깨끗하게
18.	གང་ཡང་ཡང་	as light as possible	최대한 가볍게
19.	གང་སྔ་སྔ་	as early as possible	최대한 빨리
20.	གང་གསར་གསར་	as new as possible	최대한 새롭게
21.	གང་མགྱོགས་མགྱོགས་	as soon/fast as possible	최대한 빠르게
22.	གང་འཇམ་འཇམ་	as soft/calm as possible	최대한 부드럽게 / 차분하게

제64과 음식을 먹을 수 있도록 준비했습니다.

64

Statement 123 O(S in Eng.) + Past V + ཚོག་ཚོག་ + ཡིན།

ཁ་ལག་བཟས་ཚོག་ཚོག་ཡིན།

The food is ready to be eaten.(I prepared it)
음식을 먹을 수 있도록 준비했습니다. (자신이 준비)

Yes-Q : ཁ་ལག་བཟས་ཚོག་ཚོག་ཡིན་པས།
Is the food ready to be eaten?
음식을 먹을 수 있도록 준비했나요?

Ans: ལགས་ཡིན། ཁ་ལག་བཟས་ཚོག་ཚོག་ཡིན།
Yes, the food is ready to be eaten.
네, 음식을 먹을 수 있도록 준비했어요.

No-Q: ཇ་བཏུངས་ཚོག་ཚོག་ཡིན་པས།
Is the tea ready to be drunk?
차를 마실 수 있도록 준비했나요?

Ans: ལགས་མིན། ཇ་བཏུངས་ཚོག་ཚོག་མིན།
No, the tea is not ready to be drunk.
아니요, 차를 마실 수 있도록 준비 못 했어요.

Key-Q: ག་རེ་བྱས་ཚོག་ཚོག་ཡིན།
What is ready to do?
무엇을 할 수 있도록 준비했나요?

Ans: ཁ་ལག་བཟས་ཚོག་ཚོག་ཡིན།
The food is ready to be eaten.
음식을 먹을 수 있도록 준비했어요.

Or-Q: ཁ་ལག་བཟས་ཚོག་ཚོག་ཡིན་ཇ་བཏུངས་ཚོག་ཚོག་ཡིན།
Is the food ready to be eaten or the tea to be drunk?
음식을 먹을 수 있도록 준비했나요? 차를 마실 수 있도록 준비했나요?

Ans: ཁ་ལག་བཟས་ཚོག་ཚོག་ཡིན།
The food is ready to be eaten.
음식을 먹을 수 있도록 준비했어요.

Statement 124 O(S in Eng.) + Past V + ཚོག་ཚོག་ + རེད། / འདུག / ཤག

ཁ་ལག་བཟས་ཚོག་ཚོག་རེད།

The food is ready to be eaten.(prepared by others)
음식을 먹을 수 있도록 준비했습니다.(타인이 준비)

Yes-Q : ཁ་ལག་བཟས་ཚོག་ཚོག་རེད་པས།
Is the food ready to be eaten?
음식을 먹을 수 있도록 준비했나요?

Ans: ལགས་རེད། ཁ་ལག་བཟས་ཚོག་ཚོག་རེད།
Yes, the food is ready to be eaten.
네, 음식을 먹을 수 있도록 준비했어요.

No-Q: ཇ་བཏུངས་ཚོག་ཚོག་རེད་པས།
Is the tea ready to be drunk?
차를 마실 수 있도록 준비했나요?

Ans: ལགས་མ་རེད། ཇ་བཏུངས་ཚོག་ཚོག་མ་རེད།
No, the tea is not ready to be drunk.
아니요, 차를 마실 수 있도록 준비 못 했어요.

Key-Q: ག་རེ་བྱས་ཚོག་ཚོག་རེད།
What is ready to do?
무엇을 할 수 있도록 준비했나요?

Ans: ཁ་ལག་བཟས་ཚོག་ཚོག་རེད།
The food is ready to be eaten.
음식을 먹을 수 있도록 준비했어요.

Or-Q: ཁ་ལག་བཟས་ཚོག་ཚོག་རེད་ཇ་བཏུངས་ཚོག་ཚོག་རེད།
Is the food ready to be eaten or the tea to be drunk?
음식을 먹을 수 있도록 준비했나요? 차를 마실 수 있도록 준비했나요?

Ans: ཁ་ལག་བཟས་ཚོག་ཚོག་རེད།
The food is ready to be eaten.
음식을 먹을 수 있도록 준비했어요.

མིང་ཚིག Vocabulary 어휘

1.	O +	past V +	ཚོག་ཚོག་	O (S in Eng.) +ready to be +V	목적어 + 동사 + 준비하다.
2.	སྒོ་	བརྒྱབ་	ཚོག་ཚོག་	doors are ready to be closed	문(을) 닫을 준비
3.	ཡི་གེ་	བཏང་	ཚོག་ཚོག་	letters are ready to be sent	편지(를) 보낼 준비
4.	ཕྱག་	འཚལ་	ཚོག་ཚོག་	prostrations are ready to be made	절(을) 할 준비
5.	དངུལ་	བླངས་	ཚོག་ཚོག་	the money is ready to be received	돈(을) 받을 준비
6.	ལས་ཀ་	བྱས་	ཚོག་ཚོག་	work is ready to be done	일(을) 할 준비
7.	ཁ་ལག་	བཟོས་	ཚོག་ཚོག་	the food is ready to be made	음식(을) 만들 준비
8.	གཅིན་པ་	བཏང་	ཚོག་ཚོག་	urine is ready to be passed	소변(을) 볼 준비
9.	དངུལ་	བརྗེས་	ཚོག་ཚོག་	the money is ready to be changed	돈(을) 바꿀 준비
10.	ཡི་གེ་	འབྲི་	ཚོག་ཚོག་	letters are ready to be written	편지(를) 쓸 준비
11.	ལྟད་མོ་	བལྟས་	ཚོག་ཚོག་	shows are ready to be watched	공연(을) 볼 준비
12.	སྐད་	བསྒྱུར་	ཚོག་ཚོག་	interpretation is ready to be done	통역(을) 할 준비
13.	དུག་སློག་	གྱོན་	ཚོག་ཚོག་	clothes are ready to be worn	옷(을) 입을 준비
14.	ཤིང་ཏོག་	ཉོས་	ཚོག་ཚོག་	fruits are ready to be bought	과일(을) 살 준비
15.	བསམ་བློ་	བཏང་	ཚོག་ཚོག་	thoughts are ready to be thought	생각(을) 할 준비
16.	བོད་ཡིག་	སྦྱངས་	ཚོག་ཚོག་	Tibetan is ready to be studied	티베트어(를) 공부할 준비
17.	དངུལ་	བཏང་	ཚོག་ཚོག་	money is ready to be spent	돈(을) 쓸 준비
18.	གྲོགས་པོ་	ཐུག་	ཚོག་ཚོག་	friends are ready to be met	친구(를) 만날 준비
19.	དེབ་	བཀླགས་	ཚོག་ཚོག་	books are ready to be read	책(을) 읽을 준비
20.	དཔར་ལོག་	བརྒྱབ་	ཚོག་ཚོག་	photocopies are ready to be made	복사(를) 할 준비
21.	ཨི་མེལ་	བཏང་	ཚོག་ཚོག་	emails are ready to be sent	이메일(을) 보낼 준비
22.	རྩེད་མོ་	བརྩེས་	ཚོག་ཚོག་	games are ready to be played	놀 준비

제65과 나는 음식을 먹을 준비가 됐습니다.

Statement 125 ང་ + O inf.+ Past V + ཆོག་ཆོག་ + ཡིན།

ང་ཁ་ལག་བཟས་ཆོག་ཆོག་ཡིན།

I am ready to eat.
나는 음식을 먹을 준비가 됐습니다.

Yes-Q : ཁྱེད་རང་ཁ་ལག་བཟས་ཆོག་ཆོག་ཡིན་པས།
Are you ready to eat?
당신은 음식 먹을 준비가 됐나요?

Ans: ལགས་ཡིན། ང་ཁ་ལག་བཟས་ཆོག་ཆོག་ཡིན།
Yes, I am ready to eat.
네, 저는 음식 먹을 준비가 됐어요.

No-Q: ཁྱེད་རང་ཇ་བཏུངས་ཆོག་ཆོག་ཡིན་པས།
Are you ready to drink tea?
당신은 차 마실 준비가 됐나요?

Ans: ལགས་མིན། ང་ཇ་བཏུངས་ཆོག་ཆོག་མིན།
No, I am not ready to drink tea.
아니요, 저는 차 마실 준비가 안됐어요.

Key-Q: ཁྱེད་རང་ག་རེ་བྱས་ཆོག་ཆོག་ཡིན།
What are you ready to do?
당신은 무엇 할 준비가 됐나요?

Ans: ང་ཁ་ལག་བཟས་ཆོག་ཆོག་ཡིན།
I am ready to eat.
저는 음식 먹을 준비가 됐어요.

Or-Q: ཁྱེད་རང་ཁ་ལག་བཟས་ཆོག་ཆོག་ཡིན་ཇ་བཏུངས་ཆོག་ཆོག་ཡིན།
Are you ready to eat or to drink tea?
당신은 음식 먹을 준비가 됐나요? 차 마실 준비가 됐나요?

Ans: ང་ཁ་ལག་བཟས་ཆོག་ཆོག་ཡིན།
I am ready to eat.
저는 음식 먹을 준비가 됐어요.

Statement 126   ཁོང་ + O inf.+ Past V + ཚོག་ཚོག་ + རེད། / འདུག / ཤག

ཁོང་ཁ་ལག་བཟས་ཚོག་ཚོག་རེད།

He/she is ready to eat.
그/그녀는 음식을 먹을 준비가 됐습니다.

Yes-Q : ཁོང་ཁ་ལག་བཟས་ཚོག་ཚོག་རེད་པས།
Is he/she ready to eat?
그/그녀는 음식 먹을 준비가 됐나요?

Ans: ལགས་རེད། ཁོང་ཁ་ལག་བཟས་ཚོག་ཚོག་རེད།
Yes, he/she is ready to eat.
네, 그/그녀는 음식 먹을 준비가 됐어요.

No-Q: ཁོང་ཇ་བཏུངས་ཚོག་ཚོག་རེད་པས།
Is he/she ready to drink tea?
그/그녀는 차 마실 준비가 됐나요?

Ans: ལགས་མ་རེད། ཁོང་ཇ་བཏུངས་ཚོག་ཚོག་མ་རེད།
No, he/she is not ready to drink tea.
아니요, 그/그녀는 차 마실 준비가 안됐어요.

Key-Q: ཁོང་ག་རེ་བྱས་ཚོག་ཚོག་རེད།
What is he/she ready to do?
그/그녀는 무엇 할 준비가 됐나요?

Ans: ཁོང་ཁ་ལག་བཟས་ཚོག་ཚོག་རེད།
He/she is ready to eat.
그/그녀는 음식 먹을 준비가 됐어요.

Or-Q: ཁོང་ཁ་ལག་བཟས་ཚོག་ཚོག་རེད་ཇ་བཏུངས་ཚོག་ཚོག་རེད།
Is he/she ready to eat or to drink tea?
그/그녀는 음식 먹을 준비가 됐나요? 차 마실 준비가 됐나요?

Ans: ཁོང་ཁ་ལག་བཟས་ཚོག་ཚོག་རེད།
He/she is ready to eat.
그/그녀는 음식 먹을 준비가 됐어요.

མིང་ཚིག Vocabulary 어휘

1. O + past V + ཚོག་ཚོག	to be ready to + V + O	~을 ~할 준비가 되다.
2. སྒོ་བརྒྱབ་ཚོག་ཚོག་	to be ready to close the door	문을 닫을 준비가 되다.
3. ཡི་གེ་བཏང་ཚོག་ཚོག་	to be ready to send a letter	편지를 보낼 준비가 되다.
4. ཕྱག་འཚལ་ཚོག་ཚོག་	to be ready to prostrate	절을 할 준비가 되다.
5. དངུལ་བླངས་ཚོག་ཚོག་	to be ready to receive money	돈 받을 준비가 되다.
6. ལས་ཀ་བྱས་ཚོག་ཚོག་	to be ready to work	일할 준비가 되다.
7. ཁ་ལག་བཟོས་ཚོག་ཚོག་	to be ready to make food	음식 만들 준비가 되다.
8. གཅིན་པ་བཏང་ཚོག་ཚོག་	to be ready to urinate	소변 볼 준비가 되다.
9. དངུལ་བརྗེས་ཚོག་ཚོག་	to be ready to change money	돈 바꿀 준비가 되다.
10. གད་སྙིགས་བསྡུགས་ཚོག་ཚོག་	to be ready to pick up rubbish	쓰레기를 주울 준비가 되다.
11. ལྟད་མོ་བལྟས་ཚོག་ཚོག་	to be ready to watch a show	공연 볼 준비가 되다.
12. སྐད་བསྒྱུར་ཚོག་ཚོག་	to be ready to interpret	통역할 준비가 되다.
13. དུག་སློག་གྱོན་ཚོག་ཚོག་	to be ready to get dressed	옷 입을 준비가 되다.
14. ཤིང་ཏོག་ཉོས་ཚོག་ཚོག་	to be ready to buy fruits	과일 살 준비가 되다.
15. བསམ་བློ་བཏང་ཚོག་ཚོག་	to be ready to think	생각할 준비가 되다.
16. བོད་ཡིག་སྦྱངས་ཚོག་ཚོག་	to be ready to study Tibetan	티베트어 공부 할 준비가 되다.
17. སྐད་ཆ་བཤད་ཚོག་ཚོག་	to be ready to discuss/talk	이야기를 할 준비가 되다.
18. གྲོགས་པོ་ཐུག་ཚོག་ཚོག་	to be ready to meet friends	친구를 만날 준비가 되다.
19. དེབ་བཀླགས་ཚོག་ཚོག་	to be ready to read a book	책을 읽을 준비가 되다.
20. དཔར་ལོག་བརྒྱབ་ཚོག་ཚོག་	to be ready to make photocopies	복사를 할 준비가 되다.
21. ཨི་མེལ་བཏང་ཚོག་ཚོག་	to be ready to send email	이메일을 보낼 준비가 되다.
22. རྩེད་མོ་བརྩེས་ཚོག་ཚོག་	to be ready to play games	놀 준비가 되다.

제66과 나는 그에게 애인이 있는지 없는지 압니다.

Statement 127 ཁོ་ + ལ་ + O + ཡོད་མེད་ + ངས་ + ཧ་གོ་གི་ཡོད།

ཁོ་ལ་དགའ་རོགས་ཡོད་མེད་ངས་ཧ་གོ་གི་ཡོད།

I know whether or not he has a girlfriend.
나는 그에게 애인이 있는지 없는지 압니다.

Yes-Q : ཁོ་ལ་དགའ་རོགས་ཡོད་མེད་ཁྱེད་རང་གིས་ཧ་གོ་གི་ཡོད་པས།
Do you know whether or not he has a girlfriend?
당신은 그에게 애인이 있는지 없는지 알아요?

Ans: ལགས་ཡོད། ཁོ་ལ་དགའ་རོགས་ཡོད་མེད་ངས་ཧ་གོ་གི་ཡོད།
Yes, I know whether or not he has a girlfriend.
네, 저는 그에게 애인이 있는지 없는지 알아요.

No-Q: ཁོ་ལ་དངུལ་ཡོད་མེད་ཁྱེད་རང་གིས་ཧ་གོ་གི་ཡོད་པས།
Do you know whether or not he has money?
당신은 그에게 돈이 있는지 없는지 알아요?

Ans: ལགས་མེད། ཁོ་ལ་དངུལ་ཡོད་མེད་ངས་ཧ་གོ་གི་མེད།
No, I don't know whether or not he has money.
아니요, 저는 그에게 돈이 있는지 없는지 몰라요.

Key-Q: ཁོ་ལ་ག་རེ་ཡོད་མེད་ཁྱེད་རང་གིས་ཧ་གོ་གི་ཡོད།
Do you know whether or not what he has? (Do you know what he has or doesn't?)
당신은 그에게 무엇이 있는지 없는지 알아요?

Ans: ཁོ་ལ་དགའ་རོགས་ཡོད་མེད་ངས་ཧ་གོ་གི་ཡོད།
I know whether or not he has a girlfriend.
저는 그에게 애인이 있는지 없는지 알아요.

Or-Q: ཁོ་ལ་དགའ་རོགས་ཡོད་མེད་ཁྱེད་རང་གིས་ཧ་གོ་གི་ཡོད་དངུལ་ཡོད་མེད་ཧ་གོ་གི་ཡོད།
Do you know whether or not he has a girlfriend, or whether or not he has money?
당신은 그에게 애인이 있는지 없는지 아나요? 돈이 있는지 없는지 아나요?

Ans: ཁོ་ལ་དགའ་རོགས་ཡོད་མེད་ངས་ཧ་གོ་གི་ཡོད།
I know whether or not he has a girlfriend.
저는 그에게 애인이 있는지 없는지 알아요.

Statement 128 ང་ + ལ་ + O + ཡོད་མེད་ + ཁོང་གིས་ + ཧ་གོ་གི་རེད། / འདུག / ཡོད་རེད།

ང་ལ་མགྲོན་ཁང་ཡོད་མེད་ཁོང་གིས་ཧ་གོ་གི་ཡོད་རེད།

He/she knows whether or not I have a guesthouse.
그/그녀는 나에게 손님방이 있는지 없는지 압니다.

Yes-Q : ང་ལ་མགྲོན་ཁང་ཡོད་མེད་ཁོང་གིས་ཧ་གོ་གི་ཡོད་རེད་པས།
Does he/she know whether or not I have a guesthouse?
그/그녀는 나에게 손님방이 있는지 없는지 아나요?

Ans: ལགས་ཡོད་རེད། ཁྱེད་རང་ལ་མགྲོན་ཁང་ཡོད་མེད་ཁོང་གིས་ཧ་གོ་གི་ཡོད་རེད།
Yes, he/she knows whether or not you have a guesthouse.
네, 그/그녀는 당신에게 손님방이 있는지 없는지 알아요.

No-Q: ང་ལ་ཟ་ཁང་ཡོད་མེད་ཁོང་གིས་ཧ་གོ་གི་ཡོད་རེད་པས།
Does he/she know whether or not I have a restaurant?
그/그녀는 나에게 식당이 있는지 없는지 아나요?

Ans: ལགས་ཡོད་མ་རེད། ཁྱེད་རང་ལ་ཟ་ཁང་ཡོད་མེད་ཁོང་གིས་ཧ་གོ་གི་ཡོད་མ་རེད།
No, he/she doesn't know whether or not you have a restaurant.
아니요, 그/그녀는 당신에게 식당이 있는지 없는지 몰라요.

Key-Q: ང་ལ་ག་རེ་ཡོད་མེད་ཁོང་གིས་ཧ་གོ་གི་ཡོད་རེད།
Does he/she know whether or not what I have?
(Does he/she know what I have or don't?)
그/그녀는 나에게 무엇이 있는지 없는지 아나요?

Ans: ཁྱེད་རང་ལ་མགྲོན་ཁང་ཡོད་མེད་ཁོང་གིས་ཧ་གོ་གི་ཡོད་རེད།
He/she knows whether or not you have a guesthouse.
그/그녀는 당신에게 손님방이 있는지 없는지 알아요.

Or-Q: ང་ལ་མགྲོན་ཁང་ཡོད་མེད་ཧ་གོ་གི་ཡོད་རེད་ཟ་ཁང་ཡོད་མེད་ཧ་གོ་གི་ཡོད་རེད།
Does he/she know whether or not I have a guesthouse?
or whether or not I have a restaurant?
그/그녀는 나에게 손님방이 있는지 없는지 아나요? 식당이 있는지 없는지 아나요?

Ans: ཁྱེད་རང་ལ་མགྲོན་ཁང་ཡོད་མེད་ཁོང་གིས་ཧ་གོ་གི་ཡོད་རེད།
He/she knows whether or not you have a guesthouse.
그/그녀는 당신에게 손님방이 있는지 없는지 알아요.

མིང་ཚིག Vocabulary 어휘

1. དགའ་རོགས།	boy/girl friend	애인(여자 친구, 남자 친구)
2. དངུལ།	money	돈
3. མགྲོན་ཁང་།	guesthouse	객실, 손님방, 게스트 하우스
4. ཟ་ཁང་།	restaurant	식당
5. བཟོ་གྲྭ།	factory	공장
6. འཛིན་གྲྭ།	class	반
7. སློབ་གྲྭ།	school	학교
8. ལས་ཁུངས།	office	사무실
9. ཚོང་ཁང་།	shop	상점
10. གད་སྙིགས།	litter /rubbish	쓰레기
11. ཁ་ལག	meal	음식
12. ཇ།	tea	차
13. ཕྱག་མ།	broom	빗자루
14. ཤོག་སྒམ།	paper box	종이 상자
15. ཕྲུ་གུ	child	아이
16. སློབ་ཕྲུག	student	학생
17. དགེ་རྒན།	teacher	선생님
18. འཛིན་ཁང་།	classroom	교실
19. རྐུབ་བཀྱག	chair	의자
20. སྨྱུ་གུ	pen	펜

제67과 나는 그분이 스님인지 아닌지 압니다.

Statement 129 ཁོང་ + NC/Adj. C + ཡིན་མིན་ + ངས་ + ཤེས་ + ཀྱི་ཡོད།

ཁོང་གྲྭ་པ་ཡིན་མིན་ངས་ཤེས་ཀྱི་ཡོད།

I know whether or not he is a monk.
나는 그분이 스님인지 아닌지 압니다.

Yes-Q : ཁོང་གྲྭ་པ་ཡིན་མིན་ཁྱེད་རང་གིས་ཤེས་ཀྱི་ཡོད་པས།
Do you know whether or not he is a monk?
당신은 그분이 스님인지 아닌지 아나요?

Ans: ལགས་ཡོད། ཁོང་གྲྭ་པ་ཡིན་མིན་ངས་ཤེས་ཀྱི་ཡོད།
Yes, I know whether or not he is a monk.
네, 저는 그분이 스님인지 아닌지 알아요.

No-Q: ཁོང་ཕྱུག་པོ་ཡིན་མིན་ཁྱེད་རང་གིས་ཤེས་ཀྱི་ཡོད་པས།
Do you know whether or not he is a rich man?
당신은 그분이 부자인지 아닌지 아나요?

Ans: ལགས་མེད། ཁོང་ཕྱུག་པོ་ཡིན་མིན་ངས་ཤེས་ཀྱི་མེད།
No, I don't know whether or not he is a rich man.
아니요, 저는 그분이 부자인지 아닌지 몰라요.

Key-Q: ཁོང་ག་རེ་ཡིན་མིན་ཁྱེད་རང་གིས་ཤེས་ཀྱི་ཡོད།
Do you know whether or not what he is?
당신은 그분이 무엇인지 아닌지 아나요?

Ans: ཁོང་གྲྭ་པ་ཡིན་མིན་ངས་ཤེས་ཀྱི་ཡོད།
I know whether or not he is a monk.
저는 그분이 스님인지 아닌지 알아요.

Or-Q: ཁོང་གྲྭ་པ་ཡིན་མིན་ཤེས་ཀྱི་ཡོད་ཕྱུག་པོ་ཡིན་མིན་ཤེས་ཀྱི་ཡོད།
Do you know whether or not he is a monk, whether or not he is a rich man?
당신은 그분이 스님인지 아닌지 아나요? 부자인지 아닌지 아나요?

Ans: ཁོང་གྲྭ་པ་ཡིན་མིན་ངས་ཤེས་ཀྱི་ཡོད།
I know whether or not he is a monk.
저는 그분이 스님인지 아닌지 알아요.

Statement 130 ང་ + NC / Adj.C + ཡིན་མིན་ + ཁོང་གིས་ + ཤེས་ + ཀྱི་རེད། / འདུག / ཡོད་རེད།

ང་སློབ་ཕྲུག་ཡིན་མིན་ཁོང་གིས་ཤེས་ཀྱི་ཡོད་རེད།

He/she knows whether or not I am a student.
그/그녀는 내가 학생인지 아닌지 압니다.

Yes-Q : ང་སློབ་ཕྲུག་ཡིན་མིན་ཁོང་གིས་ཤེས་ཀྱི་ཡོད་རེད་པས།
Does he/she know whether or not I am a student?
그/그녀는 내가 학생인지 아닌지 아나요?

Ans: ལགས་ཡོད་རེད། ཁྱེད་རང་སློབ་ཕྲུག་ཡིན་མིན་ཁོང་གིས་ཤེས་ཀྱི་ཡོད་རེད།
Yes, he/she knows whether or not you are a student.
네, 그/그녀는 당신이 학생인지 아닌지 알아요.

No-Q: ང་དགེ་རྒན་ཡིན་མིན་ཁོང་གིས་ཤེས་ཀྱི་ཡོད་རེད་པས།
Does he/she know whether or not I am a teacher?
그/그녀는 내가 선생님인지 아닌지 아나요?

Ans: ལགས་ཡོད་མ་རེད། ཁྱེད་རང་དགེ་རྒན་ཡིན་མིན་ཁོང་གིས་ཤེས་ཀྱི་ཡོད་མ་རེད།
No, he/she doesn't know whether or not you are a teacher.
아니요, 그/그녀는 당신이 선생님인지 아닌지 몰라요.

Key-Q: ང་ག་རེ་ཡིན་མིན་ཁོང་གིས་ཤེས་ཀྱི་ཡོད་རེད།
Does he/she know whether or not what I am?
그/그녀는 내 직업이 무엇인지 아닌지 아나요?

Ans: ཁྱེད་རང་སློབ་ཕྲུག་ཡིན་མིན་ཁོང་གིས་ཤེས་ཀྱི་ཡོད་རེད།
He/she knows whether or not you are a student.
그/그녀는 당신이 학생인지 아닌지 알아요.

Or-Q: ང་སློབ་ཕྲུག་ཡིན་མིན་ཤེས་ཀྱི་ཡོད་རེད་དགེ་རྒན་ཡིན་མིན་ཤེས་ཀྱི་ཡོད་རེད།
Does he/she know whether or not I am a student, whether or not I am a teacher?
그/그녀는 내가 학생인지 아닌지 아나요? 선생님인지 아닌지 아나요?

Ans: ཁྱེད་རང་སློབ་ཕྲུག་ཡིན་མིན་ཁོང་གིས་ཤེས་ཀྱི་ཡོད་རེད།
He/she know whether or not you are a student.
그/그녀는 당신이 학생인지 아닌지 알아요.

མིང་ཚིག Vocabulary 어휘

1. བུ།	boy	소년
2. བུ་མོ།	girl	소녀
3. གྲྭ་པ།	monk	비구 스님
4. ཨ་ནི།	nun	비구니 스님
5. སློབ་ཕྲུག	student	학생
6. དགེ་རྒན།	teacher	선생님
7. སློབ་སྤྱི།	principal	교장 선생님
8. ཁ་ལོ་བ།	driver	운전사
9. ཤིང་བཟོ་བ།	carpenter	목수
10. མགར་ར།	black smith	대장장이
11. མ་བྱན།	cook	요리사
12. སྦྲག་པ།	postman	우편배달부
13. ཉེན་རྟོག་པ།	policeman	경찰
14. བཟོ་པ།	worker	노동자
15. འགན་འཛིན།	director	감독 / 관리자
16. རྩིས་པ།	accountant	회계사
17. དངུལ་གཉེར།	casher	계산원
18. ཨེམ་ཆི།	doctor	의사
19. ནད་གཡོག	nurse	간호사
20. ཞབས་ཞུ་མ།	waitress	웨이트리스
21. འགྲོ་མི་འགྲོ	to go or not	가거나 안 가거나 (가거나 가지 않거나)
22. ཕྱིན་མ་ཕྱིན།	gone / went or not	갔거나 안 갔거나 (갔거나 가지 않았거나)
23. བྱེད་མི་བྱེད།	to do or not	하거나 안 하거나 (하거나 하지 않거나)
24. བྱས་མ་བྱས།	done / did or not	했거나 안 했거나 (했거나 하지 않았거나)
25. ཤེས་མི་ཤེས།	to know or not	알거나 모르거나 (알거나 알지 못하거나)
26. བཤད་མ་བཤད།	to say or not	말하거나 말 안 하거나 (말하거나 말하지 않거나)
27. ལབ་མ་ལབ།	to say or not	말하거나 말 안 하거나 (말하거나 말하지 않거나)
28. རག་ལུས་པ།	to depend / rely on	의지하다.

67-0 대화문

སློང་མོལ། Dialogue 대화문 47

པད་མ། ཁྱེད་རང་ག་དུས་ཡིན་ནའང་འཛིན་གྲྭར་ཕྱི་པོ་ཡོང་གི་འདུག
You always come late to class.
당신은 항상 수업에 늦는군요.

ཁྱེད་རང་ཞོགས་ཉལ་རྒྱག་གི་ཡོད་པས།
Do you sleep in the morning?
당신은 늦잠 자나요?

མཆོག ལགས་མེད། ཞོགས་ཀས་གང་སྔ་སྔ་ལང་གི་ཡོད།
No. I get up as early as possible.
아니요. 저는 가능한 한 빨리 일어나요.

ཡིན་ནའང་ཕྱི་པོ་ཆགས་འགྲོ་གི་འདུག
But it gets late.
그러나 늦게 돼요.

པད་མ། ཞོགས་ཀས་ཆུ་ཚོད་ག་ཚོད་ལ་ལང་གི་ཡོད།
What time do you get up in the morning?
아침에 몇 시에 일어나나요?

མཆོག ཞོགས་ཀས་ཆུ་ཚོད་དྲུག་པ་ཏག་ཏག་ལ་ལང་གི་ཡོད།
I get up exactly at six in the morning.
저는 아침 6시에 정확히 일어나요.

པད་མ། དེ་འདྲ་ཡིན་ན། འཛིན་གྲྭར་གང་མགྱོགས་མགྱོགས་ཡོང་ན་འགྲིག་གི་རེད་པ།
If that's so, it is alright to come as soon as possible to class.
그러면, 수업에 가능한 한 빨리 오면 되겠네요.

གླིང་མོལ། Dialogue 대화문 48

མཆོག། པད་མ་ལགས། ཁ་ལག་བཟོས་ཆོག་ཆོག་ཡིན་པས།
Pema-la, is everything ready to cook?
빼마씨, 음식 만들 준비 됐나요?

པད་མ། ལགས་ཡིན། ཁྱེད་རང་གིས་ཚལ་ག་རེ་ཉོས་ཡོད།
Yes. what vegetables did you buy?
네, 당신은 무슨 야채를 사 왔나요?

མཆོག། ངས་ཚལ་མང་པོ་ཉོས་ཡོད།
I bought a lot of vegetables.
저는 야채를 많이 사 왔어요.

པད་མ། ད་ང་ལས་ཀ་ཚར་སོང་། ཡོང་ཆོག་ཆོག་ཡིན།
Now I have finished my work. I am ready to come.
이제 저는 일을 끝냈어요. 저는 갈 준비가 됐어요.

གླིང་མོལ། Dialogue 대화문 49

མཆོག། པད་མ་ལགས། ངའི་སྒྲིག་ཆས་གོན་ཆོག་ཆོག་ཡིན་པས།
Pema-la, are my uniforms ready to wear?
빼마씨, 내 유니폼 입을 수 있게 준비했나요?

པད་མ། ལགས་འོང་། ཇ་ཡང་བཏུངས་ཆོག་ཆོག་ཡིན།
Yes, the tea is also ready.
네. 차도 마실 수 있게 준비 했어요.

མཆོག། ཐུགས་རྗེ་ཆེ། ད་ཁྱེད་རང་ཕྱིན་ན་འགྲིག་ས་རེད།
Thanks. Now it is alright if you go.
감사합니다. 이제 당신은 가도 돼요.

གླིང་མོལ། Dialogue 대화문 50

པད་མ། མཆོག་ལགས། ང་ལ་སྤུ་གུ་ཡོད་མེད་ཤེས་ཀྱི་ཡོད་པས།
Chok-la, do you know whether or not I have children?
촉씨, 나에게 아이들이 있는지 없는지 아나요?

མཆོག ལགས་མེད། ཁྱེད་རང་ཆང་ས་བརྒྱབ་ཚར་བས།
No, are you married?
아니요, 당신은 결혼을 했나요?

པད་མ། ལགས་འོང་། ན་ནིང་ཆང་ས་བརྒྱབ་པ་ཡིན།
Yes, I got married last year.
네, 저는 지난 해에 결혼했어요.

མཆོག ཨ་ལེ། ངས་ནི་ཁྱེད་རང་སྒུག་བསྡད་ཡོད།
I see! I was waiting for you.
아! 나는 당신을 기다렸어요.

གླིང་མོལ། Dialogue 대화문 51

པད་མ། ཁོང་ངའི་ཁྱོ་ག་ཡིན་མིན་རང་གིས་ཧ་གོ་གི་མེད་པས།
Don't you know whether or not he is my husband?
당신은 그가 나의 남편인지 아닌지 모르나요?

མཆོག ཁོང་ཁྱེད་རང་གི་ཁྱོ་ག་ཡིན་མིན་ངས་ག་པར་ཧ་གོ་རེད།
How would I know whether or not he is your husband?
그가 당신의 남편인지 아닌지 내가 어떻게 알아요?

པད་མ། རང་ངའི་གྲོགས་པོ་རྙིང་པ་ཡིན་པ་འདྲ་པོ་ཁྱོན་ནས་མི་འདུག
You don't look like my old friend at all.
당신은 전혀 나의 오랜 친구 같지 않아요.

མཆོག ངས་ག་རེ་བྱས་སོང་། རང་སྔོན་ལ་ཆང་ས་བརྒྱབ་ཚར་འདུག་ག
What did I do? You got married before me!
내가 무엇을 했나요? 당신이 먼저 결혼을 해 버렸잖아요.

པད་མ། རང་གིས་ངར་འབྲེལ་བ་བྱས་མ་སོང་ང་།
You didn't contact me!
당신은 나에게 연락도 안 했잖아요.

제68과 나는 수업에 오기 전에 숙제를 합니다.

Statement 131 ང་ + OP + མ་ + V + གོང་ལ་ + (S) + O + V + ཀྱི་ ཡོད།

ང་འཛིན་གྲྭར་མ་ཡོང་གོང་ལ་རང་སྦྱོང་བྱེད་ཀྱི་ཡོད།

I do my homework before coming to class.

나는 수업에 오기 전에 숙제를 합니다.

Yes-Q: ཁྱེད་རང་འཛིན་གྲྭར་མ་ཡོང་གོང་ལ་རང་སྦྱོང་བྱེད་ཀྱི་ཡོད་པས།

Do you do your homework before coming to class?

당신은 수업에 오기 전에 숙제를 하나요?

Ans: ལགས་ཡོད། ང་འཛིན་གྲྭར་མ་ཡོང་གོང་ལ་རང་སྦྱོང་བྱེད་ཀྱི་ཡོད།

Yes, I do my homework before coming to class.

네, 저는 수업에 오기 전에 숙제를 해요.

No-Q: ཁྱེད་རང་འཛིན་གྲྭར་མ་ཡོང་གོང་ལ་ཁ་འདོན་བྱེད་ཀྱི་ཡོད་པས།

Do you recite prayers before coming to class?

당신은 수업에 오기 전에 기도를 하나요?

Ans: ལགས་མེད། ང་འཛིན་གྲྭར་མ་ཡོང་གོང་ལ་ཁ་འདོན་བྱེད་ཀྱི་མེད།

No, I don't recite prayers before coming to class.

아니요, 저는 수업에 오기 전에 기도를 하지 않아요.

Key-Q: ཁྱེད་རང་འཛིན་གྲྭར་མ་ཡོང་གོང་ལ་ག་རེ་བྱེད་ཀྱི་ཡོད།

What do you do before coming to class?

당신은 수업에 오기 전에 무엇을 하나요?

Ans: ང་འཛིན་གྲྭར་མ་ཡོང་གོང་ལ་རང་སྦྱོང་བྱེད་ཀྱི་ཡོད།

I do my homework before coming to class.

저는 수업에 오기 전에 숙제를 해요.

Or-Q: ཁྱེད་རང་འཛིན་གྲྭར་མ་ཡོང་གོང་ལ་རང་སྦྱོང་བྱེད་ཀྱི་ཡོད་ཁ་འདོན་བྱེད་ཀྱི་ཡོད།

Do you do your homework or recite prayers before coming to class?

당신은 수업에 오기 전에 숙제를 하나요? 기도를 하나요?

Ans: ང་འཛིན་གྲྭར་མ་ཡོང་གོང་ལ་རང་སྦྱོང་བྱེད་ཀྱི་ཡོད།

I do my homework before coming to class.

저는 수업에 오기 전에 숙제를 해요.

Statement 132 ཁོང་ + OP + མ་ + V + སྔོན་ལ་ + (S) + O + V + གྱི་འདུག / ཡོད་རེད།

ཁོང་ཁ་ལག་མ་བཟས་སྔོན་ལ་ལག་པ་འཁྲུད་ཀྱི་ཡོད་རེད།

He/she washes her/his hands before eating.
그/그녀는 식사하기 전에 손을 씻습니다.

Yes-Q: ཁོང་ཁ་ལག་མ་བཟས་སྔོན་ལ་ལག་པ་འཁྲུད་ཀྱི་ཡོད་རེད་པས།
Does he/she wash her/his hands before eating?
그/그녀는 식사하기 전에 손을 씻나요?

Ans: ལགས་ཡོད་རེད། ཁོང་ཁ་ལག་མ་བཟས་སྔོན་ལ་ལག་པ་འཁྲུད་ཀྱི་ཡོད་རེད།
Yes, he/she washes her/his hands before eating.
네, 그/그녀는 식사하기 전에 손을 씻어요.

No-Q: ཁོང་ཁ་ལག་མ་བཟས་སྔོན་ལ་སོ་འཁྲུད་ཀྱི་ཡོད་རེད་པས།
Does he/she brush her/his teeth before eating?
그/그녀는 식사하기 전에 이를 닦나요?

Ans: ལགས་ཡོད་མ་རེད། ཁོང་ཁ་ལག་མ་བཟས་སྔོན་ལ་སོ་འཁྲུད་ཀྱི་ཡོད་མ་རེད།
No, he/she doesn't brush her/his teeth before eating.
아니요, 그/그녀는 식사하기 전에 이를 닦지 않아요.

Key-Q: ཁོང་ཁ་ལག་མ་བཟས་སྔོན་ལ་ག་རེ་འཁྲུད་ཀྱི་ཡོད་རེད།
What does he/she do before eating?
그/그녀는 식사하기 전에 무엇을 씻나요?

Ans: ཁོང་ཁ་ལག་མ་བཟས་སྔོན་ལ་ལག་པ་འཁྲུད་ཀྱི་ཡོད་རེད།
He/she washes her/his hands before eating.
그/그녀는 식사하기 전에 손을 씻어요.

Or-Q: ཁོང་ཁ་ལག་མ་བཟས་སྔོན་ལ་ལག་པ་འཁྲུད་ཀྱི་ཡོད་རེད་སོ་འཁྲུད་ཀྱི་ཡོད་རེད།
Does he/she wash her/his hands or brush her/his teeth before eating?
그/그녀는 식사하기 전에 손을 씻나요? 이를 닦나요?

Ans: ཁོང་ཁ་ལག་མ་བཟས་སྔོན་ལ་ལག་པ་འཁྲུད་ཀྱི་ཡོད་རེད།
He/she washes her/his hands before eating.
그/그녀는 식사하기 전에 손을 씻어요.

མིང་ཚིག Vocabulary 어휘

1. O + མ་ + past V + གོང་ལ་	before + V	~하기 전에
2. O + མ་ + past V + སྔོན་ལ་	before + V	~하기 전에
3. ཚལ་མ་ཉོས་གོང་ལ་/སྔོན་ལ་	before buying vegetable	채소를 사기 전에
4. ལྟད་མོ་མ་བལྟས་གོང་ལ་/སྔོན་ལ་	before watching shows	공연을 보기 전에
5. ཁ་འདོན་མ་བྱས་གོང་ལ་/སྔོན་ལ་	before reciting prayer	기도문을 암송하기 전에
6. འཛིན་གྲྭ་མ་གྲོལ་གོང་ལ་/སྔོན་ལ་	before finishing class	수업이 끝나기 전에
7. དུག་སློག་མ་གྱོན་གོང་ལ་/སྔོན་ལ་	before getting dressed	옷을 입기 전에
8. ཡར་མ་ལངས་གོང་ལ་/སྔོན་ལ་	before getting up	잠자리에서 일어나기 전에
9. མར་མ་ཉལ་གོང་ལ་/སྔོན་ལ་	before going to bed	잠자리에 들기 전에
10. ཁ་ལག་མ་བཟོས་གོང་ལ་/སྔོན་ལ་	before cooking	음식을 만들기 전에
11. གསུང་ཆོས་མ་གནང་གོང་ལ་/སྔོན་ལ་	before giving teaching	법문하시기 전에
12. གསུང་ཆོས་མ་ཞུས་གོང་ལ་/སྔོན་ལ་	before receiving teaching	법문을 듣기 전에
13. ཇ་མ་བཏུངས་གོང་ལ་/སྔོན་ལ་	before drinking tea	차를 마시기 전에
14. བོད་ལ་མ་ཕྱིན་གོང་ལ་/སྔོན་ལ་	before going to Tibet	티베트에 가기 전에
15. སྐད་ཆ་མ་བཤད་གོང་ལ་/སྔོན་ལ་	before speaking	말하기 전에
16. ཡི་གེ་མ་བྲིས་གོང་ལ་/སྔོན་ལ་	before writing a letter	편지를 쓰기 전에
17. ཆོས་ཉམས་ལེན་མ་བྱས་གོང་ལ་/སྔོན་ལ་	before practicing the Dharma	법을 수행하기 전에
18. དེབ་མ་བཀླགས་གོང་ལ་/སྔོན་ལ་	before reading a book	책을 읽기 전에
19. བསམ་བློ་མ་བཏང་གོང་ལ་/སྔོན་ལ་	before thinking	생각하기 전에
20. གྲྭ་པ་མ་བྱས་གོང་ལ་/སྔོན་ལ་	before becoming monk	스님이 되기 전에

제69과 나는 일어난 후에 이를 닦습니다.

Statement 133 ང་ + O/Adv. + པའི་རྗེས་ལ་ +(S) + O + V. ཀྱི་ཡོད་རེད།

ང་ཡར་ལངས་པའི་རྗེས་ལ་སོ་འཁྲུད་ཀྱི་ཡོད།

I brush my teeth after I get up.
나는 일어난 후에 이를 닦습니다.

Yes-Q: ཁྱེད་རང་ཡར་ལངས་པའི་རྗེས་ལ་སོ་འཁྲུད་ཀྱི་ཡོད་པས།
Do you brush your teeth after you get up?
당신은 일어난 후에 이를 닦나요?

Ans: ལགས་ཡོད། ང་ཡར་ལངས་པའི་རྗེས་ལ་སོ་འཁྲུད་ཀྱི་ཡོད།
Yes, I brush my teeth after I get up.
네, 저는 일어난 후에 이를 닦아요.

No-Q: ཁྱེད་རང་ཡར་ལངས་པའི་རྗེས་ལ་དུག་ལོག་འཁྲུད་ཀྱི་ཡོད་པས།
Do you wash clothes after you get up?
당신은 일어난 후에 옷을 빠나요?

Ans: ལགས་མེད། ང་ཡར་ལངས་པའི་རྗེ་ལ་དུག་ལོག་འཁྲུད་ཀྱི་མེད།
No, I don't wash clothes after I get up.
아니요, 저는 일어난 후에 옷을 빨지 않아요.

Key-Q: ཁྱེད་རང་ཡར་ལངས་པའི་རྗེས་ལ་ག་རེ་བྱེད་ཀྱི་ཡོད།
What do you do after you get up?
당신은 일어난 후에 무엇을 하나요?

Ans: ང་ཡར་ལངས་པའི་རྗེས་ལ་སོ་འཁྲུད་ཀྱི་ཡོད།
I brush my teeth after I get up.
저는 일어난 후에 이를 닦아요.

Or-Q: ཁྱེད་རང་ཡར་ལངས་པའི་རྗེས་ལ་སོ་འཁྲུད་ཀྱི་ཡོད་དུག་ལོག་འཁྲུད་ཀྱི་ཡོད།
Do you brush your teeth or wash clothes after you get up?
당신은 일어난 후에 이를 닦나요? 옷을 빠나요?

Ans: ང་ཡར་ལངས་པའི་རྗེས་ལ་སོ་འཁྲུད་ཀྱི་ཡོད།
I brush my teeth after I get up.
저는 일어난 후에 이를 닦아요.

Statement 134 ཁོང་ + O/Adv. + V + ནས་ + (S) + O + V. གྱི་འདུག / ཡོད་རེད།

ཁོང་འཛིན་གྲྭ་གྲོལ་ནས་ནང་ལ་འགྲོ་གི་འདུག

He/she goes home after class is over.
그/그녀는 수업이 끝난 후에 집에 갑니다.

Yes-Q: ཁོང་འཛིན་གྲྭ་གྲོལ་ནས་ནང་ལ་འགྲོ་གི་འདུག་གས།
Does he/she go home after class is over?
그/그녀는 수업이 끝난 후에 집에 가나요?

Ans: ལགས་འདུག ཁོང་འཛིན་གྲྭ་གྲོལ་ནས་ནང་ལ་འགྲོ་གི་འདུག
Yes, he/she goes home after class is over.
네, 그/그녀는 수업이 끝난 후에 집에 가요.

No-Q: ཁོང་འཛིན་གྲྭ་གྲོལ་ནས་ཁྲོམ་ལ་འགྲོ་གི་འདུག་གས།
Does he/she go to market after class is over?
그/그녀는 수업이 끝난 후에 시장에 가나요?

Ans: ལགས་མི་འདུག ཁོང་འཛིན་གྲྭ་གྲོལ་ནས་ཁྲོམ་ལ་འགྲོ་གི་མི་འདུག
No, he/she doesn't go to market after class is over.
아니요, 그/그녀는 수업이 끝난 후에 시장에 가지 않아요.

Key-Q: ཁོང་འཛིན་གྲྭ་གྲོལ་ནས་ག་པར་འགྲོ་གི་འདུག
Where does he/she go after class is over?
그/그녀는 수업이 끝난 후에 어디에 가나요?

Ans: ཁོང་འཛིན་གྲྭ་གྲོལ་ནས་ནང་ལ་འགྲོ་གི་འདུག
He/she goes home after class is over.
그/그녀는 수업이 끝난 후에 집에 가요.

Or-Q: ཁོང་འཛིན་གྲྭ་གྲོལ་ནས་ནང་ལ་འགྲོ་གི་འདུག་ཁྲོམ་ལ་འགྲོ་གི་འདུག
Does he/she go home or go to market after class is over?
그/그녀는 수업이 끝난 후에 집에 가나요? 시장에 가나요?

Ans: ཁོང་འཛིན་གྲྭ་གྲོལ་ནས་ནང་ལ་འགྲོ་གི་འདུག
He/she goes home after class is over.
그/그녀는 수업이 끝난 후에 집에 가요.

མིང་ཚིག Vocabulary 어휘

1.	O +	past V +	པའི་རྗེས་ལ་	after + V	~ 한 후에
2.	ཡི་གེ་	བྲིས་	པའི་རྗེས་ལ་	after writing a letter	편지를 쓴 후에
3.	ཚལ་	ཉོས་	པའི་རྗེས་ལ་	after buying vegetables	야채를 산 후에
4.	ལྟད་མོ་	བལྟས་	པའི་རྗེས་ལ་	after watching a show	공연을 본 후에
5.	ཁ་འདོན་	བྱས་	པའི་རྗེས་ལ་	after reciting prayers	기도한 후에
6.	འཛིན་གྲྭ་	གྲོལ་	པའི་རྗེས་ལ་	after class is over	수업이 끝난 후에
7.	དུག་སློག་	གོན་	པའི་རྗེས་ལ་	after getting dressed	옷을 입은 후에
8.	ཡར་	ལངས་	པའི་རྗེས་ལ་	after getting up	일어난 후에
9.	མར་	ཉལ་	པའི་རྗེས་ལ་	after going to sleep	잠자리에 든 후에
10.	ཁ་ལག་	བཟོས་	པའི་རྗེས་ལ་	after cooking	음식을 만든 후에
11.	གསུང་ཆོས་	གནང་	པའི་རྗེས་ལ་	after giving teaching	법문을 한 후에
12.	གསུང་ཆོས་	ཞུས་	པའི་རྗེས་ལ་	after receiving teaching	법문을 들은 후에
13.	ཇ་	བཏུངས་	པའི་རྗེས་ལ་	after drinking tea	차를 마신 후에
14.	གྲྭ་པ་	བྱས་	པའི་རྗེས་ལ་	after becoming a monk	스님이 된 후에
15.	O	+ past V	+ ནས་...	after + V	~한 후에, 하고 나서
16.	ཡི་གེ་	བྲིས་	ནས་...	after writing a letter	편지를 쓴 후에
17.	བོད་ལ་	ཕྱིན་	ནས་...	after going Tibet	티베트에 간 후에
18.	ལྟད་མོ་	བལྟས་	ནས་...	after watching a show	공연을 본 후에
19.		ཉལ་	ནས་...	after sleeping	잠을 잔 후에
20.	ཨ་རི་ལ་	ཕྱིན་	ནས་...	after going to the United States	미국에 간 후에
21.	O	+ past V	+ བྱས་...	after + V	~ 한 후에, 하고 나서
22.	དུག་སློག་	གྱོན་	བྱས་...	after getting dressed	옷을 입은 후에
23.	ཇ་	བཏུངས་	བྱས་...	after drinking tea	차를 마신 후에
24.	བོད་སྐད་	སྦྱངས་	བྱས་...	after studying Tibetan	티베트어를 공부한 후에
25.	ལས་ཀ་	བྱས་	བྱས་...	after working	일을 한 후에
26.	འཛིན་གྲྭ་	གྲོལ་	བྱས་...	after class is over	수업을 한 후에

제70과 나는 집에서 도서관까지 한 시간 걸립니다.

Statement 135 place + ནས་ + place + བར་ + time + འགོར་གྱི་འདུག

ང་ནང་ནས་དཔེ་མཛོད་ཁང་བར་ཆུ་ཚོད་གཅིག་འགོར་གྱི་འདུག

It takes one hour from my home to the Library.
나는 집에서 도서관까지 한 시간 걸립니다.

Yes-Q: ཁྱེད་རང་ནང་ནས་དཔེ་མཛོད་ཁང་བར་ཆུ་ཚོད་གཅིག་འགོར་གྱི་འདུག་གས།
Does it take one hour from your home to the Library?
당신은 집에서 도서관까지 1시간 걸리나요? * 한 시간 = 1 시간

Ans: ལགས་འདུག ང་ནང་ནས་དཔེ་མཛོད་ཁང་བར་ཆུ་ཚོད་གཅིག་འགོར་གྱི་འདུག
Yes, it takes one hour from my home to the Library.
네, 집에서 도서관까지 1시간 걸려요.

No-Q: ཁྱེད་རང་ནང་ནས་དཔེ་མཛོད་ཁང་བར་ཆུ་ཚོད་གཉིས་འགོར་གྱི་འདུག་གས།
Does it take two hours from your home to the Library?
당신은 집에서 도서관까지 두 시간 걸리나요? * 두 시간 = 2시간

Ans: ལགས་མི་འདུག ང་ནང་ནས་དཔེ་མཛོད་ཁང་བར་ཆུ་ཚོད་གཉིས་འགོར་གྱི་མི་འདུག
No, it doesn't take two hours from my home to the Library.
아니요, 저는 집에서 도서관까지 2시간 걸리지 않아요.

Key-Q: ཁྱེད་རང་ནང་ནས་དཔེ་མཛོད་ཁང་བར་ཆུ་ཚོད་ག་ཚོད་འགོར་གྱི་འདུག
How long does it take from your home to the Library?
당신은 집에서 도서관까지 몇 시간 걸리나요?

Ans: ང་ནང་ནས་དཔེ་མཛོད་ཁང་བར་ཆུ་ཚོད་གཅིག་འགོར་གྱི་འདུག
It takes one hour from my home to the Library.
저는 집에서 도서관까지 1시간 걸려요.

Or-Q: ཁྱེད་རང་ནང་ནས་དཔེ་མཛོད་ཁང་བར་ཆུ་ཚོད་གཅིག་འགོར་གྱི་འདུག་གཉིས་འགོར་གྱི་འདུག
Does it take one hour or two hours from your home to the Library?
당신은 집에서 도서관까지 1시간 걸리나요? 2시간 걸리나요?

Ans: ང་ནང་ནས་དཔེ་མཛོད་ཁང་བར་ཆུ་ཚོད་གཅིག་འགོར་གྱི་འདུག
It takes one hour from my home to the Library.
저는 집에서 도서관까지 1시간 걸려요.

Statement 136 O +place + ནས་ + place + བར་ + time + འགོར་གྱི་འདུག / ཡོད་རེད།

མོ་ཊ་ལ་ལྡི་ལི་ནས་རྡ་རམ་ས་ལ་བར་ཆུ་ཚོད་བཅུ་འགོར་གྱི་ཡོད་རེད།

It takes ten hours from Delhi to Dharamsala by car.
차로 델리에서 다람살라까지 열 시간 걸립니다.

Yes-Q: མོ་ཊ་ལ་ལྡི་ལི་ནས་རྡ་རམ་ས་ལ་བར་ཆུ་ཚོད་བཅུ་འགོར་གྱི་ཡོད་རེད་པས།
Does it take ten hours from Delhi to Dharamsala by car?
차로 델리에서 다람살라까지 10시간 걸리나요? *열 시간 = 10시간

Ans: ལགས་ཡོད་རེད། མོ་ཊ་ལ་ལྡི་ལི་ནས་རྡ་རམ་ས་ལ་བར་ཆུ་ཚོད་བཅུ་འགོར་གྱི་ཡོད་རེད།
Yes, it takes ten hours from Delhi to Dharamsala by car.
네, 차로 델리에서 다람살라까지 10시간 걸려요.

No-Q: མོ་ཊ་ལ་ལྡི་ལི་ནས་རྡ་རམ་ས་ལ་བར་ཆུ་ཚོད་དགུ་འགོར་གྱི་ཡོད་རེད་པས།
Does it take nine hours from Delhi to Dharamsala by car?
차로 델리에서 다람살라까지 9시간 걸리나요? *9시간 = 아홉 시간

Ans: ལགས་ཡོད་མ་རེད། མོ་ཊ་ལ་ལྡི་ལི་ནས་རྡ་རམ་ས་ལ་བར་ཆུ་ཚོད་དགུ་འགོར་གྱི་ཡོད་མ་རེད།
No, it doesn't take nine hours from Delhi to Dharamsala by car.
아니요, 차로 델리에서 다람살라까지 9시간 걸리지 않아요.

Key-Q: མོ་ཊ་ལ་ལྡི་ལི་ནས་རྡ་རམ་ས་ལ་བར་ཆུ་ཚོད་ག་ཚོད་འགོར་གྱི་ཡོད་རེད།
How long does it take from Delhi to Dharamsala by car?
차로 델리에서 다람살라까지 몇 시간 걸리나요?

Ans: མོ་ཊ་ལ་ལྡི་ལི་ནས་རྡ་རམ་ས་ལ་བར་ཆུ་ཚོད་བཅུ་འགོར་གྱི་ཡོད་རེད།
It takes ten hours from Delhi to Dharamsala by car.
차로 델리에서 다람살라까지 10시간 걸려요.

Or-Q: མོ་ཊ་ལ་ལྡི་ལི་ནས་རྡ་རམ་ས་ལ་བར་ཆུ་ཚོད་བཅུ་འགོར་གྱི་ཡོད་རེད་དགུ་འགོར་གྱི་ཡོད་རེད།
Does it take ten hours or nine hours from Delhi to Dharamsala by car?
차로 델리에서 다람살라까지 10시간 걸리나요? 9시간 걸리나요?

Ans: མོ་ཊ་ལ་ལྡི་ལི་ནས་རྡ་རམ་ས་ལ་བར་ཆུ་ཚོད་བཅུ་འགོར་གྱི་ཡོད་རེད།
It takes ten hours from Delhi to Dharamsala by car.
차로 델리에서 다람살라까지 10시간 걸려요.

མིང་ཚིག Vocabulary 어휘

1. གོམ་པ་བརྒྱབ་ནས་འགྲོ་ན་	if go by walking	걸어서 가면
2. རྐང་འཁོར་བཞོན་ནས་འགྲོ་ན་	if go by riding a bicycle	자전거를 타고 가면
3. སྦག་སྦག་བཞོན་ནས་འགྲོ་ན་	if go by on motorbike	오토바이를 타고 가면
4. རྟ་བཞོན་ནས་འགྲོ་ན་	if go by horse	말을 타고 가면
5. མོ་ཊ་བཞོན་ནས་འགྲོ་ན་	if go by car	자동차를 타고 가면
6. གནམ་གྲུ་བཞོན་ནས་འགྲོ་ན་	if go by plane	비행기를 타고 가면
7. གྲུ་གཟིངས་བཞོན་ནས་འགྲོ་ན་	if go by ship	배를 타고 가면
8. མགྱོགས་པོ་འགྲོ་ན་	if go fast	빨리 가면
9. ལྷོད་ལྷོད་/ག་ལེར་འགྲོ་ན་	if go slowly	천천히 가면
10. འགོར་གྱི་རེད།	will take	걸릴 것이다.
11. འགོར་སོང་།/འགོར་བྱུང་།	it took	걸렸다.
12. འགོར་པ་རེད།	it took	걸렸다.

1. གཅིག།	one	1, 일 , 하나, 한	ཆུ་ཚོད་གཅིག་འགོར་གྱི་…	1시간(한 시간) 걸리다.
2. གཉིས།	two	2, 이, 둘, 두	ཆུ་ཚོད་གཉིས་འགོར་གྱི་…	2시간(두 시간) 걸리다.
3. གསུམ།	three	3, 삼 , 셋, 세	ཆུ་ཚོད་གསུམ་འགོར་གྱི་…	3시간(세 시간) 걸리다.
4. བཞི།	four	4, 사, 넷, 네	ཆུ་ཚོད་བཞི་འགོར་གྱི་…	4시간(네 시간) 걸리다.
5. ལྔ།	five	5, 오, 다섯	ཆུ་ཚོད་ལྔ་འགོར་གྱི་…	5시간(다섯 시간) 걸리다.
6. དྲུག	six	6, 육, 여섯	ཆུ་ཚོད་དྲུག་འགོར་གྱི་…	6시간(여섯 시간) 걸리다.
7. བདུན།	seven	7, 칠, 일곱	ཆུ་ཚོད་བདུན་འགོར་གྱི་…	7시간(일곱 시간) 걸리다.
8. བརྒྱད།	eight	8, 팔, 여덟	ཆུ་ཚོད་བརྒྱད་འགོར་གྱི་…	8시간(여덟 시간) 걸리다.
9. དགུ།	nine	9, 구, 아홉	ཆུ་ཚོད་དགུ་འགོར་གྱི་…	9시간(아홉 시간) 걸리다.
10. བཅུ།	ten	10, 십, 열	ཆུ་ཚོད་བཅུ་འགོར་གྱི་…	10시간(열 시간) 걸리다.
11. བཅུ་གཅིག	eleven	11, 십일, 열하나	ཆུ་ཚོད་བཅུ་གཅིག་འགོར་གྱི་…	11시간(열한 시간) 걸리다.
12. བཅུ་གཉིས།	twelve	12, 십이, 열둘	ཆུ་ཚོད་བཅུ་གཉིས་འགོར་གྱི་…	12시간(열두 시간) 걸리다.

제71과 나는 차를 마실 겁니다.

Statement 137 ང་ + O + future V + རྒྱུ་ཡིན།

ང་ཇ་བཏུང་རྒྱུ་ཡིན།

I haven't had tea yet.

나는 차를 마실 겁니다.

Yes-Q: ཁྱེད་རང་ཇ་བཏུང་རྒྱུ་ཡིན་པས།
Haven't you had tea yet?
당신은 차를 마실 건가요?

Ans: ལགས་ཡིན། ང་ཇ་བཏུང་རྒྱུ་ཡིན།
Yes, I haven't had tea yet.
네, 저는 차를 마실 거예요.

No-Q: ཁྱེད་རང་འོ་མ་བཏུང་རྒྱུ་ཡིན་པས།
Haven't you had milk yet?
당신은 우유를 마실 건가요?

Ans: ལགས་མིན། ངས་འོ་མ་བཏུངས་ཚར།
Yes, I have had milk.
아니요, 저는 우유를 마셨어요.

Key-Q: ཁྱེད་རང་ག་རེ་བཏུང་རྒྱུ་ཡིན།
What haven't you had yet?
당신은 무엇을 마실 건가요?

Ans: ང་ཇ་བཏུང་རྒྱུ་ཡིན།
I haven't had tea yet.
저는 차를 마실 거예요.

Or-Q: ཁྱེད་རང་ཇ་བཏུང་རྒྱུ་ཡིན་འོ་མ་བཏུང་རྒྱུ་ཡིན།
Haven't you had tea yet or had milk yet?
당신은 차를 마실 건가요? 우유를 마실 건가요?

Ans: ང་ཇ་བཏུང་རྒྱུ་ཡིན།
I haven't had tea yet.
저는 차를 마실 거예요.

Statement 138 ཁོང་ + O + future V + རྒྱུ་རེད། / རེད་འདུག / རེད་ཤག

ཁོང་ཇ་བཏུང་རྒྱུ་རེད།

He/she hasn't had tea yet.
그/그녀는 차를 마실 겁니다.

Yes-Q: ཁོང་ཇ་བཏུང་རྒྱུ་རེད་པས།
Hasn't he/she had tea yet?
그/그녀는 차를 마실 건가요?

Ans: ལགས་རེད། ཁོང་ཇ་བཏུང་རྒྱུ་རེད།
Yes, he/she hasn't had tea yet.
네, 그/그녀는 차를 마실 거예요.

No-Q: ཁོང་འོ་མ་བཏུང་རྒྱུ་རེད་པས།
Hasn't he/she had milk yet?
그/그녀는 우유를 마실 건가요?

Ans: ལགས་མ་རེད། ཁོང་གིས་འོ་མ་བཏུངས་ཚར་སོང་།
Yes, he/she has had tea.
아니요, 그/그녀는 우유를 마셨어요.

Key-Q: ཁོང་ག་རེ་བཏུང་རྒྱུ་རེད།
What hasn't he/she had yet?
그/그녀는 무엇을 마실 건가요?

Ans: ཁོང་ཇ་བཏུང་རྒྱུ་རེད།
He/she hasn't had tea yet.
그/그녀는 차를 마실 거예요.

Or-Q: ཁོང་ཇ་བཏུང་རྒྱུ་རེད་འོ་མ་བཏུང་རྒྱུ་རེད།
Hasn't he/she had tea yet or had milk yet?
그/그녀는 차를 마실 건가요? 우유를 마실 건가요?

Ans: ཁོང་ཇ་བཏུང་རྒྱུ་རེད།
He/she hasn't had tea yet.
그/그녀는 차를 마실 거예요.

མིང་ཚིག Vocabulary 어휘

1.	O + Future V +		རྒྱུ་	have / has not … yet	~할 것이다.
2.	སྐད་ཆ་	བཤད་	རྒྱུ་	have / has not spoken yet	말할 것이다.
3.	དུག་སློག་	གྱོན་	རྒྱུ་	have / has not got dressed yet	옷을 입을 것이다.
4.	ང་	ཡོང་	རྒྱུ་	have / has not come yet	나는 올 것이다.
5.	ཁ་ལག་	བཟའ་	རྒྱུ་	have / has not eaten yet	먹을 것이다.
6.	མོག་མོག་	མངག་	རྒྱུ་	have / has not ordered momos yet	만두를 주문할 것이다.
7.	ཡི་གེ་	བྲི་	རྒྱུ་	have / has not written a letter yet	편지를 쓸 것이다.
8.	ཁ་ལག་	བཟོ་	རྒྱུ་	have / has not made food yet	음식을 만들 것이다.
9.	ཤིང་ཏོག་	ཉོ་	རྒྱུ་	have / has not bought fruits yet	과일을 살 것이다.
10.	ལས་ཀ་	བྱ་	རྒྱུ་	have / has not done work yet	일을 할 것이다.
11.	དེབ་	བཀླག་	རྒྱུ་	have / has not read a book yet	책을 읽을 것이다.
12.	ཡར་	ལང་	རྒྱུ་	have / has not got up yet	일어날 것이다.
13.	དྲི་བ་	དྲི་	རྒྱུ་	have / has not asked questions yet	질문할 것이다.
14.	དངུལ་	སྤྲད་	རྒྱུ་	have / has not given money yet.	돈을 줄 것이다.
15.	མོ་ཊ་	གླ་	རྒྱུ་	have / has not hired a taxi yet.	택시를 빌릴 것이다.
16.	གཞས་	ཉན་	རྒྱུ་	have / has not listened to songs yet.	노래를 들을 것이다.
17.	བོད་ཡིག་	སྦྱང་	རྒྱུ་	have / has not studied Tibetan yet.	티베트어를 공부할 것이다.
18.	གཅིན་པ་	གཏང་	རྒྱུ་	have /has not urinated yet.	소변을 볼 것이다.
19.	དངུལ་	བརྗེ་	རྒྱུ་	have / has not exchanged money yet.	돈을 바꿀 것이다.
20.	ཅ་ལག་	བླང་	རྒྱུ་	have / has not taken things yet.	물건을 받을 것이다.
21.	ལྟད་མོ་	བལྟ་	རྒྱུ་	have / has not watched a show yet.	공연을 볼 것이다.
22.	ས་ལ་	བསྡད་	རྒྱུ་	have / has not sat on the ground yet.	땅에 앉을 것이다.

གླེང་མོལ། Dialogue 대화문 52

མཆོག། པད་མ་ལགས། སྔ་དྲོ་བདེ་ལེགས།
Pema-la, good morning!
빼마씨, 좋은 아침입니다.

པད་མ། སྔ་དྲོ་བདེ་ལེགས། མཆོག་ལགས། ཁྱེད་རང་ག་པར་འགྲོ་གི་ཡོད།
Good morning. Chok-la, where are you going?
좋은 아침입니다. 촉씨, 당신은 어디에 가고 있나요?

མཆོག། ང་བོད་ཡིག་འཛིན་གྲྭར་འགྲོ་གི་ཡོད། ཁྱེད་རང་ག་པར་འགྲོ་གི་ཡོད།
I am going to my Tibetan class. Where are you going?
저는 티베트어 수업 들으러 가고 있어요. 당신은 어디에 가고 있나요?

པད་མ། ང་ཟ་ཁང་ལ་ཁ་ལག་ཟ་གར་འགྲོ་གི་ཡོད།
I am going to the restaurant to eat.
저는 식당에 밥 먹으러 가고 있어요.

མཆོག། ཞོགས་ཀས་ཁ་ལག་བཟའ་རྒྱུ་ཡིན་པས།
Haven't you had breakfast yet?
아침밥을 먹을 건가요?

པད་མ། ལགས་འོང་། ཁྱེད་རང་ཞོགས་ཟས་བཟས་ཚར་པས།
No, I haven't. Have you had breakfast?
네, 맞아요. 당신은 아침밥을 먹었나요?

མཆོག། ངས་ཞོགས་ཀས་སྔ་པོ་ནས་བཟས་པ་ཡིན།
I ate breakfast early in the morning.
저는 아침 일찍 먹었어요.

གླེང་མོལ། Dialogue 대화문 53

པད་མ། ཁྱེད་རང་འཛིན་གྲྭར་མ་ཡོང་སྔོན་ལ་ཁ་ལག་ཟ་གི་ཡོད་པས།
Do you eat before coming to class?
당신은 수업에 오기 전에 음식을 먹나요?

མཆོག ལགས་མེད། ང་འཛིན་གྲྭར་མ་ཡོང་སྔོན་ལ་ཁ་ལག་ཟ་གི་མེད།
No, I don't eat before coming to class.
아니요, 저는 수업에 오기 전에 음식을 먹지 않아요.

པད་མ། ཁ་སང་ང་ཚལ་མ་ཉོས་གོང་ལ་དངུལ་ཆ་ཚང་བརླག་སོང་ཤག
Yesterday I lost all my money before buying vegetables.
어제 저는 야채를 사기 전에 돈을 다 잃어버렸어요.

མཆོག ཚལ་མ་ཉོས་གོང་ལ་ཅ་ལག་གཞན་པ་ཉོས་པས།
Did you buy something else before you bought vegetables?
야채를 사기 전에 다른 물건을 샀어요?

པད་མ། ལགས་ཉོས་མིན། ང་ཚལ་ཉོ་ས་ལ་མ་སླེབས་གོང་ལ་དངུལ་ཁུག་ལ་ལག་པ་འཆང་མེད།
No, I didn't touch my wallet before I reached the vegetable market.
아니요, 사지 않았어요.
저는 야채 사는 곳에 오기 전에 지갑에 손대지 않았어요.

གླེང་མོལ། Dialogue 대화문 54

མཆོག ཁ་ལག་བཟས་ཚར་བའི་རྗེས་ལ་འཛིན་གྲྭར་འགྲོ་གི་ཡིན་པས།
Will you go to class after eating?
밥을 먹은 후에 수업에 갈 거예요?

པད་མ། ལགས་ཡིན། འདི་ནས་སློབ་གྲྭ་བར་དུ་མོ་ཊའི་ནང་ལ་ཕྱིན་ན་ཆུ་ཚོད་ག་ཚོད་འགོར་གྱི་རེད།
Yes. How long does it take from here to the school by car?
네 맞아요. 여기서 학교까지 차를 타고 가면 몇 시간 걸려요?

མཆོག དེ་འདྲ་ཐག་རིང་པོ་ཡོད་མ་རེད།
It's not that far.
그렇게 멀지 않아요.

གོམ་པ་བརྒྱབ་ནས་ཕྱིན་པ་ཡིན་ན་ཆུ་ཚོད་ཕྱེད་ཀ་འགོར་གྱི་རེད།
It takes half an hour if you walk.
걸어서 가면 삼십 분 걸려요. *삼십 분- 30분

ཁྱེད་རང་ག་དུས་འགྲོ་གི་ཡིན།
When are you going?
당신은 언제쯤 갈 거예요?

པད་མ། ཁ་འདོན་བྱས་ཚར་བའི་རྗེས་ལ་ང་འཛིན་གྲྭར་འགྲོ་གི་ཡིན།
I will go to class after I finish my prayers.
기도가 끝난 후에 저는 수업에 갈 거예요.

མཆོག ཁྱེད་རང་ད་ལྟ་འཛིན་གྲྭར་འགྲོ་གི་ཡིན་པས།
Are you going to class now?
당신은 지금 수업에 갈 거예요?

པད་མ། ལགས་འོང་། ང་ད་ལྟ་གོམ་པ་བརྒྱབ་ནས་འགྲོ་གི་ཡིན།
Yes, I will go by walking.
네, 저는 지금 걸어서 갈 거예요.

ཨ་ལེ། ཨ་ནི། འཛིན་གྲྭར་མཇལ་ཡོང་།
I see! Then, I will see you in class.
알았어요. 그러면 수업에서 만나요.

제72과 나는 티베트에 갈 수 있을 것 같습니다.

Statement 139 ང་ + V + ཐུབ་ས་ + རེད།

ང་བོད་ལ་འགྲོ་ཐུབ་ས་རེད།

I think I can go to Tibet.

나는 티베트에 갈 수 있을 것 같습니다.

Yes-Q: ཁྱེད་རང་བོད་ལ་འགྲོ་ཐུབ་ས་རེད་པས།

Do you think you can go to Tibet?

당신은 티베트에 갈 수 있을 것 같아요?

Ans: ལགས་རེད། ང་བོད་ལ་འགྲོ་ཐུབ་ས་རེད།

Yes, I think I can go to Tibet.

네, 저는 티베트에 갈 수 있을 것 같아요.

No-Q: ཁྱེད་རང་ཉི་ཧོང་ལ་འགྲོ་ཐུབ་ས་རེད་པས།

Do you think you can go to Japan?

당신은 일본에 갈 수 있을 것 같아요?

Ans: ལགས་མ་རེད། ང་ཉི་ཧོང་ལ་འགྲོ་ཐུབ་ས་མ་རེད།

No, I think I can't go to Japan.

아니요, 저는 일본에 갈 수 없을 것 같아요.

Key-Q: ཁྱེད་རང་ག་པར་འགྲོ་ཐུབ་ས་རེད།

Where do you think you can go?

당신은 어디에 갈 수 있을 것 같아요?

Ans: ང་བོད་ལ་འགྲོ་ཐུབ་ས་རེད།

I think I can go to Tibet.

저는 티베트에 갈 수 있을 것 같아요.

Or-Q: ཁྱེད་རང་བོད་ལ་འགྲོ་ཐུབ་ས་རེད་ཉི་ཧོང་ལ་འགྲོ་ཐུབ་ས་རེད།

Do you think you can go to Tibet or Japan?

당신은 티베트에 갈 수 있을 것 같아요? 일본에 갈 수 있을 것 같아요?

Ans: ང་བོད་ལ་འགྲོ་ཐུབ་ས་རེད།

I think I can go to Tibet.

저는 티베트에 갈 수 있을 것 같아요.

Statement 140 ཁོང་ + V + ཐུབ་ས་ + རེད།

ཁོང་ལས་ཀ་བྱེད་ཐུབ་ས་རེད།

I think he/she can work.
그/그녀는 일을 할 수 있을 것 같습니다.

Yes-Q: ཁོང་ལས་ཀ་བྱེད་ཐུབ་ས་རེད་པས།
Do you think he/she can work?
그/그녀가 일을 할 수 있을 것 같아요?

Ans: ལགས་རེད། ཁོང་ལས་ཀ་བྱེད་ཐུབ་ས་རེད།
Yes, I think he/she can work.
네, 그/그녀는 일을 할 수 있을 것 같아요.

No-Q: ཁོང་སློབ་སྦྱོང་བྱེད་ཐུབ་ས་རེད་པས།
Do you think he/she can study?
그/그녀가 공부할 수 있을 것 같아요?

Ans: ལགས་མ་རེད། ཁོང་སློབ་སྦྱོང་བྱེད་ཐུབ་ས་མ་རེད།
No, I think he/she can't study.
아니요, 그/그녀는 공부할 수 있을 것 같지 않아요.

Key-Q: ཁོང་ག་རེད་བྱེད་ཐུབ་ས་རེད།
What do you think he/she can do?
그/그녀는 무엇을 할 수 있을 것 같아요?

Ans: ཁོང་ལས་ཀ་བྱེད་ཐུབ་ས་རེད།
I think he/she can work.
그/그녀는 일을 할 수 있을 것 같아요.

Or-Q: ཁོང་ལས་ཀ་བྱེད་ཐུབ་ས་རེད་སློབ་སྦྱོང་བྱེད་ཐུབ་ས་རེད།
Do you think he/she can work or study?
그/그녀는 일을 할 수 있을 것 같아요? 공부를 할 수 있을 것 같아요?

Ans: ཁོང་ལས་ཀ་བྱེད་ཐུབ་ས་རེད།
I think he/she can work.
그/그녀는 일을 할 수 있을 것 같아요.

མིང་ཚིག Vocabulary 어휘

1. V + ཐུབ་ས་ + རེད།		I think… can + V	~할 수 있을 것 같다.
2. སྒོ་རྒྱག་	ཐུབ་ས་	I think… can + close the door	문을 닫을 수 있을 것 같다.
3. ཡི་གེ་གཏོང་	ཐུབ་ས་	I think... can + send a letter	편지를 보낼 수 있을 것 같다.
4. ཕྱག་འཚལ་	ཐུབ་ས་	I think… can + prostrate	절을 할 수 있을 것 같다.
5. དངུལ་ལེན་	ཐུབ་ས་	I think… can + get money	돈을 받을 수 있을 것 같다.
6. ལས་ཀ་བྱེད་	ཐུབ་ས་	I think… can + work	일을 할 수 있을 것 같다.
7. ཁ་ལག་བཟོ་	ཐུབ་ས་	I think… can + make food	음식을 만들 수 있을 것 같다.
8. གཅིན་པ་གཏོང་	ཐུབ་ས་	I think… can + urinate	소변을 볼 수 있을 것 같다.
9. དངུལ་བརྗེ་	ཐུབ་ས་	I think… can + change money	환전을 할 수 있을 것 같다.
10. རྩེད་མོ་རྩེ་	ཐུབ་ས་	I think… can + play games	게임을 할 수 있을 것 같다.
11. ལྟད་མོ་ལྟ་	ཐུབ་ས་	I think… can + watch a show	공연을 관람할 수 있을 것 같다.
12. ཨི་མེལ་གཏོང་	ཐུབ་ས་	I think… can + send emails	이메일을 보낼 수 있을 것 같다.
13. དུག་སློག་གྱོན་	ཐུབ་ས་	I think… can + get dressed	옷을 입을 수 있을 것 같다.
14. ཤིང་ཏོག་ཉོ་	ཐུབ་ས་	I think… can + buy fruits	과일을 살 수 있을 것 같다.
15. ཁ་པར་གཏོང་	ཐུབ་ས་	I think… can + to make a call	전화를 할 수 있을 것 같다.
16. བོད་ཡིག་སྦྱོང་	ཐུབ་ས་	I think… can + study Tibetan	티베트어를 공부할 수 있을 것 같다.
17. སྐད་ཆ་ཤོད་	ཐུབ་ས་	I think… can + discuss/talk	토론 / 대화할 수 있을 것 같다.
18. གྲོགས་པོ་ཐུག་	ཐུབ་ས་	I think… can + meet friends	친구를 만날 수 있을 것 같다.
19. དེབ་ཀློག་	ཐུབ་ས་	I think… can + read a book	책을 읽을 수 있을 것 같다.
20. པར་སློག་རྒྱག་	ཐུབ་ས་	I think… can + make photocopies	복사를 할 수 있을 것 같다.
21. མི་གཏོང་	ཐུབ་ས་	I think… can + send someone	누군가를 보낼 수 있을 것 같다.

제73과 나는 티베트에 가본 적이 있습니다.

Statement 141 ང་ + O inf. + V + མྱོང་ / ཡོད།

ང་བོད་ལ་འགྲོ་མྱོང་།

I have been to Tibet.
나는 티베트에 가본 적이 있습니다.

Yes-Q: ཁྱེད་རང་བོད་ལ་འགྲོ་མྱོང་ངས།
Have you been to Tibet?
당신은 티베트에 가본 적이 있나요?

Ans: ལགས་འགྲོ་མྱོང་། ང་བོད་ལ་འགྲོ་མྱོང་།
Yes, I have been to Tibet.
네, 저는 티베트에 가본 적이 있어요.

No-Q: ཁྱེད་རང་ཡུ་རོབ་ལ་འགྲོ་མྱོང་ངས།
Have you been to Europe?
당신은 유럽에 가본 적이 있나요?

Ans: ལགས་འགྲོ་མ་མྱོང་། ང་ཡུ་རོབ་ལ་འགྲོ་མ་མྱོང་།
No, I have never been to Europe.
아니요, 저는 유럽에 가본 적이 없어요.

Key-Q: ཁྱེད་རང་ག་པར་འགྲོ་མྱོང་།
Where have you been to?
당신은 어디에 가본 적이 있나요?

Ans: ང་བོད་ལ་འགྲོ་མྱོང་།
I have been to Tibet.
저는 티베트에 가본 적이 있어요.

Or-Q: ཁྱེད་རང་བོད་ལ་འགྲོ་མྱོང་ཡུ་རོབ་ལ་འགྲོ་མྱོང་།
Have you been to Tibet or Europe?
당신은 티베트에 가본 적이 있나요? 유럽에 가본 적이 있나요?

Ans: ང་བོད་ལ་འགྲོ་མྱོང་།
I have been to Tibet.
저는 티베트에 가본 적이 있어요.

Statement 142   ཁོང་ + O inf + V + མྱོང་ + ཡོད་རེད། / འདུག

ཁོང་ཨ་རི་ལ་འགྲོ་མྱོང་ཡོད་རེད།

He/she has been to the United States.
그/그녀는 미국에 가본 적이 있습니다.

Yes-Q: ཁོང་ཨ་རི་ལ་འགྲོ་མྱོང་ཡོད་རེད་པས།
Has he/she been to the United States?
그녀는 미국에 가본 적이 있나요?

Ans: ལགས་ཡོད་རེད། ཁོང་ཨ་རི་ལ་འགྲོ་མྱོང་ཡོད་རེད།
Yes, he/she has been to the United States.
네, 그녀는 미국에 가본 적이 있어요.

No-Q: ཁོང་ཉི་ཧོང་ལ་འགྲོ་མྱོང་ཡོད་རེད་པས།
Has he/she been to Japan?
그녀는 일본에 가본 적이 있나요?

Ans: ལགས་ཡོད་མ་རེད། ཁོང་ཉི་ཧོང་ལ་འགྲོ་མྱོང་ཡོད་མ་རེད།
No, he/she has never been to Japan.
아니요, 그녀는 일본에 가본 적이 없어요.

Key-Q: ཁོང་ག་པར་འགྲོ་མྱོང་ཡོད་རེད།
Where has he/she been?
그녀는 어디에 가본 적이 있나요?

Ans: ཁོང་ཨ་རི་ལ་འགྲོ་མྱོང་ཡོད་རེད།
He/she has been to the United States.
그녀는 미국에 가본 적이 있어요.

Or-Q: ཁོང་ཨ་རི་ལ་འགྲོ་མྱོང་ཡོད་རེད་ཉི་ཧོང་ལ་འགྲོ་མྱོང་ཡོད་རེད།
Has he/she been to the United States or Japan?
그녀는 미국에 가본 적이 있나요? 일본에 가본 적이 있나요?

Ans: ཁོང་ཨ་རི་ལ་འགྲོ་མྱོང་ཡོད་རེད།
He/she has been to the United States.
그녀는 미국에 가본 적이 있어요.

མིང་ཚིག Vocabulary 어휘

1. V+	མྱོང་	have/has/had + V	~해본 적이 있다.
2. བོད་ལ་འགྲོ་	མྱོང་	– been to Tibet	티베트에 가본 적이 있다.
3. མོག་མོག་ཟ་	མྱོང་	– eaten momos	만두를 먹어본 적이 있다.
4. ཐུག་པ་འཐུང་	མྱོང་	– had thukpa	툭빠를 먹어본 적이 있다.
5. རྒྱུག་རེས་བརྒྱབ་	མྱོང་	– fought / quarrelled	싸운 적, 말다툼한 적이 있다.
6. གནམ་གྲུ་ལ་འགྲོ་	མྱོང་	– traveled by plane	비행기로 가본 적이 있다.
7. རྟ་ལ་བཞོན་	མྱོང་	– ridden horses	말을 타본 적이 있다.
8. མེ་འཁོར་ལ་འགྲོ་	མྱོང་	– traveled by train	기차로 가본 적이 있다.
9. བོད་ཡིག་སྦྱོང་	མྱོང་	– studied Tibetan	티베트어를 공부해본 적이 있다.
10. ཡི་གེ་འབྲི་	མྱོང་	– written a letter	편지를 써본 적이 있다.
11. ཐབས་ཤེས་བྱེད་	མྱོང་	– tried	시도를 해본 적이 있다.
12. ལས་ཀ་བྱེད་	མྱོང་	– worked	일을 해본 적이 있다.
13. དེབ་ཀློག་	མྱོང་	– read books	책을 읽어본 적이 있다.
14. ཐ་མག་འཐེན་	མྱོང་	– smoked cigarettes	담배를 피워본 적이 있다.
15. ཨ་རག་འཐུང་	མྱོང་	– drunken liquor	술을 마셔본 적이 있다.
16. མཉམ་དུ་ཉལ་	མྱོང་	– slept together	함께 자본 적이 있다.
17. ཧྲོན་ནས་	མ་མྱོང་	– never	전혀 해본 적이 없다.
18. ཐེངས་གཅིག་	མྱོང་	– once	한 번 해본 적이 있다.
19. ཐེངས་ཁ་ཤས་	མྱོང་	– a few times	몇 번 해본 적이 있다.
20. ཐེངས་མང་པོ་	མྱོང་	– many times	여러 번 해본 적이 있다.
21. ཐེངས་གཅིག་མ་གཏོགས་...མ་མྱོང་		– only once	오직 한 번을 제외하고는 해본 적이 없다. 한 번 말고는 해본 적이 없다.
22. ཐེངས་གཅིག་ཀྱང་...མ་མྱོང་		– not even once	결코 한 번도 해본 적이 없다.

제74과 당신은 티베트에 가도 됩니다.

Statement 143 ཁྱེད་རང་ + O inf. + V + ན་འགྲིག་གི་རེད།

ཁྱེད་རང་བོད་ལ་འགྲོ་ན་འགྲིག་གི་རེད།

It's all right if you go to Tibet.
당신은 티베트에 가도 됩니다.

Yes-Q: ང་བོད་ལ་འགྲོ་ན་འགྲིག་གི་རེད་པས།
Is it all right if I go to Tibet?
저는 티베트에 가도 되나요?

Ans: འགྲིག་གི་རེད། ཁྱེད་རང་བོད་ལ་འགྲོ་ན་འགྲིག་གི་རེད།
Yes, it's all right if you go to Tibet.
네, 당신은 티베트에 가도 돼요.

No-Q: ང་ཡུ་རོབ་ལ་འགྲོ་ན་འགྲིག་གི་རེད་པས།
Is it all right if I go to Europe?
저는 유럽에 가도 되나요?

Ans: འགྲིག་གི་མ་རེད། ཁྱེད་རང་ཡུ་རོབ་ལ་འགྲོ་ན་འགྲིག་གི་མ་རེད།
No, it's not all right if you go to Europe.
아니요, 당신은 유럽에 가면 안 돼요.

Key-Q: ང་ག་པ་ལ་འགྲོ་ན་འགྲིག་གི་རེད།
Where is it all right if I go?
저는 어디에 가면 되나요?

Ans: ཁྱེད་རང་བོད་ལ་འགྲོ་ན་འགྲིག་གི་རེད།
It's all right if you go to Tibet.
당신은 티베트에 가도 돼요.

Or-Q: ང་བོད་ལ་འགྲོ་ན་འགྲིག་གི་རེད་ཡུ་རོབ་ལ་འགྲོ་ན་འགྲིག་གི་རེད།
Is it all right if I go to Tibet or is it all right if I go to Europe?
저는 티베트에 가도 되나요? 유럽에 가도 되나요?

Ans: ཁྱེད་རང་བོད་ལ་འགྲོ་ན་འགྲིག་གི་རེད།
It's all right if you go to Tibet.
당신은 티베트에 가도 돼요.

Statement 144 ཁོང་ + O inf. + V +ན་འགྲིག་གི་རེད། / ཡོད་རེད། / འདུག

ཁོང་གློག་བརྙན་ལྟ་ན་འགྲིག་གི་རེད།*

It's all right if he/she watches movies.
그/그녀는 영화를 봐도 됩니다.

Yes-Q: ཁོང་གློག་བརྙན་ལྟ་ན་འགྲིག་གི་རེད་པས།
Is it all right if he/she watches movies?
그/그녀는 영화를 봐도 되나요?

* ཁོང་གིས་གློག་བརྙན་ལྟ་ན་འགྲིག་གི་ཡོད་རེད། 라고도 할 수 있다.

Ans: འགྲིག་གི་རེད། ཁོང་གློག་བརྙན་ལྟ་ན་འགྲིག་གི་རེད།
Yes, it's all right if he/she watches movies.
네, 그/그녀는 영화를 봐도 돼요.

No-Q: ཁོང་ཉལ་ན་འགྲིག་གི་རེད་པས།
Is it all right if he/she sleeps?
그/그녀는 자도 되나요?

Ans: འགྲིག་གི་མ་རེད། ཁོང་ཉལ་ན་འགྲིག་གི་མ་རེད།
No, it's not all right if he/she sleeps.
아니요, 그/그녀는 자면 안 돼요.

Key-Q: ཁོང་ག་རེ་བྱེད་ན་འགྲིག་གི་རེད།
What is it all right if he/she does?
그/그녀는 무엇을 해도 되나요?

Ans: ཁོང་གློག་བརྙན་ལྟ་ན་འགྲིག་གི་རེད།
It's all right if he/she watches movies.
그/그녀는 영화를 봐도 돼요.

Or-Q: ཁོང་གློག་བརྙན་ལྟ་ན་འགྲིག་གི་རེད་ཉལ་ན་འགྲིག་གི་རེད།
Is it all right if he/she watches movies or is it all right if he/she sleeps?
그/그녀는 영화를 봐도 되나요? 자도 되나요?

Ans: ཁོང་གློག་བརྙན་ལྟ་ན་འགྲིག་གི་རེད།
It's all right if he/she watches movies.
그/그녀는 영화를 봐도 돼요.

མིང་ཚིག Vocabulary 어휘

1.	V + ན་འགྲིག་	all right to / can + V	~해도 돼요.
2.	ཡོང་ན་འགྲིག་	– come	와도 돼요.
3.	བསྡད་ན་འགྲིག་	– sit/stay	머물러도 돼요.
4.	ཁ་ལག་ཟ་ན་འགྲིག་	– eat food	음식을 먹어도 돼요.
5.	ཐ་མག་འཐེན་ན་འགྲིག་	– smoke a cigarette	담배를 피워도 돼요.
6.	བོད་སྐད་སྦྱང་ན་འགྲིག་	– study Tibetan	티베트어를 공부해도 돼요.
7.	རྟ་ལ་ཞོན་ན་འགྲིག་	– ride horses	말을 타도 돼요.
8.	གསང་སྤྱོད་ལ་འགྲོ་ན་འགྲིག་	– go to the toilet / bathroom	화장실에 가도 돼요.
9.	ཆོས་བྱེད་ན་འགྲིག་	– practice Dharma	법을 수행해도 돼요.
10.	སྨན་ཟ་ན་འགྲིག་	– take medicine	약을 먹어도 돼요.
11.	མེ་བརྒྱབ་ན་འགྲིག་	– burn	불을 붙여도 돼요.
12.	ཆུ་གློད་ན་འགྲིག་	– release water / irrigate	물을 보내도 돼요.
13.	དེབ་ཀློག་ན་འགྲིག་	– read books	책을 읽어도 돼요.
14.	ཤིང་གཅོད་ན་འགྲིག་	– cut trees	나무를 잘라도 돼요.
15.	ཨ་རག་འཐུང་ན་འགྲིག་	– drink liquor	술을 마셔도 돼요.
16.	རྩེད་མོ་རྩེ་ན་འགྲིག་	– play games	놀아도 돼요.
17.	ཏག་སེ་རྒྱབ་ན་འགྲིག་	– play cards	카드놀이를 해도 돼요.
18.	ཨ་མཆོག་ཉན་ན་འགྲིག་	– listen to	귀로 들어도 돼요.
19.	གནམ་གྲུ་ལ་འགྲོ་ན་འགྲིག་	– travel by plane	비행기를 타도 돼요.
20.	མོ་ཊ་ལ་འགྲོ་ན་འགྲིག་	– take a car	자동차를 타도 돼요.
21.	མགྱོགས་པོ་འགྲོ་ན་འགྲིག་	– go fast	빨리 가도 돼요.
22.	ལྷོད་ལྷོད་འགྲོ་ན་འགྲིག་	– go slowly	느리게 가도 돼요.
23.	ཆུང་ཆུང་བཟོ་ན་འགྲིག་	– make it smaller	작게 만들어도 돼요.
24.	ཆེན་པོ་བཟོ་ན་འགྲིག་	– make it bigger	크게 만들어도 돼요.
25.	སང་ཉིན་ཡོང་ན་འགྲིག་	– come tomorrow	내일 와도 돼요.
26.	དེ་རིང་འཐོན་ན་འགྲིག་	– leave/depart today	오늘 떠나도 돼요.
27.	འདི་འདྲ་ལབ་ན་འགྲིག་	– say it like this	이렇게 말해도 돼요.
28.	འདུག་སེ་འབྲི་ན་འགྲིག་	– write in this way	이런 식으로 써도 돼요.
29.	V + ཆོག་གི་རེད།	allowed + V	~할 수 있다(허용의 의미)
30.	ཁ་ལག་ཟ་ཆོག་གི་རེད་	allowed eat food	음식을 먹을 수 있다.

제75과 나는 책을 읽을 때 차를 마십니다.

Statement 145 ང་ + O Inf. + V + དུས་ + O Inf. + V + གི་ཡོད།

ང་དེབ་ཀློག་དུས་ཇ་འཐུང་གི་ཡོད།

I drink tea while reading books.
나는 책을 읽을 때 차를 마십니다.

Yes-Q: ཁྱེད་རང་དེབ་ཀློག་དུས་ཇ་འཐུང་གི་ཡོད་པས།
Do you drink tea while reading books?
당신은 책을 읽을 때 차를 마시나요?

Ans: ལགས་ཡོད། ང་དེབ་ཀློག་དུས་ཇ་འཐུང་གི་ཡོད།
Yes, I drink tea while reading books.
네, 저는 책을 읽을 때 차를 마셔요.

No-Q: ཁྱེད་རང་དེབ་ཀློག་དུས་གཞས་ཉན་གྱི་ཡོད་པས།
Do you listen to songs while reading books?
당신은 책을 읽을 때 노래를 듣나요?

Ans: ལགས་མེད། ང་དེབ་ཀློག་དུས་གཞས་ཉན་གྱི་མེད།
No, I don't listen to songs while reading books.
아니요, 저는 책을 읽을 때 노래를 듣지 않아요.

Key-Q: ཁྱེད་རང་དེབ་ཀློག་དུས་ག་རེ་བྱེད་གྱི་ཡོད།
What do you do while reading books?
당신은 책을 읽을 때 무엇을 하나요?

Ans: ང་དེབ་ཀློག་དུས་ཇ་འཐུང་གི་ཡོད།
I drink tea while reading books.
저는 책을 읽을 때 차를 마셔요.

Or-Q: ཁྱེད་རང་དེབ་ཀློག་དུས་ཇ་འཐུང་གི་ཡོད་གཞས་ཉན་གྱི་ཡོད།
Do you drink tea or listen to songs while reading books?
당신은 책을 읽을 때 차를 마시나요? 노래를 듣나요?

Ans: ང་དེབ་ཀློག་དུས་ཇ་འཐུང་གི་ཡོད།
I drink tea while reading books.
저는 책을 읽을 때 차를 마셔요.

Statement 146 ཁོང་ + O Inf. + V + དུས་ + O Inf. + V + གི་རེད། / ཡོད་རེད། / འདུག

ཁོང་གློག་བརྙན་ལྟ་དུས་གཉིད་ཤོར་གྱི་འདུག

He/she falls asleep while watching movies.
그/그녀는 영화를 볼 때 좁니다.

Yes-Q: ཁོང་གློག་བརྙན་ལྟ་དུས་གཉིད་ཤོར་གྱི་འདུག་གས།
Does he/she fall asleep while watching movies?
그/그녀는 영화를 볼 때 졸아요?

Ans: ཁོང་གློག་བརྙན་ལྟ་དུས་གཉིད་ཤོར་གྱི་འདུག
Yes, he/she falls asleep while watching movies.
네, 그/그녀는 영화를 볼 때 졸아요.

No-Q: ཁོང་གློག་བརྙན་ལྟ་དུས་གྲུང་པོ་ཆགས་ཀྱི་འདུག་གས།
Does he/she become alert while watching movies?
그/그녀는 영화를 볼 때 정신이 맑아요?

Ans: ལགས་མི་འདུག ཁོང་གློག་བརྙན་ལྟ་དུས་གྲུང་པོ་ཆགས་ཀྱི་མི་འདུག
No, he/she doesn't become alert while watching movies.
아니요, 그/그녀는 영화를 볼 때 정신이 맑지 않아요.

Key-Q: ཁོང་གློག་བརྙན་ལྟ་དུས་ག་རེ་བྱེད་ཀྱི་འདུག
What does he/she do while watching movies?
그/그녀는 영화를 볼 때 무엇을 하나요?

Ans: ཁོང་གློག་བརྙན་ལྟ་དུས་གཉིད་ཤོར་གྱི་འདུག
He/she falls asleep while watching movies.
그/그녀는 영화를 볼 때 졸아요.

Or-Q: ཁོང་གློག་བརྙན་ལྟ་དུས་གཉིད་ཤོར་གྱི་འདུག་གྲུང་པོ་ཆགས་ཀྱི་འདུག
Does he/she fall asleep or become alert while watching movies?
그/그녀는 영화를 볼 때 졸아요? 정신이 맑아요?

Ans: ཁོང་གློག་བརྙན་ལྟ་དུས་གཉིད་ཤོར་གྱི་འདུག
He/she falls asleep while watching movies.
그/그녀는 영화를 볼 때 졸아요.

མིང་ཚིག Vocabulary 어휘

1. o + v + དུས…	while + V	~할 때, ~하는 중에
2. ཡི་གེ་འབྲི་དུས…	while writing	글을 쓸 때
3. ལྟད་མོ་ལྟ་དུས…	while watching shows	공연을 볼 때
4. དབུགས་རྔུབ་དུས…	while inhaling	숨을 쉴 때
5. ལུས་རྩལ་རྩེ་དུས…	while exercising	운동을 할 때
6. བོད་སྐད་སྦྱོང་དུས…	while learning Tibetan	티베트어를 배울 때
7. སྒོམ་བརྒྱབ་དུས…	while meditating	명상할 때
8. རྩེད་མོ་རྩེ་དུས…	while playing games	놀이할 때
9. ཉལ་དུས…	while sleeping	잠잘 때
10. ལས་ཀ་བྱེད་དུས…	while working	일할 때
11. ཉོབ་པ།	to feel bored	지루하다.
12. གཉིད་ཤོར་བ།	to fall asleep	졸다.
13. གྲུང་པོ་ཆགས་པ།	to become alert	정신이 맑아지다.
14. གཟབ་གཟབ་བྱེད་པ།	to do with care	조심해서 하다.
15. གཟབ་གཟབ་བྱེད་ནས།	carefully	조심해서
16. ང་རྒྱལ་བྱེད་པ།	to be arrogant	거만하다.
17. སྤོབས་པ་བྱེད་པ།	to be proud	자부심이 있다.
18. མགྱོགས་པོ་བྱེད་པ།	to do quickly	빨리 하다.
19. ལྷོད་ལྷོད་བྱེད་པ།	to do slowly	천천히 하다.
20. ཧ་རེ་ཧུ་རེ་བྱེད་པ	to do carelessly	덜렁대다.
21. དེབ་ཀློག་གིན་ཀློག་གིན…	while reading a book	책을 읽으면서
22. ལྟད་མོ་ལྟ་གིན་ལྟ་གིན…	while watching a show	공연을 보면서
23. ཐ་མག་འཐེན་གྱིན་འཐེན་གྱིན…	while smoking a cigarette	담배를 피면서
24. ལས་ཀ་བྱེད་ཀྱིན་བྱེད་ཀྱིན…	while working	일을 하면서
25. གཞས་ཉན་གྱིན་ཉན་གྱིན…	while listening to music	음악을 들으면서
26. གོམ་པ་རྒྱག་གིན་རྒྱག་གིན…	while walking	걸으면서

제76과 나는 책을 읽고 있습니다.

Statement 147 ང་ + O Inf. + V + ནས་ + བསྡད་ཡོད།

ང་དེབ་ཀློག་ནས་བསྡད་ཡོད།

I have/ had been reading books.

나는 책을 읽고 있습니다.

Yes-Q: ཁྱེད་རང་དེབ་ཀློག་ནས་བསྡོད་ཡོད་པས།
Have you been reading books?
당신은 책을 읽고 있나요?

Ans: ལགས་ཡོད། ང་དེབ་ཀློག་ནས་བསྡད་ཡོད།
Yes, I have been reading books.
네, 저는 책을 읽고 있어요.

No-Q: ཁྱེད་རང་ལྟད་མོ་ལྟ་ནས་བསྡད་ཡོད་པས།
Have you been watching a show?
당신은 공연을 보고 있나요?

Ans: ལགས་མེད། ང་ལྟད་མོ་ལྟ་ནས་བསྡད་མེད།
No, I have not been watching a show.
아니요, 저는 공연을 보고 있지 않아요.

Key-Q: ཁྱེད་རང་ག་རེ་བྱེད་ནས་བསྡད་ཡོད།
What have you been doing?
당신은 무엇을 하고 있나요?

Ans: ང་དེབ་ཀློག་ནས་བསྡད་ཡོད།
I have been reading books.
저는 책을 읽고 있어요.

Or-Q: ཁྱེད་རང་དེབ་ཀློག་ནས་བསྡད་ཡོད་ལྟད་མོ་ལྟ་ནས་བསྡད་ཡོད།
Have you been reading books or watching a show?
당신은 책을 읽고 있나요? 공연을 보고 있나요?

Ans: ང་དེབ་ཀློག་ནས་བསྡད་ཡོད།
I have been reading books.
저는 책을 읽고 있어요.

Statement 148 ཁོང་ + O inf. + V + ནས་ + བསྡད་ཡོད་རེད། / འདུག

ཁོང་གློག་བརྙན་ལྟ་ནས་བསྡད་འདུག

He/she has been watching movies.
그/그녀는 영화를 보고 있습니다.

Yes-Q: ཁོང་གློག་བརྙན་ལྟ་ནས་བསྡད་འདུག་གས།
Has he/she been watching movies?
그/그녀는 영화를 보고 있나요?

Ans: ལགས་འདུག ཁོང་གློག་བརྙན་ལྟ་ནས་བསྡད་འདུག
Yes, he/she has been watching movies.
네, 그/그녀는 영화를 보고 있어요.

No-Q: ཁོང་རྩེད་མོ་རྩེ་ནས་བསྡད་འདུག་གས།
Has he/she been playing a game?
그/그녀는 놀고 있나요?

Ans: ལགས་མི་འདུག ཁོང་རྩེད་མོ་རྩེ་ནས་བསྡད་མི་འདུག
No, he/she hasn't been playing a game.
아니요, 그/그녀는 놀고 있지 않아요.

Key-Q: ཁོང་ག་རེ་བྱས་ནས་བསྡད་འདུག
What has he/she been doing?
그/그녀는 무엇을 하고 있나요?

Ans: ཁོང་གློག་བརྙན་ལྟ་ནས་བསྡད་འདུག
He/she has been watching movies.
그/그녀는 영화를 보고 있어요.

Or-Q: ཁོང་གློག་བརྙན་ལྟ་ནས་བསྡད་འདུག་རྩེད་མོ་རྩེ་ནས་བསྡད་འདུག
Has he/she been watching movies or playing a game?
그/그녀는 영화를 보고 있나요? 놀고 있나요?

Ans: ཁོང་གློག་བརྙན་ལྟ་ནས་བསྡད་འདུག
He/she has been watching movies.
그/그녀는 영화를 보고 있어요.

མིང་ཚིག Vocabulary 어휘

1. O + V + ནས་+ བསྡད་	has/have/had been + V	~하고 있다.
2. ཡི་གེ་འབྲི་ནས་བསྡད་	has/have/had been writing a letter	편지를 쓰고 있다.
3. ལྟད་མོ་ལྟ་ནས་བསྡད་	has/have/had been watching a show	공연을 보고 있다.
4. ཇ་འཐུང་ནས་བསྡད་	has/have/had been drinking tea	차를 마시고 있다.
5. ལུས་རྩལ་རྩེ་ནས་བསྡད་	has/have/had been exercising	운동을 하고 있다.
6. བོད་སྐད་སྦྱོང་ནས་བསྡད་	has/have/had been learning Tibetan	티베트어를 배우고 있다.
7. སྒོམ་བརྒྱབ་ནས་བསྡད་	has/have/had been meditating	명상하고 있다.
8. རྩེད་མོ་རྩེ་ནས་བསྡད་	has/have/had been playing games	놀이를 하고 있다.
9. ཉལ་ནས་བསྡད་	has/have/had been sleeping	자고 있다.
10. ལས་ཀ་བྱེད་ནས་བསྡད་	has/have/had been working	일하고 있다.
11. ཉོབ་ནས་བསྡད་'	has/have/had been bored	지루해하고 있다.
12. ན་ནས་བསྡད་	has/have/had been sick / in pain	아파하고 있다, 아프다.
13. འཁྱག་ནས་བསྡད་	has/have/had been cold	추워하고 있다.
14. འཚབ་ནས་བསྡད་	has/have/had been nervous	긴장하고 있다.
15. བསམ་བློ་བཏང་ནས་བསྡད་	has/have/had been thinking	생각하고 있다.
16. ལྟོགས་ནས་བསྡད་	has/have/had been hungry	배고파하고 있다, 배고프다.
17. གཉིད་བྲོ་ནས་བསྡད་	has/have/had been sleepy	졸고 있다.
18. ཐང་ཆད་ནས་བསྡད་	has/have/had been tired	피곤해 하고 있다.
19. ཁ་སྐོམ་ནས་བསྡད་	has/have/had been thirsty	목말라하고 있다.
20. སེམས་སྐྱོ་ནས་བསྡད་	has/have/had been sad	슬퍼하고 있다.

གླེང་མོལ། Dialogue 대화문 55

མཆོག ཁྱེད་རང་ལྷ་ས་ལ་འགྲོ་མྱོང་ཡོད་པས།
Have you been to Lhasa?
당신은 라싸에 가본 적이 있나요?

པད་མ། འགྲོ་མ་མྱོང་། ང་བོད་ལ་འགྲོ་མྱོང་མེད།
No. I have never been to Tibet.
아니요, 저는 티베트에 가본 적이 없어요.

ང་བོད་ལ་འགྲོ་ཐུབ་ཀྱི་རེད་པས། འགྲོ་སྙིང་སྤྲོ་གི་འདུག
Do you think I can go to Tibet? I want to go to Tibet.
저는 티베트에 갈 수 있나요? 저는 티베트에 가고 싶어요.

མཆོག འགྲོ་ད་ཐུབ་ཀྱི་རེད། ཡིནའདང་དཀའ་ལས་ཁག་པོ་བྱེད་ཀྱི་རེད།
Yes, you can, but it is pretty hard.
네, 갈 수 있어요. 그런데 아주 힘들 거예요.

པད་མ། ད་ང་ཟ་ཁང་ལ་ཁ་ལག་ཟ་གར་འགྲོ་དགོས་ཡོད།
Now I have to go to eat in a restaurant.
지금 저는 음식 먹으러 식당에 가야 해요.

མཆོག ལགས། ཞོགས་ཟས་བཟའ་རྒྱུ་ཡིན་པས།
What? Haven't you had breakfast yet?
네? 아침밥을 먹으려고요?

པད་མ། ཟ་རྒྱུ་ཡིན། ཁྱེད་རང་།
No, I haven't. How about you?
먹을 거예요, 당신은?

མཆོག ཞོགས་པ་སྔ་པོ་ནས་བཟས་པ་ཡིན།
I had breakfast early in the morning.
저는 아침 일찍 먹었어요.

གླེང་མོལ། Dialogue 대화문 56

མཆོག། སློབ་སྦྱོང་བྱེད་དུས་བསམ་བློ་ཡག་པོ་གཏོང་གི་ཡོད་པས།
Do you think well when you study?
공부할 때 생각을 잘 하나요?

པད་མ། བསམ་བློ་མ་གཏོང་བར་སློབ་སྦྱོང་ག་འདྲ་སེ་བྱེད་དགོས་རེད།
How could I study without thinking?
생각하지 않고, 어떻게 공부할 수 있나요?

མཆོག། རང་རྟག་པར་ཉལ་ཁྲིའི་སྟེང་ལ་ཉལ་ནས་བསྡད་ཀྱི་འདུག་ག
You are always lying down on your bed!
당신은 항상 침대 위에 누워 있잖아요.

པད་མ། ཉལ་ན་ག་རེ་ཡོད་རེད། ང་ཉལ་དུས་ཀྱང་བསམ་བློ་གཏོང་གི་ཡོད།
So what? I contemplate when I lie down.
누워 있으면 뭐가 어때요? 저는 누워있을 때도 생각을 하고 있어요.

མཆོག། རང་གིས་ད་ག་རང་ལབ་ཀྱི་རེད་བསམས་ནས་བསྡད་ཡོད།
I was expecting this answer from you.
당신이 이렇게 말할 거라고 생각했어요.

པད་མ། ང་ཉི་ཞོགས་ཀས་ནས་ཉོབ་ནས་བསྡད་ཡོད།
I have been bored since morning.
저는 아침부터 지루해하고 있어요.

མཆོག། བསམ་བློ་མང་པོ་བཏང་ནས་བསྡད་ན་ན་གི་རེད་ད།
You will get sick if you think too much!
여러 가지 생각을 많이 하면 아플 거예요.

པད་མ། ཡིན་ཀྱི་མ་རེད།
I don't think so.
그렇지 않아요.

མཆོག། དངོས་གནས་ལབ་ཀྱི་ཡོད། ད་འཆམ་འཆམ་ལ་འགྲོ་དང་།
I really mean it. Now let's go for a walk.
정말이에요. 우리 산책하러 가요.

གླེང་མོལ། Dialogue 대화문 57

མཆོག། ད་གཞི་ནས་རྨང་གཞི་བོད་སྐད་སློབ་དེབ་དེ་བྲིས་ཚར་སོང་།
I've completed this basic spoken Tibetan textbook at last.
저는 마침내 기초 티베트어 교과서 쓰는 것을 끝냈어요.

པད་མ། དངོས་གནས། བོད་སྐད་ཆུ་རྒྱུག་རྒྱུག་ཟེར་གྱི་ཡོད་པས།
Really! Do you mean Speak Fluent Tibetan?
정말이요? 티베트어 회화 책 말하는 거예요?

མཆོག། ལགས་འོང་། ངས་ལོ་བཞི་ཙམ་འདིའི་ཐོག་དཀའ་ལས་བརྒྱབ་པ་ཡིན།
Yes, I have toiled on it for about four years.
네, 4년 동안 정말 이 일로 고생했어요.

པད་མ། ལོ་བཞིའི་རིང་ཚོད་ལྟ་ཡང་མང་པོ་བྱས་སོང་ངེ་།
You have also trialed quite a lot over the past four years, right?
4년의 긴 시간 동안 연구도 많이 했지요?

མཆོག། ཡིན་ད་ཡིན། ཚོད་ལྟ་མ་བྱས་ན་ཕན་ཐོགས་ཡོང་གི་མ་རེད་པ།
Of course, without running trials, it wouldn't be useful.
물론이죠. 연구 안 하면 이익도 오지 않아요.

ཐོག་མར་བོད་སྐད་སྦྱོང་མཁན་ཚོ་ལ་ཕན་ཐོགས་ཆེན་པོ་ཡོང་བའི་རེ་བ་བྱེད་ཀྱི་ཡོད།
I hope that it will be of great use to those who are studying Tibetan for the first time.
처음 티베트어를 공부하는 사람들에게 큰 도움이 되길 바라고 있어요.

པད་མ། ཁོང་ཚོ་ལ་ཕན་ཐོགས་ཆེན་པོ་ལོས་ཡོང་།
Certainly, it will be very useful to them.
그들에게 당연히 큰 도움이 될 거예요.

ང་ཚོའི་བོད་པའི་ན་གཞོན་ཚོར་ཡང་ཕན་ཐོགས་ཆེན་པོ་ཡོང་གི་རེད་དྲན་གྱི་འདུག
I think even our young Tibetans will find it of great use.
저는 티베트의 어린 사람들에게도 큰 도움이 될 거라고 생각해요.

མཆོག། ཕྱི་རྒྱལ་བའི་སློབ་མ་ཚོས་སློབ་དེབ་དེ་ལ་དཔེ་དགའ་པོ་བྱེད་ཀྱི་འདུག
Foreign students like this book very much.
외국 학생들이 이 책을 매우 좋아하고 있어요.

པད་མ། འདུག…འདུག དཔེ་དགའ་པོ་བྱེད་ཀྱི་འདུག
Yes, yes! They love it.
네, 네, 매우 좋아하고 있어요.

རང་གི་དེབ་གསར་པ་ཐོན་པར་བཀྲ་ཤིས་བདེ་ལེགས་ཞུ་གི་ཡོད་ད།
Congratulations on your new book.
당신의 새 책이 나온 것을 축하드려요.

མཆོག། ཐུགས་རྗེ་ཆེ་གནང་།
Thank you.
고마워요.

ལྷན་ཐབས།

1. སྐུལ་ཚིག་ཁག་གཅིག Some Commands 명령어

	평어		경어		영어
1	ཉོན་དང་།	들어. / 들어라.	གསན་དང་།(H)	들으세요!	Listen!
2	ཀློག་དང་།	읽어. / 읽어라.	ཕྱག་ཀློག་གནང་དང་།(H)	읽으세요!	Read!
3	ལྟོས་དང་།	봐. / 보라.	གཟིགས་དང་།(H)	보세요!	Look! Watch!
4	ཐྲིས་དང་།	써. / 쓰라.	ཐྲིས་གནང་དང་།(H)	쓰세요!	Write down!
5	རྗེས་ཟློས་བྱེད་དང་།	반복해. / 반복해라.	རྗེས་ཟློས་གནང་དང་།(H)	반복하세요!	Repeat!
6	སྐྱོར་དང་།	독송해. /독송해라.	སྐྱོར་གནང་དང་།(H)	독송하세요!	Recite!
7	ཤོད་དང་།	말해. / 말해라.	གསུངས་དང་།(H)	말하세요!	Speak! Explain!
8	ལོངས་དང་།	일어나. /일어나라.	བཞེངས་དང་།(H)	일어나세요!	Stand!
9	སྡོད་དང་།	앉아. / 앉아라.	བཞུགས་དང་།(H)	앉으세요!	Sit!
10	སྦྱོངས་དང་།	연습해. / 연습해라.	སྦྱོང་གནང་དང་།(H)	연습하세요! / 공부하세요!	Learn!
11	ལན་རྒྱོབས་དང་།	대답해. / 대답해라.	ཕྱག་ལན་གནང་དང་།(H)	대답하세요!	Answer!
12	རྒྱུགས་དང་།	가. / 가라.	ཕེབས་དང་།(H)	가세요!	Go!
13	ཤོག་དང་།	와. / 오라.	ཕེབས་དང་།(H)	오세요!	Come!
14	ཤེས་སོང་ངས།		Did you understand? 알았나요?		
15	ཤེས་མ་སོང་ངས།		Didn't you understand? 알지 못했나요?		
16	ཧ་གོ་སོང་ངས།		Did you understand? 이해했나요?		
17	ཧ་གོ་མ་སོང་ངས།		Didn't you understand? 이해 못했나요?		
18	མགོ་འཚོས་སོང་ངས།		Did you understand? 알았나요?		
19	མགོ་འཚོས་མ་སོང་ངས།		Didn't you understand? 알지 못했나요?		
20	མཁྱེན་སོང་ངས།(H)		Did you understand? 아셨나요? (경어)		
21	མཁྱེན་མ་སོང་ངས།(H)		Didn't you understand? 알지 못하셨나요? (경어)		
22	དྲི་བ་ཡོད་པས།		Do you have questions? 질문있나요?		

23	དྲི་བ་མེད་པས།	Don't you have questions? 질문이 없나요?
24	ག་ལེར་གསུང་དང་།(H)	Please, say it slowly. 천천히 말해주세요
25	ཡང་བསྐྱར་གསུང་དང་།(H)	Please say it again. 다시 말해주세요
26	ཧ་གོ་སོང་། ཤེས་སོང་།	I understood. 알았어요.
27	ཧ་གོ་མ་སོང་། ཤེས་མ་སོང་།	I didn't understand. 알지 못했어요.
28	ཡག་པོ་ཧ་གོ་མ་སོང་།	I didn't understand well. 잘 알지 못했어요.
29	"…" ཟེར་ན་ག་འདྲ་སེ་ལབ་དགོས་རེད།	How would / do you say "… " ? "… "를 어떻게 말하나요?
30	"…" ཟེར་ན་ག་འདྲ་སེ་འབྲི་དགོས་རེད།	How would / do you write "… "? "… "를 어떻게 쓰나요?

2. མནའ་ཁག་གཅིག swearing 맹세의 말

티베트어 회화에서, 자신의 말이 진실함을 증명하기 위해 사용하는 특수한 구문.

1	དཀོན་མཆོག་གསུམ།	In the name of Three Jewels!	삼보님의 이름으로!
2	གུ་རུ་རིན་པོ་ཆེ།	In the name of Guru Rinpoche!	구루 린포체의 이름으로!
3	ཇོ་བོ་རིན་པོ།* * 구어에서는 '린뽀체(보석)'라고 완성된 형태가 아닌, '린뽀'라는 줄임말 형태를 자주 사용한다.	In the name of Jowo Rinpoche!	조오 린포체*의 이름으로! *라싸 조캉사원에 봉안된 주불.
4	འཕགས་པ་སྤྱན་རས་གཟིགས།	In the name of Avalokiteśvara!	관세음보살의 이름으로!
5	རྗེ་བཙུན་སྒྲོལ་མ།	In the name of Arya Tara!	제쭌 돌마의 이름으로!
6	རྒྱལ་བ་རིན་པོ་ཆེ།	In the name of His Holiness!	갤와 린포체*님의 이름으로! *달라이 라마의 별호.
7	ཡིད་བཞིན་ནོར་བུ།	In the name of His Holiness!	이신 노르부*의 이름으로! *여의주라는 의미로, 달라이 라마의 별호.
8	དཔལ་ལྡན་ལྷ་མོ།	In the name of Shri Devi!	빨덴 하모의 이름으로!
9	ཨ་ཕ་ཚེ་བཙུགས།	I bet my father's life!	아버지의 목숨을 걸고
10	ཨ་མ་ཚེ་བཙུགས།	I bet my mother's life	어머니의 목숨을 걸고

3. མིང་ཚབ་ཁག་གཅིག Some Pronouns 대명사

	Pronoun 대명사/ 주격	Genitive 소유격	Dative/Locative 여격/처격	With Agentive Particle 동작의 주체 / 구격
1	ང། I 나	ངའི། my 나의	ངར། / ང་ལ། to me 나에게	ངས། I (V) 내가
2	ང་ཚོ། we 우리	ང་ཚོའི། our 우리의	ང་ཚོར། / ང་ཚོ་ལ། to us 우리에게	ང་ཚོས། we (V) 우리가
3	ཁྱེད་རང་། you 당신	ཁྱེད་རང་གི your 당신의	ཁྱེད་རང་ལ། to you 당신에게	ཁྱེད་རང་གིས། you(V) 당신이
4	ཁྱེད་རང་ཚོ། you(pl.) 당신들	ཁྱེད་རང་ཚོའི། your 당신들의	ཁྱེད་རང་ཚོར། / -ཚོ་ལ། to you 당신들에게	ཁྱེད་རང་ཚོས། you(V) 당신들이
5	ཁོ། he 그	ཁོའི། his 그의	ཁོར།/ཁོ་ལ། to him 그에게	ཁོས། he (V) 그가
6	མོ། she 그녀	མོའི། her 그녀의	མོར།/མོ་ལ། to her 그녀에게	མོས། she (V) 그녀가
7	ཁོང་། (H) he/she 그분	ཁོང་གི (H) his/her 그분의	ཁོང་ལ། to him/her (H) 그분에게	ཁོང་གིས། he/she (V) (H) 그분이
8	ཁོ་ཚོ། they 그들	ཁོ་ཚོའི། their 그들의	ཁོ་ཚོར།/ཁོ་ཚོ་ལ། to them 그들에게	ཁོ་ཚོས། they (V) 그들이
9	འདི། this 이것	འདིའི། of this / its 이것의	འདིར།/འདི་ལ། to this/it 이것에	འདིས། this/it (V) 이것이/이것으로써
10	འདི་ཚོ། these/they 이것들	འདི་ཚོའི། their 이것들의	འདི་ཚོར།/འདི་ཚོ་ལ། to them 이것들에게	འདི་ཚོས། these/they(V) 이것들이
11	དེ། that/it 저것/그것	དེའི། of that / its 저것의/그것의	དེར།/དེ་ལ། to that/to it 저것에게 / 그것에게	དེས། that/it (V) 저(그)것이/저(그)것으로써
12	དེ་ཚོ། those/they 저것들/그들	དེ་ཚོའི། their 그들의	དེ་ཚོར། / དེ་ཚོ་ལ། to those/them 저것들에게/그들에게	དེ་ཚོས། those/they (V) 저것들이/그들이
13	བོད་མི། a Tibetan 티베트인	བོད་མིའི། a Tibetan's 티베트인의	བོད་མིར། / བོད་མི་ལ། to a Tibetan티베트인에게	བོད་མིས། a Tibetan(V) 티베트인이
14	བོད་མི་ཚོ། Tibetans 티베트인들	བོད་མི་ཚོའི། Tibetans' 티베트인들의	བོད་མི་ཚོར།/བོད་མི་ཚོ་ལ། to Tibetans 티베트인들에게	བོད་མི་ཚོས། Tibetans(V) 티베트인들이

15	པདྨ། Pema 빼마	པདྨའི། Pema's 빼마의	པདྨར།/པདྨ་ལ། to Pema 빼마에게	པདྨས། Pema (V) 빼마가
16	པདྨ་དང་ལྷ་མོ། Pema and Lhamo 빼마와 라모	པདྨ་དང་ལྷ་མོའི། Pema and Lhamo's 빼마와 라모의	པདྨ་དང་ལྷ་མོར། /ལ། to Pema and Lhamo 빼마와 라모에게	པདྨ་དང་ལྷ་མོས། Pema and Lhamo (V) 빼마와 라모가
17	ཡ་གི that up there 저 위	ཡ་གིའི། of that up there 저 위의	ཡ་གིར། ཡ་གི་ལ། to that up there 저 위에	
18	ཡ་ཚོ། those up there 저 위들	ཡ་ཚོའི། of those up there 저 위들의	ཡ་ཚོར། ཡ་ཚོ་ལ། to those up there 저 위들에	
19	མ་གི that down there 저 아래	མ་གིའི། of that down there 저 아래의	མ་གིར། མ་གི་ལ། to that down there 저 아래에	
20	མ་ཚོ། those down there 저 아래들	མ་ཚོའི། of those down there 저 아래들의	མ་ཚོར། མ་ཚོ་ལ། to those down there 저 아래들에	
21	ཕ་གི that over there 저기	ཕ་གིའི། of that over there 저기의	ཕ་གིར། ཕ་གི་ལ། to that over there 저기에	
22	ཕ་ཚོ། those over there 저기들	ཕ་ཚོའི། of those over there 저기들의	ཕ་ཚོར། ཕ་ཚོ་ལ། to those over there 저기들에	

4. Synonymous for I '나'의 동의어

	I 나	My 나의	To me 나에게	I (V) 내가
1	བདག	བདག་གི	བདག་ལ།	བདག་གིས།
2	ངེད།	ངེད་ཀྱི།	ངེད་ལ།	ངེད་ཀྱིས།
3	ངོས།	ངོས་ཀྱི།	ངོས་ལ།	ངོས་ཀྱིས།
4	གུས་པ།(male, 남)	གུས་པའི།	གུས་པར། གུས་ལ།	གུས་པས། གུས་ཀྱིས།
5	གུས་མོ།(female, 여)	གུས་མོའི།	གུས་མོར། གུས་མོ་ལ།	གུས་མོས།
6	ཁོ་བོ།(male, 남)	ཁོ་བོའི།	ཁོ་བོར།	ཁོ་བོས།
7	ཁོ་མོ།(female, 여)	ཁོ་མོའི།	ཁོ་མོར།	ཁོ་མོས།
8	རང་ཉིད།	རང་ཉིད་ཀྱི།	རང་ཉིད་ལ།	རང་ཉིད་ཀྱིས།

5. དྲི་ལན་བསྡུས་པ་ཁག་གཅིག Short Qs & As 질문과 대답

	질문 Question	대답 Answer
1	…ཡིན་པས། Are you…? 당신은 ~ 입니까?	ལགས་ཡིན། Yes, I am / We are. 네, [나는, 우리들은] 그렇습니다.
	…མིན་པས། Aren't you…? 당신은 ~ 아닙니까?	ལགས་མིན། No, I am not / We aren't 네, [나는, 우리들은] 그렇지 않습니다.
2	…ཡིན་པ། You are…, right? (for confirm.) 당신은 ~ 이지요?(확인)	
	…མིན་པ། you are not…, right? (for confirm.) 당신은 ~가 아니지요? (확인)	
3	…རེད་པས། Is he/she/it…? 그는/그녀는/그것은 ~입니까?	ལགས་རེད། Yes, he/ she/it is 네, 그는/그녀는/그것은 그렇습니다.
	…མ་རེད་པས། Isn't he/ she/it…? 그는/그녀는/그것은 ~아닙니까?	ལགས་མ་རེད། No, he/she/it isn't 네, 그는/그녀는/그것은 그렇지 않습니다.
4	…རེད་པ། He/she/it is…, right? 그는/그녀는/그것은 ~이지요? (확인)	
	…མ་རེད་པ། He/she/it isn't …, right? 그는/그녀는/그것은 ~ 아니지요? (확인)	
5	…ཡོད་པས། Do you have…? 당신은/당신들은 ~을 가지고 있습니까?	ལགས་ཡོད། Yes, I/we have. 네, 나/우리는 가지고 있습니다.
	…མེད་པས། Don't you have… 당신은/당신들은 ~을 가지고 있지 않습니까?	ལགས་མེད། No, I/we haven't. 네, 나/우리는 가지고 있지 않습니다.
6	…ཡོད་པ། You have…, right? (for confirm.) 당신은 ~을/를 가지고 있지요?(확인)	
	…མེད་པ། You don't have…, right? 당신은 ~을/를 가지고 있지 않지요? (확인)	

7	...འདུག་གས། Is/are there...? ~가 있습니까?	ལགས་འདུག Yes, there is/are 네, 있습니다.
	...མི་འདུག་གས། Isn't/aren't there...? ~가 없습니까?	ལགས་མི་འདུག No, there isn't/aren't.... 네, 없습니다.
8	...འདུག་ག There is/are..., right? (for confirm.) ~가 있지요? (확인)	
	...མི་འདུག་ག There isn't..., right? (for confirm.) ~가 없지요? (확인)	
9	...རེད་པས། Is /are...? ~입니까?	ལགས་ཡིན་གྱི་རེད། Yes, I think so. 네. 그런 것 같습니다.
	...མ་རེད་པས། Isn't / aren't...? ~가 아닙니까?	ལགས་ཡིན་གྱི་མ་རེད། No, I don't think so 네. 그렇지 않은 것 같습니다.
10	...ཡོད་རེད་པས། Is /are...? ~있습니까?	ལགས་ཡོད་ཀྱི་རེད། I think there is /are... 네, ~있을 것 같습니다.
	...ཡོད་མ་རེད་པས། Isn't / aren't...? ~ 없습니까?	ལགས་ཡོད་ཀྱི་མ་རེད། I think there isn't / aren't... 네, ~ 없을 것 같습니다.
11	verb +སོང་ངས། Did I/he/they...? (동사) + 했습니까?	ལགས་ verb +སོང་། Yes, I/we/he/she/they did 네, (동사) + 했습니다.
	...verb +མ་སོང་ངས། Didn't I/he/they...? (동사) + 안 했습니까?	ལགས་ verb + མ་སོང་། No, I/we/he/she/they /it didn't... 네, (동사) + 안 했습니다.
12	...verb +སོང་ང། I/he/they did..., right? (for confirm.) 동사 + 했지요?(확인)	
	...verb +མ་སོང་ང། I/he/they didn't..., right (for confirm.) 동사 + 안 했지요? (확인)	
13	...བྱུང་ངས། Have you...? ~했습니까?	ལགས་བྱུང་། Yes, I/ we have 네, 했습니다.
	...མ་བྱུང་ངས། Haven't you? ~하지 않았습니까?	ལགས་མ་བྱུང་། No, Yes, I/ we haven't 네, 안 했습니다.

14	…བྱུང་ང་། You have…, right?(for confirm.) ~했지요? (확인)	
	…མ་བྱུང་ང་། you haven't…, right? (for confirm.) ~ 안 했지요? (확인)	
15	…མྱོང་ངས། Have you been…? ~ 한 적이 있지요?	ལགས་…མྱོང་། Yes, I/we have been… 네, ~ 한 적이 있어요.
	…མ་མྱོང་ངས། Haven't you been? ~한 적이 없나요?	ལགས་…མ་མྱོང་། Yes, I/we haven't been. 네, ~ 한 적이 없어요.
16	…མྱོང་ང་། You have been…, right? (for confirm.) 당신은 ~ 한 적이 있지요? (확인)	
	…མ་མྱོང་ང་། You haven't been…, right? (for confirm.) 당신은 ~ 한 적이 없지요? (확인)	
17	ལགས་འོང་།	Yes 네
18	ཞུས་ཚང་།	As you said/ yes, that's right. 말씀하신 대로 예요. / 맞아요.
19	ཨ་ལེ།	I see! 아, 그렇구나!
20	ཡིན་དང་ཡིན། ཡོད་ད་ཡོད།	Of course, it is…/ there is. 물론입니다.
21	ད་ག་རང་རེད།	Exactly 바로 그렇습니다.
22	ལགས་སོ།	Okay / so it is / all right/ yes 예. / 좋아요.

6. འདྲི་ཚིག་གཙོ་ཁག Main interrogatives 의문사

	의문사 Interrogative	예시 Example	의미 Meaning
1	ག་རེ། What? 무엇	ཁྱེད་རང་གི་མིང་ག་རེ་ཡིན།	당신의 이름은 무엇인가요? What is your name?
2	ག་པར། ག་པ་ལ། Where? 어디에	ཁྱེད་རང་ག་པར་འགྲོ་གི་ཡིན།	당신은 어디에 가고 있나요 Where are you going?
		ཁོང་ག་པར་ཡོང་ཐུབ་ཀྱི་རེད།	그분은 어디로 올 수 있나요? Where can he come?
3	ག་རེ་བྱས་ནས། Why? 왜	ཁྱེད་རང་ག་རེ་བྱས་ནས་ངུ་གི་ཡོད།	당신은 왜 울고 있나요? Why are you crying?
4	ག་གི Which? 어느 것	ཁྱེད་རང་གི་དེབ་ག་གི་རེད།	당신의 책은 어느 것인가요? Which book is yours?
5	ག་དུས། When? 언제	ཁྱེད་རང་ག་དུས་ཡོང་གི་ཡིན།	당신은 언제 오나요? When are you coming?
6	ག་འདྲ་སེ How? 어떻게	ཁྱེད་རང་ག་འདྲ་སེ་ཀློག་གི་ཡོད།	당신은 어떻게 읽나요? How do you read?
	ག་འདྲས། Of what kind? 어떠한	ཁྱེད་རང་ལ་དེབ་ག་འདྲས་ཡོད།	당신에게 어떠한 책이 있나요? What kind of books do you have?
	ག་འདྲ་བྱས་ནས། In what way? 어떻게 해서	ཁྱེད་རང་ག་འདྲ་བྱས་ནས་ཀློག་གི་ཡིན།	당신은 어떻게 읽을 것인가요? How will you read?
7	ག་ཚོད། How much? 얼마	འདི་གོང་ག་ཚོད་རེད།	이것은 가격이 얼마예요? How much is this?
	How old? 몇살	ཁྱེད་རང་ལོ་ག་ཚོད་ཡིན།	당신은 몇 살이예요? How old are you?
	How many? 몇	འདིར་མི་ག་ཚོད་འདུག/ ཡོད་རེད།	여기에 몇 명이 있나요? How many people are there?
8	སུ། Who? 누구	ཁྱེད་རང་སུ་ཡིན།	당신은 누구인가요? Who are you?
9	སུར།/ སུ་ལ། Who has? 누구에게	ཁྱེད་རང་གི་དེབ་སུ་ལ་འདུག/ ཡོད་རེད།	당신의 책이 누구에게 있나요? Who has your book?
	To whom? 누구에게	དེབ་འདི་སུ་ལ་སྤྲད་དགོས་རེད།	이 책을 누구에게 줘야 하나요 To whom should I give this book?
10	སུའི། / སུ་ཡི། Whose? 누구의	དེབ་འདི་སུའི་རེད།	이 책은 누구의 거예요? Whose book is this?
11	སུས། / སུ་ཡིས། By whom? 누가	འདི་སུས་བྱས་སོང་།	이것은 누가 했어요? Who did this?
12	སུ་ནས། / སུ་རྩ་ནས། From whom? 누구에게서	བོད་སྐད་སུ་ནས་ཁྲིད་པ་ཡིན།	티베트어를 누구에게서 배웠어요? From whom did you learnTibetan?
13	...ཚོད། How(adjective) 얼마나	ཆེ་ཚོད་ཡོད་རེད།	크기가 얼만한가요? How big is it?

7. ཨིན་སྐད་ནང་བཀོལ་སྤྱོད་མང་ཤོས་ཀྱི་བྱ་ཚིག་བརྒྱ།

100 Most Common English Verbs 상용 동사 (한국어/ 영어/ 티베트어)

1	가능하다. might སྲིད་པ།
2	가다. go འགྲོ་བ།
3	가져가다. carry འཁྱུར་བ།
4	가져오다. bring འཁྱེར་བ། སྐྱེལ་བ།
5	가지고 있다. have ཡོད་པ།
6	가지다. take བླངས་པ། ལེན་པ། བླང་བ། ལོངས།
7	감다.(눈을) close བཙུམ་པ།
8	거주하다. sit སྡོད་པ།
9	걱정하다. worry སེམས་ཁྲལ་བྱེད་པ།
10	걷다. walk གོམ་པ་རྒྱག་པ།
11	결정하다. decide ཐག་གཅོད་པ།
12	공부하다. study སློབ་སྦྱོང་བྱེད་པ།
13	과시하다. show off ངོམ་པ།
14	관정을 주다. to bestow empowerment དབང་བསྐུར་བ
15	기다리다. wait སྒུག་པ།
16	기억하다. remember དྲན་པ།
17	깨어나다. wake up གཉིད་སད་པ།
18	깨지다. break གཅོག་པ། ཆག་པ།
19	끝나다. finish རྫོགས་པ། ཚར་བ།
20	나타나다. appear སྣང་བ།
21	날다. fly འཕུར་བ།
22	내리다. fall བབ་པ།
23	넣다. put བླུག་པ།
24	논의하다. discuss གྲོས་བྱེད་པ།
25	놀다. play རྩེད་མོ་རྩེ་བ།
26	놓다. put འཛོག་པ།
27	느끼다. feel ཚོར་བ། མྱོང་བ།
28	닫다(문을). close རྒྱག་པ།
29	달리다. run རྒྱུག་པ།
30	닿다. reach སླེབས་པ།
31	대답하다. answer ལན་རྒྱག་པ།
32	도망가다. run away བྲོས་པ།
33	돈을 주다. pay དངུལ་སྤྲོད་པ།
34	돌다. turn འཁོར་བ།
35	돌리다. turn སྐོར་བ།
36	돕다. help རོགས་བྱེད་པ། ཕན་ཐོགས་བྱེད་པ།
37	동의하다. agree མོས་མཐུན་བྱེད་པ།
38	되다. become ཆགས་པ།
39	듣다. listen to ཉན་པ།
40	들리다. hear ཐོས་པ། གོ་བ།
41	따라가다. follow རྗེས་སུ་འབྲང་བ། རྗེས་ལ་འགྲོ་བ།
42	떠나다. leave འཐོན་པ།
43	떨어지다. fall ཟག་པ།

44	마시다. drink འཐུང་བ།
45	만나다. meet ཐུག་པ། འཕྲད་པ།
46	만들다. make བཟོ་བ།
47	말하다. talk སྐད་ཆ་ཤོད་པ། ཤོད་པ། ལབ་པ།
48	말하다(-라고) so called ཟེར་བ།
49	머무르다. stay སྡོད་པ།
50	먹다. eat ཟ་བ།
51	모이다. gather, meet འཛོམ་པ།
52	믿다. believe ཡིད་ཆེས་བྱེད་པ།
53	바꾸다. (A와 B를 바꾸다.) change བརྗེ་བ།
54	받다. take ལེན་པ། བླང་བ།
55	받아들이다. accept ཁས་ལེན་པ།
56	발견하다. find རྙེད་པ།
57	발생하다. happen བྱུང་བ།
58	배열하다. set སྒྲིག་པ། བཀོད་སྒྲིག་བྱེད་པ།
59	배우다. learn སྦྱོང་བ། སློབ་པ།
60	변화시키다. turn སྒྱུར་བ།
61	변화하다. turn, change འགྱུར་བ།
62	보관하다. keep ཉར་བ།
63	보내다. 발송하다. send གཏོང་བ། སྐུར་བ།
64	보내다. spend གཏོང་བ། སྐྱེལ་བ།
65	보다. see, watch ལྟ་བ།
66	보여주다. show སྟོན་པ།
67	보이다 appear སྣང་བ། མཐོང་བ།
68	보이다.(~처럼) seem བཟོ་འདྲ་ཞིག་སྣང་བ།
69	부르다. (소리쳐서) call སྐད་གཏོང་བ། འབོད་པ།
70	빌리다. borrow གཡར་བ། སྐྱི་བ།
71	사다. buy ཉོ་བ།
72	사용하다. use བེད་སྤྱོད་བྱེད་པ།
73	살다(생활하다.) live འཚོ་བ་སྐྱེལ་
74	살다. alive གསོན་པ།
75	생각하다. think བསམ་བློ་གཏོང་བ།
76	생각하다(~로), 보다 (~로) think that སྙམ་པ།
77	서다. stand ལང་བ། ཀ་རེ་སྡོད་པ།
78	설명하다. explain འགྲེལ་བཤད་རྒྱག་པ།
79	성취하다. attain, get འཐོབ་པ།
80	승리하다. win རྒྱལ་ཁ་ཐོབ་པ། རྒྱལ་ཁ་ལེན་པ།
81	시도하다. try ཐབས་ཤེས་བྱེད་པ། ཚོད་ལྟ་བྱེད་པ།
82	시작하다. start, begin འགོ་འཛུགས་པ།
83	쓰다. write འབྲི་བ།
84	앉다. sit སྡོད་པ།
85	알다. know ཤེས་པ། ཧ་གོ་བ།
86	알아보다 recognize ངོ་ཤེས་པ།
87	약속하다. promise ཁས་ལེན་པ། དམ་བཅའ་བྱེད་པ།
88	얻다. get, take ལེན་པ།
89	여쭙다.(말씀이나 요청을) ask ཞུ་བ།
90	여행하다. travel འགྲིམ་འགྲུལ་བྱེད་པ།
91	연구하다. research ཞིབ་འཇུག་བྱེད་པ།
92	열다(문을). Open the door སྒོ་ཕྱེ་བ།

93	열다(입을). open the mouth ཁ་གདང་བ།
94	열다. (뚜껑 같은 것을) open ཁ་འབྱེད་པ།
95	오다. come ཡོང་བ།
96	옮기다. move སྤོ་བ།
97	울다. cry ངུ་བ།
98	원하다. want འདོད་པ། དགོས་པ།
99	일하다. work ལས་ཀ་བྱེད་པ།
100	읽다. read ཀློག་པ།
101	잃다. lose བརླག་པ། ཤོར་བ། བོར་བ།
102	잊다. forget བརྗེད་པ།
103	자르다. cut གཅོད་པ། གཏུབ་པ། འབྲེག་པ།
104	잠을 자다. sleep གཉིད་ཁུག་པ། གཉིད་ཉལ་པ།
105	잡다. hold, grasp འཛུ་བ། འཛིན་པ།
106	정렬해놓다. put སྒྲིག་པ།
107	제안하다. suggest བསམ་འཆར་ཤོད་པ།
108	좋아하다. like དགའ་བ། དགའ་པོ་བྱེད་པ།
109	주다. give སྤྲོད་པ། སྤྲེར་བ།
110	주의하다. attention དོ་སྣང་བྱེད་པ།
111	중단하다. stop མཚམས་འཇོག་པ།
112	차다. filled ཁེངས་པ།
113	찾다 search འཚོལ་བ།
114	채우다. fill སྐོང་བ།
115	팔다. sell འཚོང་བ།
116	필요하다. need དགོས་པ། མཁོ་བ།

117	하다. do བྱེད་པ།
118	허용되다. allowed ཆོག་པ།
119	흔들리다. quake འགུལ་བ།

8. ཨིན་སྐད་ནང་བཀོལ་སྤྱོད་མང་ཤོས་ཀྱི་ཚིག་ཕྲད།

Most common English Prepositions 전치사(한국어의 격 조사, 접속 조사, 보조사)

1	가운데 among ཁྲོད་དུ། ཁོངས་སུ།	30	안에 in, 안으로 into ནང་ལ།
2	같은 like ཇི་ལྟར། ཇི་བཞིན།	31	안쪽에 within ནང་ཚུད་ལ།
3	같지 않은 unlike མི་འདྲ་བར།	32	없이 without མེད་པར།
4	거쳐서 via བརྒྱུད་ནས། ཐོག་ནས།	33	에 at, to ལ། སུ། ར། རུ། དུ། ན། ཏུ།
5	건너서 across ཕ་རོལ་ལ།	34	에 대해 per རེ་རེ་ལ། གཞིར་བཟུང་།
6	관하여 about སྐོར་ལ། ཅམ།	35	옆에 beside ཟ་ལ། འགྲམ་ལ།
7	관하여 concerning སྐོར་ལ།	36	위로 up ཡར། ཐོད་ལ།
8	그밖에 besides ཁ་ཏུ།	37	위에 above སྟེང་ལ། ཐོད་ལ།
9	근처에 near འགྲམ་ལ།	38	위에 on, over སྒང་ལ།
10	까지 until ...བར་ལ།	39	위에 upon སྟེང་ལ།
11	나중에 behind རྗེས་ལ།	40	위해 for དོན་དུ།
12	내부에 inside ནང་ལོགས་ལ།	41	을 to ལ། སུ། ར། རུ། དུ། ན། ཏུ།
13	당 per རེ་རེ་ལ། གཞིར་བཟུང་།	42	의 of གི། ཀྱི། གྱི། འི། ཡི།
14	대 versus ཁ་གཏད་ལ།	43	이내에 within ནང་ཚུད་ལ།
15	더하여 plus སྡོམ་ན།	44	이래 since ནས་བཟུང་།
16	둘러싸여 amid དཀྱིལ་ལ།	45	전에 before སྔོན་ལ།
17	둘러싸여 around མཐའ་འཁོར་ལ།	46	접근하여 near འཁྲིས་ལ།
18	둘레에 round མཐའ་འཁོར་ལ།	47	제외하고 except for མ་གཏོགས།
19	목적으로 for དོན་དུ།	48	주위에 around མཐའ་འཁོར་ལ།
20	밖 outside ཕྱི་ལོགས་ལ།	49	중간에 amongst དཀྱིལ་ལ།
21	밖에 out ཕྱི་ལ།	50	처럼 like ཇི་ལྟར། ཇི་བཞིན།
22	반대로 opposite ཁ་སྒྲོད་ལ།	51	통해서 through བརྒྱུད་ནས།
23	반대의 against ཁ་གཏད་ལ། ལྡོག་ཕྱོགས་ལ།	52	통해서 via བརྒྱུད་ནས། ཐོག་ནས།
24	방향으로 toward ཕྱོགས་ལ།	53	하는 중에 during རིང་ལ། དཀྱིལ་ལ།
25	보다 than ལས།	54	한가운데 amid དཀྱིལ་ལ།
26	부터 from ནས།	55	함께 with མཉམ་དུ།
27	사이에 between བར་ལ།	56	함께 with མཉམ་དུ།
28	소속의 among ཁྲོད་དུ། ཁོངས་སུ།	57	향해서 toward ཕྱོགས་ལ།
29	아래에 under འོག་ལ།	58	후에 after རྗེས་ལ།

9. ལྡོག་ཕྱོགས་ཁག་གཅིག Opposites 반의어

1	가까운 close	ཉེ་པོ།	먼 far	རིང་པོ།
2	가득찬 full	གང་།	빈 empty	སྟོང་།
3	가운데 center	དཀྱིལ།	가장자리 edge	ཟུར།
4	감미로운 소리 melodious	སྙན།	기분 나쁜 소리 unpleasant sound	མི་སྙན།
5	강한 / 진한 strong/ thick	གར་པོ།	묽은/ 옅은 dilute/light(liq.)	སླ་པོ།
6	공공의 public	སྤྱི།	개인의 private	སྒེར།
7	긴 long/tall	རིང་པོ།	짧은 short	ཐུང་ཐུང་།
8	깨끗한 clean	གཙང་མ།	더러운 dirty	བཙོག་པ།
9	남동생 younger brother	གཅུང་པོ།	여동생 younger sister	གཅུང་མོ།
10	낮 daytime	ཉིན་མོ།	밤 night time	མཚན་མོ།
11	느린 slow	དལ་པོ།	빠른 fast	མགྱོགས་པོ།
12	늙은 old	རྒན་པ།	젊은 young	གཞོན་པ།
13	달콤한 sweet	མངར་མོ།	시큼한 sour	སྐྱུར་མོ།
14	두꺼운 thick	མཐུག་པོ།	얇은 thin	སྲབ་པོ།
15	뒤 back	རྒྱབ།	앞 front	མདུན།
16	뛰어난(優) superior	མཆོག	열등한(劣) inferior	དམན།
17	마른 dry	སྐམ་པོ།	젖은 wet	རློན་པ།
18	무거운 heavy	ལྕིད་པོ།	가벼운 light	ཡང་པོ།
19	밖 outside	ཕྱི།	안 inside	ནང་།
20	배부른 be full	རྒྱགས་པ།	배고픈 feel hungry	ལྟོགས་པ།
21	부드러운 soft/smooth	འཇམ་པོ།	거친 rough	རྩུབ་པོ།
22	부유한 rich	ཕྱུག་པོ།	가난한 poor	དབུལ་པོ། སྤྲང་།
23	부족한 scarce	དཀོན་པོ།	풍부한 plentiful	འབེལ་པོ།
24	비구 monk	གྲྭ་པ།	비구니 nun	བཙུན་མ།
25	뻣뻣한 stiff	སྒྲིང་པོ།	유연한 supple	མཉེན་པོ།
26	사다 buy	ཉོ་བ།	팔다 sell	ཚོང་བ།
27	상세한 detailed	རྒྱས་པོ།	대강의(요약한) abridged	བསྡུས་པོ།
28	새로운 new	གསར་པ།	오래된 old	རྙིང་པ།
29	선행 wholesomeness	དགེ་བ།	악행 wrongdoing	སྡིག་པ།
30	아름다운 beautiful	མཛེས་པོ།	추한 ugly	མདོག་ཉེས་པོ།
31	애착 attachment	ཆགས་པ།	증오 hatred	སྡང་བ།

32	약 medicine	སྨན།	독 poison	དུག
33	어려운 difficult	ཁག་པོ།	쉬운 easy	སླ་པོ།
34	오른쪽 right	གཡས།	왼쪽 left	གཡོན།
35	오므리다 draw in	སྐུམ་པ།	펴다 draw out	རྐྱང་པ།
36	오빠, 형 elder brother,	གཅེན་པོ།	누나, 언니 elder sister	གཅེན་མོ།
37	울다 cry	ངུ་བ།	웃다 laugh	བགད་པ།
38	위 above	གོང་།	아래 below	འོག
39	위 upper	སྟོད།	아래 lower	སྨད།
40	위에 above	སྟེང་ལ།	아래에 below	འོག་ལ།
41	이른 early	སྔ་པོ།	늦은 late	ཕྱི་པོ།
42	이익 profit	ཁེ།	손해 loss	གྱོང་།
43	이익 advantage	ཕན་ཡོན།	손해 disadvntage	ཉེས་དམིགས།
44	일반적인 in general	སྤྱིར་བཏང་།	개별적인 in particular	བྱེ་བྲག
45	자다 to sleep	ཉལ་བ།	일어나다 get up	ལངས་པ།
46	자신 self	བདག	타인 other	གཞན།
47	재가인 householder	ཁྱིམ་པ།	출가인 ordained	རབ་བྱུང་།
48	적 enemy	དགྲ།	친구(적의 반대) friend	གཉེན།
49	전에 before	སྔོན་ལ།	후에 after	རྗེས་ལ།
50	좋은 good	ཡག་པོ།	나쁜 bad	སྡུག་ཅག
51	주다 give	གཏོང་བ།	받다 take	ལེན་པ།
51	주다 give	སྤྲོད་པ།	받다 take	ལེན་པ།
53	진실 truth	བདེན་པ།	거짓 Lie	བརྫུན་མ།
54	차가운 cold	གྲང་མོ།	뜨거운 hot	ཚ་པོ།
55	처음 first	དང་པོ།	끝 last	མཐའ་མ།
56	칭찬 praise	བསྟོད་པ།	비난 blame	སྨད་པ།
57	큰 big	ཆེན་པོ།	작은 small	ཆུང་ཆུང་།
58	표면 surface	ཁ།	속 depth	གཏིང་།
59	행복한 feel happy	དགའ་བ།	슬픈 sad	སྐྱོ་བ།
60	행복한 pleasant/ happy	སྐྱིད་པོ།	불행한 unpleasant / miserable	སྡུག་པོ།
61	현명한 wise	མཁས་པ།	어리석은 foolish	གླུན་པོ།
62	홀로 sole	གཅིག་པུ།	모두 all	ཚང་མ།
63	화, 성냄 anger	ཁོང་ཁྲོ།	인내, 참음 patience	བཟོད་པ།

10. མིང་ཚིག། Common Nouns 보통 명사

① སྒོ་ཕྱུགས་སེམས་ཅན་ཁག་གཅིག། Domesticated Animals 가축

1	강아지 puppy	ཁྱི་ཕྲུག	2	개 dog	ཁྱི།
3	고양이 cat	ཞི་མི།	4	낙타 camel	ཛ་མོང་།
5	노새 dzo	མཛོ།	6	노새 mule	དྲེལ།
7	닭	ཁྱིམ་བྱ།	8	닭고기 chicken	བྱ་དེ།
9	당나귀 donkey/ass	བོང་བུ། བུང་ཀུ།	10	돼지 pig	ཕག་པ།
11	말 horse	རྟ།	12	목축소 cow/cattle	བ་ཕྱུགས།
13	물소 buffalo	མ་ཧེ།	14	병아리 chick	བྱ་ག བྱིའུ་ག
15	새	བྱ	16	새끼 고양이 kitten	ཞིམ་ཕྲུག
19	새끼(말, 나귀 따위의) foal	རྟེའུ།	18	새끼 염소, 짐승의 새끼 kid	རེའུ།
17	새끼 돼지 piglet	ཕག་ཕྲུག	20	소 cow	བ།
21	송아지 calf	བེའུ་བེའུ།	22	수탉cock	བྱ་ཕོ།
23	숫노새 M dzo	མཛོ་ཕོ།	24	수소 ox/bull	གླང་གོག
25	암노새 F dzo	མཛོ་མོ།	26	암야크 female-yak	འབྲི།
27	암탉 hen	བྱ་མོ།	28	야크 yak	གཡག
29	양 sheep	ལུག	30	어린양 lamb	ལུག་གུ ལུ་གུ
31	염소 goat	ར།	32	오리 duck	བྱ་གག

② ཉ་རིགས་དང་འབུ་སྲིན་ཁག་གཅིག Fish and Insects 물고기와 곤충

1	개미 ant	གྲོག་མ།	2	거미 spider	སྡོམ།
3	게 crab	སྡིག་སྲིན།	4	고래 whale	ཉ་ཆེན་ལྷེལ།
5	나비 butterfly	ཕྱེ་མ་ལེབ།	6	낙지, 문어 octopus	ཀང་བརྒྱད།
7	도마뱀 lizard	རྫངས་པ་ཁ་རལ།	8	돌고래 dolpin	ཌོལ ཕིན།

9	모기 mosquito	དུག་སྦྲང་།	10	물개 fur seal	སྤུ་ལྡན་མཚོ་གཟིག
11	물고기 fish	ཉ།	12	바다표범 seal	མཚོ་གཟིག
13	바퀴벌레 cockroach	ཞུ་ལུ་མ།	14	뱀 snake	སྦྲུལ།
15	벌 bee	སྦྲང་བུ།	16	불가사리 starfish	སྐར་ཉ།
17	상어 shark	ཉ་ཆེན་ཤྭ་ཀ།	18	소라 conch	དུང་།
19	악어 crocodile	ཆུ་སྲིན།	20	이 louse	ཤིག
21	전갈 scorpion	སྡིག་པ་རྭ་ཙ།	22	쥐 rat/mouse	ཙི་ཙི།
23	지네 centipede	རྐང་བརྒྱ། རྟ་ཟླ།	24	파리 fly	སྦྲང་མ།
25	해마 seahorse	མཚོ་རྟ།	26	해상(海象) 바다코끼리 walrus	མཚོ་གླང་།

③ གཅན་གཟན་རི་དྭགས་ཁག་གཅིག Wild Animal 야생 동물

1	갈색곰 brown bear	དྲེད་མོང་།	2	개구리 frog	སྦལ་བ།
3	거북이 tortoise	རུས་སྦལ།	4	고슴도치 hedgehog	ཟེར་མོ།
5	곰 bear	དོམ།	6	기린 giraffe	ཤ་བ་སྐེ་རིང་།
7	늑대 wolf	སྤྱང་ཀི	8	마멋 marmot	འཕྱི་བ།
9	멧돼지 wild boar	རི་ཕག	10	몽구스 mongoose	ནེའུ་ལེ།
11	북극곰 polar bear	དོམ་དཀར།	12	불곰 Yeti	དྲེད་མོང་།
13	사슴 deer	ཤ་བ།	14	사자 lion	སེང་གེ
15	사향노루 musk deer	གླ་བ།	16	설사자 snow lion	གངས་སེང་།
17	수달 otter	སྲམ།	18	야생 당나귀 wild ass	རྐྱང་།
19	야생 야크 wild yak	འབྲོང་།	20	얼룩 사슴, 노루 spotted deer	ཁ་ཤ
21	얼룩말 zebra	རྐྱང་ཁྲ།	22	여우 fox	ཝ་མོ།
23	원숭이 monkey	སྤྲེའུ།	24	자칼, 승냥이 jackal	ཁྱི་སྤྱང་།
25	코끼리 elephant	གླང་པོ་ཆེ། གླང་ཆེན།	26	코뿔소 rhinoceros	བསེ་རུ།
27	큰뿔양 argali	གཉན།	28	토끼 rabbit	རི་བོང་།
29	티베트 영양 Tibetan antelope	གཙོད།	30	팬더곰 panda	དོམ་ཁྲ། བྱི་ལ་དོམ།

31	표범 leopard	གཟིག	32	하마 hippo	ཆུ་ཕག
33	호랑이 tiger	སྟག	34	흑곰 black bear	དོམ་ནག

④ བྱ་དང་བྱིའུ་ཁག་གཅིག Birds 조류

1	공작 peacock	རྨ་བྱ།	2	까마귀 crow	ཕོ་རོག
3	까치 magpie	སྐྱ་ཀ	4	나이팅게일 nightingale	ཀ་ལ་པིང་ཀ
5	뇌조 grouse	བྱ་གོང་མོ།	6	독수리 eagle	གླག
7	독수리 vulture	བྱ་རྒོད།	8	두루미, 학 crane	ཁྲུང་ཁྲུང་།
9	매 hawk	ཁྲ།	10	메추라기 quail	བྱ་སྲེག་པ།
11	박쥐 bat	ཕ་ཝང་།	12	백조 swan	ངང་པ།
13	부엉이 owl	འུག་པ།	14	비둘기 dove/pigeon	ཕུག་རོན། འང་གུ
15	뻐꾸기 cuckoo	ཁུ་བྱུག	16	앵무새 parrot	ནེ་ཙོ།
17	참새 house sparrow	ཁང་མཆིལ།	18	후투티 hoopoe	པུ་ཤུད།

⑤ ཤིང་ཏོག་ཁག་གཅིག Fruits 과일

1	건포도 raisin	རྒུན་འབྲུམ་སྐམ་པོ།	2	구아바 guava	ཨམ་རུ།
3	구즈베리 gooseberry	སྐྱུ་རུ་ར། སེའུ་ལྗང་།	4	라임(레몬과) lime	སྐྱུར་འབྲས།
5	레몬 lemon	ལིམ་བུ།	6	리치 lychee	ལི་ཅི།
7	망고 mango	ཨམ།	8	바나나 banana	ངང་ལག
9	배 pear	ལི།	10	복숭아 peach	ཁམ་བུ།
11	블랙베리 blackberry	ལྕུམ་ནག སེའུ་ནག	12	블루베리 blueberry	ལྕུམ་སྔོ། སེའུ་སྔོ།
13	사과 apple	ཀུ་ཤུ།	14	석류 pomegranate	སེ་འབྲུ།
15	석류 pomegranate	སེའུ་དམར།	16	수박 watermelon	ཆུ་ག་གུན།
17	아보카도 avocado	ཨེ་ཕ་ཁ་ཊོ།	18	오렌지 orange	ཚ་ལུ་མ།
19	올리브 olive	ཨོ་ལིབ།	20	인도 대추야자 jujube	ཁ་སུར།

21	조롱박(호리병박) gourd	ཀ་པེད།	22	천도복숭아 nectarine	སྒང་རྗེ་ཁམ་བུ།
23	체리 cherry	སེའུ།	24	코코넛 coconut	བུར་ཤིང་།
25	코코넛 coconut	པེ་ཏ།	26	키위 kiwi fruit	ཁི་ཝི།
27	파인애플pineapple	ཐང་འབྲས།	28	파파야 Papaya	པ་པྭ་ཡ་།
29	포도 grape	རྒུན་འབྲུམ།	30	호두 walnut	སྟར་ཤིང་།

⑥ ཚལ་ཁག་གཅིག Vegetable 채소

1	가지 egg plant	རྟོ་ལུམ་མ།	2	감자 potato	ཞོག་ཁོག
3	강낭콩, 팥 kidney bean	སྲན་དམར། མཁལ་སྲན།	4	고구마 sweet potato	ཞོག་མངར།
5	고수풀 coriander	བསོད་ནམས་དཔལ་འཛོམས།	6	고추 chili	སི་པན། དམར་ཚ།
7	꽃양배추 cauliflower	མེ་ཏོག་པད་ཚལ།	8	마늘 garlic	སྒོག་པ།
9	마늘 쫑 garlic shoot	སྒོག་སྦུག	10	무 radish	ལ་ཕུག
11	배추, 상추 lettuce	པད་ཚལ།	12	버섯 mushroom	ཤ་མོ།
13	붉은 잎 무우 radish, carrot	གུང་ལ་ཕུག ལ་སེར།	14	브로콜리 broccoli	མེ་ཚལ་ལྗང་ཁུ།
15	생강 ginger	སྒ་སྐྱག	16	순무 turnip	ཉུང་མ། ཡུང་མ།
17	시금치 spinach	སྤྭ་ལག	18	양배추 cabbage	ལན་འཁོར་པད་ཚལ།
19	양파 onion	ཙོང་།	20	여주 bitter gourd	ཀ་དཔེ་ཏིག་མོ།
21	연근 lotus root	པད་རྩ།	22	오이 cucumber	ཀང་ར།
23	오크라 ladies' finger, okra	མཛུབ་ཚལ། བིན་ཊི།	24	옥수수 corn	ཨ་རྫོམ།
25	완두콩 pea	སྲན་རིལ། བོད་སྲན།	26	죽순 bamboo shoot	སྨྱུག་རྩ།
27	청고추 green chilli	སི་པན་སྔོན་པོ།	28	콩 bean	སྲན་ལེབ། མོན་སྲན།
29	콩나물 bean sprout	སྲན་སྦྱུག	30	토마토 tomato	ཊོ་མ་ཊོ།
31	피망 capsicum	སོ་ལོ་སྔོན་པོ།	32	호박 pumpkin	ཕར་ཤི།

⑦ ལུས་ཀྱི་ཆ་ཤས་ཁག་གཅིག Part of the Body 몸

1	가슴 chest	བྲང་ཁོག	2	귀 ear	རྣ། ཨ་མཆོག
3	귓구멍 ear cavity	རྣ་ཁུང་།	4	귀볼 ear lobe	རྣ་ཤལ།
5	남근(남자의 성기) penis	ལྡིག་པ། མཛེ།	6	눈 eye	མིག
7	눈꺼풀 eyelid	མིག་པགས།	8	눈썹 eyebrow	མིག་སྨུ།
9	다리 leg	རྐང་པ།	10	등 back	རྒྱབ།
11	맥, 정맥 vein	རྩ།	12	머리카락 hair	སྐྲ།
13	머리 head	མགོ	14	몸 body	གཟུགས་པོ།
15	무릎 knee	པུས་མོ།	16	발뒤꿈치 heel	རྟིང་པ།
17	발바닥 sole	རྐང་མཐིལ།	18	배 abdomen	གྲོད་ཁོག
19	볼, 뺨 cheek	མཁུར་ཚོས། འགྲམ་པ།	20	속눈썹 eyelash	རྫི་མ།
21	손 hand	ལག་པ།	22	손바닥 palm	ལག་མཐིལ།
23	안구 eyeball	མིག་རིལ།	24	어깨 shoulder	དཔུང་པ།
25	얼굴 face	གདོང་པ།	26	엄지손가락 thumb	མཐེ་བོ།
27	엉덩이 hip	དཔྱི་མགོ	28	엉덩이, 항문 buttock	རྐུབ།
29	음문(여자의 성기) vagina	སྟུ།	30	이마 forehead	དཔྲལ་ཀོ།
31	입술lip	མཆུ་ཏོ།	32	정수리 crown	སྤྱི་བོ།
33	치아/이/이빨 teeth	སོ།	34	코 nose	སྣ་ཁུག
35	콧구멍 nostril	སྣ་ཁུང་།	36	턱 chin	མས་ལེ།
37	털 body hair	སྤུ།	38	피 blood	ཁྲག
39	피부 skin	པགས་པ།	40	허리 waist	སྐེད་པ།
41	허벅지 thigh	བརླ་ཤ	42	혀 tongue	ལྕེ།

⑧ ལུས་ཀྱི་དབང་པོ་གཙོ་ཁག Main Organs 기관

1	간장 liver	མཆིན་པ།	2	뇌, 골 brain	ཀླད་པ།
3	담낭 gall bladder	མཁྲིས་པ།	4	대장 large intestine	ལོང་ག
5	맹장 appendix	རྒྱུ་ལྷག	6	방광 bladder	གཅིན་ལྒང་།
7	비장 spleen	མཆེར་པ།	8	뼈 bones	རུས་པ།
9	소장 small intestine	རྒྱུ་མ།	10	식도 esophagus	མིད་པ།
11	신장, 콩팥 kidney	མཁལ་མ།	12	심장 heart	སྙིང་།
13	위 stomach	ཕོ་བ།	14	췌장 pancreas	གཉེར་རྩེན།
15	폐 lungs	གློ་བ།			

⑨ མེ་ཏོག་ཁག་གཅིག Flowers 꽃

1	국화꽃 chrysanthemum	ཟྲང་སྔོང་མེ་ཏོག	2	금잔화 marigold	སེར་ཆེན།
3	달리아 dahlia	ཡང་ཧྲུན་མེ་ཏོག	4	보라색 데이지 violet daisy	སྤང་རྒྱན་མེ་ཏོག
5	흰색 데이지 white daisy	སྐལ་བཟང་མེ་ཏོག	6	목련 magnolia	སྣ་མའི་མེ་ཏོག
7	민들레 dandelion	ཁུར་མང་མེ་ཏོག	8	백련 , 수련 water lily	ཀུ་མུད།
9	복숭아 peach blossom	ཁམ་བུའི་མེ་ཏོག	10	수선화 daffodil	དྲེད་མ་མེ་ཏོག
11	앵초꽃 primrose	དཔྱིད་ཀྱི་རྒྱ་སེ།	12	양귀비 poppy	རྒྱ་མེན།
13	연꽃 lotus	པད་མ།	14	용두화 snap dragon	འབྲུག་མེ་ཏོག
15	자스민 jasmine	མ་ལི་ཀ	16	장미 rose	རྒྱ་སེ།
17	제라늄 geranium	ལྷམ་པ་ཏ་ལོ།	18	해바라기 sunflower	ཉི་མ་མེ་ཏོག

11. དུས་ཀྱི་མིང་ཚིག་ཁག་གཅིག Adverbs of Time 시간 부사

1	10년간 decade	ལོ་བཅུ་ཕྲག	2	10일 전 ten days earlier	ཉིན་བཅུའི་སྔོན།
3	10일 후 after 10 days	ཉིན་བཅུའི་རྗེས།	4	3일 후 after 3 days from now	གཞེས་ཉིན།
5	4일후 4days from now	དགུས་ཉིན།	6	가끔 sometimes	སྐབས་སྐབས།
7	그저께 the day before yesterday	ཁེས་ཉིན། ཁ་ཉིན།	8	나이, 년, 해 year	ལོ།
9	날, 일, 해 day	ཉི་མ།	10	날짜 date	ཚེས་པ།
11	낮 daytime	ཉིན་མོ།	12	내년 next year	ལོ་རྗེས་མ།
13	내년 next year	སང་ལོ།	14	내일 tomorrow	སང་ཉིན།
15	늦은 저녁 late evening	དགོང་དྲོ་ཕྱི་པོ།	16	달, 월 month	ཟླ་བ།
17	때때로 sometimes	མཚམས་རེ།	18	매일 every day	ཉིན་ལྟར།
19	모레 the day after tomorrow	གནངས་ཉིན།	20	밤 night	མཚན།
21	밤 night time	མཚན་མོ།	22	분 minute	སྐར་མ།
23	세기 century	ལོ་བརྒྱ་ཕྲག	24	세기, 시대 epoch/ century/ear	དུས་རབས།
25	시간, 시계 hour, clock	ཆུ་ཚོད།	26	아침 morning	སྔ་དྲོ། ཞོགས་པ།
27	어제 yesterday	ཁ་སྔ། / ཁ་སང་	28	어제 아침 yesterday morning	ཁ་སང་ཞོགས་པ།
29	어제 저녁 last evening/night	མདང་དགོང་།	30	어제 저녁 last evening/night	ཁ་སང་དགོང་མོ།
31	오늘 today	དེ་རིང་།	32	오후 noon/afternoon	ཉིན་གུང་།
33	이른 아침 early morning	ཞོགས་པ་སྔ་པོ།	34	작년 last year	ལོ་སྔོན་མ།
35	작년 last year	ན་ནིང་།	36	주, 주일 week	བདུན་ཕྲག
37	초 second	སྐར་ཆ།	38	현대, 지금, 당대 modern	དེང་དུས། དེང་རབས།

12. ཨིན་ཇིའི་ནང་དུས་ཀྱི་མིང་ཚིག་ཁག་གཅིག English Adverbs of Time

영어의 시간 부사에 해당하는 어휘

① Point of Time (definite) 시점을 확정할 수 있는 시간 부사

1	ད་ལྟ།	지금 now	2	དེ་ནས།	그리고 then
3	དེ་རིང་།	오늘 today	4	སང་ཉིན།	내일 tomorrow
5	དོ་དགོང་།	오늘 밤 tonight	6	ཁ་ས།/ཁ་སང་།	어제 yesterday

② Frequency(definite) 측정 가능한 빈도 부사

7	ལོ་ལྟར།	매년 annually	8	ཉིན་ལྟར།	매일 daily, every day
9	ཆུ་ཚོད་རེ་རེར།	매시간마다 hourly	10	ཟླ་བ་རེ་རེར།	매달 monthly
11	དགོང་ལྟར།	밤마다 nightly	12	ཟླ་བ་གསུམ་རེར།	분기마다 (세 달에 한 번) quarterly
13	བདུན་ཕྲག་རེ་རེར།	주일마다 weekly	14	ཟླ་རེར་ཐེངས་གཉིས་རེར།	한 달에 두번 twice a month
15	ལོ་རེར་ཐེངས་གཉིས་རེར།	일 년에 두번 twice a year			

③ Frequency (Indefinite) 측정 불가능한 빈도 부사

16	རྟག་པར།	항상, 언제나 always	17	རྒྱུན་དུ།	평소에, 일반적으로 usually
18	རྟག།	항상, 언제든지 ever/whenever	19	ཡང་སེ། ཡང་ཡང་།	자주 frequently
20	འཆར་ཅན། རྒྱུན་དུ།	일반적으로 generally / customarily			

④ Infrequently 부정기적인 빈도 부사

21	རྩ་བ་ནས། ནམ་ཡང་།	절대로, 결코 (~ 않다) never (with neg.)
22	ནམ་རྒྱུན་ནས། འཆར་ཅན།	평소대로, 정상적으로 normally

23	སྐབས་སྐབས་ལ། སྐབས་རེ།	가끔, 때때로 occasionally
24	ཡང་སེ། ཡང་ཡང་།	가끔, 종종 often
25	སྐབས་འགར།	드물게, 가끔 rarely, seldom, sometimes
26	རྒྱུན་དུ།	정기적으로, 규칙적으로 regularly

⑤ Relationships in Time (Indefinite) 시점을 특정할 수 없는 시간 부사

27	སྔ་ས་ནས།	일찍부터, 오래 전부터 from before/ long ago	28	སྔོན་ལ།	전에 before, previously
29	སྔ་པོར།	일찍이 early	30	སྔོན་ལ།	이전에 earlier
31	མཐའ་མར།	최후에, 끝에 eventually, finally	32	དང་པོར།	첫 번째로 first
33	སྔོན་མར།	이전에 formerly	34	ད་ལྟ་རང་།	즉시 just
35	མཐར། མཐའ་མར།	결국, 마침내 last	36	ཕྱིས་པོར།	늦은, 말기의 late
37	རྗེས་ལ།	나중에 later	38	ཉེ་ཆར།	요즘, 최근에 lately, recently
39	རྗེས་མར།	다음에 next	40	མགྱོགས་པོར།	곧 soon
41	ད་དུང་།	아직 still, yet			

13. ཁྱད་ཚིག་ཁག་གཅིག Adjectives 형용사(기본형 · 비교급 · 최상급)

	기본형		비교급		최상급	
1	가난한 poor	སྐྱོ་པོ།	더 가난한 poorer	སྐྱོ་བ།	가장 가난한 poorest	སྐྱོ་ཤོས།
2	간략한 brief	བསྡུས་པོ།	더 간략한 briefer	བསྡུས་བ།	가장 간략한 briefest	བསྡུས་ཤོས།
3	굵은 thick	སྦོམ་པོ།	더 굵은 thicker	སྦོམ་པ།	가장 굵은 thickest	སྦོམ་ཤོས།
4	긴 long 큰 tall	རིང་པོ།	더 긴 / longer 더 큰 taller	རིང་ང་། རིང་པ།	가장 긴 longest 가장 큰 tallest	རིང་ཤོས།
5	나쁜 bad	སྡུག་ཅག	더 나쁜 worse	སྡུག་ག སྡུག་པ།	worst 가장 나쁜	སྡུག་ཤོས།
6	낮은 low	དམའ་པོ།	더 낮은 lower	དམའ་བ།	가장 낮은 lowest	དམའ་ཤོས།
7	높은 high	མཐོ་པོ།	더 높은 higher	མཐོ་བ།	highest 가장 높은	མཐོ་ཤོས།
8	느린 slow	དལ་པོ།	더 느린 slower	དལ་བ།	slowest 가장 느린	དལ་ཤོས།
9	늦은 late	ཕྱི་པོ།	더 늦은 later	ཕྱི་བ།	가장 늦은 latest	ཕྱི་ཤོས།
10	달콤한 sweet	མངར་མོ།	더 달콤한 sweeter	མངར་ར། མངར་བ།	가장 달콤한 sweetest	མངར་ཤོས།
11	두꺼운 thick	མཐུག་པོ།	더 두꺼운 thicker	མཐུག་ག མཐུག་པ།	가장 두꺼운 thickest	མཐུག་ཤོས།
12	뚱뚱한 fat	རྒྱགས་པ།	더 뚱뚱한 fatter	རྒྱགས་ག རྒྱགས་པ།	가장 뚱뚱한 fattest	རྒྱག་ཤོས།
13	뜨거운 hot	ཚ་པོ།	더 뜨거운 hotter	ཚ་བ།	가장 뜨거운 hottest	ཚ་ཤོས།
14	마른 thin	སྐམ་པོ།	더 마른 thinner	སྐམ་པ།	가장 마른 thinnest	སྐམ་ཤོས།
15	많은 many	མང་པོ།	더 많은 more	མང་ང་། མང་པ།	가장 많은 most	མང་ཤོས།
16	미세한 fine	ཕྲ་པོ།	더 미세한 finer	ཕྲ་བ།	가장 미세한 finest	ཕྲ་ཤོས།
17	부유한 rich	ཕྱུག་པོ།	더 부유한 richer	ཕྱུག་བ།	가장 부유한 richest	ཕྱུག་ཤོས།
18	시큼한 sour	སྐྱུར་མོ།	더 시큼한 more sour	སྐྱུར་ར།	가장 시큼한 most sour	སྐྱུར་ཤོས།

	기본형		비교급		최상급	
19	아름다운 beautiful	མཛེས་པོ།	더 아름다운 more beautiful	མཛེས་བ།	가장 아름다운 most beautiful	མཛེས་ཤོས།
20	얇은 thin	སྲབ་པོ།	더 얇은 thinner	སྲབ་པ།	가장 얇은 thinnest	སྲབ་ཤོས།
21	이른 early	སྔ་པོ།	더 이른 earlier	སྔ་བ།	가장 이른 earliest	སྔ་ཤོས།
22	자세한 detailed	རྒྱས་པོ།	더 자세한 more detailed	རྒྱས་བ།	가장 자세한 most detailed	རྒྱས་ཤོས།
23	작은 small	ཆུང་ཆུང་།	더 작은 smaller	ཆུང་ང་། ཆུང་བ།	가장 작은 smallest	ཆུང་ཤོས།
24	적은 little	ཉུང་ཉུང་།	더 적은 less	ཉུང་ང་། ཉུང་པ།	가장 적은 least	ཉུང་ཤོས།
25	젊은 young	གཞོན་གཞོན།	더 젊은 younger	གཞོན་པ།	가장 젊은 youngest	གཞོན་ཤོས།
26	좋은 good	ཡག་པོ།	더 좋은 better	ཡག་ག ཡག་པ།	가장 좋은 best	ཡག་ཤོས།
27	짧은 short	ཐུང་ཐུང་།	더 짧은 shorter	ཐུང་ང་། ཐུང་པ།	가장 짧은 shortest	ཐུང་ཤོས།
28	추운 cold	གྲང་མོ།	더 추운 colder	གྲང་ང་། གྲང་པ།	가장 추운 coldest	གྲང་ཤོས།
29	큰 big	ཆེན་པོ།	더 큰 bigger	ཆེ་བ།	가장 큰 boggist	ཆེ་ཤོས།

14. ཕལ་སྐད་དང་ཞེ་སའི་ཚིག་ཁག་གཅིག

Colloquial and Honorific Terms 평어와 경어

1) མིང་ཚིག Noun 명사

① གཟུགས་པོའི་ཆ་ཤས། Part of the Body 몸

	한국어 / 영어	Colloquial·Terms 평어	HonorificTerms 경어
1	귀 ear	རྣ།	སྙན་ཅོག
2	눈 eye	མིག	སྤྱན།
3	눈썹 eyebrow	མིག་སྨུ།	སྤྱན་སྨུ།
4	다리 leg	རྐང་པ།	ཞབས་སྤུས།
5	등 back	སྒལ་པ།	སྐུ་སྒྲོད། སྐུ་རྒྱབ།
6	머리 hair	སྐྲ།	དབུ་སྐྲ།
7	머리 head	མགོ	དབུ།
8	목 neck	མཇིང་པ།	མགུལ་མཇིང་།
9	목구멍 throat	སྐེ།	མགུལ།
10	몸 body	གཟུགས་པོ།	སྐུ་གཟུགས།
11	무릎 knee	པུས་མོ།	ཞབས་པུས།
12	발바닥 sole	རྐང་མཐིལ།	ཞབས་མཐིལ།
13	볼, 뺨 cheek	མཁུར་ཚོས།	ཞལ་ཚས།
14	손 hand	ལག་པ།	ཕྱག
15	손가락 finger	མཛུབ་མོ།	ཕྱག་མཛུབ།
16	손톱 nail	སེན་མོ།	ཕྱག་སེན། ཞབས་སེན།
17	안구 eyeball	མིག་རིལ།	སྤྱན་འབྲས།
18	어깨 shoulder	དཔུང་པ།	ཕྱག་དཔུང་།
19	얼굴 face	གདོང་པ།	ཞལ། ཞལ་རས།
20	엉덩이 buttock	རྐུབ།	གཞང་འཕོག
21	위 stomach	གྲོད་པ།	གསོལ་གྲོད།
22	이마 forehead	དཔྲལ་པ།	དབུ་དཔྲལ།

23	입 mouth	ཁ།	ཞལ།
24	입술 lip	མཆུ་ཏོ།	ཞལ་མཆུ།
25	정수리 crown	སྤྱི་བོ།	དབུ་སྤྱིལ།
26	이빨 teeth	སོ།	치아 ཚེམས།
27	코 nose	སྣ།	ཤངས།
28	콧수염 Moustache	སྣ་ར།	ཞལ་ར།
29	턱 chin	ཨོག་མ།	ཞལ་ལེ།
30	턱수염 Goatee	ཨོག་ཚོམ།	ཞལ་ཚོམ།
31	허리 waist	སྐེད་པ།	སྐུ་སྐེད།
32	혀 tongue	ལྗེ།	ལྗགས།

② ཟས་བཏུང་རིགས། Food and Drink 음식과 음료

	Korean 한국어 / English 영어	Colloquial·Terms 평어	HonorificTerms 경어
1	간식 snack	ཁ་ཏོག	ཞལ་ཏོག
2	계란 egg	སྒོ་ང་།	བཞེས་སྒོང་།
3	고기 meat	ཤ།	གསོལ་ཀྱུམ།
4	고추 chili	སི་པན།	ལྗགས་སྤྱོས།
5	국 soup	ཐང་།	བཞེས་ཐང་།
6	담배 Cigarette	ཐ་མག	བཞེས་ཐག
7	만두 momo	མོག་མོག	བཞེས་མོག
8	물 water	ཆུ།	ཆབ།
9	백주, 소주 liquor	ཨ་རག	བཞེས་རག
10	버터 butter	མར།	གསོལ་མར།
11	뼈 bone	རུས་པ།	བཞེས་རུས།
12	소금 salt	ཚྭ།	ལྗགས་ཚྭ།
13	쌀 rice	འབྲས།	བཞེས་འབྲས།
14	요구르트 curd	ཞོ།	གསོལ་ཞོ།
15	음식 food	ཁ་ལག	ཞལ་ལག གསོལ་ཚིགས།

16	지방 fat	ཚིལ།	བཞེས་ཚིལ།
17	짬빠 tsampa	རྩམ་པ།	གསོལ་ཞིབ་
18	차 tea	ཇ།	གསོལ་ཇ།
19	창, chang	ཆང་།	མཆོད་ཆང་།
20	쿠키 khabse	ཁ་ཟས།	བཞེས་སྒྲོ།
21	툭빠, 죽 thukpa	ཐུག་པ།	བཞེས་ཐུག

③ གྱོན་གོས་རིགས། Clothes 의류

	Korean 한국어 / English 영어	Colloquial·Terms 평어	HonorificTerms 경어
1	구두끈 shoelace	ལྷམ་སྒྲོག	ཞབས་སྒྲོག
2	마스크 mask	ཁ་རས།	ཞལ་རས།
3	머플러 muffler	སྐེ་དཀྲིས།	སྐུ་དཀྲིས།
4	모자 hat, cap	ཞྭ་མོ།	དབུ་ཞྭ།
5	바지 pants, trousers	གོས་ཐུང་། དོར་མ།	ཞབས་དོར།
6	벨트 belt	སྐེ་རགས།	སྐུ་རགས།
7	셔츠shirt	འོག་འདུག	སྐུ་འདུག
8	손수건 handkerchief	སྣ་ཕྱིས།	ཤངས།ཕྱིས།
9	스카프 scarf	ཁ་དཀྲིས།	ཞལ་དཀྲིས།
10	신발 shoes	ལྷམ།	ཞབས་ཕྱུགས།
11	아래에 입는 승복 monk's lower robe	ཤམ་ཐབས།	སྐུ་ཤམ།
12	앞치마 apron	པང་གདན།	སྐུ་པང་།།
13	양말 socks	ཨུ་སུག	ཞབས་སུག
14	어깨에 걸치는 천 shawl	གཟན།	སྐུ་གཟན།
15	의류 clothes	གྱོན་ཆས།	ན་བཟའ།
16	장갑 gloves	ལག་ཤུབས།	ཕྱག་ཤུབས།
17	코트 coat	སྟོད་ཐུང་།	སྐུ་སྟོད།
18	타월 hand towel	ལག་ཕྱིས།	ཕྱག་ཕྱིས།

④ ནང་མི་ཁྱིམ་ཚང་། Family Members 가족

	Korean 한국어 / English 영어	Colloquial·Terms 평어	HonorificTerms 경어
1	관리자 (보물, 법당, 회계) treasurer	གཉེར་པ།	ཕྱག་མཛོད།
2	남동생 younger brother	གཅུང་པོ།	ཨོའོ་ལགས།
3	며느리, 양녀 daughter-in-law	མནའ་མ།	བག་མ།
4	무당, 영매, 불상 medium	ལྷ་པ།	སྐུ་རྟེན།
5	배우자, 부부 spouse	བཟའ་ཟླ།	སྐུ་ཟླ།
6	비구 스님 monk	གྲྭ་པ།	སྐུ་གཞོགས་ལགས།
7	비구니 스님 nun	ཨ་ནེ།	ཆོས་ལགས། ཨ་ནེ་ལགས།
8	사위, 양자 son-in-law	མག་པ།	སྐུ་བག
9	삼촌 uncle(maternal)	ཨ་ཞང་།	སྐུ་ཞང་། ཨ་ཞང་ལགས།
10	선생님, 손윗 사람 teacher, elders	དགེ་རྒན།	རྒན་ལགས།
11	소녀, 딸 girl	བུ་མོ།	སྲས་མོ།
12	소년, 아들 boy, son	བུ།	སྲས།
13	손자 grandson	ཚ་བོ།	སྐུ་ཚ།
14	손녀 daughter	ཚ་མོ།	སྐུ་ཚ།
15	숙모 aunt(maternal)	སྲུ་མོ།	སྲུ་མོ་ལགས།
16	아버지 father	པ་ཕ།	པ་ལགས། ཡབ།
17	어머니 mother	ཨ་མ།	ཨ་མ་ལགས། ཡུམ།
18	언니, 누나 elder sister	གཅེན་མོ།	ཨ་ལྕག་ལགས།
19	여동생 younger sister	གཅུང་མོ།	ཨོའོ་ལགས།
20	의사 doctor	སྨན་པ།	ཨེམ་ཆི་ལགས།
21	지도자, 우두머리 leader	འགོ་ཁྲིད།	དབུ་ཁྲིད།
22	할머니 grandmother	རྨོ་མོ།	རྨོ་ལགས།
23	할아버지 grandfather	སྤོ་སྤོ།	སྤོ་ལགས།
24	형, 오빠 elder brother	གཅེན་པོ།	ཇོ་ལགས།

⑤ རྒྱན་ཆའི་རིགས། Jewelry 장신구

	Korean 한국어 / English 영어	Colloquial·Terms 평어	HonorificTerms 경어
1	가발. 머리 장식 wig	སྐྲ་རྫས།	དབུ་ལན།
2	귀걸이 earing	རྣ་ལོང་།	སྙན་ལོང་།
3	man's long earing	སོག་བྱིལ།	སྙན་བྱིལ།
4	머리 장식 head ornament	མགོ་རྒྱན།	དབུ་རྒྱན།
5	머리 장식 head ornament	ཕྲ་ཕྲུག	དབུ་ཕྲུག
6	목걸이 necklace	སྐེ་ཕྲེང་།	མགུལ་ཕྲེང་།
7	목 장식품 neck ornament	སྐེ་རྒྱན།	མགུལ་རྒྱན།
8	반지 Ring	མཛུབ་དཀྲིས།	ཕྱག་རྒྱུས།
9	발찌 anklet	རྐང་གདུབ།	ཞབས་གདུབ།
10	보석 jewlry	རྒྱན་ཆ།	སྐུ་རྒྱན།
11	코걸이 nose ornament	སྣ་རྒྱན།	ཤངས་རྒྱན།
12	팔찌 bracelet	ལག་གདུབ།	ཕྱག་གདུབ།

⑥ ཅ་དངོས། Things 물건

	Korean 한국어 / English 영어	Colloquial·Terms 평어	HonorificTerms 경어
1	가방 bag	ལྷོ་ཕད།	གསོལ་ཕད།
2	가위 scissors	ཇེམ་ཙེ།	ཕྱག་ཇེམ།
3	경전 scripture	དཔེ་ཆ།	ཕྱག་དཔེ།
4	공양물 그릇 offering bowl	ཏིང་།	ཆབ་ཏིང་།
5	국자 ladle	སྐྱོགས།	ཕྱག་སྐྱོགས། ཆབ་སྐྱོགས།
6	그릇, 사발 bowl	ཕོར་པ།	བཞེལ་ཕོར།
7	금강매듭(호신용) protective thread	སྲུང་མདུད།	ལྷགས་མདུད།
8	도자기 earthenware	ཁོག་མ།	བཞེས་ཁོར།
9	램프. 등불 Lamp	བཞུ་མར།	གཟིམས་བཞུ།
10	목욕통 sink	གཞོང་པ།	ཆབ་གཞོང་།
11	바늘 needle	ཁབ།	མགུལ་ཁབ།

	Korean 한국어 / English 영어	Colloquial·Terms 평어	HonorificTerms 경어
12	방석 mat, mattress	གདན།	བཞུགས་གདན།
13	베개 pillow	སྔས།	དབུ་སྔས།
14	보온 차병 thermo flask	ཇ་དམ།	གསོལ་དམ།
15	불 fire	མེ།	ཞུགས་མེ།
16	비누 soap	ཡི་ཙི། འདག་རྫས།	ཕྱག་ཡི།
17	비행기 airplane	གནམ་གྲུ	ཕེབས་གྲུ
18	빗 comb	རྒྱུག་ཤད།	དབུ་ཤད།
19	빗자루 broom	ཕྱགས་མ།	ཕྱག་ཕྱགས།
20	상자 box	སྒམ།	ཕྱག་སྒམ།
21	선물 gift	ལག་རྟགས།	ཕྱག་རྟགས།
22	소쿠리 basket	སློ་མ།	བཞེས་སློམ།
23	수건 towel	ཨ་ཅོར།	ཞལ་ཅོར།
24	신상(神像) , 불상 statue	འདྲ་གཟུགས།	སྐུ་འདྲ། སྐུ་བརྙན།
25	실, 끈 string	སྐུད་པ།	ཕྱག་སྐུད།
26	양동이 bucket	ཆུ་ཟོམ།	ཆབ་ཟོམ།
27	양산 umbrella	ཉི་གདུགས།	དབུ་གདུགས།
28	열쇠 key	ལྡེ་མིག	ཕྱག་ལྡིག
29	이불 bedding	ཉལ་ཆས།	གཟིམས་ཆས།
30	잉크 ink	སྣག་ཚ།	ཕྱག་སྣག
31	자물쇠 lock	སྒོ་ལྕགས།	ཕྱག་ལྕགས།
32	자전거 bicycle	རྐང་འཁོར།	ཞབས་འཁོར།
33	재물, 소유물 riches, possessions	རྒྱུ་ནོར།	སྐུ་རྒྱུ།
34	접시 plate	སྡེར་མ།	གསོལ་སྡེར།
35	종이 paper	ཤོག་བུ	ཕྱག་ཤོག
36	주전자 teapot	ཏུཙ།	བཞེས་ཏུར།
37	지팡이 walking stick	འཁར་རྒྱུག་མ།	ཕྱག་འཁར།

	Korean 한국어 / English 영어	Colloquial·Terms 평어	HonorificTerms 경어
38	집, 방 house	ཁང་ཁྱིམ།	གཟིམས་ཤག
39	차 car, vehicle	རླངས་འཁོར།	ཕེབས་སྒྲོ།
40	차 주전자 teapot	ཁོག་ལྡིར།	གསོལ་ལྡིར།
41	책 book	དེབ།	ཕྱག་དེབ།
42	첫 음식 first portion of food	ཟས་ཕུད།	གསོལ་ཕུད།
43	치약 toothpaste	སོ་སྨན།	ཚམས་སྨན།
44	침대 bed	ཉལ་ཁྲི།	གཟིམ་ཁྲི།
45	칫솔 toothbrush	སོ་འཁྲུ།	ཚེམས་འཁྲུ།
46	카닥 scarf	ཁ་དར།	མཇལ་དར།
47	칼 knife	གྲི	ཕྱག་ཤན།
48	컵 cup	དཀར་ཡོལ།	ཞལ་དཀར།
49	탁자 table	ཅོག་ཙེ།	གསོལ་ཅོག
50	탕카 thangka	ཐང་ག	ཞལ་ཐང་། སྐུ་ཐང་།
51	펜 pen	སྨྱུ་གུ	ཕྱག་སྨྱུག
52	향료 incense	བདུག་སྤོས།	གཟིམས་སྤོས།
53	화덕 Hearth, stove	ཐབ།	གསོལ་ཐབ།
54	화장실 toilet	གསང་སྤྱོད། ཆབ་ཁང་།	གཟིམས་སྤྱོད།
55	화장용 그림 skin cream	ཤ་གསོས།	ཞལ་གསོས།
56	화환, 염주 mala, rosary	ཕྲེང་བ།	ཕྱགས་མདུད།

2) བྱ་ཚིག Verbs 동사

	Colloquial·Terms 평어		HonorificTerms 경어	
1	가다 go	བསྐྱོད་པ།	가시다	ཕེབས་པ། ཐད་པ།
2	가다 go	འགྲོ་བ།	가시다	ཐད་པ། ཕེབས་པ།
3	가져오다 take, bring	ཁྱེར་བ།	가져오시다	བསྣམས་པ།
4	갔다 went	ཕྱིན་པ།	가셨다	ཐད་པ། ཕེབས་པ།

	Colloquial Terms 평어		Honorific Terms 경어	
5	결심하다 ascertain	ངེས་པ།	결심하시다	ཐུགས་ལ་འཇགས་པ།
7	기억하다 remember	དྲན་པ།	기억하시다	ཐུགས་འཕེང་པ།
8	깨닫다 realize	རྟོགས་པ།	깨달으시다	མཁྱེན་པ། གཟིགས་པ།
9	낳다 give birth	བཙའ་བ།	낳으시다	འཁྲུངས་པ།
10	눈을 감다 close one's eyes	མིག་འཛུམ་པ།	눈을 감으시다	སྤྱན་འཛུམ་པ།
11	늙다 age	རྒས་པ།	나이가 드시다	བགྲེས་པ།
12	대답하다 answer, reply	ལན་འདེབས་པ།	대답하시다	ལན་སྐྱོན་པ།
13	대화하다 converse	སྐད་ཆ་ཤོད་པ།	대화하시다	ཞལ་མོལ་གནང་བ།
14	돌아오다 return	ལོག་པ།	돌아오시다	ཚུར་ཕེབས་པ།
15	두려워하다 frighten	སྐྲག་པ།	두려워하시다	ཐུགས་ཞུམ་པ།
16	듣다 hear	ཧ་བར་གོ་བ།	들으시다	གསན་པ།
17	듣다 listen	ཉན་པ།	들으시다	གསན་པ།
18	마시다 drink	འཐུང་བ།	드시다	མཆོད་པ། བཞེས་པ།
19	만나다 meet	ཐུག་པ།	만나시다	མཇལ་བ།
20	말하다 say, speak	བརྗོད་པ།	말씀하시다	གསུངས་པ།
21	말했다 said	བཤད་པ།	말씀하셨다	གསུངས་པ།
22	먹다 eat	ཟ་བ།	드시다	མཆོད་པ། བཞེས་པ།
23	명명하다 name	མིང་འདོགས་པ།	명명하시다	མཚན་གསོལ་བ།
24	목마르다 fell thirsty	སྐོམ་པ།	목마르시다	སྐྱེམས་པ།
25	물건을 받다 receive	ཅ་དངོས་འབྱོར་བ།	물건을 받으시다	ཕྱག་ཏུ་འབྱོར་བ།
26	바느질하다 stitch	བཙེམས་པ།	바느질하시다	ཕྱག་འཚེམ་བསྐྱོན་པ།
27	배고프다 feel hungry	ལྟོགས་པ།	배고프시다	གསོལ་གྲོད་བཙེམ་པ།
28	벌하다 beat, punish	ཉེས་པ།	벌하시다	ཕྱག་འཇུག་གནང་པ།
29	벗어나다 separate from	འབྲལ་བ།	벗어나시다	ཞལ་གྲེས་པ།
30	병들다 set sick	ན་བ།	병이 드시다	སྙུང་བ། སྙུན་པ།
31	병이 낫다 cure an illness	ན་ཚ་དྲག་པ།	병이 나으시다	སྙུན་གཞི་དྭངས་པ།

	Colloquial'Terms 평어		HonorificTerms 경어	
32	보내다 send	བསྐུར་བ།	보내시다	སྐྱིངས་པ།
33	보내다 send, dispatch	གཏོང་བ།	보내시다	སྐྱིང་བ། སྐུལ་བ།
34	보다 look	བལྟས་པ།	보시다	སྤྱན་གྱིས་གཟིགས་པ།
35	보다 see	མཐོང་བ།	보시다	གཟིགས་པ།
36	보다 see	མཐོང་བ།	보시다	གཟིགས་པ།
37	부르다 call upon	འབོད་པ།	부르시다	གསུང་ཞུ་བ།
38	비난하다 scold	གཤེ་བ།	비난하시다	བཀའ་སྐྱོན་གནང་བ།
39	사다 buy	ཉོས་པ།	사시다	གཟིགས་གནང་བ།
40	서다 stand	ལངས་པ།	서시다	བཞེངས་པ།
41	세우다 construct	བསྐྲུན་པ།	세우시다	བཞེངས་པ། ཕྱག་བཏབ་པ།
42	세우다 stand	བསླངས་པ།	세우시다	སྐུ་བཞེངས་ཞུས་བ།
43	손에 들다 hold	ལག་པར་འཛིན་པ།	손에 드시다	ཕྱག་ཏུ་སྣོམ་པ།
44	손으로 받다 receive, deliver	ལག་ཏུ་འཕྲོད་པ།	손으로 받으시다	ཕྱག་ལ་སོན་པ།
45	씻다, 목욕하다 wash	འཁྲུད་པ།	목욕하시다	བསིལ་བ།
46	앉다 sit	བསྡད་པ།	앉으시다	བཞུགས་པ།
47	알다 know	ཤེས་པ།	아시다	མཁྱེན་པ།
48	알다 understand	ཧ་གོ་བ།	아시다	མཁྱེན་པ།
49	오다 come	འོང་བ།	오시다	ཆིབས་སྒྱུར་གནང་བ།
50	외우다 memorize	བློ་རུ་འཛིན་པ།	외우시다	ཐུགས་ལ་མངའ་བ།
51	울다 cry	ངུས་པ།	우시다	བཤུམས་པ།
52	웃다 laugh	གད་མོ་བགད་པ།	웃으시다	ཞལ་མོ་བཞད་པ།
53	위임하다, 시키다 entrust	མངགས་པ།	위임하시다, 분부하시다	བཀའ་མངགས་གནང་བ།
54	읽다 read	ཀློག་པ།	읽으시다	ལྗགས་ཀློག་གནང་བ།
55	입다 wear	མནའ་བསྐྱལ་བ།	입으시다	དབུ་མནའ་བཞེས་པ།
56	입다 wear	གྱོན་པ།	입으시다	བཞེས་པ། མཆོད་པ།
57	입을 다물다 close's mouth	ཁ་འཛུམ་པ།	입을 다무시다	ཞལ་འཛུམ་པ།

	Colloquial Terms 평어		Honorific Terms 경어	
58	있다 have	ཡོད་པ།	계시다	མངའ་བ།
59	잊다 forget	བརྗེད་པ།	잊으시다	ཐུགས་བསྙེལ་པ།
60	자다 sleep	ཉལ་བ།	주무시다	གཟིམས་པ།
61	장소에 도달하다 reach	གནས་སུ་འབྱོར་པ།	장소에 도달하시다	ཞབས་སོར་འཁོད་པ།
62	좋아하다 feel happy	དགའ་བ།	좋아하시다	ཐུགས་མཉེས་པ།
63	주다 give	སྟེར་བ།	주시다	བསྩལ་བ། ཕུལ་བ།
64	주다 give	སྤྲོད་པ།	주시다	ཕུལ་བ། གནང་བ།
65	주다 give	སྦྱིན་པ།	주시다	གསོལ་རས་སྩལ་བ།
66	죽다 die	འཆི་བ།	돌아가시다	དགོངས་པ་རྫོགས་པ།
67	죽다 die	ཤི་བ།	돌아가시다	དགོངས་པ་རྫོགས་པ།
68	죽이다 kill	བསད་པ།	죽이시다	བཀྲོངས་པ།
69	책을 쓰다 compose, write	དཔེ་ཆ་བརྩམས་པ།	책을 쓰시다	ལྗགས་རྩོམ་གནང་བ།
70	초대하다 invite	བསུས་པ།	초대하시다	ཕེབས་བསུ་ཞུས་པ།
71	출발하다 set out	ཐོན་པ།	출발하시다	ཕེབས་རྟོག་ཐོན་པ།
72	춥다 feel cold	འཁྱག་པ།	추위를 느끼시다	བསིལ་བ།
73	취하다(술 등에) get drunk	བཟི་བ།	취하시다	སྐུ་ར་བད་པ།
74	측정하다 measure	རིང་ཐུང་ཚད་པ།	측정하시다	སྐུ་ཚད་བསྐྱོན་པ།
75	타다 ride	བཞོན་པ།	타시다	ཆིབས་པ།
76	태어나다 give birth	སྐྱེས་པ།	태어나시다	འཁྲུངས་པ།
77	팔다 sell	བཙོངས་པ།	파시다	འཚོང་གནང་བ།
78	하다 do	བྱེད་པ།	하시다	གནང་བ། མཛད་པ།
79	호위하다 escort	བསྐྱལ་པ།	모시다	ཕེབས་སྐྱེལ་ཞུས་པ།
80	혼동하다 confuse	མགོ་འཐོམས་པ།	혼동하시다	དབུ་འཐོམས་པ།
81	화나다 get angry	འཆིག་པ་ཟ་བ།	화나시다	དགོངས་པ་ཚོམས་པ།
82	화장하다 cremate	ཕུང་པོ་སྲེག་པ།	화장하시다	ཞུགས་འདུལ་ཞུས་པ།
83	환영하다 welcome	བསུས་པ།	환영하시다	ཕེབས་བསུ་ཞུས་པ།

15. 의존형 및 비의존형 문법 요소
Dependent and Independent Grammatical Particles

1) 의존형 문법 요소 Dependent Grammatical Particles

① ཕྲད་གཞན་དབང་ཅན། 후접자와 재접자에 의존하는 문법 요소

རྗེས་འཇུག Suffix 후접자 / ཕྲད། Particle 문법 요소	ག་	ང་	ད་	ན་	བ་	མ་	འ་	ར་	ལ་	ས་	Without Suffix 후접자가 없는 경우	Post-suffix 재접자 ད་
སླར་བསྡུ། Terminative 어종사語終詞	གོ་	ངོ་	དོ་	ནོ་	བོ་	མོ་	འོ་	རོ་	ལོ་	སོ་	འོ་	ཏོ་
ལ་དོན། Locative 처격處格 Dative 여격與格	ཏུ་	དུ་	དུ་	དུ་	ཏུ་	དུ་	རུ་/ར་	དུ་	དུ་	སུ་	རུ་/ར་	ཏུ་
འབྲེལ་སྒྲ། Genitive 속격屬格	གི་	གི་	ཀྱི་	གྱི་	ཀྱི་	གྱི་	འི་	གྱི་	གྱི་	ཀྱི་	འི་/ ཡི་	ཀྱི་
བྱེད་སྒྲ། Agentive 구격具格	གིས་	གིས་	ཀྱིས་	གྱིས་	ཀྱིས་	གྱིས་	འིས་/ ས་	གྱིས	གྱིས་	ཀྱིས་	འིས་/ས་	ཀྱིས
འབྱེད་སྡུད། Seperating-inclusive 분합사分合詞	གམ་	ངམ་	དམ་	ནམ་	བམ་	མམ་	འམ་	རམ་	ལམ་	སམ་	འམ་	ཏམ་
རྒྱན་སྡུད། Ornamental-inclusive 집식사集飾詞	ཀྱང་	ཡང་	ཀྱང་	ཡང་	ཀྱང་	ཡང་	འང་ / ཡང་	ཡང་	ཡང་	ཀྱང་	འང་ / ཡང་	ཀྱང་
ལྷག་བཅས། Continuative 연속사連續詞	སྟེ་	སྟེ་	དེ་	ཏེ་	སྟེ་	སྟེ་	སྟེ་	ཏེ་	ཏེ་	ཏེ་	སྟེ་	ཏེ་
ད་ལྟ་བ་སྟོན་པའི་ཕྲད། Continuous 현재 진행형	གིན་	གིན་	ཀྱིན་	གྱིན་	ཀྱིན་	གྱིན་	ཡིན་	གྱིན་	གྱིན་	གྱིན་	ཡིན་ / གིན་	ཀྱིན་
པ་དང་བའི་བཀོལ་སྤྱོད། How to use པ&བ པ와 བ의 활용	པ་	བ་	པ་	པ་	པ་	པ་	བ་	བ་	བ་	པ་	བ་	པ་

* 재접자 ད : 고대 티벳어 문법에서는 재접자(yang 'jug)로 사용되었지만, 지금은 표기하지 않고 생략한다.
그럼에도 뒤에 따르는 어미의 변형은 이루어진다. 예를 들어, བསྣན་ཏོ། 의 경우, 어미 ན་ 의 다음이라서 ནོ། 로 표시되어야 하는데, ནོ། 가 아니라 ཏོ། 로 표기된 것은 본래 형태가 བསྣནད་ 이기 때문이다. 즉, བསྣནད་ཏོ་ 에서 어미 ད་ 가 미표기된 것이다.

② ཚིག་ཕྲད་ཞིང་སོགས། 후접자와 재접자에 의존하는 ཞིང་ 등의 구문

རྗེས་འཇུག Suffix 후접자 / ཕྲད། Particle 문법 요소	ག་	ང་	ད་	ན་	བ་	མ་	འ་	ར་	ལ་	ས་	Without Suffix 후접자가 없는 경우	Post-suffix 재접자 ད(*)
ཅིང་། ཞིང་། ཤིང་། Conjunction 접속사接續詞	ཅིང་	ཞིང་	ཅིང་	ཞིང་	ཅིང་	ཞིང་	ཞིང	ཞིང་	ཞིང་	ཤིང་	ཞིང་	ཅིང་
ཅེས། ཞེས། End of quotation 인용 연결사引用連結詞	ཅེས་	ཞེས་	ཅེས་	ཞེས་	ཅེས་	ཞེས་	ཞེས་	ཞེས་	ཞེས་	ཞེས་	ཞེས་	ཅེས་
ཅེའོ། ཞེའོ། ཤེའོ། So-called / It is said 인용 어종사 引用語終詞	ཅེའོ་	ཞེའོ་	ཅེའོ་	ཞེའོ་	ཅེའོ་	ཞེའོ་	ཞེའོ་	ཞེའོ་	ཞེའོ་	ཤེའོ་	ཞེའོ་	ཅེའོ་
ཅེ་ན། ཞེ་ན། ཤེ་ན། If said/asked 만약 말한다면	ཅེ་ན་	ཞེ་ན་	ཅེ་ན་	ཞེ་ན་	ཅེ་ན་	ཞེ་ན་	ཞེ་ན་	ཞེ་ན་	ཞེ་ན་	ཤེ་ན་	ཞེ་ན་	ཅེ་ན་
ཅིག ཞིག ཤིག Indefinite article 부정관사	ཅིག་	ཞིག་	ཅིག་	ཞིག་	ཅིག་	ཞིག་	ཞིག་	ཞིག་	ཞིག་	ཤིག་	ཞིག་	ཅིག་

문법 용어 해설

1. སླར་བསྡུ། Terminative 어종사語終詞

문장의 마지막에 사용되어, 결정의 어조나 구절의 끝을 표시하는 문법 요소.

예) མདོ་རྫོགས་སོ། 경이 끝났다.

2. ལ་དོན། Locative 처격處格 / Dative 여격與格

한국어의 '-에게'에 해당하는 티베트어는 ལ་ 이다. 그와 같은 용도로 사용하는 문법 요소를 ལ་དོན། 이라고 한다. 예) བོད་དུ་འགྲོ། 티베트에 가다.

3. འབྲེལ་སྒྲ། Genitive 속격屬格

명사와 명사 사이의 종속 관계를 표시하는 문법 요소. 한국어의 '-의' 의미이다.
예) སངས་རྒྱས་ཀྱི་གསུང་། 부처님의 말씀.

4. བྱེད་སྒྲ། Agentive 구격具格

한국어의 '-이, -가'와 같은 주격 조사의 역할을 한다. '-로써, '-에 의해'와 같은 도구격의 의미도 있다. (도구격은 모든 타동사와 사역동사에서 행위자를 표시하는 격이다. 타동사 술어를 가진 문장에서 의미상의 주어는 도구격으로 나타낸다. 『고전 티벳어 문법』 안성두 역, p. 89)
예) ངས་ཡི་གེ་བྲིས། 내가 글씨를 쓴다.

5. འབྱེད་སྡུད། Seperating-inclusive 분합사分合詞

'혹은, 또는' 의 의미이다. 명사를 나열할 때 명사들을 각각 구분하거나, 그것들이 하나의 분류임을 나타내는 문법 요소다. '그리고'를 나타내는 དང་ 과 같은 의미로 사용하기도 한다.
예) རྗེས་དྲན་དྲུག་ནི་སངས་རྒྱས་སམ་ཆོས་སམ་དགེ་འདུན་ནམ་སྦྱིན་པའམ་ཚུལ་ཁྲིམས་སམ་ལྷ་བཅས་སོ།།
6 념은 불佛과 법法과 승僧과 보시布施와 계율戒律과 천天 이다.

6. རྒྱན་སྡུད། Ornamental-inclusive 집식사集飾詞

'또한', '-도'의 의미이다.

7. ལྷག་བཅས། Continuative 연속사連續詞

'-인데', '-이니'의 의미로, སྟེ། ཏེ། དེ། 중의 하나를 명사 어미에 붙여, 말할 내용이 아직 남아 있다는 의미를 드러낸다. '-해서' 와 같이 인과관계를 드러내거나(མཚམས་སྦྱོར་བ་), 논증에서 주장문의 어미로 사용되어 이후에 주장의 근거가 이어질 것을 나타내거나(དམ་བཅའ་), '-지만 -하지는 않다.' 라는 문형에서 '-지만'이라는 의미로 활용된다(གཞན་འདྲེན་པ་).
예) སྐྲག་སྟེ་བྲོས། 무서워서 도망치다.
འདུས་བྱས་ཐམས་ཅད་མི་རྟག་པ་ཡིན་ཏེ། བྱས་པའི་ཕྱིར། 일체 유위법은 무상이니, 작용이기 때문이다.
ཁོང་བོད་པ་རེད་དེ། བོད་ཡིག་ཤེས་ཀྱི་མི་རེད། 그분은 티베트인인데 티벳글자를 모를 것이다.

8. ད་ལྟ་བ་སྟོན་པའི་ཐད། Continuous 현재 진행

회화체에 서 동사의 현재 진행형을 나타낸다. '-하면서', '-하는 중'의 의미이다.
예) ཅ་ལག་ས་ལ་འཇོག་གིན་ཡོད། 물건을 땅에 내려놓는 중이다.
ཁ་ལག་ཟ་གིན་ཟ་གིན་གཞས་ཉན། 음식을 먹으면서 노래를 듣는다. (구어체)

문어체에서는 –'하면서 동시에'라는 의미로 བཞིན 이 사용된다.

예) ཁ་ལག་ཟ་བཞིན་གཞས་ཉན། 음식을 먹으면서 노래를 듣는다.

9. པ་དང་བའི་བཀོལ་སྤྱོད། How to use པ&བ པ 와 བ 의 활용

후접자 རྗེས་འཇུག 가 강한 소리면 པ་ 가 오고 후접자가 약한 소리면 བ་ 가 오지만 반드시 그런 것은 아니고 지역이나 방언 별로 차이가 있다.

10. ཅིང་། ཞིང་། ཤིང་། Conjunction 접속사接續詞

이전과 다음의 의미를 연결하는 접속사로, '-해서' 하고' 등의 의미이다.

예) སེམས་བཟང་ཞིང་སྤྱོད་པ་འཇམ། 마음이 좋고 행동도 부드럽다.

11. ཅེས། ཞེས། End of quotation 인용 연결사引用連結詞

"-라고" 라는 의미로, 인용을 뜻하는 문법 요소다.

예) ཡོད་ཅེས་བཤད། '있다.'라고 말하다.

12. ཅེའོ། ཞེའོ། ཤེའོ། So-called / It is said 인용 어종사引用語終詞

타인의 말을 인용하면서 문장을 끝내는 종결사로, '-라고 한다/-라고 했다.' 라고 해석한다.

예) དྲང་པོའི་གཏམ་ལ་ཡིད་ཆེས་བྱེད་དགོས་པ་ཡིན་ཞེའོ། 솔직한 이야기를 믿어야 한다고 말했다.

13. ཅེ་ན། ཞེ་ན། ཤེ་ན། If said/asked 인용 가정사引用假定詞

가정의 의미로, "-라고 말한다면" 을 뜻한다.

예) གང་ཡིན་ཞེ་ན། "어째서냐고 한다면"

14. ཅིག ཞིག ཤིག Indefinite article 부정관사不定冠詞

'어떤 하나-' '한-'의 의미이다. '-(하나)씩'이라는 의미도 있다.

예) མི་ཞིག་གིས་སྐད་ཆ་བཤད། 어떤 한 사람이 말한다.

2) ཕྲད་རང་དབང་ཅན། Independent Grammatical Particles 비의존형 문법 요소

비의존형 문법 요소는 후접자와 재접자에 영향을 받지 않아, 형태 변화가 없는 불변화사이다.

Particle Name 문법 요소 명칭	Particles 문법 요소	의미	설명
ནི་སྒྲ།	ནི་	는, 은	주격을 강조하는 조사
དང་སྒྲ།	དང་	그리고	나열할 때 사용한다.
དེ་སྒྲ།	དེ་	그	지시 대명사인데, 명사 뒤에 붙으므로, 여기서 설명한다.
དགག་སྒྲ།	མ་ / མི་ / མིན་ / མེད་	아니다, 없다.	부정의 의미
དྲི་སྒྲ།	ཅི་ / ཇི་ / སུ་ / གང་	무엇, 누구	형태 변화없이 공통으로 사용되는 의문사
བདག་སྒྲ།	པ་/ བ་ / མ་ / མོ་ / པོ་ / བོ་	~하는 사람	주인사主人詞 : 어간에 붙어 '사람, ~하는 자'라는 의미를 만든다.
འབྱུང་ཁུངས།	ནས་ / ལས་	~로 부터	출처사出處詞 : 원인 또는 출발지를 나타낸다.
ལ་དོན།	ན་ / ལ་	~에	장소 또는 행위를 하는 대상을 나타낸다.

ཕྲད་གཞན་དབང་ཅན། Dependent Grammatical Particles 후접자와 재접자에 의존하는 문법 요소

རྗེས་འཇུག Suffix 후접자 / ཕྲད། Particle 문법 요소	ག་	ང་	ད་	ན་	བ་	མ་	འ་	ར་	ལ་	ས་	Without suffix	Post-suffix ད་
སླར་བསྡུ། Terminative 어종사	གོ་	ངོ་	དོ་	ནོ་	བོ་	མོ་	འོ་	རོ་	ལོ	སོ་	འོ་	ཏོ་
ལ་དོན། Locative / Dative 처격/여격	ཏུ་	དུ་	དུ་	དུ་	ཏུ་	དུ་	རུ་/ར་	དུ་	དུ་	སུ་	རུ་/ར་	ཏུ་
འབྲེལ་སྒྲ། Genitive 속격	གི་	གི་	ཀྱི་	གྱི་	ཀྱི་	གྱི་	འི་	གྱི་	གྱི་	ཀྱི་	འི་/ ཡི་	ཀྱི་
བྱེད་སྒྲ། Agentive 구격	གིས་	གིས་	ཀྱིས་	གྱིས་	ཀྱིས་	གྱིས་	འིས་/ ས་	གྱིས	གྱིས་	ཀྱིས་	འིས་/'ས་	ཀྱིས
འབྱེད་སྡུད། Seperating-inclusive 분합사	གམ་	ངམ་	དམ་	ནམ་	བམ་	མམ་	འམ་	རམ་	ལམ་	སམ་	འམ་	ཏམ་
རྒྱན་སྡུད། Ornamental-inclusive 집식사	ཀྱང་	ཡང་	ཀྱང་	ཡང་	ཀྱང་	ཡང་	འང་ / ཡང་	ཡང་	ཡང་	ཀྱང་	འང་ / ཡང་	ཀྱང་
ལྷག་བཅས། Continuative 연속사	སྟེ་	སྟེ་	དེ་	ཏེ་	སྟེ་	སྟེ་	སྟེ་	ཏེ་	ཏེ་	ཏེ་	སྟེ་	ཏེ་
ད་ལྟ་བ་སྟོན་པའི་ཕྲད། Continuous 현재 진행	གིན་	གིན་	ཀྱིན་	གྱིན་	ཀྱིན་	གྱིན་	ཡིན་	གྱིན་	གྱིན་	གྱིན་	ཡིན་ / གིན་	ཀྱིན་
པ་དང་བའི་བཀོལ་སྤྱོད། How to use པ&བ པ와 བ의 활용	པ་	བ་	པ་	པ་	པ་	པ་	བ་	བ་	བ་	པ་	བ་	པ་
ཚིག་ཕྲད་ཞིང་སོགས། 후접자와 재접자에 의존하는 ཞིང་ 등 구문												
ཅིང་། ཞིང་། ཤིང་། Conjunction 접속사	ཅིང་	ཞིང་	ཅིང་	ཞིང་	ཅིང་	ཞིང་	ཞིང	ཞིང་	ཞིང་	ཤིང་	ཞིང་	ཅིང་
ཅེས། ཞེས། End of quottion 인용 연결사	ཅེས་	ཞེས་	ཅེས་	ཞེས་	ཅེས་	ཞེས་	ཞེས་	ཞེས་	ཞེས་	ཞེས་	ཞེས་	ཅེས་
ཅེའོ། ཞེའོ། ཤེའོ། So-called / It is said 인용 종결사	ཅེའོ་	ཞེའོ་	ཅེའོ་	ཞེའོ་	ཅེའོ་	ཞེའོ་	ཞེའོ་	ཞེའོ་	ཞེའོ་	ཤེའོ་	ཞེའོ་	ཅེའོ་
ཅེ་ན། ཞེ་ན། ཤེ་ན། If said/asked 인용 가정사	ཅེ་ན་	ཞེ་ན་	ཅེ་ན་	ཞེ་ན་	ཅེ་ན་	ཞེ་ན་	ཞེ་ན་	ཞེན་	ཞེ་ན་	ཤེ་ན་	ཞེ་ན་	ཅེ་ན་
ཅིག ཞིག ཤིག Indefinite article 부정관사	ཅིག་	ཞིག་	ཅིག་	ཞིག་	ཅིག་	ཞིག་	ཞིག་	ཞིག་	ཞིག་	ཤིག་	ཞིག་	ཅིག་

ཕྲད་རང་དབང་ཅན། Independent Grammatical Particles 후접자와 재접자에 의존하지 않는 문법 요소(불변화사)

문법요소 이름 Particle Name	문법 요소 Particles	문법요소 이름 Particle Name	문법요소 Particles	문법요소 이름 Particle Name	문법요소 Particles	문법요소 이름 Particle Name	문법요소 Particles
ནི་སྒྲ།	ནི་	དང་སྒྲ།	དང་	དེ་སྒྲ།	དེ་	དགག་སྒྲ།	མ་ / མི་ / མིན་ / མེད་
དྲི་སྒྲ།	ཅི་ / ཇི་/ སུ་/ ང་	བདག་སྒྲ།	པ་/ བ་ / མ་ / མོ་ / པོ་ / བོ་	འབྱུང་ཁུངས།	ནས་ / ལས་	ལ་དོན།	ན་ / ལ་

16. ཁ་སྐད་ཀྱི་དུས་གསུམ་རྣམ་གཞག

Spoken Tibetan Conjugation 구어체 시제 활용

① I am / I was / I will be

		First Person : Statement 1인칭 평서문	First Person : Interrogative 1인칭 의문문
Sg. 단수	Positive 긍정문	1. ང་སློབ་ཕྲུག་ཡིན། / རེད། I am a student. 나는 학생입니다.	1. ང་སློབ་ཕྲུག་རེད་པས། Am I student? 나는 학생입니까?
	Negative 부정문	2. ང་སློབ་ཕྲུག་མིན། / མ་རེད། I am not a student. 나는 학생이 아닙니다.	2. ང་སློབ་ཕྲུག་མ་རེད་པས། Am I not a student? 나는 학생이 아닙니까?
Pl. 복수	Positive 긍정문	3. ང་ཚོ་སློབ་ཕྲུག་ཡིན། / རེད། We are students. 우리들은 학생입니다.	3. ང་ཚོ་སློབ་ཕྲུག་རེད་པས། Are we students? 우리들은 학생입니까?
	Negative 부정문	4. ང་ཚོ་སློབ་ཕྲུག་མིན། / མ་རེད། We are not students. 우리들은 학생이 아닙니다.	4. ང་ཚོ་སློབ་ཕྲུག་མ་རེད་པས། Aren't we students? 우리들은 학생이 아닙니까?
		Second Person : Statement 2인칭 평서문	Second Person : Interrogative 2인칭 의문문
Sg. 단수	Positive 긍정문	1. ཁྱེད་རང་སློབ་ཕྲུག་རེད། You are a student. 당신은 학생입니다.	1. ཁྱེད་རང་སློབ་ཕྲུག་རེད་པས། / ཡིན་པས། Are you a student? 당신은 학생입니까?
	Negative 부정문	2. ཁྱེད་རང་སློབ་ཕྲུག་མ་རེད། You are not student. 당신은 학생이 아닙니다.	2. ཁྱེད་རང་སློབ་ཕྲུག་མ་རེད་པས། / མིན་པས། Aren't you a student? 당신은 학생이 아닙니까?
Pl. 복수	Positive 긍정문	3. ཁྱེད་རང་ཚོ་སློབ་ཕྲུག་རེད། You are students. 당신들은 학생입니다	3. ཁྱེད་རང་ཚོ་སློབ་ཕྲུག་རེད་པས། / ཡིན་པས། Are you students? 당신들은 학생입니까?
	Negative 부정문	4. ཁྱེད་རང་ཚོ་སློབ་ཕྲུག་མ་རེད། You are not students. 당신들은 학생이 아닙니다.	4. ཁྱེད་རང་ཚོ་སློབ་ཕྲུག་མ་རེད་པས། / མིན་པས། Aren't you students? 당신들은 학생이 아닙니까?
		Third Person : Statement 3인칭 평서문	Third Person : Interrogative 3인칭 의문문
Sg. 단수	Positive 긍정문	1. ཁོང་སློབ་ཕྲུག་རེད། He/she is a student. 그/그녀는 학생입니다.	1. ཁོང་སློབ་ཕྲུག་རེད་པས། Is he/she a student? 그/그녀는 학생입니까?

	Negative 부정문	2. ཁོང་སློབ་ཕྲུག་མ་རེད། He/she is not a student. 그/그녀는 학생이 아닙니다.	2. ཁོང་སློབ་ཕྲུག་མ་རེད་པས། Isn't he/she a student? 그/그녀는 학생이 아닙니까?
Pl. 복수	Positive 긍정문	3. ཁོང་ཚོ་སློབ་ཕྲུག་རེད། They are students. 그들은 학생입니다	3. ཁོང་ཚོ་སློབ་ཕྲུག་རེད་པས། Are they students? 그들은 학생입니까?
	Negative 부정문	4. ཁོང་ཚོ་སློབ་ཕྲུག་མ་རེད། They are not students. 그들은 학생이 아닙니다.	4. ཁོང་ཚོ་སློབ་ཕྲུག་མ་རེད་པས། Are they not students? 그들은 학생이 아닙니까?

1	ང་ཡིན་ད།	Let me do it. 내가 하겠습니다. / 내가 그것을 하도록 해줘.
2	ང་སློབ་ཕྲུག་ཡིན་ད།	You should know that I am a student. 당신은 내가 학생이라는 것을 알아야 해.
3	ང་སློབ་ཕྲུག་ཡིན་པ། / རེད་པ།	I am/was/will be a student, right? 나는 학생이에요/이었다/일 것이다, 그렇죠?
4	ང་སློབ་ཕྲུག་མ་རེད་པ།	I am /was /will not be a student, right? 나는 학생이 아니에요/아니었어요/아닐 것이에요, 그렇죠?
5	ང་ཡིན་གྱི་རེད།	Maybe it's me. 아마 나일지도 몰라.
6	ཁྱེད་རང་། ཁོང་ཡིན་གྱི་རེད།	Maybe it's you/him/her. 아마 당신이야./그(그녀)야.
7	ང་ཡིན་གྱི་མ་རེད།	Maybe it's not me. 아마 내가 아닐지도 몰라.
8	ང་ཡིན་འགྲོ།	Maybe it's me. 아마도 나야.
9	ཁོང་མིན་འགྲོ།	Maybe it's not him/her. 그 사람이 아닐 수도 있어요.
10	ང་མིན་འགྲོ	Maybe it's not me. 제가 아닐 수도 있어요.
11	དེ་རིང་གུང་སེང་ཡིན་ན་དགའ་པ་ལ། / སྐྱིད་པ་ལ།	How nice/delightful it would be if it was a be holiday today! 오늘이 휴일이면 얼마나 좋을까!
12	ཁོང་སློབ་ཕྲུག་ཡིན་ན།	Is he/she a student? (question expressing doubt) 그/그녀는 학생입니까?(의심을 표현하는 의문문)

② I have / had / will have

		First Person : Statement 1인칭 평서문	First Person : Interrogative 1인칭 의문문
Sg. 단수	Positive 긍정문	1. ང་ལ་ཆུ་ཡོད། I have water. 나에게 물이 있습니다.	1. ང་ལ་ཆུ་འདུག་གས། / ཡོད་རེད་པས། Do I have water? 나에게 물이 있습니까?
	Negative 부정문	2. ང་ལ་ཆུ་མེད། I don't have water. 나에게 물이 없습니다.	2. ང་ལ་ཆུ་མི་འདུག་གས། / ཡོད་མ་རེད་པས། Don't I have water? 나에게 물이 없습니까?
Pl. 복수	Positive 긍정문	3. ང་ཚོ་ལ་ཆུ་ཡོད། We have water. 우리들에게 물이 있습니다.	3. ང་ཚོ་ལ་ཆུ་འདུག་གས། / ཡོད་རེད་པས། Do we have water? 우리들에게 물이 있습니까?
	Negative 부정문	4. ང་ཚོ་ལ་ཆུ་མེད། We don't have water. 우리들에게 물이 없습니다.	4. ང་ཚོ་ལ་ཆུ་མི་འདུག་གས། / ཡོད་མ་རེད་པས། Don't we have water? 우리들에게 물이 없습니까?
		Second Person : Statement 2인칭 평서문	Second Person : Interrogative 2인칭 의문문
Sg. 단수	Positive 긍정문	1. ཁྱེད་རང་ལ་ཆུ་འདུག / ཡོད་རེད། You have water. 당신에게 물이 있습니다.	1. ཁྱེད་རང་ལ་ཆུ་ཡོད་པས། / ཡོད་རེད་པས། / Do you have water? 당신에게 물이 있습니까? ཁྱེད་རང་ལ་འདུག་གས།(전후 관계상) Do you have ? 당신에게 있지요?
	Negative 부정문	2. ཁྱེད་རང་ལ་ཆུ་མི་འདུག / ཡོད་མ་རེད་ You don't have water. 당신에게 물이 없습니다.	2. ཁྱེད་རང་ལ་ཆུ་མེད་པས། / ཡོད་མ་རེད་པས། Don't you have water? 당신에게 물이 없습니까? ཁྱེད་རང་ལ་ཆུ་འདུག་གས།(전후 관계상) Don't you have? 당신에게 없습니까?
Pl. 복수	Positive 긍정문	3. ཁྱེད་རང་ཚོ་ལ་ཆུ་འདུག / ཡོད་རེད། You have water. 당신들에게 물이 있습니다.	3. ཁྱེད་རང་ཚོ་ལ་ཆུ་ཡོད་པས། / ཡོད་རེད་པས། Do you have water? 당신들에게 물이 있습니까?
	Negative 부정문	4. ཁྱེད་རང་ཚོ་ལ་ཆུ་མི་འདུག / ཡོད་མ་རེད། You don't have water. 당신들에게 물이 없습니다.	4. ཁྱེད་རང་ཚོ་ལ་ཆུ་མེད་པས། Don't you have water? 당신들에게 물이 없습니까?
		Third Person : Statement 3인칭 평서문	Third Person : Interrogative 3인칭 의문문
Sg. 단수	Positive 긍정문	1. ཁོང་ལ་ཆུ་འདུག / ཡོད་རེད། He/she has water.. 그/그녀에게 물이 있습니다.	1. ཁོང་ལ་ཆུ་འདུག་གས། / ཡོད་རེད་པས། Does he/she have water? 그/그녀에게 물이 있습니까?

	Negative 부정문	2. ཁོང་ལ་ཆུ་མི་འདུག / ཡོད་མ་རེད། He/she doesn't have water.. 그/그녀에게 물이 없습니다.	2. ཁོང་ལ་ཆུ་མི་འདུག་གས། / ཡོད་མ་རེད་པས། Doesn't he/she have water? 그/그녀에게 물이 없습니까?
Pl. 복수	Positive 긍정문	3. ཁོང་ཚོ་ལ་ཆུ་འདུག / ཡོད་རེད། They have water. 그들에게 물이 있습니다.	3. ཁོང་ཚོ་ལ་ཆུ་འདུག་གས། / ཡོད་རེད་པས། Do they have water? 그들에게 물이 있습니까?
	Negative 부정문	4. ཁོང་ཚོ་ལ་ཆུ་མི་འདུག / ཡོད་མ་རེད། They don't have water. 그들에게 물이 없습니다.	4. ཁོང་ཚོ་ལ་ཆུ་མི་འདུག་གས། / ཡོད་མ་རེད་པས། Don't they have water? 그들에게 물이 없습니까?

1	ང་ལ་ཡོད་ད།	You shoud know that I have it! 내가 가지고 있어요
2	ང་ལ་ཡོད་རེད་པ།	It's with me, right? 내가 가지고 있지요?(확인)
3	ང་ལ་ཡོད་མ་རེད་པ།	It's not with me, right? 내가 가지고 있는 건 아니죠?(확인)
4	ང་ལ་ཡོད་ཀྱི་རེད།	Maybe it's with me. 나에게 있을 것이다.
5	ཁོང་ལ་ཡོད་ཀྱི་རེད།	Maybe it's with him/her. 그에게 있을 것이다.
6	ང་ལ་ཡོད་ཀྱི་མ་རེད།	Maybe it's not with me. 나에게 없을 것이다.
7	ང་ལ་ཡོད་འགྲོ	Maybe it's with me. 나에게 있을 것 같아요.
8	ང་ལ་མེད་འགྲོ	Maybe it's not with me. 나에게 없을 것 같아요.
9	ཁོང་ལ་ཡོད་ཀྱི་མ་རེད།	Maybe it's not with him/her. 그에게 없을 것 같아요
10	ང་ལ་དངུལ་ཡོད་ན་དགའ་པ་ལ། / སྐྱིད་པ་ལ།	How nice/delightful it would be if I have/had/will have money 나에게 돈이 있다면 얼마나 좋을까요! / 기쁠까요!
11	ང་ལ་དངུལ་ཡོད་ན།	Do I have money? (question expressing doubt) 나에게 돈이 있을까요? (의심을 표시하는 질문)
12	ཁོང་ལ་དངུལ་ཡོད་ན།	Does he/she have money? (question expressing doubt) 그에게 돈이 있을까요? (의심을 표시하는 질문)

③ Habitual and I am/was/used to

		First Person : Statement 1인칭 평서문	First Person : Interrogative 1인칭 의문문
Sg. 단수	Positive 긍정문	1. ང་(ངས་)ཆུ་འཐུང་གི་ཡོད། I drink water. 나는 물을 마십니다.	1. ང་(ངས་)ཆུ་འཐུང་གི་འདུག་གས། / ཡོད་རེད་པས། Do I drink water? 나는 물을 마십니까?
	Negative 부정문	2. ང་(ངས་)ཆུ་འཐུང་གི་མེད། I don't drink water. 나는 물을 마시지 않습니다.	2. ང་(ངས་)ཆུ་འཐུང་གི་མི་འདུག་གས། / ཡོད་མ་རེད་པས། Don't I drink water? 나는 물을 마시지 않습니까?
Pl. 복수	Positive 긍정문	3. ང་ཚོ་(ཚོས་)ཆུ་འཐུང་གི་ཡོད། We drink water. 우리들은 물을 마십니다.	3. ང་ཚོ་(ཚོས་)ཆུ་འཐུང་གི་འདུག་གས། / ཡོད་རེད་ པས། Do we drink water? 우리들은 물을 마십니까?
	Negative 부정문	4. ང་ཚོ་(ཚོས་)ཆུ་འཐུང་གི་མེད། We don't drink water. 우리들은 물을 마시지 않습니다.	4. ང་ཚོ་(ཚོས་)ཆུ་འཐུང་གི་མི་འདུག་གས། / ཡོད་མ་རེད་པས། Don't we drink water? 우리들은 물을 마시지 않습니까?
		Second Person : Statement **2인칭 평서문**	**Second Person : Interrogative** **2인칭 의문문**
Sg. 단수	Positive 긍정문	1. ཁྱེད་རང་(གིས་)ཆུ་འཐུང་གི་འདུག You drink water. 당신은 물을 마십니다.	ཁྱེད་རང་(གིས་)ཆུ་འཐུང་གི་ཡོད་པས། / ཡོད་རེད་པས། Do You drink water? 당신은 물을 마십니까?
	Negative 부정문	2. ཁྱེད་རང་(གིས་)ཆུ་འཐུང་གི་མི་འདུག You don't drink water. 당신은 물을 마시지 않습니다.	2. ཁྱེད་རང་(གིས་)ཆུ་འཐུང་གི་མེ་པས། / ཡོད་མ་རེད་པས། Don't You drink water? 당신은 물을 마시지 않습니까?
Pl. 복수	Positive 긍정문	3. ཁྱེད་རང་ཚོ་(ཚོས་)ཆུ་འཐུང་གི་འདུག You drink water. 당신들은 물을 마십니다.	3. ཁྱེད་རང་ཚོ་(ཚོས་)ཆུ་འཐུང་གི་ཡོད་པས། / ཡོད་རེད་པས། Do You drink water? 당신들은 물을 마십니까?
	Negative 부정문	4. ཁྱེད་རང་ཚོ་(ཚོས་)ཆུ་འཐུང་གི་མི་འདུག You don't drink water. 당신들은 물을 마시지 않습니다.	4. ཁྱེད་རང་ཚོ་(ཚོས་)ཆུ་འཐུང་གི་མེད་པས། / ཡོད་མ་རེད་པས། Don't You drink water? 당신들은 물을 마시지 않습니까?
		Third Person : Statement **3인칭 평서문**	**Third Person : Interrogative** **3인칭 의문문**
Sg. 단수	Positive 긍정문	1. ཁོང་(གིས་)ཆུ་འཐུང་གི་འདུག He/she drinks water. 그/그녀는 물을 마십니다.	1. ཁོང་(གིས་)ཆུ་འཐུང་གི་འདུག་གས། Does he/she drink water? 그/그녀는 물을 마십니까?

	Negative 부정문	2. ཁོང་(གིས་)ཆུ་འཐུང་གི་མི་འདུག He/she doesn't drink water. 그/그녀는 물을 마시지 않습니다.	2. ཁོང་(གིས་)ཆུ་འཐུང་གི་མི་འདུག་གས། Doesn't he/she drink water? 그/그녀는 물을 마시지 않습니까?
Pl. 복수	Positive 긍정문	3. ཁོང་ཚོ་(ཚོས་)ཆུ་འཐུང་གི་འདུག They drink water. 그들은 물을 마십니다.	3. ཁོང་ཚོ་(ཚོས་)ཆུ་འཐུང་གི་འདུག་གས། Do they drink water? 그들은 물을 마십니까?
	Negative 부정문	4. ཁོང་ཚོ་(ཚོས་)ཆུ་འཐུང་གི་མི་འདུག They don't drink water. 그들은 물을 마시지 않습니다.	4. ཁོང་ཚོ་(ཚོས་)ཆུ་འཐུང་གི་མི་འདུག་གས། Don't they drink water? 그들은 물을 마시지 않습니까?

* 티베트어는 시제에 기반을 둔 언어가 아닙니다. 시간을 나타내는 부사(AOT)를 사용하면 아래와 같이 시제가 변합니다. AOT: Adverbs of time

	1st Person Construction	2nd / 3rd Person Construction
AOT 시간 부사	ང་(ངས་)ཆུ་འཐུང་གི་ཡོད། I drink / I am drinking water 나는 물을 마십니다. / 마시고 있습니다.	ཁོང་(གིས་)ཆུ་འཐུང་གི་ཡོད་རེད། / འདུག He/she drinks. He/she is drinking water. 그/그녀는 물을 마십니다. / 마시고 있습니다.
ད་ལྟ།	ང་(ངས་)ཆུ་འཐུང་གི་ཡོད། I am drinking water now. 나는 지금 물을 마시고 있습니다.	ཁོང་(གིས་)ཆུ་འཐུང་གི་ཡོད་རེད། / འདུག He/she is drinking water now. 그/그녀는 지금 물을 마시고 있습니다.
དེ་རིང་སང་།	ང་(ངས་)ཆུ་འཐུང་གི་ཡོད། I drink / I am drinking water these days. 나는 요즘 물을 마십니다./마시고 있습니다.	ཁོང་(གིས་)ཆུ་འཐུང་གི་ཡོད་རེད། / འདུག He/she drinks / drinking water these days. 그/그녀는 요즘 물을 마십니다./마시고 있습니다.
ད་ལོ།	ང་(ངས་)ཆུ་འཐུང་གི་ཡོད། I am drinking water this year. 나는 올해 물을 마시고 있습니다.	ཁོང་(གིས་)ཆུ་འཐུང་གི་ཡོད་རེད། / འདུག He/she is drinking water this year. 그/그녀는 올해 물을 마시고 있습니다.
ཁ་སང་།	ང་(ངས་)ཆུ་འཐུང་གི་ཡོད། I was drinking water yesterday. 나는 어제 물을 마셨습니다.	ཁོང་(གིས་)ཆུ་འཐུང་གི་ཡོད་རེད། / འདུག He/she was drinking water yesterday. 그/그녀는 어제 물을 마셨습니다.
ལོ་ལྔའི་གོང་ལ།	ང་(ངས་)ཆུ་འཐུང་གི་ཡོད། I used to drink water before five years. 나는 오년 전에 물을 마시곤 했습니다.	ལོ་ལྔའི་གོང་ལ་ཁོང་(གིས་)ཆུ་འཐུང་གི་ཡོད་རེད། / འདུག He/she used to drink water before five years. 그/그녀는 오년 전에 물을 마시곤 했습니다.
སང་ཉིན།	ང་(ངས་)ཆུ་འཐུང་གི་ཡོད། I am drinking water tomorrow. 나는 내일 물을 마실 것입니다.	ཁོང་(གིས་)ཆུ་འཐུང་གི་ཡོད། He/she is drinking water tomorrow. 그/그녀는 내일 물을 마실 것입니다.

④ Continuous : I am / was / will be

		First Person : Statement 1인칭 평서문	First Person : Interrogative 1인칭 의문문
Sg. 단수	Pos. 긍정문	1. ང་(ངས་)ཆུ་འཐུང་བཞིན་པ*་ཡིན། / རེད། I am drinking water. 나는 물을 마시고 있습니다	1. ང་(ངས་)ཆུ་འཐུང་བཞིན་པ་རེད་པས། Am I drinking water? 나는 물을 마시고 있습니까?
	Neg. 부정문	2. ང་(ངས་)ཆུ་འཐུང་བཞིན་པ་མིན། / མ་རེད། I am not drinking water. 나는 물을 마시고 있지 않습니다.	2. ང་(ངས་)ཆུ་འཐུང་བཞིན་པ་མ་རེད་པས། Am I not drinking water? 나는 물을 마시고 있지 않습니까?
Pl. 복수	Pos. 긍정문	3. ང་ཚོ་(ཚོས་)ཆུ་འཐུང་བཞིན་པ་ཡིན།/ རེད། We are drinking water. 우리들은 물을 마시고 있습니다.	3. ང་ཚོ་(ཚོས་)ཆུ་འཐུང་བཞིན་པ་རེད་པས། Are we drinking water? 우리들은 물을 마시고 있습니까?
	Neg. 부정문	4. ང་ཚོ་(ཚོས་)ཆུ་འཐུང་བཞིན་པ་མིན། / མ་རེད། We are not drinking water. 우리들은 물을 마시고 있지 않습니다.	4. ང་ཚོ་(ཚོས་)ཆུ་འཐུང་བཞིན་པ་མ་རེད་པས། Are we not drinking water? 우리들은 물을 마시고 있지 않습니까?
		Second Person : Statement 2인칭 평서문	Second Person : Interrogative 2인칭 의문문
Sg. 단수	Pos. 긍정문	1. ཁྱེད་རང་(གིས་)ཆུ་འཐུང་བཞིན་པ་རེད། / རེད་འདུག you are drinking water. 당신은 물을 마시고 있습니다.	1. ཁྱེད་རང་(གིས་)ཆུ་འཐུང་བཞིན་པ་རེད་པས། Are you drinking water? 당신은 물을 마시고 있습니까?
	Neg. 부정문	2. ཁྱེད་རང་(གིས་)ཆུ་འཐུང་བཞིན་པ་མ་རེད། you are not drinking water. 당신은 물을 마시고 있지 않습니다.	2. ཁྱེད་རང་(གིས་)ཆུ་འཐུང་བཞིན་པ་མ་རེད་པས། Aren't you drinking water? 당신은 물을 마시고 있지 않습니까?
Pl. 복수	Pos. 긍정문	3. ཁྱེད་རང་ཚོ་(ཚོས་)ཆུ་འཐུང་བཞིན་པ་རེད།/ རེད་འདུག you are drinking water. 당신들은 물을 마시고 있습니다.	3. ཁྱེད་རང་ཚོ་(ཚོས་)ཆུ་འཐུང་བཞིན་པ་རེད་པས། Are you drinking water? 당신들은 물을 마시고 있습니까?
	Neg. 부정문	4. ཁྱེད་རང་ཚོ་(ཚོས་)ཆུ་འཐུང་བཞིན་པ་མ་རེད།. you are not drinking water 당신들은 물을 마시고 있지 않습니다.	4. ཁྱེད་རང་ཚོ་(ཚོས་)ཆུ་འཐུང་བཞིན་པ་རེད་པས། Aren't you drinking water? 당신들은 물을 마시고 있지 않습니까?

		Third Person : Statement 3인칭 평서문	Third Person : Interrogative 3인칭 의문문
Sg. 단수	Pos. 긍정문	1. ཁོང་(གིས་)ཆུ་འཐུང་བཞིན་པ་རེད། / རེད་འདུག He/she is drink water. 그/그녀는 물을 마시고 있습니다.	1. ཁོང་(གིས་)ཆུ་འཐུང་བཞིན་པ་རེད་པས། / རེད་འདུག་གས། Is he/she drink water? 그/그녀는 물을 마시고 있습니까?
	Neg. 부정문	2. ཁོང་(གིས་)ཆུ་འཐུང་བཞིན་པ་མ་རེད། He/she is not drink water. 그/ 그녀는 물을 마시고 있지 않습니다.	2. ཁོང་(གིས་)ཆུ་འཐུང་བཞིན་པ་མ་རེད་པས། Isn't he/she drinking water? 그/그녀는 물을 마시고 있지 않습니까?
Pl. 복수	Pos. 긍정문	3. ཁོང་ཚོ་(ཚོས་)་འཐུང་བཞིན་པ་རེད། / རེད་འདུག They are drinking water. 그들은 물을 마시고 있습니다.	3. ཁོང་ཚོ་(ཚོས་)ཆུ་འཐུང་བཞིན་པ་རེད་པས། / རེད་འདུག་གས། Are they drinking water? 그들은 물을 마시고 있습니까?
	Neg. 부정문	4. ཁོང་ཚོ་(ཚོས་)ཆུ་འཐུང་བཞིན་པ་མ་རེད། They are not drinking water. 그들은 물을 마시고 있지 않습니다.	4. ཁོང་ཚོ་(ཚོས་)ཆུ་འཐུང་བཞིན་པ་མ་རེད་པས། / རེད་མི་འདུག་གས། Aren't they drinking water? 그들은 물을 마시고 있지 않습니까?

⑤ I will drink.

		First Person : Statement 1인칭 평서문	First Person : Interrogative 1인칭 의문문
Sg. 단수	Positive 긍정문	1. ང་(ངས་)ཆུ་འཐུང་གི་ཡིན། I will drink water. 나는 물을 마실 것입니다.	1. ང་(ངས་)ཆུ་འཐུང་གི་རེད་པས། Will I drink water? 나는 물을 마실 것입니까?
	Negative 부정문	2. ང་(ངས་)ཆུ་འཐུང་གི་མིན། I will not(won't) drink water. 나는 물을 마시지 않을 것입니다.	2. ང་(ངས་)ཆུ་འཐུང་གི་མ་རེད་པས། Won't I drink water? 나는 물을 마시지 않을 것입니까?
Pl. 복수	Positive 긍정문	3. ང་ཚོ་(ཚོས་)ཆུ་འཐུང་གི་ཡིན། We will drink water. 우리들은 물을 마실 것입니다.	3. ང་ཚོ་(ཚོས་)ཆུ་འཐུང་གི་ཡིན་པས། /རེད་པས Will We drink water? 우리들은 물을 마실 것입니까?
	Negative 부정문	4. ང་ཚོ་(ཚོས་)ཆུ་འཐུང་གི་མིན། We will not(won't) drink water. 우리들은 물을 마시지 않을 것입니다.	4. ང་ཚོ་(ཚོས་)ཆུ་འཐུང་གི་མིན་པས།/མ་རེད་པས། Won't you drink water? 우리들은 물을 마시지 않을 것입니까?
		Second Person : Statement 2인칭 평서문	Second Person : Interrogative 2인칭 의문문
Sg. 단수	Positive 긍정문	1. ཁྱེད་རང་(གིས་)ཆུ་འཐུང་གི་རེད། You will drink water. 당신은 물을 마실 것입니다.	1. ཁྱེད་རང་(གིས་)ཆུ་འཐུང་གི་ཡིན་པས། Will you drink water? 당신은 물을 마실 것입니까?
	Negative 부정문	2. ཁྱེད་རང་(གིས་)ཆུ་འཐུང་གི་མ་རེད། You will not(won't) drink water. 당신은 물을 마시지 않을 것입니다.	2. ཁྱེད་རང་(གིས་)ཆུ་འཐུང་མིན་པས། Won't you drink water? 당신은 물을 마시지 않을 것입니까?
Pl. 복수	Positive 긍정문	3. ཁྱེད་རང་ཚོ་(ཚོས་)ཆུ་འཐུང་གི་རེད། You will drink water. 당신들은 물을 마실 것입니다.	3. ཁྱེད་རང་ཚོ་(ཚོས་)ཆུ་འཐུང་ཡིན་པས། Will you drink water? 당신들은 물을 마실 것입니까?
	Negative 부정문	4. ཁྱེད་རང་ཚོ་(ཚོས་)ཆུ་འཐུང་གི་མ་རེད། You will not(won't) drink water. 당신들은 물을 마시지 않을 것입니다.	4. ཁྱེད་རང་ཚོ་(ཚོས་)ཆུ་འཐུང་གི་མིན་པས། Won't you drink water? 당신들은 물을 마시지 않을 것입니까?
		Third Person : Statement 3인칭 평서문	Third Person : Interrogative 3인칭 의문문
Sg. 단수	Positive 긍정문	1. ཁོང་(གིས་)ཆུ་འཐུང་གི་རེད། He/she will drink water? 그/그녀는 물을 마실 것입니다.	1. ཁོང་(གིས་)ཆུ་འཐུང་གི་རེད་པས། Will he/she drink water? 그/그녀는 물을 마실 것입니까?
	Negative 부정문	2. ཁོང་(གིས་)ཆུ་འཐུང་གི་མ་རེད། He/she will not drink water? 그/그녀는 물을 마시지 않을 것입니다.	2. ཁོང་(གིས་)ཆུ་འཐུང་གི་མ་རེད་པས། Won't he/she drink water? 그/그녀는 물을 마시지 않을 것입니까?
Pl. 복수	Positive 긍정문	3. ཁོང་ཚོ་(ཚོས་)ཆུ་འཐུང་གི་རེད། They will drink water? 그들은 물을 마실 것입니다.	3 .ཁོང་ཚོ་(ཚོས་)ཆུ་འཐུང་གི་རེད་པས། Will they drink water? 그들은 물을 마실 것입니까?
	Negative 부정문	4. ཁོང་ཚོ་(ཚོས་)ཆུ་འཐུང་གི་མ་རེད། They will not drink water? 그들은 물을 마시지 않을 것입니다.	4. ཁོང་ཚོ་(ཚོས་)ཆུ་འཐུང་གི་མ་རེད་པས། Won't they drink water? 그들은 물을 마시지 않을 것입니까?

⑥ I drank.

		First Person : Statement 1인칭 평서문	First Person : Interrogative 1인칭 의문문
Sg. 단수	Positive 긍정문	1. ངས་ཆུ་འཐུངས་(པ)་ཡིན། I drank water. 나는 물을 마셨습니다.	1. ངས་ཆུ་འཐུངས་སོང་ངས། Did I drink water? 나는 물을 마셨습니까?
	Negative 부정문	2. ངས་ཆུ་འཐུངས་(པ)་མིན། ངས་ཆུ་མ་འཐུངས། I didn't drink water. 나는 물을 마시지 않았습니다.	2. ངས་ཆུ་བཐུངས་མ་སོང་ངས། Didn't I drink water? 나는 물을 마시지 않았습니까?
Pl. 복수	Positive 긍정문	3. ང་ཚོས་ཆུ་འཐུངས་(པ)་ཡིན། We drank water. 우리들은 물을 마셨습니다.	3. ང་ཚོས་ཆུ་འཐུངས་སོང་ངས། Did we drink water? 우리들은 물을 마셨습니까?
	Negative 부정문	4. ང་ཚོས་ཆུ་འཐུངས་(པ)་མིན། We didn't drink water. 우리들은 물을 마시지 않았습니다.	4. ང་ཚོས་ཆུ་འཐུངས་མ་་སོང་ངས། Didn't we drink water? 우리들은 물을 마시지 않았습니까?
		Second Person : Statement 2인칭 평서문	Second Person : Interrogative 2인칭 의문문
Sg. 단수	Positive 긍정문	1. ཁྱེད་རང་གིས་ཆུ་འཐུངས་སོང་། You drank water. 당신은 물을 마셨습니다.	1. ཁྱེད་རང་གིས་ཆུ་འཐུངས་(པ་ཡིན་)པས། Did you drink water? 당신은 물을 마셨습니까?
	Negative 부정문	2. ཁྱེད་རང་གིས་ཆུ་བཐུངས་མ་སོང་། You didn't drink water. 당신은 물을 마시지 않았습니다.	2. ཁྱེད་རང་གིས་ཆུ་འཐུངས་མིན་པས། Didn't you drink water? 당신은 물을 마시지 않았습니까?
Pl. 복수	Positive 긍정문	3. ཁྱེད་རང་ཚོས་ཆུ་འཐུངས་སོང་། You drank water. 당신들은 물을 마셨습니다.	3. ཁྱེད་རང་ཚོས་ཆུ་འཐུངས་(པ་ཡིན་)་པས། Did you drink water? 당신들은 물을 마셨습니까?
	Negative 부정문	4. ཁྱེད་རང་ཚོས་ཆུ་འཐུངས་མ་སོང་། You didn't drink water. 당신들은 물을 마시지 않았습니다.	4. ཁྱེད་རང་ཚོས་ཆུ་འཐུངས་མིན་པས། Didn't you drink water? 당신들은 물을 마시지 않았습니까?
		Third Person : Statement 3인칭 평서문	Third Person : Interrogative 3인칭 의문문
Sg. 단수	Positive 긍정문	1. ཁོང་གིས་ཆུ་འཐུངས་སོང་། He/she drank water. 그/그녀는 물을 마셨습니다.	1. ཁོང་གིས་ཆུ་འཐུངས་སོང་ངས། Did he/she drink water? 그/그녀는 물을 마셨습니까?
	Negative 부정문	2. ཁོང་གིས་ཆུ་འཐུངས་མ་སོང་། He/she didn't drink water. 그/그녀는 물을 마시지 않았습니다.	2. ཁོང་གིས་ཆུ་འཐུངས་མ་སོང་ངས། Didn't he/she drink water? 그/그녀는 물을 마시지 않았습니까?
Pl. 복수	Positive 긍정문	3. ཁོང་ཚོས་ཆུ་འཐུངས་སོང་། They drank water. 그들은 물을 마셨습니다.	3. ཁོང་ཚོས་ཆུ་འཐུངས་སོང་ངས། Did they drink water? 그들은 물을 마셨습니까?
	Negative 부정문	4. ཁོང་ཚོས་ཆུ་འཐུངས་མ་སོང་། They didn't drink water. 그들은 물을 마시지 않았습니다.	4. ཁོང་ཚོས་ཆུ་འཐུངས་མ་སོང་ངས། Didn't they drink water? 그들은 물을 마시지 않았습니까?

17. Sentence endings 종결형 어미

1) བྱུང། སོང། འདུག ཤག 표현법

개인적인 감정과 문제 표현 Personal Feelings and Problems

현재 형식을 사용하는 표현 Present Construction	
1 인칭 1st person	2인칭 · 3인칭 2nd/ 3rd person
ང་ན་གི་འདུག I am sick. 나는 아프다.	ཁོང་ན་གི་ཡོད་རེད། He/she is sick 그분은 아프다.
ང་ཐང་ཆད་ཀྱི་འདུག I am tired. 나는 피곤하다.	ཁོང་ཐང་ཆད་ཀྱི་ཡོད་རེད། He/she is tired. 그분은 피곤하다.
ང་ཉོབ་ཀྱི་འདུག I am bored. 나는 지루하다.	ཁོང་ཉོབ་ཀྱི་ཡོད་རེད། He/she is bored. 그분은 지루하다.
ང་ལྟོགས་ཀྱི་འདུག I am hungry. 나는 배고프다.	ཁོང་ལྟོགས་ཀྱི་ཡོད་རེད། He/she is hungry. 그분은 배고프다.

과거 형식을 사용하는 표현 Past Construction				
일인칭 1st person		이인칭· 삼인칭 2nd/ 3rd person		
개인적인 관점 1) Personal Perspective	비개인적 관점 2) Impersonal Perspective	사실 서술적 표현 3) Factive	증언적 표현 4) Attestative	보고적 표현 5) Reportative
ང་ན་བྱུང་། I am sick. 나는 병이 났습니다.	ང་ན་སོང་། I am sick 나는 병이 났습니다.	ཁོང་ན་པ་རེད། He/she was sick. 그분은 아팠다.	ཁོང་ན་སོང་། He/she was sick 그분은 아팠다.	ཁོང་ན་འདུག / ཁོང་ན་ཤག He/she was sick 그분은 아팠다.
ང་ཐང་ཆད་བྱུང་། I am tired. 나는 피곤해졌습니다.	ང་ཐང་ཆད་སོང་། I have been tired. 나는 피곤해졌습니다.	ཁོང་ཐང་ཆད་པ་རེད། He/she was tired. 그분은 피곤했다.	ཁོང་ཐང་ཆད་སོང་། He/she was tired. 그분은 피곤했다.	ཁོང་ཐང་ཆད་འདུག / ཁོང་ཐང་ཆད་ཤག He/she was tired. 그분은 피곤했다.
ང་ཉོབ་བྱུང་། I am bored. 나는 지루해졌습니다.	ང་ཉོབ་སོང་། I have been bored. 나는지루해졌습니다.	ཁོང་ཉོབ་པ་རེད། He/she was bored. 그분은 지루했다.	ཁོང་ཉོབ་སོང་། He/she was bored. 그분은 지루했다.	ཁོང་ཉོབ་འདུག / ཁོང་ཉོབ་ཤག He/she was bored. 그분은 지루했다.
ང་ལྟོགས་བྱུང་། I am hungry. 나는 배가 고파졌습니다	ང་ལྟོགས་སོང་། I have been hungry. 나는 배가 고파졌습니다.	ཁོང་ལྟོགས་པ་རེད། He/she was hungry. 그분은배가 고팠다.	ཁོང་ལྟོགས་སོང་། He/she was hungry. 그분은 배가 고팠다.	ཁོང་ལྟོགས་འདུག / ཁོང་ལྟོགས་ཤག He/she was hungry. 그분은 배가 고팠다.

1) 개인적인 관점 : 개인적인 관점에서 자신의 상황을 말하는 토로하는 어투.

2) 비개인적 관점 : 자신의 상황을 객관적으로 말하는 어투.

3) 사실 서술적 표현 : 사실을 객관적으로 서술하는 어투

4) 증언적 표현 : 제 3 자의 상황에 대한 증언을 하는 어투.

5) 보고적 표현 : 다른 이에게 제 3 자의 상황을 보고하는 어투.

2) པ་རེད། སོང་། འདུག ཤག 표현법

과거 형식을 사용하는 표현 Past Construction			
1 인칭 1st person			
ངས་ཁ་ལག་བཟས་ཡིན། I ate food. 나는 음식을 먹었다.	ངས་ཁ་ལག་བཟས་པ་ཡིན། I ate food. 나는 음식을 먹었다.	ངས་ཁ་ལག་བཟས་ཚར། I've had my meal. 나는 식사를 끝냈다.	ངས་ཁ་ལག་བཟས་ཚར་པ་ཡིན། I've had my meal. 나는 식사를 끝냈다.
ངས་ལས་ཀ་བྱས་ཡིན། I worked. 나는 일을 했다.	ངས་ལས་ཀ་བྱས་པ་ཡིན། I worked. 나는 일을 했다.	ངས་ལས་ཀ་བྱས་ཚར། I've done my work. 나는 일을 끝냈다.	ངས་ལས་ཀ་བྱས་ཚར་པ་ཡིན། I've done my work. 나는 일을 끝냈다.
ང་ཕྱིན་ཡིན། I went. 나는 갔다.	ང་ཕྱིན་པ་ཡིན། I went. 나는 갔다.	ང་ཕྱིན་ཚར། I am gone. 나는 가버렸다.	ང་ཕྱིན་ཚར་པ་ཡིན། I am gone. 나는 가버렸다.
ངས་ཉོས་ཡིན། I bought. 나는 샀다.	ངས་ཉོས་པ་ཡིན། I bought. 나는 샀다.	ངས་ཉོས་ཚར། I'm done buying. 나는 (물건) 사는 걸 끝냈다.	ངས་ཉོས་ཚར་པ་ཡིན། I'm done buying. 나는 (물건) 사는 걸 끝냈다.

2 인칭 · 3 인칭 2nd/3rd person				
사실 서술적 표현 Factive		증언적 표현 Attestative		보고적 표현 Reportative
ཁོང་གིས་ཁ་ལག་བཟས་པ་རེད། He/she ate food. 그분은 음식을 먹었다.	ཁོང་གིས་ཁ་ལག་བཟས་ཚར་པ་རེད། He/she had finihed his meal. 그분은 음식 먹는 것을 끝냈다.	ཁོང་གིས་ཁ་ལག་བཟས་སོང་། He/she ate food. 그분은 음식을 먹었다.	ཁོང་གིས་ཁ་ལག་བཟས་ཚར་སོང་། He/she had finihed his meal. 그분은 음식 먹는 것을 끝냈다	ཁོང་གིས་ཁ་ལག་བཟས་འདུག / ཁོང་གིས་ཁ་ལག་བཟས་ཤག He/she ate food. 그분은 음식을 먹었다.
ཁོང་གིས་ལས་ཀ་བྱས་པ་རེད། He/she worked. 그분은 일을 했다.	ཁོང་གིས་ལས་ཀ་བྱས་ཚར་པ་རེད། He's done his work. 그분은 일을 끝냈다.	ཁོང་གིས་ལས་ཀ་བྱས་སོང་། He/she worked. 그분은 일을 했다.	ཁོང་གིས་ལས་ཀ་བྱས་ཚར་སོང་། He's done his work. 그분은 일을 끝냈다.	ཁོང་གིས་ལས་ཀ་བྱས་འདུག / ཁོང་གིས་ལས་ཀ་བྱས་ཤག He/she worked. 그분은 일을 했다.
ཁོང་ཕྱིན་པ་རེད། He/she went. 그분은 갔다.	ཁོང་ཕྱིན་ཚར་པ་རེད། He's gone. 그분은 가버렸다.	ཁོང་ཕྱིན་སོང་། He/she went. 그분은 갔다.	ཁོང་ཕྱིན་ཚར་སོང་། He's gone. 그분은 가버렸다.	ཁོང་ཕྱིན་འདུག / ཁོང་ཕྱིན་ཤག He/she went. 그분은 갔다.
ཁོང་གིས་ཉོས་པ་རེད། He/she bought. 그분은 (물건을) 샀다.	ཁོང་གིས་ཉོས་ཚར་པ་རེད། He is done buying. 그분은 (물건) 사는 것을 끝냈다.	ཁོང་གིས་ཉོས་སོང་། He/she bought. 그분은 (물건을) 샀다.	ཁོང་གིས་ཉོས་ཚར་སོང་། He is done buying. 그분은 (물건) 사는 것을 끝냈다.	ཁོང་གིས་ཉོས་འདུག / ཁོང་གིས་ཉོས་ཤག He/she bought. 그분은 (물건을) 샀다.

བྱུང་། / སོང་། / འདུག / ཤག 종결 어미 활용

개인적 감정과 문제를 표현할 때 Personal Feelings and Problems

현재형 PRESENT CONSTRUCTION		과거형 PAST CONSTRUCTION				
1st person	2nd/ 3rd person	1st person		2nd/ 3rd person		
		personal perspective	impersonal perspective	Factive	Attestative	Reportative
ང་ན་གྱི་འདུག	ཁོང་ན་གི་ཡོད་རེད།	ང་ན་བྱུང་།	སོང་།	ཁོང་ན་པ་རེད།	སོང་།	འདུག / ཤག
ང་ཐང་ཆད་ཀྱི་འདུག	ཁོང་ཐང་ཆད་ཀྱི་ཡོད་རེད།	ང་ཐང་ཆད་བྱུང་།	སོང་།	ཁོང་ཐང་ཆད་པ་	སོང་།	འདུག / ཤག
ང་ཞེད་ཀྱི་འདུག	ཁོང་ཞེད་ཀྱི་ཡོད་རེད།	ང་ཞེད་བྱུང་།	སོང་།	ཁོང་ཞེད་པ་རེད།	སོང་།	འདུག / ཤག
ང་ལྟོགས་ཀྱི་འདུག	ཁོང་ལྟོགས་ཀྱི་ཡོད་རེད།	ང་ལྟོགས་བྱུང་།	སོང་།	ཁོང་ལྟོགས་པ་རེད།	སོང་།	འདུག / ཤག

པ་རེད། / སོང་། / འདུག / ཤག 종결 어미 활용

과거형 PAST CONSTRUCTION

1st person				2nd/3rd person				
				Factive		Attestative		Reportative
ངས་ཁ་ལག་བཟས་ཡིན།	པ་ཡིན།	ཚར།	ཚར་པ་ཡིན།	ཁོང་གིས་ཁ་ལག་བཟས་པ་རེད།	ཚར་པ་རེད།	སོང་།	ཚར་སོང་།	འདུག / ཤག
ངས་ལས་ཀ་བྱས་ཡིན།	པ་ཡིན།	ཚར།	ཚར་པ་ཡིན།	ཁོང་གིས་ལས་ཀ་བྱས་པ་རེད།	ཚར་པ་རེད།	སོང་།	ཚར་སོང་།	འདུག / ཤག
ང་ཕྱིན་ཡིན།	པ་ཡིན།	ཚར།	ཚར་པ་ཡིན།	ཁོང་ཕྱིན་པ་རེད།	ཚར་པ་རེད།	སོང་།	ཚར་སོང་།	འདུག / ཤག
ངས་ཉོས་ཡིན།	པ་ཡིན།	ཚར།	ཚར་པ་ཡིན།	ཁོང་གིས་ཉོས་པ་རེད།	ཚར་པ་རེད།	སོང་།	ཚར་སོང་།	འདུག / ཤག

དུས་གསུམ་རེའུ་མིག 동사 시제 변화

	한글 / English	현재 Present	미래 Future	과거 Past	명령 Imperative
1	가다. go	འགྲོ་	འགྲོ་	ཕྱིན་	རྒྱུག་
2	가르치다. instruct	སློབ་ཁྲིད་བྱེད་	སློབ་ཁྲིད་བྱ་	སློབ་ཁྲིད་བྱས་	སློབ་ཁྲིད་བྱོས་
3	가져다 주다. bring	སྐྱེལ་	བསྐྱལ་	བསྐྱལ་	སྐྱོལ་
4	가져오다. bring	འཁྱེར་	འཁྱེར་	ཁྱེར་	འཁྱེར་
5	간섭하다. interfere	བཙུས་གཏོགས་བྱེད་	བཙུས་གཏོགས་བྱ་	བཙུས་གཏོགས་བྱས་	བཙུས་གཏོགས་བྱོས་
6	감다(눈을) close	འཛུམ་	བཙུམ་	བཙུམས་	ཙུམས་
7	거주하다, 앉다. sit	སྡོད་	སྡོད་	བསྡད་	སྡོད་
8	걱정하다. worry	སེམས་འཁྲལ་བྱེད་	སེམས་འཁྲལ་བྱ་	སེམས་འཁྲལ་བྱས་	སེམས་འཁྲལ་བྱོས་
9	건조하다. dry	སྐེམ་	བསྐམ་	བསྐམས་	སྐོམས་
10	걷다. walk	གོམ་པ་རྒྱག་	གོམ་པ་བརྒྱབ་	གོམ་པ་བརྒྱབས་	གོམ་པ་རྒྱོབས་
11	걷다. walk	གོམ་པ་སྤོ་	གོམ་པ་སྤོ་	གོམ་པ་སྤོས་	གོམ་པ་སྤོས་
12	결정하다. decide	ཐག་གཅོད་བྱེད་	ཐག་གཅོད་བྱ་	ཐག་གཅོད་བྱས་	ཐག་གཅོད་བྱོས་
13	결혼하다. get married	ཆང་ས་རྒྱག་	ཆང་ས་བརྒྱབ་	ཆང་ས་བརྒྱབས་	ཆང་ས་རྒྱོབས་
14	경쟁하다. compete	འགྲན་བསྡུར་བྱེད་	འགྲན་བསྡུར་བྱ་	འགྲན་བསྡུར་བྱས་	འགྲན་བསྡུར་བྱོས་
15	공부하다. study	སློབ་སྦྱོང་བྱེད་	སློབ་སྦྱོང་བྱ་	སློབ་སྦྱོང་བྱས་	སློབ་སྦྱོང་བྱོས་
16	과시하다. show off	ངོམ་	ངོམ་	ངོམས་	ངོམས་
17	광고하다. advertise	ཁྱབ་བསྒྲགས་བྱེད་	ཁྱབ་བསྒྲགས་བྱ་	ཁྱབ་བསྒྲགས་བྱས་	ཁྱབ་བསྒྲགས་བྱོས་
18	괴롭히다. bully	ཐུབ་ཚོད་གཏོང་	ཐུབ་ཚོད་གཏང་	ཐུབ་ཚོད་བཏང་	ཐུབ་ཚོད་ཐོངས་
19	금지하다. prohibit	བཀག་སྡོམ་བྱེད་	བཀག་སྡོམ་བྱ་	བཀག་སྡོམ་བྱས་	བཀག་སྡོམ་བྱོས་
20	기다리다. wait	སྒུག་	བསྒུག་	བསྒུགས་	སྒུགས་
21	기억하다. remember	དྲན་	དྲན་	དྲན་	དྲན་
22	기원하다. pray	སྨོན་ལམ་རྒྱག་	སྨོན་ལམ་བརྒྱབ་	སྨོན་ལམ་བརྒྱབས་	སྨོན་ལམ་རྒྱོབས་
23	기타를 치다. play a guitar	སྒྲ་བརྙན་གཏོང་	སྒྲ་བརྙན་གཏང་	སྒྲ་བརྙན་བཏང་	སྒྲ་བརྙན་ཐོངས་

	한글 / English	현재 Present	미래 Future	과거 Past	명령 Imperative
24	긴장하다. feel nervous	འཚབ་	འཚབ་	འཚབས་	
25	깨끗이 하다. clean	གཙང་མ་བཟོ་	གཙང་མ་བཟོ་	གཙང་མ་བཟོས་	གཙང་མ་བཟོས་
26	깨뜨리다. break	གཅོག་	གཅོག་	བཅག་	ཆོག་
27	깨어나다. wake up	གཉིད་སད་	གཉིད་སད་	གཉིད་སད་	གཉིད་སད་
28	깨우다. wake up	གཉིད་དཀྲོག་	གཉིད་དཀྲོག	གཉིད་དཀྲོགས་	གཉིད་དཀྲོགས་
29	깨지다. break	འཆག་	འཆག་	ཆག་	
30	꼴와를 돌다. circumambulate	སྐོར་བ་རྒྱག་	སྐོར་བ་བརྒྱབ་	སྐོར་བ་བརྒྱབས་	སྐོར་བ་རྒྱོབས་
31	꽃이 피다. bloom	འཆར་	འཆར་	ཤར་	
32	끊어지다. be cut	འཆད་	འཆད་	ཆད་	
33	끝내다, 완성하다. finish	རྫོགས་	རྫོགས་	རྫོགས་	
34	끝내다. finish	འཚར་	འཚར་	ཚར་	
35	나타나다. appear	སྣང་	སྣང་	སྣང་	
36	날다. fly	འཕུར་	འཕུར་	ཕུར་	ཕུར་
37	내기를 걸다. bet	རྒྱན་འཇོག་	རྒྱན་གཞག་	རྒྱན་བཞག་	རྒྱན་ཞོག་
38	내리다. fall	འབབ་	འབབ་	འབབས་	
39	넣다. put	བླུག་	བླུག་	བླུགས་	བླུགས་
40	노래하다. sing	གཞས་གཏོང་	གཞས་གཏང་	གཞས་བཏང་	གཞས་ཐོངས་
41	노래하다. sing	གླུ་ལེན་	གླུ་བླང་	གླུ་བླངས་	གླུ་བློངས་
42	놀다, 장난치다. play	རྩེད་མོ་རྩེ་	རྩེད་མོ་བརྩེ་	རྩེད་མོ་བརྩེས་	རྩེད་མོ་རྩེས་
43	눈이 내리다. snow	གངས་འབབ་	གངས་འབབ་	གངས་བབས་	
44	느끼다, 경험하다. feel	མྱོང་	མྱང་	མྱངས་	མྱོངས་
45	느끼다. feel	ཚོར་	ཚོར་	ཚོར་	
46	늦다. to be late	ཕྱི་པོ་ཆགས་	ཕྱི་པོ་ཆགས་	ཕྱི་པོ་ཆགས་	
47	다이어트 하다, 말리다. slim, dry	སྐམ་པོ་བཟོ་	སྐམ་པོ་བཟོ་	སྐམ་པོ་བཟོས་	སྐམ་པོ་བཟོས་

	한글 / English	현재 Present	미래 Future	과거 Past	명령 Imperative
48	단절하다. block / stop	འགོག་	དགག་	བགག་	ཁོགས་
49	닫다 (가방 등을). close	ཁ་རྒྱག་	ཁ་བརྒྱབ་	ཁ་བརྒྱབས་	ཁ་བརྒྱོབས་
50	닫다(문을) close	སྒོ་རྒྱག་	སྒོ་བརྒྱབ་	སྒོ་བརྒྱབས་	སྒོ་བརྒྱོབས་
51	달리다. run	རྒྱུག་	བརྒྱུག་	བརྒྱུགས་	རྒྱུགས་
52	달아나다. run away	འབྲོས་	འབྲོས་	བྲོས་	བྲོས་
53	대답하다. answer	ལན་རྒྱག་	ལན་བརྒྱབ་	ལན་བརྒྱབས་	ལན་རྒྱབས་
54	대체하다, 대표하다 substitute, represent	ཚབ་བྱེད་	ཚབ་བྱ་	ཚབ་བྱས་	ཚབ་བྱོས་
55	대화하다. conversate	སྐད་ཆ་བཤད་	སྐད་ཆ་བཤད་	སྐད་ཆ་བཤད་	སྐད་ཆ་ཤོད་
56	덮다. cover	འགེབས་	དགབ་	བཀབ	ཁོབས་
57	도달하다, 닿다, 도착하다. reach, arrive	སླེབ་	བསླེབ་	བསླེབས་	སླེབས་
58	도착하다. arrive	འབྱོར་	འབྱོར་	འབྱོར་	
59	돌다. turn	འཁོར་	འཁོར་	འཁོར་	
60	돌리다. turn round	སྐོར་	བསྐོར་	བསྐོར་	སྐོར་
61	돕다. help	རོགས་པ་བྱེད་	རོགས་པ་བྱ་	རོགས་པ་བྱས་	རོགས་པ་བྱོས་
62	동의하다. agree	མོས་མཐུན་བྱེད་	མོས་མཐུན་བྱ་	མོས་མཐུན་བྱས་	མོས་མཐུན་བྱོས་
63	되다. become	ཆགས་	ཆགས་	ཆགས་	
64	두다, 남기다, 놓아두다. leave, put	འཇོག་	གཞག་	བཞག་	ཞོག་
65	뒤따르다. 쫓아가다. follow	རྗེས་འདེད་བྱེད་	རྗེས་འདེད་བྱ་	རྗེས་འདེད་བྱས་	རྗེས་འདེད་བྱོས་
66	듣다. hear	ཉན་	ཉན་	ཉན་	ཉོན་
67	들리다. be heard	ཐོས་	ཐོས་	ཐོས་	
68	등록하다. register	ཐོ་འགོད་བྱེད་	ཐོ་འགོད་བྱ་	ཐོ་འགོད་བྱས་	ཐོ་འགོད་བྱོས་
69	따르다, 추종하다. go after	རྗེས་སུ་འབྲང་	རྗེས་སུ་འབྲང་	རྗེས་སུ་འབྲངས་	རྗེས་སུ་འབྲོངས་
70	떠나다. leave	འཐོན་	འཐོན་	འཐོན་	
71	떨어지다, 내리다. fall	ཟག་	ཟག་	ཟགས་	

	한글 / English	현재 Present	미래 Future	과거 Past	명령 Imperative
72	뚜껑을 덮다. cover	ཁ་ཆོད་རྒྱག་	ཁ་ཆོད་བརྒྱབ་	ཁ་ཆོད་བརྒྱབས་	ཁ་ཆོད་རྒྱོབས་
73	뜨거워하다. feel hot	ཚ་བ་འཚིག་	ཚ་བ་འཚིག་	ཚ་བ་འཚིགས་	
74	마시다. drink	འཐུང་	བཏུང་	བཏུངས་/འཐུངས་	ཐུངས་
75	마주하다, 직면하다. face	གདོང་ལེན་བྱེད་	གདོང་ལེན་བྱ་	གདོང་ལེན་བྱས་	གདོང་ལེན་བྱོས་
76	만나다, 만지다, 접촉하다. meet, touch	ཐུག་	ཐུག་	ཐུག་	
77	만나다. meet	འཕྲད་པ་	ཕྲད་པ་	ཕྲད་པ་	ཕྲད་པ་
78	만들다. make	བཟོ་	བཟོ་	བཟོས་	བཟོས་
79	말하다(~라고) call	ཟེར་	ཟེར་	ཟེར་	
80	말하다. say	འཆད་	བཤད་	བཤད་	བཤོད་
81	말하다. say, talk	ལབ་	ལབ་	ལབ་	ལོབ་
82	말하다. tell	ཤོད་	བཤད་	བཤད་	ཤོད་
83	맞이하다(사람을) receive	སྣེ་ལེན་བྱེད་	སྣེ་ལེན་བྱ་	སྣེ་ལེན་བྱས་	སྣེ་ལེན་བྱོས་
84	머리 아프다. feel a headache	མགོ་ན་	མགོ་ན་	མགོ་ན་	
85	머물다. live	གནས་	གནས་	གནས་	
86	먹다. eat	ཟ་	བཟའ་	བཟས་	ཟོ་
87	멈추다, 그만두다. stop	མཚམས་འཇོག་བྱེད་	མཚམས་འཇོག་བྱ་	མཚམས་འཇོག་བྱས་	མཚམས་འཇོག་བྱོས་
88	명령하다. command	བཀའ་གཏོང་	བཀའ་གཏང་	བཀའ་བཏང་	བཀའ་ཐོངས་
89	명상하다. meditate	སྒོམ་རྒྱག་	སྒོམ་བརྒྱབ་	སྒོམ་བརྒྱབས་	སྒོམ་རྒྱོབས་
90	모으다. accumulate	གསོག་	གསག་	བསགས་	སོག་
91	모이다. gather, meet	འཛོམ་	འཛོམ་	འཛོམས་	
92	목마르다. feel thirsty	ཁ་སྐོམ་	ཁ་སྐོམ་	ཁ་སྐོམ་	
93	묻다. ask, question	འདྲི་	དྲི་	འདྲིས་	དྲིས་
94	물을 보내다. release water	ཆུ་གཏོང་	ཆུ་གཏང་	ཆུ་བཏང་	ཆུ་ཐོངས་
95	묽게 하다. dilute	སླ་པོ་བཟོ་	སླ་པོ་བཟོ་	སླ་པོ་བཟོས་	སླ་པོ་བཟོས་

	한글 / English	현재 Present	미래 Future	과거 Past	명령 Imperative
96	미워하다. hate	སྡང་པོ་བྱེད་	སྡང་པོ་བྱ་	སྡང་པོ་བྱས་	སྡང་པོ་བྱོས་
97	믿다. believe	ཡིད་ཆེས་བྱེད་	ཡིད་ཆེས་བྱ་	ཡིད་ཆེས་བྱས་	ཡིད་ཆེས་བྱོས་
98	바꾸다. change	རྗེ་	བརྗེ་	བརྗེས་	རྗེས་
99	반대하다. oppose	ངོ་ལོག་རྒྱག་	ངོ་ལོག་བརྒྱབ་	ངོ་ལོག་བརྒྱབས་	ངོ་ལོག་རྒྱོབས་
100	반복하다. repeat	བསྐྱར་ཟློས་བྱེད་	བསྐྱར་ཟློས་བྱ་	བསྐྱར་ཟློས་བྱས་	བསྐྱར་ཟློས་བྱོས་
101	받다, 가지다. take	ལེན་	བླང་	བླངས་	ལོངས་
102	받다. receive	འབྱོར་	འབྱོར་	འབྱོར་	
103	받아들이다. accept	ཁས་ལེན་བྱེད་	ཁས་ལེན་བྱ་	ཁས་ལེན་བྱས་	ཁས་ལེན་བྱོས་
104	발견하다, 획득하다. find, obtain	རྙེད་	བརྙེད་	བརྙེད་	
105	발전되다, 향상되다. improved	ཡར་རྒྱས་འགྲོ་	ཡར་རྒྱས་འགྲོ་	ཡར་རྒྱས་ཕྱིན་	
106	발전시키다. develop, improve	ཡར་རྒྱས་གཏོང་	ཡར་རྒྱས་གཏང་	ཡར་རྒྱས་བཏང་	ཡར་རྒྱས་ཐོངས་
107	배고프다. feel hungry	གྲོད་ཁོག་ལྟོགས་	གྲོད་ཁོག་ལྟོགས་	གྲོད་ཁོག་ལྟོགས་	
108	배부르다. feel full	གྲོད་ཁོག་རྒྱག་	བརྒྱག་	བརྒྱགས་	
109	배열하다, 정렬하다. put, set	སྒྲིག་	བསྒྲིག་	བསྒྲིགས་	སྒྲིགས་
110	배우다. learn	སློབ་	བསླབ་	བསླབས་	སློབས་
111	번역하다. translate	སྒྱུར་	བསྒྱུར་	བསྒྱུར་	སྒྱུར་
112	베다, 자르다. cut	འབྲེག	བྲེག	འབྲེགས་	བྲེགས་
113	변하다. change	འགྱུར་	འགྱུར་	གྱུར་	
114	변화시키다. change	སྒྱུར་	བསྒྱུར་	བསྒྱུར་	སྒྱུར་
115	보관하다. keep	ཉར་	ཉར་	ཉར་	ཉོར་
116	보내다, 발송하다(물건 등을) send	སྐུར་	བསྐུར་	བསྐུར་	སྐུར་
117	보내다, 발송하다. (편지 등을) send	གཏོང་	གཏང་	བཏང་	ཐོང་
118	보내다. spend	གཏོང་	གཏང་	བཏང་	ཐོངས་
119	보다. look	ལྟ་	བལྟ་	བལྟས་	ལྟོས་

	한글 / English	현재 Present	미래 Future	과거 Past	명령 Imperative
120	보여주다. show	སྟོན་	བསྟན་	བསྟན་	སྟོན་
121	보이다, 나타나다. appear	སྣང་	སྣང་	སྣང་	
122	보이다, 목격하다. see	མཐོང་	མཐོང་	མཐོང་	
123	보호하다. keep	སྲུང་	བསྲུང་	བསྲུངས་	སྲུངས་
124	복사하다. copy	དཔར་ལོག་རྒྱག	དཔར་ལོག་བརྒྱབ་	དཔར་ལོག་བརྒྱབས་	དཔར་ལོག་རྒྱོབས་
125	볶다. fry	རྔོད་	བརྔོ་	བརྔོས་	རྔོས་
126	부르다(~를 소리내서). call	སྐད་གཏོང་	སྐད་གཏང་	སྐད་བཏང་	སྐད་ཐོངས་
127	불을 피우다. make a fire·	མེ་གཏོང་	མེ་གཏང་	མེ་བཏང་	མེ་ཐོངས་
128	비가 내리다. rain	ཆར་པ་འབབ་	ཆར་པ་འབབ་	ཆར་པ་བབས་	
129	비우다. empty	སྟོང་པ་བཟོ་	སྟོང་པ་བཟོ་	སྟོང་པ་བཟོས་	སྟོང་པ་བཟོས་
130	비판하다. criticize	སྐྱོན་བརྗོད་བྱེད་	སྐྱོན་བརྗོད་བྱ་	སྐྱོན་བརྗོད་བྱས་	སྐྱོན་བརྗོད་བྱོས་
131	빌리다, 꾸다(돈 등을). borrow	སྐྱི་	བསྐྱི་	བསྐྱིས་	སྐྱིས་
132	빌리다, 대여하다. (댓가를 지불하고). hire	གླ་	གླ་	གླས་	གློས་
133	빌리다. borrow	གཡར་	གཡར་	གཡར་	གཡོར་
134	빗질하다. comb	རྒྱུག་ཤད་རྒྱག	རྒྱུག་ཤད་བརྒྱབ་	རྒྱུག་ཤད་བརྒྱབས་	རྒྱུག་ཤད་རྒྱོབས་
135	뻗다. draw out	རྐྱོང་	བརྐྱང་	བརྐྱངས་	རྐྱོངས་
136	뿌리다, 심다. plant	འདེབས་	གདབ་	བཏབ་	ཐོབ་
137	사다. buy	ཉོ་	ཉོ་	ཉོས་	ཉོས་
138	사랑하다, 아끼다. love	བརྩེ་བ་བྱེད་	བརྩེ་བ་བྱ་	བརྩེ་བ་བྱས་	བརྩེ་བ་བྱོས་
139	사진찍다. take a photo	དཔར་རྒྱག་	དཔར་བརྒྱབ་	དཔར་བརྒྱབས་	དཔར་རྒྱོབས་
140	살다. alive	གསོན་	གསོན་	གསོན་	
141	생각하다. think	བསམ་བློ་གཏོང་	བསམ་བློ་གཏང་	བསམ་བློ་བཏང་	བསམ་བློ་ཐོངས་
142	생기다. happen	འབྱུང་	འབྱུང་	བྱུང་	
143	생활하다. live	འཚོ་བ་སྐྱེལ་	འཚོ་བ་སྐྱེལ་	འཚོ་བ་སྐྱེལ་	འཚོ་བ་སྐྱེལ་

	한글 / English	현재 Present	미래 Future	과거 Past	명령 Imperative
144	서 있다, 일어서 있다. stand	ཀེ་རེ་སྡོད་	ཀེ་རེ་སྡོད་	ཀེ་རེ་སྡོད་	ཀེ་རེ་སྡོད་
145	서다, 일어나다. stand	ལང་	ལང་	ལངས་	ལོངས་
146	서약하다. promise	དམ་བཅའ་བྱེད་	དམ་བཅའ་བྱ་	དམ་བཅའ་བྱས་	དམ་བཅའ་བྱོས་
147	선출하다. elect	འོས་འདེམས་བྱེད་	འོས་འདེམས་བྱ་	འོས་འདེམས་བྱས་	འོས་འདེམས་བྱོས་
148	설명하다. explain	འགྲེལ་བཤད་རྒྱག	འགྲེལ་བཤད་བརྒྱབ་	འགྲེལ་བཤད་ བརྒྱབས་	འགྲེལ་བཤད་རྒྱོབས་
149	소개하다. Introduce	ངོ་སྤྲོད་བྱེད་	ངོ་སྤྲོད་བྱ་	ངོ་སྤྲོད་བྱས་	ངོ་སྤྲོད་བྱོས་
150	소리치다. shout	སྐད་རྒྱག་	སྐད་བརྒྱབ་	སྐད་བརྒྱབས	སྐད་རྒྱོབས
151	소변을 누다. urinate	གཅིན་པ་གཏོང་	གཅིན་པ་གཏང་	གཅིན་པ་བཏང་	གཅིན་པ་ཐོངས་
152	소풍가다. picnic	གླིང་ཁ་གཏོང་	གླིང་ཁ་གཏང་	གླིང་ཁ་བཏོང་	གླིང་ཁ་ཐོངས་
153	수술하다. perform surgery	གཤག་བཅོས་བྱེད་	གཤག་བཅོས་བྱ་	གཤག་བཅོས་བྱས་	གཤག་བཅོས་བྱོས་
154	수영하다. swim	རྐྱལ་རྒྱག་	རྐྱལ་བརྒྱབ་	རྐྱལ་བརྒྱབས་	རྐྱལ་རྒྱོབས་
155	수집하다. collect	སྒྲུག་	བསྒྲུག་	བསྒྲུགས་	སྒྲུགས་
156	수행하다. practice dharma	ཆོས་བྱེད་	ཆོས་བྱ་	ཆོས་བྱས་	ཆོས་བྱོས་
157	슬프다. feel sad	སེམས་པ་སྐྱོ་	སེམས་པ་སྐྱོ་	སེམས་པ་སྐྱོ་	
158	승낙하다, 약속하다. promise	ཁས་ལེན་བྱེད་	ཁས་ལེན་བྱ་	ཁས་ལེན་བྱས་	ཁས་ལེན་བྱོས་
159	시간이 걸리다. take a time	འགོར་	བགོར་	བགོར་	བགོར་
160	시도하다. try	ཐབས་ཤེས་བྱེད་	ཐབས་ཤེས་བྱ་	ཐབས་ཤེས་བྱས་	ཐབས་ཤེས་བྱོས་
161	시위하다, 반대하다. protest	ངོ་རྒོལ་བྱེད་	ངོ་རྒོལ་བྱ་	ངོ་རྒོལ་བྱས་	ངོ་རྒོལ་བྱོས་
162	시위하다. rebel	ངོ་རྒོལ་བྱེད་	ངོ་རྒོལ་བྱ་	ངོ་རྒོལ་བྱས་	ངོ་རྒོལ་བྱོས་
163	시작하다. start, begin	འགོ་འཛུགས་	འགོ་གཟུགས་	འགོ་བཙུགས་	འགོ་ཚུགས་
164	실습하다. train	སྦྱོང་བརྡར་བྱེད་	སྦྱོང་བརྡར་བྱ་	སྦྱོང་བརྡར་བྱས་	སྦྱོང་བརྡར་བྱོས་
165	실험하다. try	ཚོད་ལྟ་བྱེད་	ཚོད་ལྟ་བྱ་	ཚོད་ལྟ་བྱས་	ཚོད་ལྟ་བྱོས་
166	싸우다. fight	རྒྱག་རེས་རྒྱག་	རྒྱག་རེས་བརྒྱབ་	རྒྱག་རེས་བརྒྱབས་	རྒྱག་རེས་རྒྱོབས་

	한글 / English	현재 Present	미래 Future	과거 Past	명령 Imperative
167	싸우다. fight	འཛིང་	འཛིང་	འཛིངས་	འཛིངས་
168	쓰다, 사용하다. use	བེད་སྤྱོད་བྱེད་	བེད་སྤྱོད་བྱ་	བེད་སྤྱོད་བྱས་	བེད་སྤྱོད་བྱོས་
169	쓰다. write	འབྲི་	བྲི་	བྲིས་	བྲིས་
170	씻다. wash	འཁྲུད་	བཀྲུ་	བཀྲུས་	ཁྲུས་
171	아프다. feel pain/sick	ན་	ན་	ན་	
172	악수하다. shake hands	ལག་པ་གཏོང་	ལག་པ་གཏང་	ལག་པ་བཏང་	ལག་པ་ཐོངས་
173	안내하다. guide	ལམ་སྟོན་བྱེད་	ལམ་སྟོན་བྱ་	ལམ་སྟོན་བྱས་	ལམ་སྟོན་བྱོས་
174	앉다, 거주하다. sit	སྡོད་	བསྡད་	བསྡད་	སྡོད་
175	알다. know	ཤེས་	ཤེས་	ཤེས་	
176	알다. know	ཧ་གོ་	ཧ་གོ་	ཧ་གོ་	
177	알아 듣다. hear	གོ་	གོ་	གོ་	
178	알아보다. recognize	ངོ་ཤེས་	ངོ་ཤེས་	ངོ་ཤེས་	
179	암송하다. recite	སྐྱོར་	བསྐྱར་	བསྐྱར་	སྐྱོར་
180	애정을 갖고 대하다. show affection	བྱམས་པོ་བྱེད་	བྱམས་པོ་བྱ་	བྱམས་པོ་བྱས་	བྱམས་པོ་བྱོས་
181	약속하다, 서약하다. promise	དམ་བཅའ་བྱེད་	དམ་བཅའ་བྱ་	དམ་བཅའ་བྱས་	དམ་བཅའ་བྱོས་
182	얻다. get	འཐོབ་	འཐོབ་	འཐོབ་	
183	여행을 하다. travel	འགྲུལ་	འགྲུལ་	འགྲུལ་	འགྲུལ་
184	연구하다. research	ཞིབ་འཇུག་བྱེད་	ཞིབ་འཇུག་བྱ་	ཞིབ་འཇུག་བྱས་	ཞིབ་འཇུག་བྱོས་
185	열다. open	ཁ་འབྱེད་	ཁ་དབྱེ་	ཁ་ཕྱེས་	ཁ་ཕྱེས་
186	오다. come	ཡོང་	ཡོང་	ཡོང་	ཤོག
187	오무리다, 굽히다. draw in	སྐུམ་	བསྐུམ་	བསྐུམས་	སྐུམས་
188	오시다, 가시다. visit	ཕེབས་	ཕེབས་	ཕེབས་	ཕེབས་
189	올라가다. climb	འཛེག	འཛེག	འཛེགས་	འཛེགས་
190	옮기다. move	སྤོ་	སྤོ་	སྤོས་	སྤོས་

	한글 / English	현재 Present	미래 Future	과거 Past	명령 Imperative
191	요약하다. abridge, summarize	སྡུད་	བསྡུ་	བསྡུས་	སྡུས་
192	운반하다, 나르다. carry	འཁྱེར་	འཁྱེར་	ཁྱེར་	ཁྱེར་
193	울다. cry	ངུ་	ངུ་	ངུས་	ངུས་
194	움직이다. move	འགུལ་	འགུལ་	འགུལ་	
195	웃다. laugh	གད་མོ་དགོད་	གད་མོ་བགད་	གད་མོ་བགད་	དགོད་
196	웃음이 나다. laugh	གད་མོ་ཤོར་	གད་མོ་ཤོར་	གད་མོ་ཤོར་	གད་མོ་ཤོར་
197	원하다. want	འདོད་	འདོད་	འདོད་	
198	위로하다. console	སེམས་གསོ་གཏོང་	སེམས་གསོ་གཏང་	སེམས་གསོ་བཏང་	སེམས་གསོ་ཐོངས་
199	음식을 만들다. cook	ཁ་ལག་བཟོ་	ཁ་ལག་བཟོ་	ཁ་ལག་བཟོས་	ཁ་ལག་བཟོས་
200	의논하다. discuss	གྲོས་བྱེད་	གྲོས་བྱ་	གྲོས་བྱས་	གྲོས་བྱོས་
201	의지하다. depend	སྟེན་	བསྟེན་	བསྟེན་	སྟེན་
202	이기다. win	རྒྱལ་ཁ་ཐོབ་	རྒྱལ་ཁ་ཐོབ་	རྒྱལ་ཁ་ཐོབ་	
203	이롭게하다. benefit	ཕན་ཐོགས་བྱེད་	ཕན་ཐོགས་བྱ་	ཕན་ཐོགས་བྱེད་	ཕན་ཐོགས་བྱོས་
204	이메일을 보내다. email	གློག་འཕྲིན་གཏོང་	གློག་འཕྲིན་གཏང་	གློག་འཕྲིན་བཏང་	གློག་འཕྲིན་ཐོངས་
205	이야기하다. converse	སྐད་ཆ་བཤོད་	སྐད་ཆ་བཤད་	སྐད་ཆ་བཤད་	སྐད་ཆ་བཤོད་
206	이해하다. understand	ཤེས་	ཤེས་	ཤེས་	
207	이해하다. understand	ཧ་གོ་	ཧ་གོ་	ཧ་གོ་	
208	익다. ripen	སྨིན་	སྨིན་	སྨིན་	
209	익히다, 훈련하다. learn	སྦྱོང་	སྦྱང་	སྦྱངས་	སྦྱོངས་
210	일어나다. get up	ལང་	ལང་	ལངས་	ལོངས་
211	일하다. work	ལས་ཀ་བྱེད་	ལས་ཀ་བྱ་	ལས་ཀ་བྱས་	ལས་ཀ་བྱོས་
212	읽다. read	ཀློག་	བཀླག་	བཀླགས་	ཀློགས་
213	잃어버리다. lose	བོར་	བོར་	བོར་	
214	잃어버리다. lose	བརླག་	བརླག་	བརླག་	

	한글 / English	현재 Present	미래 Future	과거 Past	명령 Imperative
215	입다. wear	གྱོན་	གྱོན་	གྱོན་	གྱོན་
216	입을 벌리다. open one's mouth	ཁ་གདང་	ཁ་གདང་	ཁ་གདངས་	ཁ་གདོངས་
217	잊다. forget	རྗེད་	བརྗེད་	བརྗེད་	
218	자다. sleep	གཉིད་ཉལ་	གཉིད་ཉལ་	གཉིད་ཉལ་	གཉིད་ཉོལ་
219	자르다, 끊다. cut	གཅོད་	གཅད་	བཅད་	ཆོད་
220	자르다. cut	གཅོད་	གཅད་	བཅད་	ཆོད་
221	자르다. cut	གཏུབ་	གཏུབ་	གཏུབས་	གཏུབས་
222	자신감 있다. feel confident	སྤོབས་པ་བྱེད་	སྤོབས་པ་བྱ་	སྤོབས་པ་བྱས་	སྤོབས་པ་བྱོས་
223	잠그다. lock	སྒོ་ལྕགས་རྒྱག་	སྒོ་ལྕགས་བརྒྱབ་	སྒོ་ལྕགས་བརྒྱབས་	སྒོ་ལྕགས་རྒྱོབས་
224	잠들다. fall sleep	གཉིད་ཁུག་	གཉིད་ཁུག་	གཉིད་ཁུག་	གཉིད་ཁུག་
225	잡다. hold	འཛུ་	འཛུ་	འཛུས་	འཛུས་
226	잡다. hold	འཛིན་	གཟུང་	བཟུང་	ཟུངས་
227	적합하다. fit	ཤོང་	ཤོང་	ཤོང་	
228	전화하다. telephone	ཁ་པར་གཏོང་	ཁ་པར་གཏང་	ཁ་པར་བཏང་	ཁ་པར་ཐོངས་
229	절하다. prostrate	ཕྱག་འཚལ་	ཕྱག་བཙལ་	ཕྱག་བཙལ་	ཕྱག་འཚོལ་
230	점치다. do a divination	མོ་རྒྱག་	མོ་བརྒྱབ་	མོ་བརྒྱབས་	མོ་རྒྱོབས་
231	제안하다. suggest	བསམ་འཆར་ཤོད་	བསམ་འཆར་བཤད་	བསམ་འཆར་བཤད་	བསམ་འཆར་ཤོད
232	조직하다. organize	བཀོད་སྒྲིག་བྱེད་	བཀོད་སྒྲིག་བྱ་	བཀོད་སྒྲིག་བྱས་	བཀོད་སྒྲིག་བྱོས་
233	졸립다. feel sleepy	གཉིད་སྤྲོ་	གཉིད་སྤྲོ་	གཉིད་སྤྲོ་	
234	좋아하다. like	དགའ་པོ་བྱེད་	དགའ་པོ་བྱ་	དགའ་པོ་བྱས་	དགའ་པོ་བྱོས་
235	주다. give	སྤྲོད་	སྤྲད་	སྤྲད་	སྤྲོད་
236	주다. give	སྟེར་	སྟེར་	སྟེར་	སྟེར་
237	주문하다. order	མངག་	མངག་	མངགས་	མངོགས་
238	주사하다. give injection	ཁབ་རྒྱག་	ཁབ་བརྒྱབ་	ཁབ་བརྒྱབས་	ཁབ་རྒྱོབས་

	한글 / English	현재 Present	미래 Future	과거 Past	명령 Imperative
240	주의하다, 관심을 갖다. watch	ངོ་སྣང་བྱེད་	ངོ་སྣང་བྱ་	ངོ་སྣང་བྱས་	ངོ་སྣང་བྱོས་
241	죽다. die	འཆི་	འཆི་	ཤི་	
242	준비하다. prepare	གྲ་སྒྲིག་བྱེད་	གྲ་སྒྲིག་བྱ་	གྲ་སྒྲིག་བྱས་	གྲ་སྒྲིག་བྱོས་
243	지루하다. bore	ཉོབ་	ཉོབ་	ཉོབ་	
244	지불하다, 주다. pay	དངུལ་སྤྲོད་	དངུལ་སྤྲད་	དངུལ་སྤྲད་	དངུལ་སྤྲོད་
245	질책하다. backstab	ཁ་གཏོང་	ཁ་གཏང་	ཁ་བཏང་	ཁ་ཐོངས་
246	집착하다. desire	ཆགས་	ཆགས་	ཆགས་	
247	쫓아가다. go after, chase	འདེད་	བདའ་	བདས་	དེད་
248	차다. be filled	ཁེངས་	ཁེངས་	ཁེངས་	ཁེངས་
249	차를 몰다, 운전하다. drive	མོ་ཊ་གཏོང་	མོ་ཊ་གཏང་	མོ་ཊ་བཏང་	མོ་ཊ་ཐོངས་
250	찾다, 발견하다. find	འཚོལ་	བཙལ་	བཙལ་	ཚོལ་
251	찾다. look for	འཚོལ་	བཙལ་	བཙལ་	ཚོལ་
252	찾다. search	འཚལ་	བཙལ་	བཙལ་	འཚོལ་
253	채우다. fill	འགེང་	འགང་	བཀང་	ཁོང་
254	채우다. fill	རྒྱོང་	བརྒྱང་	བརྒྱངས་	རྒྱོངས་
255	책망하다. blame	སྨད་ར་གཏོང་	སྨད་ར་གཏང་	སྨད་ར་བཏང་	སྨད་ར་ཐོངས་
256	총을 쏘다. shoot a gun	མེ་མདའ་རྒྱག་	མེ་མདའ་བརྒྱབ་	མེ་མདའ་བརྒྱབས་	མེ་མདའ་རྒྱོབས་
257	춥다. feel cold	འཁྱག་	འཁྱག་	འཁྱགས་	
258	취득하다, 획득하다. get	ལེན་	བླང་	བླངས་	ལོངས་
259	칠하다. paint	ཚོན་གཏོང་	ཚོན་གཏང་	ཚོན་བཏང་	ཚོན་ཐོངས་
260	침입하다. invade	བཙན་འཛུལ་བྱེད་	བཙན་འཛུལ་བྱ་	བཙན་འཛུལ་བྱས་	བཙན་འཛུལ་བྱོས་
261	칭찬하다. praise	བསྟོད་ར་གཏོང་	བསྟོད་ར་གཏང་	བསྟོད་ར་བཏང་	བསྟོད་ར་ཐོངས་
262	칼로 치다. stab	གྲི་རྒྱག་	གྲི་བརྒྱབ་	གྲི་བརྒྱབས་	གྲི་རྒྱོབས་
263	토론하다. discuss	གྲོས་མོལ་བྱེད་	གྲོས་མོལ་བྱ་	གྲོས་མོལ་བྱས་	གྲོས་མོལ་བྱོས་

	한글 / English	현재 Present	미래 Future	과거 Past	명령 Imperative
264	토론하다. discuss	སྐད་ཆ་བྱེད་	སྐད་ཆ་བྱ་	སྐད་ཆ་བྱས་	སྐད་ཆ་བྱོས་
265	팔다. sell business	འཚོང་	བཙོང་	བཙོངས་	ཚོངས་
266	표시하다. mark	རྟགས་རྒྱག་	རྟགས་བརྒྱབ་	རྟགས་བརྒྱབས་	རྟགས་རྒྱོབས་
267	플룻을 불다. play a flute	གླིང་བུ་གཏོང་	གླིང་བུ་གཏང་	གླིང་བུ་བཏང་	གླིང་བུ་ཏོང་
268	필요하다. need	དགོས་	དགོས་	དགོས་	
269	하다. do	བྱེད་	བྱ་	བྱས་	བྱོས་
270	할 수 있다. can	ཐུབ་ / ནུས་	ཐུབ་ / ནུས་	ཐུབ་ / ནུས་	
271	항의하다, 시위하다. protest	ངོ་རྒོལ་བྱེད་	ངོ་རྒོལ་བྱ་	ངོ་རྒོལ་བྱས་	ངོ་རྒོལ་བྱོས་
272	해방되다. liberate	གྲོལ་	གྲོལ་	གྲོལ་	
273	행복하다. feel happy	དགའ་	དགའ་	དགའ་	
274	허용되다. allowed	ཆོག་	ཆོག་	ཆོག་	
275	험담하다. backbite	ཁ་གཏོང་	ཁ་གཏང་	ཁ་བཏང་	ཁ་ཐོངས་
276	화나다. to get angry	ཁོང་ཁྲོ་ཟ་	ཁོང་ཁྲོ་བཟའ་	ཁོང་ཁྲོ་བཟས་	
277	회상하다. feel nostalgic	དྲན་	དྲན་	དྲན་	

Glossary 단어장

(ㄱ)

가까운 close, near ཉེ་པོ། ཐག་ཉེ་པོ།

가끔 occasionally སྐབས་སྐབས་ལ། སྐབས་རེ།

가난한 poor དབུལ་པོ། སྐྱོ་པོ།

가난해지다 become poor སྐྱོ་རུ་འགྲོ

가다 go བསྐྱོད་པ།

가득찬 full གང་།

가릉빈가 nightingale ཀ་ལ་པིང་ཀ

가발 wig སྐྲ་རྫུས། / དབུ་ལན།(H)

가방 bag ལྟོ་ཕད། / གསོལ་ཕད།(H)

가벼운 light ཡང་པོ།

가벼워지다 become light ཡང་རུ་འགྲོ

가슴 chest བྲང་ཁོག

가시다(경어) go ཕེབས་པ། ཐད་པ།(H)

가운데 center དཀྱིལ།

가위 scissors རྗེམ་ཙེ། / ཕྱག་རྗེམ།(H)

가을 autumn སྟོན་ཀ

가장 많은, 대부분 the most མང་ཤོས།

가장자리 edge ཟུར།

가정, 가족 family ཁྱིམ་ཚང་།

가져오다 take, bring ཁྱེར་བ།

가져오시다(경어) take, bring བསྣམས་པ།(H)

가지 egg plant རྗོ་ལུམ་མ།

가지다 have ཡོད་པ།

가지시다(경어) have མངའ་བ།(H)

간략한 abridged བསྡུས་པོ།

간섭하다 to interfere བྱུས་གཏོགས་བྱེད་པ།

간식 snack ཁ་ཏོག/ ཞལ་ཏོག(H)

간장(肝臟) liver མཆིན་པ།

간호원 nurse ནད་གཡོག སྨན་ཞབས་པ།

갈색 종이 brown paper ཤོག་གུ་རྒྱ་སྨུག

갈증나시다(경어) thirsty སྐྱེམས་པ།(H)

감기 걸리다 to catch a cold ཆམ་པ་རྒྱག་པ།

감독 director འགན་འཛིན།

감미로운 소리 melodious སྙན།

감사합니다 thank you ཐུགས་རྗེ་ཆེ།

감자 potato ཞོག་ཁོག

강낭콩 kidney bean མཁལ་སྲན།

강아지 puppy ཁྱི་ཕྲུག

같은 the same གཅིག་པ།

같이(처럼) like, similar to ནང་བཞིན།

개 dog ཁྱི།

개구리 frog སྦལ་པ།

개구장이 naughty འཚུབ་པོ།

개미 ant གྲོག་མ།

개별적인 in particular བྱེ་བྲག

개인의 private སྒེར།

거만하다 to be arrogant ང་རྒྱལ་བྱེད་པ།

거미 spider སྡོམ།

거북이 tortoise རུས་སྦལ།

거짓 lie བརྫུན་མ། / ཀྱག་བརྫུན། ཞལ་བརྫུན(H)

거친 rough རྩུབ་པོ།

걱정 concern, worry སེམས་ཁྲལ།

걱정하다 to worry སེམས་ཁྲལ་བྱེད་པ།

건강한 well, fine བདེ་པོ།

건포도 raisin རྒུན་འབྲུམ་སྐམ་པོ།

검은색 black ནག་པོ།

게 crab སྡིག་སྲིན།

게스트 하우스 , 손님방 guesthouse མགྲོན་ཁང་།

겨울 winter དགུན་ཁ།

결국 last མཐར།

결코~ 하지 않다 never (with neg.) རྩ་བ་ནས། གཏན་ནས། ནམ་ཡང་།

결혼하다 to get married ཆང་ས་རྒྱག་པ།

경쟁하다 to compete འགྲན་བསྡུར་བྱེད་པ།

경전 scripture དཔེ་ཆ། / ཕྱག་དཔེ།(H)

경찰관 policeman ཉེན་རྟོག་པ།

경찰서 policestaion ཉེན་རྟོག་ལས་ཁུངས།

계란 egg སྒོ་ང་། / བཞེས་སྒོང་།(H)

계산원 casher དངུལ་གཉེར།

고구마 sweet potato ཞོག་ཁོག་མངར་མོ།

고기 meat ཤ། / གསོལ་ཤུམ།(H)

고래 whale ཉ་ཆེན་ཤེལ།

고릴라 gorilla མི་རྒོད།

고슴도치 hedgehog ཟེར་མོ།

고양이 cat ཞི་མི།

고추 chili སི་པན། དམར་ཚ། / ཞལ་ཚ་སྤྱོས།(H)

고통스러운 miserable སྡུག་

곤란 problems, trouble དཀའ་ངལ།

곰 bear དོམ།

공공의 public སྤྱི།

공부하다 study སྦྱོང་བ།

공양물 그릇 offering bowl ཏིང་། / ཆབ་ཏིང་།(H)

공작 peacock རྨ་བྱ།

공장 factory བཟོ་གྲྭ།

공책 notebook འབྲི་དེབ།

과(와) and དང་།

과실, 잘못 mistake ཉེས་པ།

과일 fruits ཤིང་ཏོག

과자 khabse ཁ་ཟས། / བཞེས་སྒྲོ།(H)

관리인 treasurer གཉེར་པ། / ཕྱག་མཛོད།(H)

광고하다 to advertise ཁྱབ་བསྒྲགས་བྱེད་པ།

교과서 textbook སློབ་དེབ།

교실 classroom འཛིན་ཁང་།

교장 선생님 principle སློབ་སྤྱི།

교재 textbook སློབ་དེབ།

구(9) nine དགུ།

구석에 in the corner ཟུར་ལ།

구십구 ninty nine དགུ་བཅུ་གོ་དགུ།

구아바 guava ཨམ་རུ།

국가 country ལུང་པ།

국적 nationality རྒྱལ་ཁོངས།

국화 chrysanthemum ཧྲང་སྤོང་མེ་ཏོག

굳은 stiff གྱོང་པོ།

굵은 thick སྦོམ་པོ།

귀 ear རྣ། ཨ་མཆོག / སྙན་ཅོག(H)

귀(鬼), 마구니 witch བདུད་མོ།

귀걸이 earing རྣ་ལོང་། / སྙན་ལོང་།(H)

귀에 거슬리다 be hash to the ear རྣ་བར་གཟན་པ།

귀한 scarce དཀོན་པོ།

귓구멍 ear cavity རྣ་ཁུང་།

귓볼 ear lobe རྣ་ཤལ།

그 he ཁོ།

그 다음에는, 그리고서 then དེ་ནས།

그것 it དེ།

그래서, 그러니까, 때문에 because བྱས་ཙང་།

그러나 but, however ཡིན་ནའང་།

그러면 then ཨ་ནེ།

그러므로 therefore བྱས་ཙང་།

그럼에도 불구하고 nevertheless ཡང་།

그릇 bowl ཕོར་པ། / བཞེས་ཕོར།(H)

그릇(사발) bowl ཕོར་པ། / བཞེས་ཕོར།(H)

그리고 then དེ་ནས།

그분(그, 그녀) he, she ཁོང་།

그외에 except མ་གཏོགས།

그저께 the day before yesterday ཁེ་ཉིན། ཁ་ཉིན།

금강 매듭 끈 protective thread སྲུང་མདུད། /
ལྷགས་མདུད།(H)

금잔화 marigold སེར་ཆེན།

기다리다 to wait སྒུག

기독교도 Christian ཡི་ཤུ་པ།

기린 giraffe ཞ་བ་སྐེ་རིང་།

기분 나쁜 소리 unpleasant sound སྒྲ་མི་སྙན།

기숙사 dormitory སྡོད་ཁང་།

기억 remember དྲན་པ།

기타 등등 etc. ཅི་དག

기타를 치다 play a guitar སྒྲ་སྙན་གཏོང་བ།

긴 long རིང་པོ།

긴귀걸이 long earing སོག་བྱིལ། སྙན་བྱིལ།(H)

길 road ལམ་ཁ། ལམ་ཀ །

까마귀 crow ཕོ་རོག

까치 magpie སྐྱ་ཀ །

깨끗한 clean གཙང་མ།

깨닫다 realize རྟོགས་པ།

깨달으시다 realize མཁྱེན་པ།(H) གཟིགས་པ།(H)

꼴와를 돌다 to do circumambulation སྐོར་བ་རྒྱག་པ།

꽃 flower མེ་ཏོག

꽃양배추 cauliflower མེ་ཏོག་པད་ཚལ།

꽃피다 to bloom flowers མེ་ཏོག་ཤར།

끈 string སྐུད་པ། / ཕྱག་སྐུད།(H)

끝 last, end, edge མཐའ་མ།

끝에 eventually, finally མཐའ་མར།

(ㄴ)

나[대명사] I ང་།

나라 country ལུང་པ།

나리, 높은 분을 부르는 말 sir སྐུ་ངོ།

나비 butterfly ཕྱེ་མ་ལེབ།

나쁜 bad སྡུག་ཅག ངན་པ།

나쁜 친구 bad friend གྲོགས་ངན་པ།

나에 관해서 about me ངའི་སྐོར།

나이, 년 year ལོ།

나이가 든, 노인(경어) old བགྲེས་པ།(H)

나중에 after, later རྗེས་ལ།

낙타 camel ཛ་མོང་།

날씬한 slim སྐམ་པོ།

날짜 date ཚེས་པ།

남동생 younger brother གཅུང་པོ། ནུ་བོ།

남자 아이 child བུ། / སྲས།(H) བུ་ལགས།(H)

남편 husband ཁྱོ་ག

낮 12시 twelve noon ཉིན་གུང་ཆུ་ཚོད་བཅུ་གཉིས།

낮 day ཉིན་མོ།

낮 daytime ཉིན་མོ།

낮은 low དམའ་པོ།

낳다 give birth བཙའ་བ།

낳으시다 give birth འཁྲུངས་པ།(H)

내년 next year ལོ་རྗེས་མ། སང་ལོ།

내리다 to fall འབབ།

내일 tomorrow སང་ཉིན།

내일 아침 tomorrow morning སང་ཞོགས།

너무 짧은 too short ཐུང་དྲགས།

너희 둘 the two of you ཁྱེད་རང་གཉིས།

네, 맞습니다 yes, I agree ལགས་འོང་།(H)

네번째 fourth བཞི་པ།

네팔 Nepal བལ་ཡུལ།

년, 해 year ལོ།

노동자 labour ངལ་རྩོལ་པ།

노란색 yellow སེར་པོ།

노래 song གཞས།

노래부르다 to sing གཞས་གཏོང་བ།

노새 mule དྲེལ།

노새 새끼 baby mule དྲེའུ།

노인, 어르신 old རྒན་པ། རྒན་ཁོག

녹색 green ལྗང་ཁུ།

녹인 버터 melted butter བཞུ་མར།

놀라운 startlingly, extremely ཧ་ལས་པའི།

놀리다, 괴롭히다 to bully ཐུབ་ཚོད་གཏོང་བ།

농부 farmer ཞིང་པ།

높은 high མཐོ་པོ།

뇌, 골 brain ཀླད་པ།

뇌조 grouse བྱ་གོང་མོ།

누구 who སུ།

누나 elder sister ཨ་ཅེ། གཅེན་མོ། / ཨ་ཅག་ལགས།(H)

눈(雪) snow གངས།

눈(眼) eye མིག / སྤྱན།(H)

눈꺼풀 eyelid མིག་པགས།

눈썹 eyebrow མིག་སྨྱུ། / སྤྱན་སྨྱུ།(H)

눈을 감다 close one's eyes མིག་བཙུམ་པ།

눈이 오다 to snow གངས་འབབ།

느긋하게 하다 act at easy ལྷོད་ལྷོད་བྱེད་པ།

느긋한 relaxing ལྷོད་ལྷོད།

느린 slow ག་ལེ། དལ་པོ།

늑대 wolf སྤྱང་ཀི།

늙다 age རྒས་པ།

늙은 old རྒན་ཁོག

늦게 late ཕྱིས་པོར།

늦은 late ཕྱི་པོ། ཕྱིས་པོ།

늦은 저녁 late evening དགོང་དྲོ་ཕྱི་པོ།

(ㄷ)

다리 leg རྐང་པ། / ཞབས་སྤུས།(H)

다양한 different kinds འདྲ་མི་འདྲ།

다음달에 next month ཟླ་བ་རྗེས་མར།

다음에 next རྗེས་མར།

다음주 next week བདུན་ཕྲག་རྗེས་མ།

다채로운 색 multicolored ཁྲ་ཁྲ།

달 moon ཟླ་བ།

달리아 dahlia ཡང་ཧྲུན་མེ་ཏོག

달콤한 sweet མངར་མོ།

닭 chicken བྱ་དེ།

닭고기 chicken བྱ་ཤ

담낭 gall bladder མཁྲིས་པ།

담배 cigarette ཐ་མག / བཞེས་ཐག(H)

당근 carrot གུང་དམར་ལ་ཕུག

당나귀 donkey, ass བོང་བུ། བུང་བུ།

당신 you ཁྱེད་རང་།

대단히 very, so much ཞེ་དྲག

대답하다 answer, reply ལན་འདེབས་པ།

대답하시다(경어) answer, reply ལན་སྐྱོན་པ།(H)

대법당 main temple གཙུག་ལག་ཁང་།

대장(大腸) large intestine ལོང་ག

대장장이 black smith མགར་ར།

대학교 college མཐོ་སློབ།

대화하다 converse སྐད་ཆ་ཤོད་པ།

대화하시다(경어) converse ཞལ་མོལ་གནང་བ།(H)

(사람이) 덜렁거리다 to do carelessly ཧ་རེ་ཧུ་རེ་བྱེད་པ།

덮다 to cover ཁ་ཚོད་རྒྱག་པ།

데몽(티베트 곰의 일종) grizzly bear དྲེད་མོང་།

데이지꽃 daisy སྐལ་བཟང་མེ་ཏོག

델리 Delhi ལྡི་ལི།

도달하다 reach གནས་སུ་འབྱོར་པ

도달하시다(경어) reach ཞབས་སོར་འཁོད་པ།(H)

도로 road ལམ་ཁ། ལམ་ཀ།

도마뱀 lizard རྫངས་པ་ཁ་རལ།

도서관 library དཔེ་མཛོད་ཁང་།

도시 city གྲོང་ཁྱེར།

도자기 earthenware རྫ་མ།

독 poison དུག

독수리 eagle, vulture བྱ་རྒོད། གླག

독일 Germany འཇར་མ་ནི།

돈 주는 곳 place to give money དངུལ་སྤྲོད་ས།

돈 money དངུལ།

돌고래 dolpin ཌོལ་ཕིན།

돌아가시다(경어) pass away དགོངས་པ་རྫོགས་པ།(H)

돌아오다 return ལོག་པ།

돌아오시다(경어) return ཕྱིར་ཕེབས་པ།(H)

동쪽 east ཤར།

돼지 pig ཕག་པ།

돼지고기 pork ཕག་ཤ།

두꺼운 thick མཐུག་པོ།

두려워하다 frighten སྐྲག་པ།

두려워하시다(경어) frighten ཐུགས་ཞུམ་པ།(H)

두루미, 학 crane ཁྲུང་ཁྲུང་།

두번째 second གཉིས་པ།

둘 다 both གཉིས་ཆར། གཉིས་ཀར།

뒤 back རྒྱབ།

뒤에 behind, in the back of རྒྱབ་ལ།

드물게, 가끔 rarely, seldom སྐབས་འགར།

드시다 eat མཆོད་པ། བཞེས་པ།(H)

듣다 hear, listen ཉན་པ།

들으시다(경어) hear, listen གསན་པ།(H)

등[脊背] back སྒལ་པ།

등록하다 register ཐོ་རྒྱག་པ།

등불(녹인 버터 등불) lamp བཞུ་མར། / གཟིམས་བཞུ།(H)

따뜻한 hot ཚ་པོ།

따뜻한 warm དྲོ་པོ། དྲོད་པོ།

딸 daughter བུ་མོ།

땅 soil ས་ཆ།

때 time སྐབས།

때때로 sometimes, occasionally སྐབས་སྐབས་ལ། སྐབས་རེ། མཚམས་རེ།

떨어지다 to fall ཟག་པ།

또는 or ཡང་ན།

또한, ~도 also, even, as well ཡང་།

뚱뚱한 fat རྒྱག་པ།

뛰어난(優) superior མཆོག

뜨거운 hot ཚ་པོ།

(ㄹ)

라싸(하싸) lhasa ལྷ་ས།

러시아 Russia ཨུ་རུ་སུ།

로부터 from ལས།

리치 lychee ལི་ཅི།

린포체 Rinpoche རིན་པོ་ཆེ།

(ㅁ)

마늘 garlic སྒོག་པ།

마늘 쫑 garlic shoot སྒོག་སྦྱུག

마른 thin, dry སྐམ་པོ།

마른 수건 dry towel ཨ་ཅོར་སྐམ་པོ།

마멋 marmot འཕྱི་བ།

마스크 mask ཁ་རས། ཞལ་རས།(H)

마시다 drink འཐུང་བ།

마을 village གྲོང་གསེབ།

마지막 last, end མཐའ་མ།

마지막에 finally མཐའ་མར།

마치 ~있는 것 같다 it seems it has ཡོད་པ་འདྲ།

마침내 last མཐར། མཐའ་མར།

만나다 meet ཐུག་པ།

만나시다(경어) meet མཇལ་བ།(H)

만두 momo མོག་མོག/ བཞེས་མོག(H)

만드는 사람, 작업공, 장인(匠人) worker བཟོ་པ།

만들다 make བཟོ་བ།

만약 ~라면 if... is ཡིན་ན།

만약 if, suppose ན།

만약 가지고 있다면 if... has ཡོད་ན།

많은 many མང་པོ།

말 horse རྟ།

말린 고기 dried meat ཤ་སྐམ་པོ།

말린 야크고기 dried yak meat གཡག་ཤ་སྐམ་པོ།

말린 양고기 raw mutton ལུག་ཤ་སྐམ་པོ།

말썽꾸러기인 naughty འཚུབ་པོ།

말씀하시다(경어) say, speak གསུངས།(H)

말을 잘 듣는 obedient ཁ་ལ་ཉན་པོ།

말하기 전에 before speaking སྐད་ཆ་མ་བཤད་སྔོན་ལ།

말하는 사람 one who speaks སྐད་ཆ་ཤོད་མཁན།

말하다 say, speak བརྗོད་པ།

말했다 said བཤད་པ།

망고 mango ཨམ།

망아지(당나귀 새끼) foal རྟེའུ།

매 hawk ཁྲ།

매 시간마다 hourly ཆུ་ཚོད་རེ་རེར། དུས་ཚོད་རེ་རེར།

매년 annually ལོ་ལྟར།

매달 monthly ཟླ་བ་རེ་རེར།

매우 very, so much ཞེ་དྲག

매우 많이 very much དཔེ།

매우 쉬운 very easy ལས་སླ་དྲགས།

매일 daily, every day ཉིན་ལྟར། ཉིན་མ་རྟག་པར།

매일밤에 every night དགོང་མོ་རྟག་པར།

맥, 혈관 vein རྩ།

맹장 appendix རྒྱུ་ལྷག

머리(頭) head མགོ / དབུ།(H)

머리를 빗다 to comb སྐྲ་ཤད་རྒྱག་པ།

머리 장식 head ornament མགོ་རྒྱན། / དབུ་རྒྱན།(H)
머리 장식 wig སྐྲ་རྫས། / དབུ་ལན།(H)
머리카락(髮) hair སྐྲ། / དབུ་སྐྲ།(H)
머물다 stay སྡོད་པ།
머플러 muffler སྐེད་དཀྲིས། / སྐུ་དཀྲིས།(H)
먹다 eat ཟ་བ།
먼 far རིང་པོ། ཐག་རིང་པོ།
메추라기 quail བྱ་སྲེག་པ།
멧돼지 wild boar རི་ཕག
며느리, 신부 daughter-in-law མནའ་མ། / བག་མ།(H)
명령하다 to order བཀའ་གཏོང་བ།
명명하다 name མིང་འདོགས་པ།
명명하시다 name མཚན་གསོལ་བ།(H)
명백한 to remember clearly གསལ་པོ།
모기 mosquito དུག་སྦྲང་།
모두 all ཚང་མ།
모레 the day after tomorrow གནངས་ཉིན།
모시다(경어) escort ཕེབས་སྐྱེལ་ཞུས་པ།(H)
모시다. escort བསྐྱལ་པ།
모자 hat, cap ཞྭ་མོ། / དབུ་ཞྭ།(H)
목 장식품 neck ornament སྐེ་རྒྱན། / མགུལ་རྒྱན།(H)
목neck མཇིང་པ། / མགུལ་མཇིང་།(H)
목걸이 necklace སྐེ་ཕྲེང་། / མགུལ་ཕྲེང་།(H)
목구멍 throat སྐེ། / མགུལ།(H)
목련 magnolia སྣ་མའི་མེ་ཏོག
목마르다 thirsty སྐོམ་པ།
목마르시다(경어) thirsty སྐྱེམས་པ།(H)
목수 carpenter ཤིང་བཟོ་བ།
목욕통 sink གཞོང་པ། / ཆབ་གཞོང་།(H)
목욕하다 wash འཁྲུད་པ།
목욕하시다(경어) wash བཤལ་བ།(H)
몸 body གཟུགས་པོ། / སྐུ་གཟུགས།(H)
몸의 털 body hair བ་སྤུ། ལུས་སྤུ།
몽고인 Mongolian སོག་པོ།
몽구스 mongoose ནེའུ་ལེ།
무거운 heavy ལྗིད་པོ།
무당, 영매 medium ལྷ་པ། / སྐུ་རྟེན།(H)
무릎 knee པུས་མོ། / ཞབས་པུས།(H)
무엇 what ག་རེ།
무 radish ལ་ཕུག
문 door སྒོ།
문을 잠그다 lock སྒོ་ལྕགས་རྒྱག་པ།
문화 culture རིག་གཞུང་།
물 water ཆུ། / ཆབ།(H)
물개 fur seal སྤུ་ལྡན་མཚོ་གཟིག
물건 things ཅ་ལག
물고기 fish ཉ།
물소 buffalo མ་ཧེ།
물을 내보내다 to release water ཆུ་གཏོང་བ།
물을 주다 to water ཆུ་རྒྱག་པ།
묽은 dilute སླ་པོ།
미국 USA ཨ་རི།
미국인 American ཨ་རི་བ།
미세한 fine ཕྲ་པོ།
민들레 dandelion ཁུར་མང་མེ་ཏོག

(ㅂ)

바구니, 소쿠리 basket སླེ་མ། / བཞེས་སླེམ།(H)
바깥으로 outside ཕྱི་ལོགས་ལ།

바나나 banana ངང་ལག

바느질하다 stitch བཙེམས་པ།

바느질하시다(경어) stitch ཕྱག་འཚེམ་བསྐྱོན་པ།(H)

바늘 needle ཁབ། / མགུལ་ཁབ།(H)

바다코끼리 walrus མཚོ་གླང་།

바다표범 seal མཚོ་གཟིག

바람이 세게 부는 windy ལྷགས་པ་ཆ་པོ།

바로 지금, 즉시 just now ད་ལྟ་རང་།

바쁘다 busy, to be in a hurry བྲེལ་བ།

바지 trousers ཀུ་ཐུང་། གོས་ཐུང་། དོར་མ། / ཞབས་དོར།(H)

바퀴벌레 cockroach ཞུ་ལུ་མ།

박물관 museum འགྲེམ་སྟོན་ཁང་།

박쥐 bat པ་ཝང་།

밖 outside ཕྱི།

밖에 out, outside ཕྱི་ལ།

반(班) class འཛིན་གྲྭ།

반대쪽 opposites ལྡོག་ཕྱོགས།

반란을 일으키다 to rebel ངོ་ལོག་རྒྱག་པ།

반지 ring མཛུབ་དཀྲིས། / ཕྱག་རྒྱས།(H)

받다 receive ཅ་དངོས་འབྱོར་བ།

받다 receive ལག་ཏུ་འཐོབ་པ།

받다 take ལེན་པ།

받으시다(경어) receive ཕྱག་ལ་སོན་པ།(H)

발뒤꿈치 heel རྟིང་པ།

발바닥 sole རྐང་མཐིལ། / ཞབས་མཐིལ།(H)

발전시키다 to develop, improve ཡར་རྒྱས་གཏོང་བ།

발찌 anklet རྐང་གདུབ། / ཞབས་གདུབ།(H)

밤 12시 twelve midnight མཚན་གུང་ཆུ་ཚོད་བཅུ་གཉིས།

밤 night, night time མཚན་མོ། མཚན།

밤마다 nightly དགོང་ལྟར།

방 room ཁང་མིག ཁང་ཁྱིམ། / གཟིམས་ཤག(H)

방 번호 room number ཁང་མིག་ཨང་གྲངས།

방광 bladder གཅིན་ལྒང་།

방금 just now ད་གིན།

방석 mat, mattress གདན། / བཞུགས་གདན།(H)

배(梨) pear ལི།

배(胃) stomach གྲོད་ཁོག

배고프다 feel hungry གྲོད་ཁོག་ལྟོགས་པ།

배고프시다 feel hungry གསོལ་གྲོད་བཙེམ་པ།(H)

배부른 be full རྒྱགས་པ།

배우자 spouse བཟའ་ཟླ། / སྐུ་ཟླ།(H)

배추 lettuce པད་ཚལ།

백련, 수련 water lily ཀུ་མུད།

백조 swan ངང་པ།

백주 liquor ཨ་རག/ བཞེས་རག(H)

뱀 snake སྦྲུལ།

버섯 mushroom ཤ་མོ།

버터 butter མར། / གསོལ་མར།(H)

버팔로 buffalo མ་ཧེ།

번호 number ཨང་གྲངས།

벌 bee སྦྲང་བུ།

벌하다 beat, punish ཉེས་པ་གཏོང་བ།

벌하시다(경어) punish ཕྱག་འདུག་གནང་པ།(H)

법당 shrine མཆོད་ཁང་།

벗어나다 separate from འབྲལ་བ།

벗어나시다(경어) separate from ཞལ་གྲིས་པ།(H)

베개 pillow སྔས། / དབུ་སྔས།(H)

베이징 Beijing པེ་ཅིང་།
별장 recreation center སྐྱོ་ཁང་།
병들다 get sick ན་བ།
병아리 chick བྱ་ཕྲུག བྱིའུ་ཕྲུག
병원 hospital སྨན་ཁང་།
병이 나으시다(경어) cure an illness སྙུན་གཞི་དྭངས་པ།(H)
병이 낫다 cure an illness ན་ཚ་དྲག
병이 드시다 set sick སྙུང་བ། སྙུན་པ།(H)
보내다 send, dispatch བསྐུར་བ། གཏོང་བ།
보내시다(경어)send ཕྱིངས་པ།(H) ཕྱིང་བསྐུལ་བ།(H)
보다 look, see བལྟས་པ། མཐོང་བ།
보다(비교) than ལས།
보라색 purple, violet མུ་མེན།
보배 jewel རིན་པོ་ཆེ།
보석 jewlry རྒྱན་ཆ། / སྐུ་རྒྱན།(H)
보시다(경어) look, see སྤྱན་གྱིས་གཟིགས།(H) གཟིགས་པ།(H)
보온차병 thermo flask ཇ་དམ། / གསོལ་དམ།(H)
보통 usually ནམ་རྒྱུན། རྒྱུན་དུ།
복숭아 peach ཁམ་བུ།
볼 cheek འგྲམ་པ། མཁུར་ཚོས།
봄 spring དཔྱིད་ཀ
부드러운 soft, smooth མཉེན་པོ། འཇམ་པོ།
(무엇인가를, 사람을) 부르다 to call སྐད་གཏོང་བ།
부르다 call upon འབོད་པ།
부르시다 call upon གསུང་ཞུ་བ།(H)
부엉이 owl འུག་པ།
부유한 rich ཕྱུག་པོ།
부인 wife སྐྱེ་སྨན། ཆུང་མ།
분(分) minutes སྐར་མ།
분기마다(3달에 한 번) quarterly ཟླ་བ་གསུམ་རེར།
분홍색 pink ཟིང་སྐྱ།
불 fire མེ། / ཞུགས་མེ།(H)
불 지피다 to make a fire མེ་གཏོང་བ།
불가사리 starfish སྐར་ཉ།
불교도 Buddhist ནང་པ།
불상 statue འདྲ་གཟུགས། / སྐུ་འདྲ། སྐུ་བརྙན།(H)
불행한 unpleasant སྡུག་པོ།
붉은 잎 무 radish གུང་ལ་ཕུག ལ་སེར།
브로콜리 broccoli མེ་ཚལ་ལྗང་ཁུ།
비 rain ཆར་པ།
비가 내리다 to rain ཆར་པ་གཏོང་བ། ཆར་པ་འབབ།
비구 스님 monk གྲྭ་པ། / སྐུ་གཞོགས་ལགས།(H)
비구니 스님 nun བཙུན་མ། ཨ་ནི། / ཨ་ནི་ལགས།(H)
비난 blame སྨད་པ།
비난하다 to criticize སྐྱོན་བརྗོད་བྱེད་པ།
비누 soap ཡི་ཙི། ཕྱག་ཡི།(H)
비둘기 dove, pigeon ཕུག་རོན། འང་གུ།
비비(동물) baboon སྤྲེ།
비슷한 like, similar to ནང་བཞིན།
비장 spleen མཚེར་པ།
비행기 airplane གནམ་གྲུ། / ཕེབས་གྲུ།(H)
빈 empty སྟོང་།
빗 comb ཀྱུག་ཤད། / དབུ་ཤད།(H)
빗자루 broom ཕྱགས་མ། / ཕྱག་ཕྱགས།(H)
빠른 fast མགྱོགས་པོ།
빨간색 red དམར་པོ།
빨덴하모(여신 이름) Shri Devi དཔལ་ལྡན་ལྷ་མོ།
빨리 quickly མགྱོགས་པོར།

빨리 soon, quickly མགྱོགས་པོར།

빨리하다 to do quickly མགྱོགས་པོ་བྱེད་པ།

빵 bread བག་ལེབ།

뺨 cheek མཁུར་ཚོས། / ཞལ་ཚོས།(H)

뻐꾸기 cuckoo ཁུ་བྱུག

뻣뻣한 stiff སྲོང་པོ།

뼈 bone རུས་པ། / བཞེས་རུས།(H)

뽑다 to elect འོས་འདེམས་བྱེད་པ།

(ㅅ)

사(四) four བཞི།

사계절 the four seasons ནམ་དུས་བཞི།

사과 apple ཀུ་ཤུ།

사다 buy ཉོས་པ།

사람이 마른 skinny, thin ཤ་སྐམ་པོ།

사랑하다 love དགའ་པོ་བྱེད་པ།

사무실 office ལས་ཁུངས། ཡིག་ཚང་།

사슴 deer ཤ་བ།

사시다 buy གཟིགས་གནང་བ།(H)

사원 monastery དགོན་པ།

사원 shrine, temple ལྷ་ཁང་།

사위 son-in-law མག་པ། / སྐུ་བག(H)

사자 lion སེང་གེ།

사장 shopkeeper ཚོང་དཔོན།

사전 dictionary ཚིག་མཛོད།

사진 photo པར།

사향노루 musk deer གླ་བ།

삼, 3, 셋 three གསུམ།

상세한 detailed རྒྱས་པོ།

상어 shark ཉ་ཆེན་ཤ་ཀ

상인 seller ཚོང་པ།

상자 box སྒམ། / ཕྱག་སྒམ།(H)

상점 shop ཚོང་ཁང་།

상점주인 shopkeeper ཚོང་དཔོན།

상추 lettuce པད་ཚལ།

상황 condition, circumstance གནས་སྟངས།

새끼 child ཕྲུ་གུ

새끼 고양이 kitten ཞིམ་ཕྲུག

새끼 돼지 piglet ཕག་ཕྲུག

새끼 양 lamb ལུག་གུ

새끼 염소, 짐승의 새끼 yeanling རི་ཁུ།

새로운 new གསར་པ།

색깔 color ཚོན་ཁྲ། ཁ་དོག ཚོན་མདོག

생각하다 to think བསམ་བློ་གཏོང་བ།

생강 ginger སྒ་སྨུག

생고기, 날고기 raw meat ཤ་རྗེན་པ།

생선 fish ཉ་ཤ།

서다 get up , stand ལངས་པ།

서로 each other ཕན་ཚུན།

서점 bookshop དེབ་ཁང་།

석류 pomegranate སེ་འབྲུ། སེའུ་དམར།

선거하다 to elect འོས་འདེམས་བྱེད་པ།

선물 gift ལག་རྟགས། / ཕྱག་རྟགས།(H)

선생님 teacher དགེ་རྒན། / རྒན་ལགས།(H)

선풍기 fan རླུང་འཁོར།

선행 wholesomeness དགེ་བ།

설사자 snow lion གངས་སེང་།

설하다 speak ལབ་པ།

성냄 anger ཁོང་ཁྲོ།

성함(이름의 경어) name མཚན།(H)

세기 century ལོ་བརྒྱ་ཕྲག

세번째 third གསུམ་པ།

세우다 stand, construct བསླངས་པ། བསྐྲུན་པ།

세우시다(경어) stand, construct སྐུ་བཞེངས་ཞུས་པ།(H), བཞེངས་པ།(H), ཕྱག་བཏབ་པ།(H)

셔츠 shirt འོག་འཇུག/ སྐུ་འཇུག(H)

소 cow བ།

소(목축용) cow, cattle བ་ཕྱུགས།

소고기 beef གླང་ཤ།

소금 salt ཚྭ། / ལྷགས་ཚྭ།(H)

소녀 girl བུ་མོ། སྲས་མོ།(H)

소년 boy བུ། / སྲས།(H) བུ་ལགས།(H)

소라 conch དུང་།

소변 urine གཅིན་པ།

소설 storybook སྒྲུང་དེབ།

소시지 sausage རྒྱུ་མ།

소유물 possessions རྒྱུ་ནོར། / སྐུ་རྒྱུ།(H)

소주 liquor ཨ་རག/ བཞེས་རག(H)

소풍을 가다 to picnic གླིང་ཁ་གཏོང་བ།

소향(燒香; 태우는 향) incense བདུག་སྤོས། གཟིམས་སྤོས།(H)

속 depth གཏིང་།

속눈썹 eyelash རྫི་མ།

속옷 undershirt འོག་འཇུག/ སྐུ་འཇུག(H)

손 hand ལག་པ། / ཕྱག(H)

손가락 finger མཛུབ་མོ། / ཕྱག་མཛུབ།(H)

손녀 granddaughter ཚ་མོ།/ སྐུ་ཚ།(H)

손님방 guesthouse མགྲོན་ཁང་།

손바닥 palm ལག་མཐིལ།

손수건 handkerchief སྣ་ཕྱིས། / ཤངས་ཕྱིས།(H)

손에 드시다(경어) hold ཕྱག་ཏུ་སྣོམ་པ།(H)

손에 들다 hold ལག་པར་འཛིན་པ།

손윗사람, 선생님 elders དགེ་རྒན། / རྒན་ལགས།(H)

손자 grandson ཚ་བོ། / སྐུ་ཚ།(H)

손톱 nail སེན་མོ། / ཕྱག་སེན།(H) ཞབས་སེན།(H)

손해 loss གྱོང་།

송아지 calf བེའུ།

수건 towel ཨ་ཙོར། / ཞལ་ཙོར།(H)

수달 otter སྲམ།

수도(首都) capital city རྒྱལ་ས།

수박 watermelon ཆུ་ག་གུན།

수선화 daffodil དྲིད་མ་མེ་ཏོག

수소 ox, bull གླང་གོག

수술하다 to do surgery གཤག་བཅོས་བྱེད་པ།

수영하다 to swim རྐྱལ་རྒྱག་པ།

수축시키다, 오무리다 draw out རྐྱང་པ།

수탉 cock བྱ་ཕོ།

순무 turnip ཉུང་མ། ཞུང་མ།

순수한 pure གཙང་མ།

술(티베트 전통주) chang ཆང་། / མཆོད་ཆང་།(H)

술집 bar ཆང་ཁང་།

숨을 쉴 때 while inhaling དབུགས་རྔུབ་དུས།

숫노새 male dzo མཛོ་ཕོ།

쉬운 easy སླ་པོ།

스웨터 sweater སུ་ཏར།

스카프 scarf ཁ་དཀྲིས། / ཞལ་དཀྲིས།(H)

슬프다 to be sad སེམས་པ་སྐྱོ།

슬픔 sad སྐྱོ་བ།

습관 habit གོམས་གཤིས།

승복(하의) monk's lower robe ཤམ་ཐབས། / སྐུ་ཤམ།(H)

시간 time, hour ཆུ་ཚོད།

시계 clock ཆུ་ཚོད།

시금치 spinach སྣ་ལག

시대 epoch, century དུས་རབས།

시아버지 father-in-law གྱོས་པོ།

시어머니 mother-in-law གྱོས་མོ།

시원한 cool བསིལ་པོ།

시장(市場) market ཁྲོམ།

시큼한 sour སྐྱུར་མོ།

식당 restaurant ཟ་ཁང་།

식도 esophagus མིད་པ།

식물 plants རྩི་ཤིང་།

식사를 대접하다 to treat to meals ཁ་ལག་གཏོང་བ།

신문 newspaper ཚགས་པར།

신발 shoes ལྷམ། འཇུར་ཧྲ། ལྷམ་གོག / ཞབས་ཕྱུགས།(H)

신발끈, 구두끈 shoelace ལྷམ་སྒྲོག/ ཞབས་སྒྲོག(H)

신상 statue འདྲ་གཟུགས། / སྐུ་འདྲ། སྐུ་བརྙན།(H)

신장 kidney མཁལ་མ།

실 string སྐུད་པ། / ཕྱག་སྐུད།(H)

실제로 actually, in fact དངོས་གནས་བྱས་ན།

심장 heart སྙིང་།

십 ten བཅུ།

십만 hundred thousand འབུམ། ཅིག་འབུམ།

십억 billion ཐེར་འབུམ། ཐེར་འབུམ་གཅིག

쌀 rice འབྲས། / བཞེས་འབྲས།(H)

쓰다 write འབྲི་བ།

쓰레기 litter, rubbish གད་སྙིགས།

쓰시다(경어) write ཕྱག་བྲིས་གནང་བ།(H)

씻다 wash འཁྲུད་པ།

(ㅇ)

아들 son བུ། / སྲས།(H) བུ་ལགས།(H)

아래 lower སྨད།

아래에 under, below, beneath འོག་ལ།

아름다운 beautiful མཛེས་པོ། སྙིང་རྗེ་པོ།

아름다운 여자 beautiful girl བུ་མོ་སྙིང་རྗེ་པོ།

아마 maybe གཅིག་བྱས་ན།

아무것도 아니다 nothing ཅི་ཡང་།(with neg)

아버지 father ཨ་ཕ། པ་ལགས། / ཡབ།(H)

아보카도 avocado ཨེ་ཕྭ་ཁ་ཊོ།

아시다 know མཁྱེན་པ།(H)

아이 child ཕྲུ་གུ

(일이) 아주 쉬운 very easy ལས་སླ་དྲག

아직 still, yet ད་དུང་།

아침 morning སྔ་དྲོ། ཞོགས་པ། ཞོགས་ཀ།

아픈, 환자 unwell, ill ནད་པ།

아홉 번째 ninth དགུ་པ།

악수하다 to shake hands ལག་པ་གཏོང་བ།

악어 crocodile ཆུ་སྲིན།

악행 wrongdoing སྡིག་པ།

안 inside ནང་།

안구 eyeball མིག་རིལ། / སྤྱན་འབྲས།(H)

안내하다 to guide ལམ་སྟོན་བྱེད་པ།

안락한 pleasant སྐྱིད་པོ།

안에 in ནང་ལ།

안쪽으로 inside ནང་ལོག་ལ།

앉는 곳 place to sit down མར་སྡོད་ས།

앉다 sit བསྡད་པ།

알다 know, understand ཤེས་པ། ཧ་གོ་བ།

암야크 female-yak འབྲི།

*원래 '야크'는 수컷이고, '디'는 암컷인데, 외국에서 female-yak를 사용하므로 여기서 암야크라는 표현을 썼는데, 이것은 틀린 말이고. '디'라고 해야 한다.

암탉 hen བྱ་མོ།

앞 front མདུན།

앞에 formerly, earlier སྔོན་ལ། སྔོན་མར།

앞치마 apron པང་གདན། / སྐུ་པང་།(H)

애인 girl friend, boy friend དགའ་རོགས།

애정을 나타내다 to show affection བྱམས་པོ་བྱེད་པ།

애착 attachment ཆགས་པ།

앵무새 parrot ནེ་ཙོ།

앵초꽃 primrose དཔྱིད་ཀྱི་རྒྱ་སེ།

야단시치다(경어) scold བཀའ་སྐྱོན་གནང་བ།(H)

야단치다 scold གཤེ་བ།

야크 yak གཡག

야크고기 yak meat གཡག་ཤ།

약(藥) medicine སྨན།

얇은 thin སྲབ་པོ།

양 sheep ལུག

양고기 mutton[sheep] ལུག་ཤ།

양귀비꽃 poppy རྒྱ་མེན།

양녀 daughter-in-law གསོས་ཕྲུག

양동이 bucket ཆུ་ཟོམ། / ཆབ་ཟོམ།(H)

양말 socks ཨུ་སུག ཨུ་སུ་སུ། / ཞབས་སུག(H)

양배추 cabbage ལན་འཁོར་པད་ཚལ།

양산 umbrella ཉི་གདུགས། / དབུ་གདུགས།(H)

양자 son-in-law གསོས་ཕྲུག

양지 바른 sunny ཉི་མ་དྲོ་པོ།

양쪽의 both གཉིས་ཆར། གཉིས་ཀར།

양파 onion ཙོང་།

어깨 shoulder དཔུང་པ། / ཕྱག་དཔུང་།(H)

어깨 덮는 천(숄) shawl གཟན། / སྐུ་གཟན།(H)

어느 것도 anything ཅི་ཡང་།

어느 것도 할 수 없는 not able to do anything ཅི་ཡང་མི་ནུས།

어디에 where ག་པར། ག་པ་ལ།

어디에 where གང་དུ།

어디에서 from where ག་ནས།

어려운 difficult ཁག་པོ། དཀའ་ལས་ཁག་པོ།

어려움 difficulty དཀའ་ངལ།

어리석은 foolish གླེན་པོ།

어린 young ཆུང་ཆུང་།

어린이 child པུ་གུ། (ཕྲུ་གུ의 구어체)

어머니 mother ཨ་མ། / ཨ་མ་ལགས།(H)

어제 yesterday ཁ་སང་།

어제 아침 yesterday morning ཁ་སང་ཞོགས་ཀ

어제 저녁 last evening མདང་དགོང་།

어제 저녁 last evening, night ཁ་སང་དགོང་མོ།

어쨌든 anyway, in any case གང་ལྟར།

언니, 누나 elder sister གཅེན་མོ། / ཨ་ཅག་ལགས།(H)

언제나 always རྟག་ཏུ། རྟག་པར།

언제든지 whenever རྟག

얼굴 face གདོང་པ། / ཞལ། ཞལ་རས།(H)

얼룩말 zebra རྐྱང་ཁྲ།

얼룩무늬 사슴, 노루 spotted deer ཁ་ཤ།

엄지손가락 thumb མཐེ་བོང་།

엉덩이 hip དཔྱི་མགོ།

여기, 이(것) this, it འདི།

여덟 eight བརྒྱད།

여덟 번째 eighth བརྒྱད་པ།

여동생 younger sister གཅུང་མོ། ནུ་མོ།

여럿 various སྣ་ཚོགས།

여름 summer དབྱར་ཁ།

여섯 번째 sixth དྲུག་པ།

여우 fox ཝ་མོ།

여유 있는 leisurely ལྷོད་ལྷོད།

여의주 wish-fulfilling gems ཡིད་བཞིན་ནོར་བུ།

여자아이 girl བུ་མོ། སྲས་མོ།(H)

여전히 still, yet ད་དུང་།

여주 bitter gourd ཀ་དཔེ་ཧྲིག་མོ།

연근 lotus root པད་རྩ།

연꽃 lotus པད་མ།

연필 pencil ཞ་སྨྱུག

열등한(劣) inferior དམན།

열쇠 key ལྡེ་མིག/ ཕྱག་ལྡེ་མིག(H)

열심히 하다 hard work དཀའ་ལས་རྒྱག་པ།

염소 goat ར།

염소고기 mutton[goat] ར་ཤ།

영(0) zero ཀླད་ཀོར།

영국 England ཨིན་ཡུལ།

영국인, 서양인 Westerner, British; ཨིན་ཇི།

영화관 movie theater གློག་བརྙན་ཁང་།

옅은 dilute སླ་པོ།

옆에 beside, next to, close by ཁྲིས་ལ།

예불당 shrine room ཚོགས་ཁང་།

오(五) five ལྔ།

오늘 today དེ་རིང་།

오늘 저녁 tonight དོ་དགོང་།

오다 come འོང་བ།

오래 전에 long before སྔོན་མ་སྔོན་མ།

오래된 old རྙིང་པ།

오랜만입니다 long time no see! མ་མཇལ་ཡུན་རིང་།

오렌지 orange ཚ་ལུ་མ།

오렌지색 orange color ལི་ཞང་།

오른쪽 right གཡས།

오리 duck བྱ་གག

오빠, 형 elder brother གཅེན་པོ། ཇོ་ལགས།(H)

오시다 come ཆིབས་སྒྱུར་གནང་བ།(H)

오이 cucumber ཁི་ར། ཀང་ར།

오직 하나 only གཅིག་པུ།

오크라 ladies' finger, okra མཛུབ་ཚལ། པེན་ཌི།

오토바이 motorbike ཕུག་ཕུག

오후 noon, afternoon ཉིན་གུང་།

옥수수 corn ཨ་ཤོམ།

온 곳 place to come ཡོང་ས།

올리브 olive ཨོ་ལིབ།

올해 this year ད་ལོ།

완두콩 pea སྲན་རིལ། བོད་སྲན།

완전한 complete ཡོངས་རྫོགས།

완전히 completely ཧད་དེ།

왜냐하면 because གང་ཡིན་ཟེར་ན།

외삼촌 uncle(maternal) ཨ་ཞང་། / སྐུ་ཞང་། ཨ་ཞང་ལགས།(H)

외숙모 aunt(maternal) སྲུ་མོ། / སྲུ་མོ་ལགས།(H)

외우다 memorize བློ་རུ་འཛིན་པ།

왼쪽 left གཡོན།

요구르트 curd ཞོ། / གསོལ་ཞོ།(H)
요리사 cook མ་བྱན། / མ་བྱན་ལགས།(H)
요약한 abridged བསྡུས་པོ།
요즘 nowadays དེ་རིང་སང་། དེང་སང་།
요즘, 최근에 lately, recently ཉེ་ཆར།
욕실 bathroom ཁྲུས་ཁང་།
용두화(龍頭花) dragon flower འབྲུག་མེ་ཏོག
우는 사람 one who cries ངུ་མཁན།
우두머리 leader འགོ་ཁྲིད། / དབུ་ཁྲིད།(H)
우시다(경어) cry བཤུམས་པ།(H)
우유 milk འོ་མ།
우체국 post office སྦྲག་ཁང་།
우편배달부 postman སྦྲག་པ།
운전사 driver ཁ་ལོ་བ།
울다 cry ངུ་བ།
웃다 laugh བགད་པ། གད་མོ་བགད་པ།
웃으시다(경어) laugh ཞལ་མོ་བཞད་པ།(H)
원숭이 monkey སྤྲེའུ།
월 month ཟླ་བ།
웨이트리스 waitress ཞབས་ཞུ་མ།
위 above, upper གོང་། སྟོད།
위 층에 in, to, at upper སྟེང་ཁང་ལ།
위, 위장 stomach ཕོ་བ། གྲོད་པ། / གསོལ་གྲོད།(H)
위로하다 to console སེམས་གསོ་གཏོང་བ།
위에 on, above སྒང་ལ། སྟེང་ལ།
위층 upper floor སྟེང་ཁང་།
유니폼, 교복, 제복 uniform སྒྲིག་ཆས།
유럽 Europe ཡུ་རོབ།
유리병 glass bottle ཤེལ་དམ།
유목민 nomad འབྲོག་པ།

유연한 supple མཉེན་པོ།
육, 6 six དྲུག
은행 bank དངུལ་ཁང་།
음식 food ཁ་ལག/ ཞལ་ལག(H) གསོལ་ཚིགས།(H)
음식 먹는 곳 place to eat ཁ་ལག་ཟ་ས།
음식 첫 부분 first portion of food ཟས་ཕུད། / གསོལ་ཕུད།(H)
의류 clothes གྱོན་ཆས། / ན་བཟའ།(H)
의미 meaning དོན་དག
의붓 아버지 stepfather ཕ་ཚབ།
의붓 어머니 stepmother མ་ཚབ།
의붓 자식 stepson, stepdaughter བུ་ཚབ།
의사 doctor སྨན་པ། / ཨེམ་ཆི། ཨེམ་ཆི་ལགས།(H)
의자 chair རྐུབ་བཀྱག
의존하다 to rely upon བསྟེན་པ།
의지하다 to depend, rely on རག་ལས་པ།
이(虱) louse ཤིག
이(二) two གཉིས།
이것들 these འདི་ཚོ།
이게 뭐야?(의심할 때) what's this! (doubt) ཨ་འོ།
이기 때문에 because… it is… ཡིན་ཙང་།
이럴 수가 too bad! (dismay) ཨ་ཁ། ཨ་ཁ་ཁ།
이른 early སྔ་པོ།
이른 아침 early morning ཞོགས་པ་སྔ་པོ།
이름 name མིང་།
이마 forehead དཔྲལ་པ། / དབུ་དཔྲལ།(H)
이메일 email ཨི་མེལ། གློག་འཕྲིན།
이모 aunt(maternal) སྲུ་མོ། / སྲུ་མོ་ལགས།(H)
이불 bedding ཉལ་ཆས། / གཟིམས་ཆས།(H)
이빨 teeth སོ།

이십 twenty ཉི་ཤུ།

이신 놀부 wish fulfilling ཡིད་བཞིན་ནོར་བུ།

(여의주라는 뜻으로 달라이 라마 Dalai Lama의 여러 호칭 가운데 하나)

이야기 책 storybook སྒྲུང་དེབ།

이익 profit, advantage ཁེ་བཟང་། ཕན་ཡོན།

이전에 formerly, earlier སྔོན་ལ། སྔོན་མར།

이쪽으로 on this side ཚུར་ཕྱོགས་ལ།

익다 to ripen སྨིན་པ།

인내 patience བཟོད་པ།

인도 India རྒྱ་གར།

인도 대추야자 date, jujube ཁ་སུར།

인도인 Indian རྒྱ་གར་བ།

일가 친척 siblings སྤུན།

일곱 번째 seventh བདུན་པ།

일기장 diary ཉིན་དེབ།

일꾼 worker ལས་ཀ་བྱེད་མཁན།

일만 ten thousand ཆིག་ཁྲི།

일반적으로 generally འཆར་ཅན། རྒྱུན་དུ།

일반적인 in general སྤྱིར་བཏང་།

일백만 one million ས་ཡ་གཅིག

일본 Japan ཉི་ཧོང་།

일본인 Japanese ཉི་ཧོང་བ།

일상적으로 usually འཆར་ཅན།

일어난 후에 after getting up ཡར་ལངས་པའི་རྗེས་ལ།

일어서는 곳 place to stand up ཡར་ལངས་ས།

일어서다 get up , stand ལངས་པ།

일어서시다(존칭) get up, stand བཞེངས་པ།(H)

일억 hundred million དུང་ཕྱུར། དུང་ཕྱུར་གཅིག

일을 열심히 하다 to work hard དཀའ་ལས་རྒྱག་པ།

일을 하는 곳 office, department ལས་ཁུངས།

일찍부터, 시종일관 all along སྔ་ས་ནས།

일찍이 early སྔ་པོར།

일하다 to work ལས་ཀ་བྱེད་པ།

일할 때 while working ལས་ཀ་བྱེད་དུས།

읽다 read ཀློག་པ།

읽으시다(경어) read ལྷགས་ཀློག་གནང་པ།(H)

입 mouth ཁ། / ཞལ།(H)

입다 wear གྱོན་པ།

입술 lip མཆུ་ཏོ། / ཞལ་མཆུ།(H)

입으시다(경어) wear བཞེས་པ།(H) མཆོད་པ།(H)

입을 다물다 close's mouth ཁ་བཙུམ་པ།

있기 때문에 because ~ has ཡོད་ཙང་།

있다 being ཡོད་པ།

잉크 ink སྣག་ཚ། / ཕྱག་སྣག(H)

잊다 forget བརྗེད་པ།

잊으시다(경어) forget ཐུགས་བསྙེལ་པ།(H)

(ㅈ)

자다 sleep ཉལ་བ།

자동차 car, vehicle མོ་ཊ།

자동차를 만드는 곳 place to make cars མོ་ཊ་བཟོ་ས།

자동차를 빌리는 곳 place to rent a taxi མོ་ཊ་གླ་ས།

자랑스럽다 to be proud སྤོབས་པ་བྱེད་པ།

자매 sisters སྤུན།

자물쇠 lock སྒོ་ལྕགས། / ཕྱག་ལྕགས།(H)

자세한 detailed རྒྱས་པོ།

자스민 jasmine མ་ལི་ཀ

자신 self བདག

자신감이 있다 to feel confident གདེང་ཚོད་ཡོད་པ།

자전거 bicycle རྐང་འཁོར། / ཞབས་འཁོར།(H)

자정 twelve midnight མཚན་གུང་ཆུ་ཚོད་བཅུ་གཉིས།

자주 frequently, often ཡང་སེ། ཡང་ཡང་།

자칼, 승냥이 jackal ཁྱི་སྤྱང་།

작년 last year ན་ནིང་། ལོ་སྔོན་མ།

작은 small ཆུང་ཆུང་།

잘가라 bye ཀྱུག་ཨང་། ཕེབས་ཨང་།

잘못 error, mistake ཉེས་པ།

잠이 들다 to fall asleep གཉིད་ཁོར་བ།

장갑 gloves ལག་ཤུབས། / ཕྱག་ཤུབས།(H)

장모 mother-in-law གྱོས་མོ།

장미 rose རྒྱ་སེ།

장소 place ས་ཆ།

장인 father-in-law གྱོས་པོ།

재가인 householder ཁྱིམ་པ།

재다 measure རིང་ཐུང་ཚད་པ།

재시다 measure སྐུ་ཚད་བསྐྱོན་པ།(H)

저것 that དེ།

저항하다 to protest ངོ་རྒོལ་བྱེད་པ།

적 enemy དགྲ

적갈색 brown རྒྱ་སྨུག

적은 little ཉུང་ཉུང་།

전갈 scorpion སྡིག་པ་ར་ཙ།

전기 electricity གློག

전에 before, previously སྔོན་ལ།

전혀 never, no way རྩ་བ་ནས།(with neg.)

전혀~아무것도 없다 not at all ཁྱོད་ནས་མེད་པ།

전화번호 phone number ཁ་པར་ཨང་གྲངས།

전화기 phone ཁ་པར།

절대로 absolutly རྩ་བ་ནས། ནམ་ཡང་།

절반 half ཕྱེད་ཀ

젊은 young གཞོན་པ།

접시, 쟁반 plate སྡེར་མ། / གསོལ་སྡེར།(H)

정기 간행물 journal དུས་དེབ

정기적으로 regularly རྒྱུན་དུ།

정말로 really དངོས་གནས།

정상적으로 normally ནམ་རྒྱུན་ནས། འཆར་ཅན།

정수리 crown སྤྱི་བོ། / དབུ་སྤྱིལ།(H)

정신이 맑아지다 to become alert གྲུང་པོ་ཆགས་པ།

젖은 wet རློན་པ།

젖은 나무 wet wood ཤིང་རློན་པ།

제라늄 geranium ལྷམ་པ་ཏ་ལོ།

제발 please! སྐུ་ཙི།

제비꽃 violet སྤང་རྒྱན་མེ་ཏོག ཟུ་མེན་མེ་ཏོག

조(암야크와 수소의 교배종) dzo མཛོ།

조건 condition, circumstance གནས་སྟངས།

조금 a little ཏོག་ཙམ།

조금 전 a moment ago ད་གིན།

조끼 vest ཏུལ་ལེན།

조력자 assistant ལས་རོགས།

조롱박(호리병박) gourd ཀ་བེད།

조모(암야크와 수소의 교배종의 암컷) female dzo མཛོ་མོ།

조수(助手) helper རོགས་པ།

조심하다 to do with care གཟབ་གཟབ་བྱེད་པ།

조심해서 carefully གཟབ་གཟབ་བྱེད་ནས།

조카(남자) nephew ཚ་བོ།

조카(여자) niece ཚ་མོ།

종이 paper ཤོག་གུ། / ཕྱག་ཤོག(H)

종이 상자 paper box ཤོག་སྒམ།

종종, 자주 often ཡང་སེ། ཡང་ཡང་།

좋아하다 feel happy དགའ་བ།

좋아하다 to like དགའ་པོ་བྱེད་པ།

좋아하시다(경어) feel happy ཐུགས་མཉེས་པ།(H)

좋은 good ཡག་པོ།

주, 주일 week བདུན་ཕྲག

주다 give སྤྲོད་པ། གཏོང་བ། ཕུལ་བ། སྟེར་བ། སྦྱིན་པ།

주무시다(경어) sleep གཟིམས་པ།(H)

주문하다, 시키다 entrust མངགས་པ།

주사하다 to inject ཁབ་རྒྱག་པ།

주시다(경어) give གནང་བ།(H) ཕུལ་བ།(H) གསོལ་
རས་སྐྱལ་བ།(H)

주일마다 weekly བདུན་ཕྲག་རེ་རེར།

주전자 teapot ཏུཙུ། / བཞེས་ཏུར།(H)

주전자(도자기로 만든) ཁོག་མ། / བཞེས་ཁོར།(H)

주황색 lemon ལིམ་བུ།

죽다 die ཤི་བ།

죽순(竹筍) bamboo shoot སྨྱུག་རྩ།

죽음 death, dying འཆི་བ།

죽이다 kill བསད་པ། / བསྒྲོངས་པ།(H)

준비하다 to prepare གྲ་སྒྲིག་བྱེད་པ།

중간 방 middle floor བར་ཁང་།

중국 China རྒྱ་ནག

중국인 Chinese རྒྱ་མི།

중요한 important གལ་ཆེན་པོ།

쥐 rat, mouse ཙི་ཙི།

즐거운 feel happy དགའ་བ།

즐거운 joyful སྐྱིད་པོ།

증오 hatred སྡང་བ།

지금 now ད་ལྟ།

지금 곧, 막~, about, just གྲབས།

지나서 past ཡོལ་ནས།

지난달 last month ཟླ་བ་སྔོན་མ།

지난주 last week བདུན་ཕྲག་སྔོན་མ།

지네 centipede རྐང་བརྒྱ་རྟ་ཟླ།

지도자 leader, head དབུ་འཛིན།

지도하다 to instruct ལམ་སྟོན་བྱེད་པ།

지루하다 to feel bored ཉོབ་པ།

지방, 기름 덩어리 fat ཚིལ། / བཞེས་ཚིལ།(H)

지속적으로 regular རྒྱུན་དུ།

지역 region ལུང་པ།

지팡이 walking stick འཁར་རྒྱུག/ ཕྱག་འཁར།(H)

지휘하다 command བཀའ་གཏོང་བ།

진실 truth བདེན་པ།

진언 mantras སྔགས།

진짜로 really དངོས་གནས།

진한 strong, thick གར་པོ།

질문하는 곳 place to ask questions སྐད་ཆ་འདྲི་ས།

집 house ཁང་པ།

짧은 short ཐུང་ཐུང་།

짧은 기둥 short pillar, pole ཀ་བ་ཐུང་ཐུང་།

짬빠(보릿가루) tsampa རྩམ་པ། / གསོལ་ཞིབ།(H)

(ㅊ)

차 주전자 teapot ཁོག་ལྟིར། / གསོལ་ལྟིར།(H)

차(茶) tea ཇ། / གསོལ་ཇ།(H)

차(車) car, vehicle རླངས་འཁོར།/ ཞབས་སྦྲོ།(H)

차가운 cold གྲང་མོ།

차단하다 to block བཀག་སྡོམ་བྱེད་པ།

참새 house sparrow ཁང་མཆིལ།

참음 patience བཟོད་པ།

찻집 tea stall ཇ་ཁང་།

찻집, 카페 café ཇ་ཁང་།

창문 window སྒེའུ་ཁུང་།

창자(腸; 대장, 소장) small intestine རྒྱུ་མ།

찾다 to search, look for འཚོལ་བ།

책 book དེབ། / ཕྱག་དེབ།(H)

책 번호 volumn number པོད་ཨང་གྲངས།

책상 테이블 table ཅོག་ཙེ།

책을 쓰다 compose, write དཔེ་ཆ་བརྩམས་པ།

책을 쓰시다 compose, write ལྷུགས་རྩོམ་གནང་བ།(H)

처럼 like, similar to ནང་བཞིན།

천, 1000 thousand, one thousand སྟོང་། ཆིག་སྟོང་།

천도복숭아 nectarine སྒྲང་རྡེ་ཁམ་བུ།

천천히 slowly, gently ག་ལེར།

천천히 가면 if go slowly ག་ལེར་འགྲོ་ན།

첫 번째 first དང་པོ།

첫 번째로 first དང་པོར།

청고추 green chilli སི་པན་སྔོན་པོ།

체리 cherry སེའུ།

초(秒) second སྐར་ཆ།

최소의 least ཉུང་ཤོས།

최악의 worst སྡུག་ཤོས།

최후에 eventually, finally མཐའ་མར།

추운 cold གྲང་མོ།

추위를 느끼다 feel cold འཁྱག་པ།

추위를 느끼시다(경어) feel cold བསིལ་བ།(H)

추한 ugly མདོག་ཉེས་པོ།

출가인 ordained རབ་བྱུང་།

출발하다 set out ཐོན་པ།

출발하시다(경어) set out ཕེབས་རྟོག་ཐོན་པ།(H)

췌장 pancreas གཤེར་རྐྱེན།

취하다 get drunk བཟི་བ།

취하시다 get drunk སྐྱུ་ར་བད་པ།(H)

츄빠(티베트인의 전통 옷) chupa ཕྱུ་པ།

치마 skirt སྨད་གཡོག

치아(경어) teeth ཚེམས།(H)

치약 toothpaste སོ་སྨན། / ཚེམས་སྨན།(H)

치즈 cheese ཕྱུ་ར།

친구 friend གཉེན།

친구(남자) (male) friend གྲོགས་པོ།

친구(여자) (female) friend གྲོགས་མོ།

친구, 동료 companion རོགས་པ།

친척, 친족 relatives སྤུན་སྐྱ། སྤུན་མཆེད།

칠, 7 seven བདུན།

칠십육 seventy six བདུན་ཅུ་དོན་དྲུག

칠판 blackboard ནག་པང་།

침구 bedding ཉལ་ཆས། / གཟིམས་ཆས།(H)

침대 bed ཉལ་ཁྲི། གཟིམ་ཁྲི།(H)

침략하다 to invade བཙན་འཛུལ་བྱེད་པ།

침묵하시다(경어) close's mouth ཞལ་བསྡུམ་པ།(H)

침실 bedroom ཉལ་ཁང་།

칫솔 toothbrush སོ་འཁྲུ། ཚེམས་འཁྲུ།(H)

칭찬 praise བསྟོད་པ།

(ㅋ)

카달 scarf ཁ་དར། མཇལ་དར།(H)

카메라 camera པར་ཆས།

칼 knife གྲི། ཕྱག་ཤན།(H)

커피 coffee ཀོ་ཕི། འཚིག་ཇ།

컴퓨터 computer གློག་ཀླད། རྩིས་འཁྲུལ།

컵 cup དཀར་ཡོལ། / ཞལ་དཀར།(H)

코 nose སྣ། / ཤངས།(H)

코걸이 nose ornament སྣ་རྒྱན། / ཤངས་རྒྱན།(H)

코끼리 elephant གླང་པོ་ཆེ། གླང་ཆེན།

코뿔소 rhinoceros བསེ་རུ།

코코넛 coconut བེ་ཏ།

코트 coat སྟོད་ཐུང་། / སྐུ་སྟོད།(H)

콧구멍 nostril སྣ་ཁུང་།

콧수염 moustache སྨ་ར། / ཞལ་ར།(H)

콩 bean སྲན་མ། སྲོན་སྲན།

콩나물 bean sprout སྲན་སྨྱུག

콩팥, 신장 kidney མཁལ་མ།

skin cream ཤ་གསོས།

큰 big ཆེན་པོ།

큰뿔 양 argali གཉན།

키가 큰 tall རིང་པོ།

키위 kiwi fruit ཁི་ཝི།

(ㅌ)

타다 ride བཞོན་པ།

타시다(경어) ride ཆིབས་པ།(H)

타올 hand towel ལག་ཕྱིས། / ཕྱག་ཕྱིས།(H)

타이완 Taiwan ཐེ་ཝན།

타인 other གཞན།

탁자 table ཅོག་ཙེ། / གསོལ་ཅོག(H)

탕카 thangka ཐང་ག ཐང་ཀ / ཞལ་ཐང་། སྐུ་ཐང་།(H)

태어나다 give birth སྐྱེས་པ།

태어나시다(경어) give birth འཁྲུངས་པ།(H)

탱화 → 탕카 ཐང་ག

턱 chin མས་ལེ། ཨོག་མ། / ཞལ་ལེ།(H)

턱수염 goatee ཨོག་ཚོམ། / ཞལ་ཚོམ།(H)

텔레비전 TV བརྙན་འཕྲིན།

토기 earthenware ཁོག་མ། / བཞེས་ཁོར།(H)

토끼 rabbit རི་བོང་།

토론하다 to discuss སྐད་ཆ་བྱེད་པ།

토마토 tomato ཊོ་མ་ཊོ།

토지 land ས་ཆ།

툭빠 thukpa ཐུག་པ། / བཞེས་ཐུག(H)

티베트 Tiebet བོད།

티베트 글 Tibetan(written) བོད་ཡིག

티베트 말 spoken Tibetan བོད་སྐད།

티베트 영양 Tibetan antelope བོད་ཀྱི་གཙོད།

티베트인 Tibetan བོད་པ།

(ㅍ)

파란색 blue སྔོན་པོ།

파리 fly སྦྲང་བུ།

파시다(경어) sell འཚོང་གནང་བ།(H)

파인애플 pineapple ཐང་འབྲས།

파파야 papaya པ་པྭ་ཡ།

판다곰 panda དོམ་ཁྲ། བྱི་ལ་དོམ།

팔(8) eight བརྒྱད།

팔다 sell བཙོངས་པ།

팔십칠 eighty seven བརྒྱད་ཅུ་གྱ་བདུན།

팔찌 bracelet ལག་གདུབ། / ཕྱག་གདུབ།(H)

팥 red bean སྲན་དམར། སྲན་ཆུང་དམར་པོ།

팬티 underpants ཆུ་རས།

페인트칠 하다, 물감 칠하다 to paint ཚོན་གཏོང་བ།

펜 pen སྨྱུ་གུ། / ཕྱག་སྨྱུག(H)

편안한 comfort སྐྱིད་པོ།

편안한 well, fine བདེ་པོ།

편지를 보내다 to send a letter ཡི་གེ་གཏོང་བ།

평소대로 normally ནམ་རྒྱུན་ནས། འཆར་ཅན།

폐 lungs གློ་བ།

포도 grape རྒུན་འབྲུམ།

표면 surface ཁ།

표범 leopard གཟིག

표시하다 to mark རྟགས་རྒྱག་པ།

풍부한 plentiful འཕེལ་པོ།

플라스틱 병 plastic bottle འཁྲིག་དམ།

피 blood ཁྲག

피망 capsicum སོ་ལོ་སྔོན་པོ།

피부 skin པགས་པ།

필요없는 no need དགོས་མེད།

(ㅎ)

하다 do བྱེད་པ།

하마(河馬) hippopotamus མཚོ་ཕག

하시다(경어) do གནང་བ།(H) མཛད་པ།(H)

하얀색 white དཀར་པོ།

학교 school སློབ་གྲྭ།

학생 student སློབ་ཕྲུག

한국 Korea ཀོ་རི་ཡ།

할머니 grandmother རྨོ་རྨོ། རྨོ་ལགས།(H)

할아버지 grandfather སྤོ་སྤོ། སྤོ་ལགས།(H)

항상 ever རྟག རྟག་ཏུ།

항상, 언제라도 always ནམ་ཡང་།

해 sun ཉི་མ།

해마 sea horse མཚོ་རྟ།

해바라기 sunflower ཉི་མ་མེ་ཏོག

해악 harm ཉེས་དམིགས།

핸드폰 mobile phone ལག་ཐོག་ཁ་པར།

햇빛이 따뜻한 sunny ཉི་མ་དྲོ་པོ།

행복한 happy སྐྱིད་པོ།

향상시키다 develop, improve ཡར་རྒྱས་གཏོང་བ།

허리 waist སྐེད་པ། / སྐུ་སྐེད།(H)

허리띠 belt སྐེ་རགས། / སྐུ་རགས།(H)

허벅지 thigh བརླ་ཤ།

험담하다 to backstab ཁ་གཏོང་བ།

헤엄치다 to swim རྐྱལ་རྒྱག་པ།

혀 tongue ལྕེ། ལྕེ་ལེབ། ལྗགས།(H)

현대, 요즘 present, (modern) time དེང་དུས། དེང་རབས།

현명한 wise མཁས་པ།

협력자 assistant ལས་རོགས།

형 elder brother གཅེན་པོ། / ཇོ་ལགས།(H)

형용사 adjectives ཁྱད་ཚིག

형제 brothers སྤུན།

호두 walnut སྟར་ཀ།

호랑이 tiger སྟག

호박 pumpkin ཕར་ཤི།

호스텔 hostel སྡོད་ཁང་།

호텔 hotel མགྲོན་ཁང་།

혼동하다 confuse མགོ་འཐོམས་པ།

혼동하시다 confuse དབུ་འཐོམས་པ།(H)

혼자 lone གཅིག་པུ།

혼자서 alone གཅིག་པུར།

홀로 alone གཅིག་པུར།

홍콩 Hong Kong ཧོང་ཀོང་།

화 anger ཁོང་ཁྲོ།

화나다 get angry འཚིག་པ་ཟ་བ།

화덕 hearth ཐབ། གསོལ་ཐབ།(H)

화이트보드 whiteboard དཀར་པང་།

화장(火葬) 하다 cremate ཕུང་པོ་སྲེག་པ།

화장실 toilet གསང་སྤྱོད། ཆབ་ཁང་། གཟིམས་སྤྱོད།(H)

화장지 toilet paper གཙང་ཤོག

화장하시다(경어) cremate ཞུགས་འདུལ་ཞུས་པ།(H)

화환, 염주 mala, rosary ཕྲེང་བ། ཕྱག་ཕྲེང་།(H)

확신하다 ascertain ངེས་པ།

확실히 아시다(경어) ascertain ཐུགས་ལ་འཇགས་པ།(H)

환영하다 invite, welcome བསུས་པ།

환영하다 welcome བསུ་པ།

환영하시다 welcome ཕེབས་བསུ་ཞུས་པ།(H)

회계사 accountant རྩིས་པ།

회색 grey ཐལ་མདོག

후에 after, later རྗེས་ལ།

흑곰 black bear དོམ་ནག

흰곰 polar bear དོམ་དཀར།